中國道教文化研究

初 編

第 **4** 冊

宋徽宗《御解道德眞經》之研究

黃 昱 章 著

花木蘭文化事業有限公司

國家圖書館出版品預行編目資料

宋徽宗《御解道德真經》之研究／黃昱章 著 — 初版 — 新北市：
花木蘭文化事業有限公司，2020〔民 109〕
目 2+292 面；19×26 公分
（中國道教文化研究 初編；第 4 冊）
ISBN 978-986-254-676-5（精裝）
1. 道德經　2. 注釋　3. 研究考訂　4. 宋代
030.8　　　　　　　　　　　　　　　　　100016073

ISBN-978-986-254-676-5

9 789862 546765

中國道教文化研究
初　編　第四冊　　　　　　　　ISBN：978-986-254-676-5

宋徽宗《御解道德眞經》之研究

作　　者　黃昱章
總 編 輯　杜潔祥
副總編輯　楊嘉樂
編　　輯　許郁翎、張雅淋　美術編輯　陳逸婷
出　　版　花木蘭文化事業有限公司
發 行 人　高小娟
聯絡地址　235 新北市中和區中安街七二號十三樓
　　　　　電話：02-2923-1455 ／傳眞：02-2923-1452
網　　址　http://www.huamulan.tw 信箱 hml810518@gmail.com
印　　刷　普羅文化出版廣告事業
初　　版　2020 年 3 月
全書字數　250978 字
定　　價　初編 20 冊（精裝）台幣 40,000 元　　　　　版權所有 • 請勿翻印

宋徽宗《御解道德眞經》之研究

黃昱章　著

作者簡介

黃昱章，臺灣省苗栗縣人，民國六十九年出生。畢業於省立新竹高中、國立中正大學哲學系（雙主修中國文學系）、國立中央大學中國文學系碩士班。現任國民中學教師。研究興趣在儒、道二家思想。

提　　要

　　宋代老子學受到當代學術背景的帶動，對於「心性問題」等課題有諸多著墨，此一特點使宋代老子學在中國老學史中，成爲魏晉、唐代以外最重要的一個朝代；另一方面，在《老子》諸多注家中，因「御注派」的注家們的統治者身份，與其他注家相比之下較爲特殊，故其注書動機引起筆者的好奇與注意。職是之故，本論文以宋徽宗所撰寫之《御解道德眞經》作爲研究對象，擬探析其如何接受《老子》文本、如何與《老子》思想互動而提出詮解，而此詮解之方式與內容，是否因注者的「統治者」身份，對《老子》思想有所創發，抑或僅是沿襲舊說。諸此種種爲本論文研究動機與目的。

　　由於《御解道德眞經》的原本已經失傳，故初步工作乃就《道藏》本《宋徽宗御解道德眞經》、章安《宋徽宗道德眞經解義》、江澂《道德眞經疏義》與彭耜《道德眞經集注》四書所保留的徽宗《御注》內容進行互勘點校，再就點校結果（如附錄）重複研讀、歸納分析之後，而逐步形成本論文之章節架構。本論文共分五章，首尾二章分爲「緒論」與「結論」，主體部分區分爲兩層次：一者針對徽宗《御注》注《老》動機及其體例與詮釋方式等外緣問題，作成檢索資料，而寫成第二章〈徽宗《御注》外緣問題之考察〉；一者則爲徽宗《御注》內在義理架構的解析，從微觀角度探究徽宗《御注》對《老子》「道」、「德」之概念的理解，以及其從老子思想所推衍而出的「聖人形象」、「治身論」、「治國論」等議題，分別撰寫爲第三章及第四章，期能接續前人所奠立之基礎，爲徽宗《御注》勾勒出思想架構。

目

次

第一章 緒 論

第一節 撰寫動機與目的

一、問題之端緒與撰寫動機

　　中國的哲學思想與西方哲學不僅是發展性的不同，更是本質性的不同，牟宗三先生曾說：「我們可說兩個哲學傳統的領導觀念，一個是生命，另一個是自然。中國文化之開端、哲學觀念之呈現，著眼點在生命，故中國文化所關心的是『生命』，而西方文化的重點，其所關心的是『自然』或『外在的對象』，這是領導線索。」〔註1〕由此可知，中國雖無西方式的哲學，然而中國的哲學思想有其特殊性，即其對「生命」之重視，不僅重視於個人生命，亦重視群體生命，是以，研究中國的哲學思想者，不得不留意於中國哲學思想的特殊性。

　　中國哲學思想的特殊性在於對「時代的困境」與「生命的安頓」做出回應與解決之道，故從歷代思想家的手中，我們找到「安身立命」的道路和方向，並透過「實踐」的方式，完成生命的自我實現與創造。〔註2〕在諸多學派

〔註1〕 引自牟宗三著：《中西哲學之會通十四講》（收錄於《牟宗三先生全集・第30冊》，臺北：聯合報系文化基金會出版，2003年），頁18。

〔註2〕 中國哲學的特色，首先是以生命爲中心，是對生命的關懷以及要求生命的安頓，由是而有所謂「生命的學問」。……唯有通過實踐才能眞正安頓生命。（引自王邦雄等著：〈總論〉，王邦雄等著：《中國哲學史》，臺北：國立空中大學，九十年二月，頁4。）

之中，以「道家」與「儒家」爲中國傳統思想中最具影響力的兩個學派。儒家學派創始人是孔子，孔子面對周文疲弊、禮崩樂壞的時代，其思想以「仁」爲中心，認爲「爲仁由己」，將西周以來的禮樂典章制度的根據收攝到人心，指點出「我欲仁，斯仁至矣」的人文創造根源。由是數千年來，經由知識份子等的大力提倡，從儒家經典教化中，發掘出「脩己以德」、「君君、臣臣、父父、子子」的正名主張（各安其位）。至此，儒家思想成了影響後世至深至廣的思想內涵，也充分表現出國人的積極性格。

然而，我國的政治與社會環境並非都是長期處於光明面，一旦面對政治昏暗腐敗、社會問題叢生及倫理道德失序時，儒家「知其不可而爲之」〔註3〕的態度，顯然無法廣爲人們所接受，便轉而採取道家的主張。王樹人先生曾經提出：

> 任何民族的生存和發展，其精神都不能不包含兩個基本的層面，其一是對現實的執著性；其二是對現實的超越性。……中華民族精神，當然也是如此。〔註4〕

就此而論，儒家思想基本構成現實的執著性層面，而道家思想則構成了其現實的超越性層面；易言之，面對「知其不可」的環境，儒家提出「爲之」的態度，道家則主張「無爲而無不爲」的理想。此處的「無爲」便是一種超越的力量，是從自然的角度去看待人文的規範，不是一種否定，也就是並非什麼都不做，並不是不爲，而是含有不妄爲的意思。在流傳久遠的「儒道互補」看法中，儒、道兩家的文化內涵深刻且深遠地影響著我們，一直延續到現代。

道家老子的思想，正如同儒家思想一般，已經成爲中國文化與文明的一體，是以長期以來我們內在與生活態度或多或少都深受其影響，甚至可以說其已經內化爲我們生活、生命、人格的一部份。老子思想的詮釋研究，繼承且開展了學術思想史的內涵，也成爲學術思想史上不可或缺的重要課題。正如同王淮先生於《老子探義》之自序中所言：

> 《老子》一書之研究，遠自韓非〈解老〉、〈喻老〉以來，幾乎每一

〔註3〕語出《論語‧憲問》：「子路宿於石門。晨門曰：『奚自？』子路曰：『自孔氏。』曰：『是知其不可而爲之者與？』」（引自〔清〕劉寶楠撰，高流水點校：《論語正義》，北京：中華書局，1998年12月第3次印刷，頁597）。

〔註4〕引自王樹人著：〈超越的思想理論之建構——論道家思想對中華民族精神形成的傑出貢獻〉（收錄於《道家文化研究》第二輯，上海：上海古籍出版社，1994年）。

個時代都有某種特殊之因緣，使各種不同之人物對它發生興趣，並
　從事研究。〔註5〕

中國思想研究既特重於研究者在面對不同的時代課題之際，激發出何種特殊
的見解，以回應當代課題，因此《老子》雖僅五千餘言，卻可能在不同時間
背景、不同地理環境以及不同學者的認知與目的下，從各種角度加以分析、
探討、研究與闡發，進而表現出不同風貌的詮釋，使老子思想有別於《老子》
原意，而產生具有時代風格與意義之主張。董恩林便直接提出：「所謂老學，
內涵有二，一是老子本人的思想學說；二是歷代學者對老子及《老子》書思
想理論體系的理解、詮釋與推衍。」〔註6〕可見時至今日，有志於老子學研究
者，除理解老子本人的思想學說之外，當進一步留意中國各朝代的老學發展。

二、問題之提出與研究目的

　　早期學者對道家的發展與流變多只討論至魏晉時代，如莊萬壽教授於〈道
家流變史論〉將「道家流變之跡」區分為六期，時代則起於西周，終於魏晉。
〔註7〕莊萬壽教授於文中提出：

　　道家從先秦經兩漢到魏晉，就是從獨立的學術思想到諸家整合的過
　　程。到魏晉之後，道家思想終於失去它積極的主導性，而與儒家與
　　佛家的哲學相融合。至（於）道家的社會活動，逐漸由道教所取代。
　　道教是從傳統巫術信仰所發展出來的宗教，與不信鬼神的道家全沒
　　有繼承上的關係，但後來道教徒，遂取老莊之名及思想來做為道教
　　一部份的理論架構，使道教徒也成為老莊的信仰者，然而它畢竟是
　　宗教……。〔註8〕

就此，我們可以發現莊萬壽教授之所以將魏晉時期視為「道家的蛻變期」，並認

〔註5〕引自王淮著：《老子探義》（臺北：台灣商務印書館，1998年6月），頁1。

〔註6〕引自董恩林著：〈論唐代老學的理論特色〉（《哲學研究》第一期，2004年1
　　　月），頁31。

〔註7〕莊萬壽教授以為「道家流變之跡，起於西周，終於魏晉，凡分六期：一、形
　　　成期：西周史官的原始道家。二、成熟期：春秋史官老聃的思想。三、全盛
　　　期：戰國下半葉道家的多元發展。四、黃老期：漢初的黃老思想。五、科學
　　　期：東漢王充和張衡的道家思想中的科學精神。六、蛻變期：魏晉的道家思
　　　想。」（引自莊萬壽著：〈道家流變史論〉，收錄於《師大學報》第二十六期，
　　　民國80年，頁159）。

〔註8〕引自莊萬壽著：〈道家流變史論〉，頁185～頁186。

爲這是「中國道家思想的尾聲」，〔註9〕乃因「道家思想終於失去它積極的主導性，而與儒家與佛家的哲學相融合」，且於魏晉之後，「道家的社會活動，逐漸由道教所取代」，至於道教「畢竟是宗教」，與「不信鬼神的道家全沒有繼承上的關係」。然而，道教如何「逕取老莊之名及思想來做爲自己的理論架構」是一門課題，即使我們否定道教徒解說《老》、《莊》之用意，卻無損於道家思想（尤其是老子學說）因爲道教發展而得到世人重新關注的歷史因素。易言之，依莊萬壽教授所言，道家思想之所以在魏晉之後「蛻變」，而成爲「中國道家思想的尾聲」，是因爲道家思想爲道教徒所借用，轉爲中國本土宗教的重要架構。

但是，我們當繼續探問：既然魏晉時期是「中國道家思想的尾聲」，那麼道家思想（特別是「老子思想」）是否在此時期就消失殆盡？抑或只是改變關注焦點，而萌發了新的成就？如蕭天石先生歸納之「道士派」、「丹道派」。〔註10〕倘若只是改變關注焦點，則中國道家思想或許有所「蛻變」，但是也正因爲產生新的關注焦點，使其能夠持續前進與發展，而使道家思想歷久不衰，絕非「尾聲」於魏晉時代。是以，近代學者對魏晉之後的道家思想尙多所留意與討論，如劉固盛於〈《老子》哲學思想解釋的三次突破〉一文中便提到：

> 中國古代老學史上對《老子》哲學思想解釋的重要突破，一是王弼以玄解《老》，建立起一套本體論的哲學體系；二是唐代成玄英等人以重玄解《老》，豐富和發展了玄學的内涵；三是宋代以後的以心性學說解《老》。關於《老子》哲學思想解釋的這三次突破，不僅是中國老學史的中心内容之一，而且構成了中國哲學特別是道家哲學發展史上的重要線索。〔註11〕

就此引文，我們可以推測得知，中國道家雖如莊萬壽教授所言，中國道家思想於魏晉時代有所「蛻變」（筆者按：劉固盛視爲「解釋上的突破」），然此絕

〔註9〕 引自莊萬壽著：〈道家流變史論〉，頁184。

〔註10〕 蕭天石先生曾分歷代注本爲十二類：演化派、玄學派、儒林派、御注派、道士派、丹道派、佛學派、集解派、經解派、校勘派、音義派、書志派。所謂「道士派」係指「以闡揚道教，奉老子爲教祖，用道德經爲教典，既張道教教義，又闡性命之理爲本旨」。所謂「丹道派」係指「煉養身心，雙修性命，涵合陰陽，渾人一天，而極於聖功神化、羽化登眞爲本旨」。此兩派以道教徒居多。（引自蕭天石著：〈歷代老子注本簡述〉，收錄於《道教文化》第二卷，68年5月，頁7）。

〔註11〕 引自劉固盛著：〈《老子》哲學思想解釋的三次突破〉（收錄於《湖南師範學院學報（人文社會科學版）》總47期，2000年），頁31。

非「中國道家思想的尾聲」，畢竟於魏晉之後，尚有唐代與宋代各一次的「蛻變」。如果，我們將中國道教思想於魏晉時代的「蛻變」視爲「尾聲」，則其至唐代如何「蛻變」？至宋代又如何「蛻變」？是以，我們雖不能否定，自魏晉時代之後，隨著道教的日趨成熟，《老子》成了道教中的理論架構，人們從道教神學的角度對《老子》的解釋加以發揮，道教徒更是將其作爲追求長生不老之術的法寶。然而，道家老子思想於魏晉以後，豈只剩下神仙方術解釋一途，而無其他觀點之注疏？

另外，從上段引文中，我們可以得知另一重要訊息，即宋代老子學不僅僅是具有特殊的時代意義，在中國老學史上更具有其重要的詮釋地位。針對宋代老子學於中國老學史上的重要詮釋地位之課題，劉氏於《宋元老學研究·引言》中，提出了進一步的說明：

> 宋元老學發展的主要特點：第一，老學對道教神學的偏離。宋元時期的老學研究者一般都反對再用神仙方術注解《老子》，這一普遍認識是宋元老學繼續深入發展的重要前提。第二，老子哲學思想解釋的突破宋元時期的老學研究者在闡發老子的哲學思想時，其重心已由宋代以前的宇宙本體論研究轉爲對心性問題的探討。……第三，儒、道、釋三教思想在老學中的融釋與統一。〔註12〕

其中，我們從劉氏所提出的「宋元老學發展的主要特點」第一項便可看出，即使魏晉以後，因爲道教興盛帶動道家老子思想的研究，然並非至魏晉以後所有研究者皆採用神仙方術爲解釋方式。對於《老子》這部古典典籍，宋元老學研究者尚存有觀點不同的各種解釋，這些解釋觀點受到宋代的時代課題影響，引申與討論了原典《老子》中罕言的「心性」問題，成爲宋代老子學中一個重要的特徵，〔註13〕而此重要特徵也使得宋代老子學在中國老學史中，成爲魏晉、唐代之外最爲重要的一個朝代。故而，筆者以宋代老子學作

〔註12〕引自劉固盛著：《宋元老學研究》（成都：巴蜀書社出版，2001 年 9 月第一版），頁 9～頁 10。

〔註13〕劉固盛認爲：「宋代以後，心性之學成爲儒、釋、道三教共同討論的時代課題。對理學來講，心性之學是其最重要也最富特色的部分；而禪宗本來就以心性學說爲看家本領；爲了回應理學與禪宗雙方的挑戰，道教也積極發展了自己的心性論。因此，此一時期的老學既受到道教的輻射，又受到禪宗的影響，再加上理學的刺激，其有關《老子》哲學思想的解釋又一次發生轉變，即唐代老學中出現的心性理論，在宋代以後得到進一步的發展並趨於成熟，心性學終於取代了重玄本體論。」（引自劉固盛著：《《老子》哲學思想解釋的三次突破》，頁 34）。

為研究之起點。

　　另一方面，歷代的《老子》注本自韓非〈解老〉、〈喻老〉以降，眾說紛紜，其數量更是非常龐大與繁雜，受到解釋者個人學術背景或時代潮流影響，可以歸納出諸多注本類型。蕭天石先生便曾分歷代注本為「演化派」、「玄學派」、「儒林派」、「御注派」等共十二類。〔註14〕其中以「御注派」這一類別常受到世人關心與注目，如《中國老學史》一書中便曾經提出：「在整個老學研究史上，身為帝王而為《老子》作注者，只有四人，即唐玄宗、宋徽宗、明太祖、清世祖。（筆者按：中國歷史上身為帝王而為《老子》作注者，非僅此四人，此處應為「今所留存的御注本」之誤）〔註15〕作為封建統治者，儒家思想才是他們最應重視的思想，為什麼卻為非正統的老子思想進行解釋？」〔註16〕由此可見，「御注派」的《老子》注解家們的統治身份，常引起後代老學研究者的好奇，進而探討其注書動機。於此同時，我們不難想見，在這些注解家的統治身分的影響下，受到這些帝王們對於《老子》的推崇，實質上幫助了《老子》一書在全國的普及與深入研究。因此，御注派《老子》注本雖然不如其他派別對於後儒有更大的影響幅度，卻佔有著重要的關鍵地位，而此也是其研究價值所在。

　　再者，現存的四家御注中，雖然各有其特色與價值，然筆者認為宋徽宗御注本（筆者按：後統稱為「徽宗《御注》」）在今所留存之御注本中最為特殊。首先，從當代學者所提出的研究成果，我們可以發現徽宗《御注》的評價，並不亞於其他諸帝王注本，例如，柳存仁先生於〈道藏本三聖註道德經之得失〉一文中提到：

　　　　如純以理論言之，宋徽宗之見解，仍出唐玄、明祖二人之上，而能抉道家之竅。〔註17〕

〔註14〕引自蕭天石著：〈歷代老子注本簡述〉，頁6～頁7。

〔註15〕《道藏》所收不少詮註《道德經》之著作，其為帝王之作者：《道藏》三五五唐玄宗《御註》，《道藏》三五九宋徽宗《御註》，及《道藏》三五四明太祖《御註》。案，唐玄宗以前嘗為老子作註者尚有梁武帝、簡文帝……諸人，然諸註今皆不存；其在明太祖以後效顰者又有清順治帝《御製道德經註》二卷，收《四庫全書》中，……。（引自柳存仁著：〈道藏本三聖註道德經之得失〉，收錄於《和風堂文集》，上海：上海古籍，1991年，頁472）。

〔註16〕引自熊鐵基、馬良懷、劉韶軍等著：《中國老學史》（福州：福建人民出版社，1997年7月第二次印刷），頁440。

〔註17〕引自柳存仁著：〈道藏本三聖註道德經之得失〉，頁494。

又，〈道藏本三聖注道德經會箋·小序〉中亦云：

> 〈箋〉中所引他人之注，皆不出唐、宋、元、明四朝，各就其時代
> 利其與三聖注相接近，俾得等量而齊觀。竊嘗以為諸注中宋徽宗與
> 王元澤（雱）獨能知道家義，字裡行間，不無為之遊揚之處。〔註18〕

任繼愈先生的《道藏提要》則轉引《續修四庫全書提要》的說法，其作：

> 《續修四庫全書提要》評論是解曰：「雖謂老子著書自名為經，未免
> 拘於成見。而貴求食於母，亦沿明皇之誤。而以由解道，以得解德，
> 唯阿同聲，善惡一性，皆依古誼，不事赴會。較之明皇《御注》，有
> 過之而無不及。」〔註19〕

可見，與唐玄宗、明太祖御注本相比，〔註20〕徽宗《御注》表現了更高的哲
學見解，再者，倘若我們將「表達原著義理」作為評判注本優劣之標準，則
上述兩段引文，顯然說明了徽宗《御注》的價值勝過其他御注本。

其次，徽宗《御注》第二點特殊處，在於其「注疏動機」。如眾所知，
李唐王朝為了拉攏自己與道教教祖老子李耳的關係，而對《老子》特別青睞，
唐玄宗即是歷史上有名的崇道君主。但是，比起唐玄宗的諸多作為，宋徽宗
卻有過之而無不及，除其「規仿唐制」〔註21〕，仿效唐玄宗頒註《老子》，
並將鏤刻經文、注文於石，用以傳世之外，據吳曾《能改齋漫錄》記載，宋
徽宗甚至禁止時人以老子的名字與諡號取名，〔註22〕同時，我們從史料中
的記載發現，宋徽宗曾自號「道君皇帝」，其任內更將道教信仰推至顛峰，

〔註18〕引自柳存仁著：〈道藏本三聖注道德經會箋〉（收錄於《和風堂文集》，上海：
　　　　上海古籍，1991年），頁223，
〔註19〕轉引自任繼愈編：《道藏提要》（第3次修訂版）（北京：中國社會科學出版社，
　　　　2005年12月），頁294。
〔註20〕柳存仁先生認為：「清順治帝《御製道德經註》兩卷，收《四庫全書》中，實
　　　　大學士成克鞏等承命編校，於道家思想哲學無大發明，其於政治哲學，亦不
　　　　如《道藏》所收上述三聖註本之重要。」（引自柳存仁著：〈道藏本三聖註道
　　　　德經之得失〉，頁472）由此可知，若就政治哲學方面來看，柳先生對於徽宗
　　　　《御注》的評價，也高於清世祖御注本。
〔註21〕《續資治通鑑長編紀事本末·卷127》曾云：「昨所注《道德經》，可規仿唐制，
　　　　命大臣分章句書寫，刻石於京神霄玉清萬壽宮，以垂無窮，究觀老氏深原道
　　　　德之本。」（引自〔宋〕楊仲良編：《續資治通鑑長編紀事本末》，宋史資料萃
　　　　編，臺北：文海，民56台初版影印本）。
〔註22〕吳曾《能改齋漫錄》云：「政和八年，八月，御筆：太上混元上德皇帝，名耳，
　　　　並字伯陽及諡聃。見今士庶多以此為名字，甚為瀆侮，自今並為禁止。」（引
　　　　自吳曾撰：《能改齋漫錄》（百部叢書集成初編，臺北：藝文，1966年）。

可見宋徽宗信仰道教之深。然而，宋徽宗註解《老子》的動機，是否只是純然出於己身的道教信仰，抑或是受到其他因素影響，則有待進一步地研究與探討。

總述前言，現代「老學」之研究，除了繼續闡釋《老子》本身未發的義理學說，以及進一步留意中國各朝代的老學發展之外，對於長期以來仍未受到普遍關注的「御注派」而言，仍有作爲探討對象的研究空間。另一方面，如前所述，於今僅存的四部《老子》御注中，徽宗《御注》雖「能抉道家之窾」，但是，就如同其他注本一般，任何註解家於詮釋文本時，即使刻意保持客觀的態度，依舊無法完全擺脫個人觀點的介入，此個人觀點可能受到「著述動機」、「學術背景」、「時代情勢」等因素的影響，使得諸家注本展現出不同樣貌。就詮釋觀點而論，即是透過「我注六經」的方式，對經典做出新的詮釋，藉此陳述自己的思想，而達到「六經注我」的現象。先不論此註解過程與結果是否有違「詮釋出經典的原意」〔註23〕的宗旨，透過徽宗《御注》的註解形式與內容，我們當可了解當時老學發展的特色，進而說，通過徽宗《御注》與其他《老子》詮釋進路的比較，或可發現原典思想未發之義理。凡上述種種皆爲本論文研究價值和撰寫動機與目的之所在。

第二節　前人研究成果概況

自 1969 年，柳存仁先生在香港《德基學報》發表〈道藏本三聖註道德經之得失〉以來，「御注老子」的相關研究於近十年似乎再度受到關注，在學位論文方面，蔡僑宗所撰寫的《明太祖《御製道德眞經》之研究》（嘉義：國立中正大學中國文學研究所碩士論文，民國 90 年 6 月）可爲起步，也是目前臺灣唯一以明太祖老學爲研究對象之學位論文，洪嘉琳發表的《唐玄宗《道德眞經》注疏研究》（臺北：國立政治大學中國文學系碩士論文，民國 91 年 12 月）與張禹鴻發表的《唐玄宗《道德眞經》注疏研究》（臺北：私立東吳大學

〔註23〕中國雖無如同西方的「詮釋學」等方法學理論，但是中國自古以來，即有爲了解、讀懂古書的「文字學（訓詁學）」，儘管有學者以爲「歷代訓詁學基本上是以『訓詁實踐』爲主，還未形成系統的訓詁方法論體系，在嚴格意義上，它還不能被稱爲『訓詁學』。」（引自潘德榮著：《詮釋學導論》（臺北：五南圖書出版社，2002 年 9 月初版二刷，頁 218）但不論是否構成嚴格意義之方法論，各種訓詁方法的目標皆是「詮釋經典的原意」。

中國文學研究所碩士論文，民國 94 年 6 月），則是以唐玄宗老學爲研究對象之論文；在專書方面，大陸地區則先後有劉韶軍先生所著《唐玄宗・宋徽宗・明太祖・清世祖《老子》御批點評》（長沙：湖南人民出版社出版，1997 年 9 月）與高專誠先生所著《御注老子》（太原：山西古籍出版社出版，2003 年 1 月），此二書以《老子》八十一章分法，依序收羅四家御注內容，並逐章解釋、點評。然而，就筆者所見，直至目前爲止，甚少針對「徽宗《御注》」爲主題進行分析與討論的專文，多散見於與之相關議題的論述之中。以下將就前人對徽宗《御注》的研究成果概況，分類舉要說明：

一、關於徽宗《御注》的專文研究

　　就筆者所見，針對「徽宗《御注》」爲主題進行分析與討論的專文，唯有黃釗先生與江淑君教授曾發表專文研究徽宗《御注》。在黃釗先生主編的《道家思想史綱》第二十六章「宋明統治者對道家思想的利用」中，曾以專節方式討論徽宗《御注》。〔註 24〕此文認爲徽宗《御注》共四項特點：第一項特色爲「以儒解道，使儒道合一」。作者主張「儒道相合」是宋徽宗執政的指導原則，而有意以儒家的「仁義」作爲治國之綱，但是徽宗《御注》「儒道相合」卻未能成功地調和儒道思想，反而曲解了《老子》思想。〔註 25〕第二項特色爲「鼓吹相對主義，宣揚矛盾調和論」。文中強調宋徽宗採用「詭辯論的手法」〔註 26〕，意在消解一切矛盾，但是徽宗卻是否認矛盾的思想是「自欺欺人」。第三項特色是「關於『無爲』的見解」。作者提出宋徽宗的「無爲」即是「無爲而適」，也就是無爲而順應自然，且認爲徽宗所理解的「無爲」就是「因順」（消極地順應自然），既然是「因順」，徽宗治國最後弄得國破家亡。第四項特色是「提倡『以神道設教』」。指出由於宋徽宗在位期間對道教的崇信態度，故歪曲了《老子》原意，而有意識地藉助宗教信仰，來

〔註24〕參見黃釗主編：《道家思想史綱》（湖南：師範大學出版社，1991 年 7 月初版），頁 512～頁 518。

〔註25〕此文提出：「儒、道本來是兩個不同的思想體系，要想將兩個不同的思想體系『合而爲一』，需要進行理論上的思辨論證，但是宋徽宗沒有能達到這樣的理論修養水平，他只好在《御解》中牽強附會，將儒道生拉活扯地湊合在一起。」（引自黃釗主編：《道家思想史綱》，頁 514）。

〔註26〕所謂的「詭辯論的手法」是指「誇大事物運動的絕對性，否認事物的相對靜止」、「誇大真理的相對性，否認真理的絕對性」（引自黃釗主編：《道家思想史綱》，頁 515）。

消除人民的反抗意志。

此外，江淑君教授所撰的〈《宋徽宗御解道德眞經》之義理宗趣及其詮註取向析論〉〔註27〕，亦以專文方式探究徽宗《御注》的內容。此文一方面探討徽宗《御注》的「政治傾向」、「治國之道」，另一方面則說明注文中「引《老》解《老》」、「引《莊》解《老》」的詮解向度，藉此分析徽宗《御注》詮解的定向問題。江淑君教授認爲徽宗《御注》有兩個看似矛盾的定向，一個是「走近原典的核心」，另一個則爲「與原典漸行漸遠」。之所以「與原典漸行漸遠」的原因在於，受到現實環境的要求，「徽宗在詮解《老子》的過程當中，經過不斷地與現實的政治處境相扣問之後，提出了一些與時代問題相呼應的看法」，這樣的結果造成了新詮的產生，而可能悖離《老子》原始思想精神。另一方面，徽宗《御注》大量援引《老子》、《莊子》以詮解《老子》的結果，擴大並回歸道家義理脈絡的思想體系，表現了徽宗「走近原典的核心」的一種用心。也正由於這兩種看似矛盾與斷裂的詮釋定向，凝結出其所特有的風格與特色。

二、涉及徽宗《御注》的相關研究

除了上述兩篇論著外，徽宗《御注》的討論多散見於與之相關議題的論述之中，這些成果雖然不是以專文方式探究徽宗《御注》，卻也提供後續研究者豐富的學術材料。是故，筆者將以徽宗《御注》的「時代」與「性質」爲關鍵分作討論，即以「宋代老子學」與「御注老子學」分爲略述，以便完整呈現前人於徽宗《御注》之研究成果。

（一）宋代老子學：從時代角度探索

宋代老子學爲中國老學史一個重要的關鍵，故有不少學者曾針對宋代老子學的各項專題發表許多研究成果，這些研究成果亦有部分涉及徽宗《御注》思想。〔註28〕1999 年 7 月，由羅宗濤教授與高大威教授指導，國立暨南國際

〔註27〕據江淑君教授見告，此文將刊於臺北：《輔仁國文學報》。本論文所參考資料係作者提供之稿本。

〔註28〕除了本小節所提出的資料外，部分專書於介紹宋代老子學時，亦可見有關「徽宗《御注》」的線索，例如黃公偉著：《道家哲學系統探微》（臺北：新文豐出版公司出版），及魏元珪著：《老子思想體系探討》（臺北：國立編譯館主編、新文豐出版公司印行）及熊鐵基、馬良懷、劉韶軍等著：《中國老學史》（福州：福建人民出版社發行），及尹志華著：《北宋《老子》注研究》（成都：巴蜀書社出版，2004 年 11 月第 1 版第 1 次印刷）四書。可惜的是，《道家哲學

大學中國語文學系碩士生樊鳳玉撰寫的《宋儒解老異同研究》便是一例，該書主為呈現宋代儒家本位的讀書人如何「以儒解老」，即儒學與老子思想在宋代交相滲透、影響之情形。由於該論文主為探討宋儒解老之異同，故雖多處援引徽宗《御注》思想作為論述例據，卻未系統性地陳述完整之徽宗《御注》思想架構，因而讀者只能配合該書篇章安排，略識徽宗《御注》於同時期《老子》諸注中的異同。然而，以其他角度觀之，該論文提供了考察徽宗《御注》在宋代老學史地位的線索。

　　2000 年 1 月，大陸學者劉固盛於《華中師範大學學報（人文社會科學版）》第 39 卷第 1 期，發表〈論宋元老學中的儒道合流思想〉。該篇論文主要針對王安石、宋徽宗、江澂、程大昌、杜道堅等老學著作進行考察，特別關注於傳統儒學如何與老子之道論彼此相結合，反映「以儒釋老」做為該時期老學發展的主要特點。在徽宗《御注》的討論上，僅著墨於其中有關「無為」的思想，並視之為「消極的無為觀」，除此之外，更值得讀者觀察的是此文將徽宗《御注》有關「無為」的思想當作「特例」，與其他討論之四家相異。2001年 9 月，成都・巴蜀書社出版劉固盛所著博士論文《宋元老學研究》，該書擴大討論徽宗《御注》中的「無為」觀念，提出「在《御解道德真經》中，儒道並沒有真正『合而同之』，因為裡面存在一個根本的缺陷，那就是老子的『無為』被解釋成了消極地順應自然，不廢一物，不立一物，完全放棄了有為，這和儒家的積極進取、注重人的作為是相矛盾的」〔註 29〕的看法，也對徽宗為何以「消極的無為觀」解釋老子的歷史背景提出說明。〔註 30〕

　　2004 年 1 月，大陸學者尹志華發表〈試析北宋《老子》注家對「無為」的詮釋〉〔註 31〕。這篇文章介紹北宋注老家針對《老子》的「無為」所提出的新闡釋，認為「北宋《老子》注家所闡述的『無為』，作為一種政治原則和行為方

系統探微》、《老子思想體系探討》與《中國老學史》三書僅「目錄」式地記錄徽宗《御注》的書目資料，未對其思想進行討論；《北宋《老子》注研究》中關於「徽宗《御注》」的討論，即是筆者將於本小節所介紹的〈試析北宋《老子》注家對「無為」的詮釋〉與〈試論北宋老學中的「無為」與「有為」之辨〉兩篇文章，故此處不做簡介。

〔註 29〕引自劉固盛著：《宋元老學研究》，頁 74。

〔註 30〕劉固盛所著《宋元老學研究》一書，對於徽宗《御注》的介紹，亦只就「無為」觀念進行討論，詳細內容見諸其書第三章第二節「無為有為之間」（引自劉固盛著：《宋元老學研究》，頁 69～頁 76）。

〔註 31〕此文收錄於《首都師範大學學報（社會科學版）》總第 156 期，頁 51～頁 54。

式，其基本特徵就是『因其自然』。」〔註32〕，所謂的「因其自然」即「順應事物的自然發展趨勢而採取相應的措施」，而表現出來的態度便是「無意於爲」與「不越性分」，也就是「在主觀方面來說，不要有主動興事造作的意願」〔註33〕，「不作超出自己性分以外的事」〔註34〕。因此，「因其自然」被解釋爲失去積極性，而採取消極地面對。再者，既然「因其自然」成爲政治原則和行爲方式的基本特徵，則「徽宗《御注》」中有關「無爲」的主張，成了本文關注焦點之一。當然，可想而知，在「因其自然」的前提下，徽宗《御注》的「無爲」主張，被視爲如同劉固盛所說的「消極的無爲觀」。〔註35〕

如眾所知，《老子》的「無爲」乃是針對「有爲」而發，是以討論「無爲」必當論及與「有爲」之間的關係，因此徽宗《御注》將「無爲」詮解成「消極的無爲觀」的同時，宋徽宗看待「有爲」的態度，就成爲一體兩面的同樣問題。有關「無爲」和「有爲」之間的關係，尹志華繼〈試析北宋《老子》注家對「無爲」的詮釋〉之後，續發表〈試論北宋老學中的「無爲」與「有爲」之辨〉〔註36〕。這篇文章將北宋《老子》注家論述「無爲」與「有爲」間的關係，歸納爲四個觀點。雖然文中依然將徽宗《御注》視爲消極的無爲觀，認爲其過份強調無爲而反對有爲，並針對「反對有爲」的原因，提出歷史因素的解釋：「宋徽宗反對『有爲』的現實原因可能是對神宗以來的『變法』與反『變法』之爭感到厭倦。」〔註37〕，然而，因爲此文並未全面理解徽宗《御注》，僅就一二例句是否能證成徽宗《御注》有「消極的無爲觀」，尙有可商榷處。

（二）御注老子學：從性質角度探索

如前所述，現今可見之御注本，唯《道藏》所收之三聖御注（唐玄宗、

〔註32〕引自尹志華著：〈試析北宋《老子》注家對「無爲」的詮釋〉，頁53。

〔註33〕此即「無意於爲」之意。見尹志華：〈試析北宋《老子》注家對「無爲」的詮釋〉，頁53。

〔註34〕此即「不越性分」之意。見尹志華：〈試析北宋《老子》注家對「無爲」的詮釋〉，頁54。

〔註35〕尹志華指出：「宋徽宗深受道家『因其自然』思想的影響，在治國問題上一再強調『因其固然，付之自爾。』其實質就是對大臣忠奸不辨，對事情往好的方向發展還是往壞的方向發展置之不管。」（引自尹志華著：〈試析北宋《老子》注家對「無爲」的詮釋〉，頁53）從此說法可知尹志華亦將徽宗《御注》的「無爲」觀念，視作「消極的無爲觀」。

〔註36〕此文收錄於《社會科學研究》，2005年3月，頁77～頁81。

〔註37〕引自尹志華著：〈試論北宋老學中的「無爲」與「有爲」之辨〉，頁78。

宋徽宗、明太祖）及《四庫全書》所收之清世祖御注，其餘則全部亡佚。然
而歷來對於御注本老子的綜合比較研究，可以說是少之又少。目前可以見到
的討論，以 1969 年 11 月，柳存仁先生發表於香港《德基學報》第九卷第一期
的〈道藏本三聖註道德經之得失〉（後收錄於柳存仁編，《和風堂文集》，上海：
上海古籍）爲濫觴。此文就道藏本所收之唐玄宗《御注》、徽宗《御注》、明
太祖《御注》三家爲討論對象，文中對徽宗《御注》之特點與值得注意之處
頗多敘述，諸如在御注中文字使用特色方面，提出：「唐、宋二《御註》文字
皆甚雅馴」〔註38〕、「徽宗《道德經註》頗能做深沈之思，且分析名相，亦與
近世邏輯之理念相近。其於魂與魄之解釋，猶似近代分析心理學派如榮氏 C.G
Jung 之主張。……徽宗所用之詞，自與近代異，然捨此名相，徽宗於此點了
解之高，實出於其並世多人之上。」〔註39〕，其他如著作背景與作者問題、
注文參考資料、政治思想理論皆有所著墨，然或受篇幅限制，對相關問題未
能多做討論，僅能提供後人理解徽宗《御注》大致思想概況。

　　1971 至 1973 年間，柳存仁先生錄續發表〈道藏本三聖註道德經會箋〉
〔註40〕，以《老子》經文爲範圍，於各段經文底下主收錄明太祖《御注》、
唐玄宗《御注》與徽宗《御注》之注文，並收羅與其相關之古註以做說明。
在徽宗《御注》的介紹中，除分析徽宗《御注》文意外，尚兼及該注文思想
所承與影響爲何，並將三聖的注文做完整的比較，旁及其他相關的社會環境
與個人背景等對三聖注老的影響，對三聖注文的優劣有概略性的討論，如「不
貴其師，不愛其資，雖智大迷，是謂要妙」句，柳存仁先生引徽宗《御注》
後，云：「亦受唐玄影響。然不自頓漸法空立說，而引《老》證《老》，說明
不貴不愛之義，固勝於玄宗之資他宗勝義立說也。」〔註41〕由此引文可見柳
存仁先生之〈道藏本三聖註道德經會箋〉不僅收羅御注內容，並對徽宗《御
注》思想所承與價值優劣有所說明，不僅給予後人較全面性理解，也提供許
多學術線索待後人接續探討，是很有參考價值的材料。

　　1976 年 5 月，余英時先生發表〈唐、宋、明三帝老子注中治術發微〉（收

〔註38〕引自柳存仁著：〈道藏本三聖註道德經之得失〉，頁 473。
〔註39〕引自柳存仁著：〈道藏本三聖註道德經之得失〉，頁 489～頁 490。
〔註40〕本文原作三篇，陸續發表於香港中文大學《中國文化研究所學報》第四卷第
　　　　二期（1971 年）、第五卷第一期（1972 年）、第六卷第一期（1973 年）。三文
　　　　並合集於柳存仁編：《和風堂文集》（上海：上海古籍，1991 年）。
〔註41〕引自柳存仁著：〈道藏本三聖注道德經會箋〉，頁 315。

錄於余英時撰：《歷史與思想》，臺北：聯經公司），此文就與「反智論」題旨
相關的觀點引諸帝解老之文若干條，用意在於探究老子思想與傳統治術之關
係。然而，其基本立場爲「老子書中的政治思想基本上是屬於反智的陣營；
而這種反智成分的具體表現便是權謀化。這一點在現存帝王註釋老子諸本中
可以得到說明」〔註42〕，是以在徽宗《御注》部分，文中引出三條注文作爲
「反智論」的證據，〔註43〕儘管余英時先生針對此三條注文提出詳盡解釋與
說明，然而若欲以之回證徽宗《御注》的政治思想亦有「反智」成分，恐易
失於偏頗，有待後人詳審徽宗《御注》所有注文後，始能發現徽宗《御注》
之政治思想所在。雖言如此，余英時先生此文爲首篇以單一主題針對御注老
子提出研究，提供後人一個御注價值的方向。

　　1992年1月，由王靜芝教授指導，私立輔仁大學中國文學研究所碩士生
夏春梅撰寫《道德經舊注初探》，該論文將道德經註劃成「以莊解老」、「以法
解老」、「以玄解老」、「以道教解老」、「以佛解老」、「以儒解老」六派，「徽宗
《御注》」與其他御注及韓非〈解老〉、〈喻老〉同被歸爲「以法解老」。但是，
若就此歸納出之六派來看，徽宗《御注》內容頗多援引儒家經典詮解《老子》
的地方，何以不能列入「以儒解老」中，卻未做任何說明；再者，該論文將
「徽宗《御注》」列入「以法解老」一派，原因在於「以其維護政治之立場相
同備察於末，以供歸納此類解老之模式」〔註44〕，此間理由似乎太疏，況且
僅提出「天下樂其生，而重犯法矣。然後奇言者有誅，異行者有禁，荀卿所
謂犯治之罪，固重也。」之注文（解「若使民常畏死，而爲奇者，吾豈執而
殺之，孰敢」），認爲「此語已入荀韓法家口氣」，是否能證成御注確有「以法
解老」之特質，尚待進一步考察。然而，雖未能全面考察徽宗《御注》內容，

〔註42〕引自余英時撰：《歷史與思想》（臺北：聯經公司，民國七十九年十一月第十
　　　　六次印行），頁77。
〔註43〕此三條引文分別爲：「尚賢則多知，至於天下大駭，儒墨畢起。……不尚賢，
　　　　則民各定其性命之分，而無所夸跂，故曰不爭。……莊子曰：削曾、史之行，
　　　　鉗楊、墨之口，而天下之德始玄同矣。」（解「不尚賢，使民不爭」）、「民可
　　　　使由之，不可使知之。古之善爲道者，使由之而已。」（解「古之善爲道者，
　　　　非以明民，將以愚之」）、「天下樂其生，而重犯法矣。然後奇言者有誅，異行
　　　　者有禁，荀卿所謂犯治之罪，固重也。」（解「若使民常畏死，而爲奇者，吾
　　　　豈執而殺之，孰敢」）。
〔註44〕引自夏春梅：《道德經舊注初探》（臺北：輔仁大學中國文學研究所碩士論文，
　　　　民國81年1月），頁23。

其就注本內容予以重新進行分類，擺脫了蕭天石先生專為御注老子形式所設計的「御注派」之限制，故提供後人觀察徽宗《御注》的新角度。

1997 年 9 月，大陸學者劉韶軍先生繼《中國老學史》出版後，續寫《唐玄宗・宋徽宗・明太祖・清世祖《老子》御批點評》，將原本各自成冊的四家御註本，以四書合一的形式並列一起，讓讀者更容易比較四家御注差異。但是，在徽宗《御注》的介紹方面，僅臚列出對徽宗《御注》思想之理解，未能有所發揮或整合。2003 年 1 月，大陸學者高專誠先生亦編著《御註老子》，此書與劉韶軍先生《唐玄宗・宋徽宗・明太祖・清世祖《老子》御批點評》形式雷同，皆以四書合一的方式並列四家御注，並逐章加以點評；不同的是，《御注老子》同時把道藏本的文字內容影印於側，〔註45〕供讀者查閱，並增加針對《老子》原文的「今譯」，以幫助一般讀者閱讀。但是，此書依然受到點評體的限制，雖然逐章評論思想內涵，但卻失於零散而缺乏系統的論述。

最後，2001 年 6 月，由劉師文起指導，國立中正大學中國研究所碩士生蔡僑宗撰寫碩士論文《明太祖的《御製道德真經》之研究》，該論文主為探討洪武《御注》的問題外，然作為國內首篇以御注老子為研究對象的學位論文，其〈緒論〉中簡略地介紹並討論「歷代御注概況」，且第三章〈明太祖《御製道德真經》之背景、體例與參考之作〉中，亦整理出數條徽宗《御注》影響明太祖御注的注文。此皆可供參考。

綜觀以上論述，前人對於徽宗《御注》的研究，大抵為政治思想範圍，並以「無為」為核心展開。但是，前人們的研究工作大抵是從爬梳、對比各家注本相關思想的文字入手，用意在於如何闡述該時代的總體特色，甚少聚焦於徽宗《御注》本身的義理意涵。換句話說，少有學者對於御注本身思想架構進行系統性地整理與論述，如此一來則無法概況徽宗《御注》思想架構之全貌，也難以深入了解徽宗《御注》所提出之主張的理由，足見此方面仍有著力的空間。然而，學術的研究是由淺入深、自粗而精，前人們的整理工作殆已完成，其提供後繼研究者相關研究材料的貢獻，亦非為後繼者所能掩沒。筆者以此自許，盼能接續前人的研究成果，而有所進一步地發揮。

〔註45〕此書所列之御注原文為唐玄宗御注、徽宗《御注》與明太祖御注三家，由於
　　　　清世祖的御注收於《四庫全書》中，未見列出影本。

第三節　研究方法與步驟

　　沈德潛於《唐詩別裁》該書中，曾說：「古人之言，包含無盡；後人讀之，隨其性情淺深高下，各有會心。」此語雖言唐詩之「詩無達詁」的現象，然以之觀察歷代注老、解老者因詮釋《老子》所構成的「老子學」，可發現唐詩與《老子》間雖體裁不同，卻都提供了多重詮釋的可能性。此多重詮釋現象的產生，在於《老子》這部典籍本身並沒有明確的義理性格，加以後代注老、解老者因其才情、洞見，或時代思潮的趨使，自然會演爲不同之理解系統，〔註46〕此即是唐代道士杜光庭於《道德眞經廣聖義》所說之「道德尊經，包含眾義，指歸意趣，隨有君宗」的意思。當然，除了《老子》文本本身的義理帶有「詮釋的開放性」，兼之歷代註解家（或詮釋家）自身背景與當代趨勢異同之外，文本內容亦可能隨著時代的發展而產生疏隔，是以，爲清楚且有系統地探討徽宗《御注》本，實有賴於一具普遍性質之（中國經典詮釋）方法論的輔助。

　　回顧中國傳統的經典詮釋著作，大多以「注疏」爲主要體例，透過散布於各篇、章之注疏，一方面表達詮釋者的對文本的理解，另一方面則在有意或無意間，建構（或重構）了己身的哲學系統。劉笑敢教授便說：

> 中國的哲學詮釋傳統的典型形式是以經典詮釋的方式進行哲學體系
> 的建構或重構，這一方式包含「客觀」地詮釋經典的「原意」和建
> 立詮釋者自身的哲學體系的内在矛盾和緊張。〔註47〕

於此，我們不難發現，中國所有的經典詮釋著作，特別是有關於哲學思想的著作，除了在形式上，解釋（explanation）文本的文字、章句、名物之外，也針對文本的內容，進行詮釋（interpretation）工作，而提出原典所要表達的哲學蘊涵。然而，我們可以繼續探問兩個問題：其一，當註解家進行「詮釋」工作時，是否完全緊貼文本的哲學系統，而非只是闡述自己的學說？其二，倘就傳統的訓詁之學，是否能清楚解決原作者與註解家到底「說／解釋」了什麼，或「表達／詮釋」了什麼的問題？

〔註46〕參考袁保新：《老子哲學之詮釋與重建》（臺北：文津出版社，民國 86 年 12
　　　　月初版二刷），頁 9～頁 10。

〔註47〕引自劉笑敢著：〈經典詮釋與體系建構：中國哲學詮釋傳統的成熟與特點芻議〉
　　　　（收錄於李明輝編：《儒家經典詮釋方法》，財團法人喜馬拉雅研究發展基金
　　　　會，2003 年 7 月初版），頁 34。

　　有關第一個問題，筆者已經在本文第一節處略作說明，並將於後面幾個章節中，作實質的考察與分析。本節重點在於對第二個問題的探討。事實上，我們可以推想，當註解家進行經典詮釋時，必然帶有獨特的哲學體會，此獨特的哲學體會可能完全緊貼於文本的思想，但是事實上，沒有任何一部經典詮釋的著作與原典間，不會產生任何詮釋上的差距。因此，我們可以大膽推斷，所有的註解家都在無意間（或有意為之），或多或少地將個人獨特的哲學體會納入經典詮釋中。透過每一個字詞或語句的註解，讀者或許可以看出原典的思想蘊涵，但其實大多時候，讀者所得到的多是註解家個人的體會，就此，我們可以看出傳統的訓詁學等方法論的侷限所在。在傳統的訓詁學中，僅完成文本表面的文字意義，鮮少要求註解家針對文本的內部義理結構進行系統地說明，特別是當讀者欲透過註解家的注疏了解原典文本的義理結構時，若僅是閱讀文本的表面文字意義，而不關注於文本的內部義理結構，不但將知其然而不知其所以然，甚而可能混淆原作者與註解者二者間的義理結構。

　　為此，在傳統訓詁之學的基礎上，必須有所突破與前進。近人傅偉勳教授便針對中國哲學經典的特色，參考西方詮釋學理論與我國傳統以來的經典詮釋方法，〔註48〕提出作為一般方法論的「創造的詮釋學」。此方法論共分成五個辯證的層次：其一，「實謂」層次──「原思想家（或原典）實際上說了什麼？」；其二，「意謂」層次──「原思想家想要表達什麼？」或「他所說的意思到底是什麼？」；其三，「蘊謂」層次──「原思想家可能要說什麼？」或「原思想家所說的可能蘊含是什麼？」；其四，「當謂」層次──「原思想家（本來）應當說出什麼？」或「創造的詮釋學者應當為原思想家說出什麼？」；其五，「創謂」（筆者按：傅偉勳教授於本層次原作「必謂」，後改為「創謂」，唯此改變，僅是詞語適用性問題，並無更改或變動其內部意涵）層次──「原思想家現在必須說出什麼？」或「為了解決原思想家未能完成的思想課題，創造的詮釋學者現在必須踐行什麼？」。有關「創造的詮釋學」之五個層次的詮釋步驟究為何義，以下分述之。

〔註48〕創造的詮釋學，它的建構與形成實有賴乎現象學、辯證法、實存分析、日常語言分析，新派詮釋學理路等等現代西方哲學之中較為重要的特殊方法論之一般化過濾，以及其與我國傳統以來的考據之學與義理之學，乃至大乘佛學涉及方法論的種種教理之間的「融會貫通」。（參考傅偉勳：〈創造的詮釋學及其運用〉，收錄於《從創造的詮釋學到大乘佛學》，臺北：東大圖書股份有限公司，民國88年5月再版，頁9）。

在「實謂」層次，處理的是原本資料問題。此層次基本上關涉原典校勘、版本考證與比較等等基本課題，接近於傳統的校讎學，透過對校與進一步的考證工作，設法找出原典的祖本，或接近於原典的祖本，以作為考證依據的版本。因此，如何絕對客觀地找出原初資料，則成為本層次的首要課題，但是從另一角度來看，找出原初資料僅是詮釋的起點，而非重點所在，我們當進一步透過這些文字的記載，了解原思想家表達了哪些義理蘊涵。如此便進入「意謂」階段。〔註 50〕

在「意謂」層次，詮釋者當設法掌握各種原思想家的背景資料（包含原思想家的生平傳記、時代背景、思維歷程），進而「如實」地理解與詮釋出原典章句的「客觀意義」。因此，此層次重點在於如何對原典的「意謂」進行語意分析，而掌握原典的內在意義與原思想家的原本意向。就此，傅偉勳教授提出三種方法：第一，脈絡分析，就字辭或語句在不同脈絡範圍，析出該語句的脈絡意義及蘊涵。簡單地說，每一個字辭或語句儘管可能具有自定的意義，但是當它出現在不同脈絡時，極可能產生意義變更，因此，詮釋者當仔細分析出不同脈絡底下的同樣字辭或語句的不同「意謂」。第二，邏輯分析，透過原典前後文的對比與對照，設法解決表面思想或語句表達的矛盾與不一致性，以避免產生種種無謂的誤解。第三，層面分析，透過分層式地分析與歸納結果，展開原典的義理結構，藉此看出原典所有思想內容的多層意涵。總的來看，在「意謂」層次，詮釋者所做的工作即「依文解義」，透過對實謂層次所獲得的結果，盡可能表達詮釋者的「客觀」理解。〔註 51〕

在「蘊謂」層次，則是平排出各種思想史上已經存在的有關原典的可能詮釋進路，藉此多面探討原思想家與歷代註解者前後的思維連貫性。以《老子》注本為例，從汗牛充棟的歷代注老著作中，因詮釋者「性情淺深高下，各有會心」，已經累積了各種具有創造性的詮釋進路，雖然，每一個註解家大都強調須如實客觀表達《老子》原典的義理蘊涵，也堅持自己所闡述的哲理

〔註 50〕有關「創造的詮釋學」的「實謂」層次之辯證方法，參考傅偉勳著：〈創造的詮釋學及其運用〉，頁 12～頁 19，及傅偉勳著：〈創造的詮釋學與思維方法〉（收錄於《學問的生命與生命的學問》，臺北：正中書局，1993 年），頁 228～頁 231。

〔註 51〕有關「創造的詮釋學」的「意謂」層次之辯證方法，參考傅偉勳著：〈創造的詮釋學及其運用〉，頁 19～頁 27，及傅偉勳著：〈創造的詮釋學與思維方法〉，頁 231～頁 234。

義蘊絕對客觀，然而，依詮釋學觀點，不可能有絕對客觀的詮釋可能，〔註52〕
是以，爲了避免詮釋者在「意謂」層次所做的分析，流於個人主觀臆斷或片
面性詮釋，因此，必須上升至此「蘊謂」層次，藉以拓展詮釋者己身的詮釋
學視野。從另外一個角度來看，此層次關涉思想史的理路線索，但是，爲何
要關涉思想史的理路線索呢？我們從潘德榮教授〈詮釋的創造性與「創造的
詮釋學」〉一文中，或許可以得到解答。他說：

> 對於這一（蘊謂層次）問題，讀者自己也可提供某種設想。但傅偉勳
> 特別注重的是哲學史的研究。原作者實際未說而可能說的東西，應在
> 他以後的思想家所發展出的理論型態中尋找答案。這可以說是一種逆
> 向的思維，即從原有思想發展的結果來推斷它可能的意蘊，藉此逐漸
> 體會「批判地繼承並創造地發展」原作者思想的深意。〔註53〕

通過該段引文，我們可以發現「蘊謂」層次，在創造性的詮釋學中有其必要
性，藉由思想史的脈絡考察，將已經構成歷史意義的種種不同的可能詮釋進
路，平排羅列出，一方面，除了上面所述，有助於避免詮釋者在「意謂」階
段，因爲個人主觀臆斷，而可能造成的武斷推論現象之外。另一方面，藉由
歷代老學註解者的多面向體會，亦有助於探索原本「包含眾義」的《老子》
各種可能存在的意蘊。〔註54〕

　　然而，「蘊謂」層次亦非「創造的詮釋學」的終點，傅偉勳教授認爲：「我
們在『蘊謂』層式祇能平排各種不同的可能詮釋進路，卻無法眞正做到各種
可能詮釋之間孰高孰低、孰深孰淺、孰憂孰劣的評價衡定，因此必須進一步
升進『當謂』層次。」〔註55〕換言之，詮釋者在「當謂」層次，必須針對「蘊
謂」層次所提出的種種不同的詮釋進路，進行批判性的比較考察，從中找出

〔註52〕傅偉勳教授指出：「詮釋學實與所謂『（純粹）客觀性』甚或『絕對性』毫不
相干，對於『客觀性』或『絕對性』的無謂迷信或偏向，動輒導致嚴重的學
術武斷與自我標榜，有如自扮『詮釋學的上帝』角色，……。我認爲，詮釋
學的探索所能獲致的，充其量祇不過是一種『相互主體性脈絡亦意的詮釋強
度或優越性』而已。」（引自傅偉勳著：〈創造的詮釋學及其運用〉，頁3）。
〔註53〕引自潘德榮著：〈詮釋的創造性與「創造的詮釋學」〉（收錄於《中國哲學史》，
2002年第3期），頁123。
〔註54〕有關「創造的詮釋學」的「蘊謂」層次之辯證方法，參考傅偉勳著：〈創造的
詮釋學及其運用〉，頁27～頁33，及傅偉勳著：〈創造的詮釋學與思維方法〉，
頁234～頁237。
〔註55〕引自傅偉勳著：〈創造的詮釋學與思維方法〉，頁237。

最有詮釋理據或強度的深層義蘊或根本義理出來，而這也是「當謂」層次所關注且必須完成的任務。反過來說，爲了完成「當謂」層次的目標，詮釋家必須具備「獨創性的詮釋學洞見與判斷」，透過己身的體會，區別出其輕重高低，並發掘出原思想家的深層義理結構。用傅偉勳教授的話來說，「當謂」層次的目標在於：

> 超越諸般詮釋進路，判定思想家的義理根基以及整個義理架構的本質，依此重新安排脈絡意義、層面義蘊等等的輕重高低，而爲原思想家說出他應當（should）說出的話。〔註56〕

所謂「爲原思想家說出他應當說出的話」即假設原思想家仍存活於此時此地，當他面對如此浩瀚的詮釋進路時，將如何提出回應？當然，原思想家不可能存活於此時此地，因此作爲詮釋者的讀者，便有責任爲原思想家「說清楚」。至此，若完成「當謂」層次的任務，即完成了一般性的詮釋工作，也就是完整地表述出原思想家的可能想法與哲理，用傅偉勳先生的話語，即通過「當謂」層次的努力，已經「講活」了原有思想。〔註57〕另外，筆者認爲在「當謂」層次尚有一個重要的意涵，亦即詮釋者在「當謂」層次的詮釋態度上面的轉變。從「實謂」到「意謂」到「蘊謂」再到「當謂」，很明顯地有兩種詮釋態度。第一種態度，出現在「實謂」到「蘊謂」的三個階段中，詮釋者處理此前三層次的任務，必須具有「絕對客觀」的態度或「避免主觀」的態度，易言之，不論是「實謂」的原典考證，或「意謂」的語意分析，或「蘊謂」的思想史脈絡羅列，都被要求針對原典如實地提出客觀的資料，當然，筆者在前面也提過不可能出現「絕對客觀」的詮釋結構，但是，至少需自我要求避免摻入主觀評斷。然而，在「當謂」階段，則必須採用「不得不主觀」的研究態度，此不得不主觀的研究態度，即是爲講活原思想家的哲理義蘊而發的「獨創性的詮釋學洞見與判斷」。此「獨創性的詮釋學洞見與判斷」之所以能夠講活原思想家的哲理義蘊，便在於它跳出「詮釋學的循環」〔註58〕，進

〔註56〕引自傅偉勳著：〈創造的詮釋學及其運用〉，頁34。

〔註57〕有關「創造的詮釋學」的「當謂」層次之辯證方法，參考傅偉勳著：〈創造的詮釋學及其運用〉，頁33～頁39，及傅偉勳著：〈創造的詮釋學與思維方法〉，頁237～頁240。

〔註58〕傅偉勳教授曾於〈創造的詮釋學與思維方法論〉一文中對「詮釋學的循環」的問題，提出：「正因對於『意謂』未有定論，他們（按：如朱熹的《四書集注》）才有收集歷代有過的種種注疏，從『意謂』轉到『蘊謂』；但又由於過

而把握「道理強制性」、「詮釋殊勝性」，於此層次訂立詮釋學的抉擇準則，以決定最佳詮釋方式。當然，所謂的「道理強制性」、「詮釋殊勝性」，亦有待於「創謂」層次的努力，然而我們極容易便可發現「當謂」層次與前三層次的「避免主觀」態度間，存在迥異的「不得不主觀」的研究態度。傅偉勳教授曾以朱熹的《四書集註》爲例，提出說明：

> 我們依此創造的詮釋學觀點去重新考察朱熹的《四書集註》，就可以發現，朱熹的學問興趣，並不在螞蟻般地一味收錄眾多「蘊謂」而毫無選擇；他在收錄此類「蘊謂」之時，心中已有「當謂」準則，因此他特別偏重程頤之言，其他注疏則多半變成附庸而已。……舉例來說，朱熹對於孔子所云「克己復禮爲仁」的「仁」，解爲「仁者本心之全德，仁者所以全其心之德也，蓋心之全德，莫非天理」，又解「禮」爲「天理之節文」，已不再去推測孔子的「意謂」，但依「性即理」的「創謂」觀點，證成孔子此語之中有關「禮」與「仁」二字的自認爲是的「當謂」定論。〔註59〕

從此例子中，我們可以發現，依傅偉勳教授的「創造的詮釋學」在「當謂」層次應有的任務已不再是如前三層次的「校勘」、「考證」、「收錄」等依循原典所進行之客觀態度的努力，而必須針對以存在的各種詮釋進路進行「比較」，此間必涉及詮釋者主觀意識的「自認爲是的『當謂』定論」，此是當謂層次與前三層次最大差異的之處。

從詮釋態度的轉變來看，「創造的詮釋學」的五個層次以「當謂」層次爲分水嶺，可再區分爲兩層架構：自「實謂」層次至「蘊謂」層次屬於第一層架構，此層架構以還原原典在過往時代所存在之解釋爲主，不帶有任何主觀的判斷，劉述先教授認爲此三個層次當譯爲「解釋學」〔註60〕。而「當謂」層次與最後的「創謂」層次，另涉及詮釋者本身對原典以及原典所構成之歷史詮釋的理解，

份相信有所謂『意謂』的純客觀性，他們又想在已收集的種種『蘊謂』之中尋找唯一正確的『意謂』答案。」（引自傅偉勳著：〈創造的詮釋學與思維方法〉，頁251）。

〔註59〕引自傅偉勳著：〈創造的詮釋學與思維方法〉，頁251～頁252。

〔註60〕劉述先教授指出：「我個人認爲，上述三個層次（按：即「實謂」、「意謂」、「蘊謂」三個層次）若翻成『解釋學』可能較爲妥貼，因爲這三種活動完全依據原典來進行，企圖將已逝時代的觀念還原於現代人面前。」（引自「『中國經典詮釋學的特質』學術座談會紀錄」，收錄於黃俊傑編：《中國經典詮釋傳統（一）：通論篇》，財團法人喜馬拉雅研究發展基金會，中華民國91年6月，頁435）。

此兩層次屬於第二層架構，此段架構不再平面地鋪述出原典的表面結構，而是配合詮釋者的理解，進一步分析、挖掘出原典的深層結構，另外由於受到詮釋者所處的時空背景影響，於此第二層的架構中，往往可以藉由詮釋者的闡釋而發現當代經典詮釋特色，或詮釋者如何運用原典的智慧回應當代的課題，因此，在此層的架構中，經典詮釋具有充分的開放意義，透過詮釋者個人的再理解，使得原典的意義不斷生成，隨時隨地有著創新的開拓。

當然，「創造的詮釋學」不只要求詮釋者「講活」原思想者的思想，還需要進一步「救活」原思想者的思想，此有待從「當謂」層次進到「創謂」層次，也是「創造的詮釋學」最後的一個步驟。在「創謂」層次中，詮釋者當從歷史上的種種「已說」，建立具有時代意義的「應說」，換句話說，當詮釋者面對當代所面臨到的前所未有的新衝擊時，該如何通過「當謂」層次中已然重新理解詮釋所達到的種種結果，激發出新的思維與意義，〔註 61〕此即傅偉勳教授所說：「我們必須使用我們時代的鮮活語言，說出老莊未曾（或未能）說出，但必須（must）說出的話。」〔註 62〕因此，在「繼承」原思想家與前詮釋者的理論的同時，創造性的詮釋者亦當思考該理論如何能「與時俱進」地向前「發展」，從批判的繼承者變成為創造的發展者，為原思想家徹底解消理論的侷限性，使能突破內在難題或實質矛盾，進而完成原思想家未能完成（或當時未曾面對）的思想課題。〔註 63〕正因如此，「創造的詮釋學」之所以有其「創造性」，在於「創謂」層次的探索結果。〔註 64〕

〔註 61〕 傅偉勳教授認為在「當謂」層次與「創謂」層次間，依然存在著「辯證的聯貫性」，也就是「當謂」與「創謂」層次間，並非單向地由「當謂」層次進入「創謂」層次；相反地，在「創謂」層次中所獲得的哲學理論，往往也影響到「當謂」層次的證成結果，諸如筆者於「意謂」層次的說明中，所摘引之傅偉勳教授對朱熹《四書集註》中「克己復禮為仁」該句之詮解方式的分析時，提到：「依『性即理』的『創謂』觀點，證成孔子此語之中有關『禮』與『仁』二字的自認為是的『當謂』定論。」也由於「當謂」與「創謂」間存在著「辯證的聯貫性」，因此大陸學者潘德榮教授認為：「在他所定的詮釋的五個步驟中，第四步驟（按：「當謂」層次）似乎只是一個虛設，其實質性的內容均包含在第五步驟（按：「創謂」層次）中。」（引自潘德榮著：〈詮釋的創造性與「創造的詮釋學」〉，頁 124）。

〔註 62〕 引自傅偉勳著：〈創造的詮釋學及其運用〉，頁 40～頁 41。

〔註 63〕 有關「創造的詮釋學」的「創謂」層次之辯證方法，引自傅偉勳著：〈創造的詮釋學及其運用〉，頁 39～頁 44，及傅偉勳著：〈創造的詮釋學與思維方法〉，頁 254～頁 258。

〔註 64〕 傅偉勳教授指出：「就廣義言，創造的詮釋學包含五個層次，就狹義言，特指

　　本論文擬以傅偉勳教授所提出之「創造的詮釋學」作為研究方法之指引，藉以分析徽宗《御注》中的思想義蘊，並進一步擬構其理論架構。問題是，本論文所研究對象——徽宗《御注》——原是對《老子》的詮釋，當筆者研討徽宗《御注》時，將使徽宗《御注》反成為被詮釋者，如此一來「創造的詮釋學」能否完全適用為研究方法，便值得思考。〔註65〕儘管如此，一如傅偉勳教授所言之「不必死板地依次探討原典詮釋的問題」〔註66〕，面對就徽宗《御注》的雙重詮釋者身份，筆者擬就「創造的詮釋學」的五個層次，針對不同主題進行研討。換句話說，在「實謂」層次，筆者將針對徽宗《御注》進行文字考證，從現存相關傳本中找出徽宗《御注》原文（筆者按：此層次初步成果列於本論文末之「附錄」）。在「意謂」層次，由於徽宗《御注》是《老子》原典的詮釋者，故筆者在「意謂」層次的努力，在於分析徽宗《御注》如何詮解《老子》思想，並提出思想內涵之梗概。在「蘊謂」層次，為探討後代研究徽宗《御注》思想內涵之成果，除此之外，徽宗《御注》如何引他說來「蘊謂」《老子》思想，也是目標之一。最後的「當謂」與「創謂」層次，前者是針對「蘊謂」所得結果進行批判，以「講活」被詮釋典籍；後者則是為「救活」被詮釋典籍，而賦予新時代意義。就前者而言，筆者將自前人已完成之學術成果盡力「講活」徽宗《御注》，同時也關注徽宗《御注》

　　『必謂』（按：即『創謂』）層次。如依狹義重新界定五個層次的各個功能，則『實謂』層次屬於前詮釋學的原典考察；『意謂』屬於依文解義的一種析文詮釋學；『蘊謂』層次乃屬歷史詮釋學；『當謂』層次則屬批判詮釋學；至於『必謂』（按：即『創謂』）層次才真正算是狹義的創造的詮釋學，但此層次的創造性思維，無法從其他四層任意游離或抽離出來。」（引自傅偉勳著：〈創造的詮釋學及其運用〉，頁45）。

〔註65〕傅偉勳教授曾說：「『創造的詮釋學』原是針對《道德經》、《壇經》等等哲學原典的詮釋研究所構想而成，由於它屬一般方法論，當可擴延其適用功能到一個思想傳統（如儒家思想傳統或佛教思想傳統）的延續、繼承、重建、轉化或現代化等等廣義的詮釋學課題。」（引自傅偉勳著：〈創造的詮釋學及其運用〉，頁45～頁46）可見，「創造的詮釋學」並非無限制地適用於所有思想典籍詮釋，也就是說，假使徽宗《御注》未能構成所謂的「思想傳統」，則無法全面完成五個層次探索，至少無從分析「蘊謂」至「當謂」層次。此外，據本論文所設定研究範圍，筆者僅須如實地陳述徽宗《御注》的思想內涵，並無意於「救活」其本身思想，是以「創謂」層次的探討留待後續研究，但是，從徽宗《御注》作為《老子》詮釋者的角度來看，本論文不得忽略徽宗《御注》是否「創謂」了老子思想。

〔註66〕引自傅偉勳著：〈創造的詮釋學及其運用〉，頁44。

是否「講活」了《老子》思想；就後者而言，筆者無意（事實上也不需要）賦予徽宗《御注》新時代意義，但是對於徽宗《御注》如何「救活」《老子》思想，則爲本論文討論重點之一。

第二章　徽宗《御注》外緣問題之考察

　　本章旨在簡述筆者研究徽宗《御注》思想的過程中，所處理及觀察到的相關成果，屬於徽宗《御注》的外緣問題，因此內容重點分爲兩大類：其一，徽宗《御注》的體例介紹；其二，徽宗《御注》注《老》的著作背景。前者探討的對象在於徽宗《御注》本身的版本及其分卷問題，後者則是針對徽宗《御注》作者、成書時間及其作者注《老》的動機，進行相關文獻的討論。期能透過本章的初步考察，了解徽宗《御注》外緣問題的梗概，以作爲後續思想研究的基礎。

第一節　徽宗《御注》的體例介紹

一、徽宗《御注》的版本

　　探討徽宗《御注》思想之前，必須有好的徽宗《御注》底本，故而選擇善本爲研究對象，是初步的整理工作。以下臚列筆者於研究過程中所使用的相關版本：

1.〔宋〕趙佶宋徽宗御解道德眞經（四卷）《正統道藏》〔註1〕
2.〔宋〕趙佶宋徽宗御解道德眞經（四卷）《道德經名注選輯（三）》〔註2〕

〔註 1〕收錄於《正統道藏》第 19 冊（臺北：新文豐出版公司，1977 年初版），頁 783～頁 846。
〔註 2〕收錄於蕭天石主編：《道德經名注選輯（三）》（中國子學名著集成），乃傳鈔《正統道藏》本。，

3. 〔宋〕章安宋徽宗道德眞經解義（十卷）《正統道藏》〔註3〕

4. 〔宋〕章安宋徽宗道德眞經解義（十卷）《宛委別藏》〔註4〕

5. 〔宋〕江澂道德眞經疏義（十四卷）　　《正統道藏》〔註5〕

6. 〔宋〕彭耜道德眞經集注（十八卷）　　《正統道藏》

7. 〔宋〕董思靖道德眞經集解（二卷）　　《正統道藏》

8. 〔韓〕李栗谷醇言〔註6〕（四十章）

　　上述八個版本，除了《醇言》（〔韓〕李栗谷）的材料較少，其他七個版本皆提供極爲豐富的材料，〔註7〕可歸納爲三大類：其一，徽宗《御注》的直接材料，如：1、2。其二，徽宗《御注》的注疏本，如：3、4、5，又可細分爲兩條細目，一份爲登仕郎章安所做的《宋徽宗道德眞經解義》，共分十卷，書中逐條解釋徽宗《御注》注文，開頭並標以「臣義曰」作爲注、疏的區分，熊鐵基先生以爲其書主旨爲「道爲太初之無，無體無垠，常存常眞」〔註8〕。另一份則是太學生江澂所著《道德眞經疏義》，共分十四卷，其編纂方式大致同於章安《解義》，逐條解釋徽宗《御注》注文，開頭並標以「疏義曰」作爲注、疏的區分，熊鐵基先生以爲其書主旨爲「道中有德，德中有道，萬物由

〔註3〕收錄於《正統道藏》第20冊，頁1～頁121。

〔註4〕收錄於《宛委別藏》（臺北：臺灣商務印書館，1981年），乃傳鈔《正統道藏》本。

〔註5〕收錄於《正統道藏》第20、21冊，頁735～頁846。

〔註6〕《醇言》爲韓國李栗谷註釋《道德經》的著作，其書基本趨向在於融合儒道之間。在內容取捨方面，則打破舊有章目，而重新編定爲四十章，並以韓國的專有讀法爲之註釋。其各章構成，多是節錄《道德經》某章的部分內容而獨立成章，有的只擷取一二句而加以註釋。而註釋材料多取於董思靖的《太上老子道德經集解》，共計達四十多處。就筆者初步考察，該書僅於第三十四章，引述徽宗語（筆者按：其作「宋徽宗曰孟子所謂反乎爾者下奪民力故荊棘生馬上干和氣故有凶年」，未加標點。）注解「以道佐人主者，不以兵強天下，其事好還，師之所處，荊棘生焉，大軍之後，必有凶年。」。有關材料可參考〔韓〕李宣侚著：〈《醇言》與《道德經》的儒家解讀〉（收錄於《中國哲學史》2001年第2期），頁122～頁126。

〔註7〕雖說有七個版本，但是因爲《宋徽宗道德眞經解義（十卷）》道藏本與名著選輯本內容一致，且《宋徽宗道德眞經解義》道藏本與宛委本的內容也相同，故實際只有五個版本：道藏本《宋徽宗御解道德眞經（四卷）》、道藏本《宋徽宗道德眞經解義（十卷）》、道藏本《道德眞經疏義（十四卷）》及道藏本《道德眞經集注》。

〔註8〕引自熊鐵基等著：《中國老學史》（福州：福建人民出版社，1997年7月第2次印刷），頁319。

之，人皆有德」〔註9〕。其三，徽宗《御注》的集義本，如：6、7。其中隱士彭耜的《道德眞經集注》所據版本正是北宋徽宗《御注》本，收羅許多宋人注文，並含王弼、陸德明、河上公注文於其中，分爲十八卷，熊鐵基先生以爲其書主旨爲「老子自然無爲，可治世、出世，與孔子無異」〔註10〕。最後一部則是道士董思靖編纂的《道德眞經集解》，分爲二卷，採用了王弼、唐玄宗、宋徽宗、陳景元、司馬光、王安石、蘇轍、朱熹、葉適、程大昌、劉驥諸家之說，熊鐵基先生以爲其書主旨爲「道爲萬理總名，自然長存，無時無處不在」。〔註11〕

二、徽宗《御注》的分卷

今日可見徽宗《御注》的最早傳本，是存於《正統道藏》之中的四卷本《宋徽宗御解道德眞經》，然而，就文獻資料的記載，徽宗《御注》的分卷應作二卷本，如朝德先生《郡齋讀書志・附志》提到：

> 《御解老子》二卷 右 徽宗皇帝之御製也。嘗倣唐制，命大臣分章句，書寫刻石。又詔《史記・老子傳》陞于列傳之首，自爲一帙；〈前漢古今人表〉，列於上聖。……〔註12〕

而近人嚴靈峰先生所著《中外老子著述目錄》，亦指出：

> 《老子注》 二卷 宋徽宗名佶趙姓，號「宋道君」。……【存】注多引《易經》、《莊子》頗爲詳盡。或云鄭居中視草。《道藏本》「宋志」作「老子解」。郡齋讀書志稱「御注老子」。〔註13〕

可見，徽宗《御注》原本是二卷本的形式。於此值得注意的是，根據嚴靈峰先生的著錄，二卷本徽宗《御注》於今或存，然而該著錄資料卻未留下任何學術線索，供讀者搜索二卷本徽宗《御注》。爲解釋此現象，筆者往上追查王重民先生的《老子考》，〔註14〕其作：

〔註9〕引自熊鐵基等著：《中國老學史》，頁319。

〔註10〕引自熊鐵基等著：《中國老學史》，頁321。

〔註11〕引自熊鐵基等著：《中國老學史》，頁319。

〔註12〕引自〔宋〕晁公武著：《郡齋讀書志》（《四庫全書》第674冊，臺北：臺灣商務印書館，1983年）。

〔註13〕引自嚴靈峰著：《中外老子著述目錄》（臺北：中華叢書委員會，1957年5月）頁48～49。

〔註14〕嚴靈峰先生於該書「例言」，言：「本書以王重民之『老子考』爲藍本，刪繁補闕，並正其失誤而成。」（引自嚴靈峰著：《中外老子著述目錄》，頁1）。

> 宋徽宗《老子注》二卷。　　存。　　《道藏本》：才下。作四卷。　　《宋
> 志》：徽宗《老子解》一卷；《通考‧經籍考》：《御注老子》二卷；《國
> 史志》宋徽宗《注老子》二卷。〔註15〕

由是可知，王重民先生的著錄也只保留《道藏本》四卷本，並未告知二卷本徽宗《御注》是否仍流傳於世。故筆者推測其所謂「宋徽宗《老子注》『二卷』。」或許是指該書原本分卷狀況，而非目前尚存的傳本體例。因此，今所見《正統道藏》所收錄的《宋徽宗御解道德眞經》，已非最早的二卷本，可能與原本或許有所出入。爲了避免因爲版本文字出入，影響對徽宗《御注》思想的探討，勢必需要整理目前所擁有的材料，因此筆者選用與徽宗《御注》較相近的《道藏》本《宋徽宗御解道德眞經》、《道藏》本《宋徽宗道德眞經解義》、《道藏》本《道德眞經疏義》、《道藏》本《道德眞經集注》進行初步的底本互勘，並將相關成果列於本論文附錄，〔註16〕以降低日後的研究工作被版本影響的可能性。

　　再者，雖然無從獲知徽宗《御注》原本的分卷方式，但是，仍可從今流傳的《道藏本》徽宗《御注》觀察出原本分卷的痕跡。就《道藏本》徽宗《御注》的體例來看，其分章方式，分爲「道經上」、「道經下」、「德經上」、「德經下」四卷，共八一章。每章以該章開頭三至五字爲章名，如：「道可道章第一」、「天下皆知章第二」，其注採句釋，不論經文長短，每一句話完結後便加以註釋。再者，既然《道藏本》徽宗《御注》作四卷分卷，不同於原本分爲二卷，那《道藏本》徽宗《御注》分卷是否有所規律或意涵？且原本的二卷本又是如何分卷？首先，既然章安《解義》、江澂《疏義》係隨徽宗《御注》爲疏本，則從三者之間的分卷、分章方式，必然可以看出端倪與線索，故筆者以《道藏本》徽宗《御注》本、章安《解義》、江澂《疏義》的分卷方式互爲參照，列表如下頁所示：

〔註15〕引自王重民著：《老子考》（臺北：台灣商務印書館，1998 年 6 月），頁 211。此外，王重民先生於《宋志》的著錄條文有誤，該書應作二卷本，而非一卷本。應如任繼愈先生所紀錄：「《宋史‧藝文志》、《文獻通考‧經籍考》、晁公武《郡齋讀書志》、趙希弁《郡齋讀書附志》皆二卷。《道藏》本道、德各二卷，故共四卷。」（引自任繼愈著：《道藏提要》（第 3 次修訂版），北京：中國社會科學出版社，2005 年 12 月，頁 294）。

〔註16〕筆者初步整理的結果，共列出 788 項差異。然其中大多是彭耜《集注》缺漏的紀錄（筆者按：彭耜《集注》爲「集注」題例，未能收入完整徽宗《御注》內容，屬可理解範圍），其餘則是通同字或俗字的差異，並不影響思想判讀。

《道藏本》徽宗《御注》	章安《解義》	江澂《疏義》
道經上，卷一：1 章至 20 章	道經，卷一：1 章至 4 章	卷一：1 章至 3 章
道經下，卷二：21 章至 37 章	道經，卷二：5 章至 12 章	卷二：4 章至 9 章
德經上，卷三：38 章至 58 章	道經，卷三：13 章至 19 章	卷三：10 章至 14 章
德經下，卷四：59 章至 81 章	道經，卷四：20 章至 27 章	卷四：15 章至 17 章
	道經，卷五：28 章至 37 章	卷五：18 章至 23 章
	德經，卷六：38 章至 44 章	卷六：24 章至 29 章
	德經，卷七：45 章至 53 章	卷七：30 章至 37 章
	德經，卷八：54 章至 60 章	卷八：38 章至 41 章
	德經，卷九：61 章至 69 章	卷九：42 章至 48 章
	德經，卷十：70 章至 81 章	卷十：49 章至 55 章
		卷十一：56 章至 61 章
		卷十二：62 章至 67 章
		卷十三：68 章至 74 章
		卷十四：75 章至 81 章

　　從該表中，不難發現，《道藏本》徽宗《御注》與章安《解義》、江澂《疏義》之間，唯一共同的特色是以〈道常無為章第三十七〉、〈上德不德章第三十八〉劃分，〈道常無為章第三十七〉以前為「道經」，〈上德不德章第三十八〉以後為「德經」，故《道藏本》徽宗《御注》與章安《解義》，仍沿用「道經」、「德經」的名稱，〔註17〕江澂《疏義》雖然不沿用此名稱，但是亦以同樣的分類方式將經文分為兩大部分。可是，再仔細觀察，卻發現此三本每卷範圍

〔註17〕徽宗有時亦以「下經」代稱「德經」。如〈信言不美章第八十一〉注文有「故〈德經〉終焉」，而〈德經・序〉又稱「體道者異乎此，故列於下經」，兩相比照，「德經」即是「下經」，兩者所指為一。

的安排卻無相對關係。章安《解義》與江澂《疏義》的分卷方式係以「道經」、「德經」分爲兩大部分，再以每部分的篇幅作爲區隔，章安《解義》於每部分再分爲五卷，江澂《疏義》則再分爲七卷，故章安《解義》與江澂《疏義》各章所處卷數各不相應。而《道藏本》徽宗《御注》雖然於「道經」、「德經」再區分爲「道經上」、「道經下」、「德經上」「德經下」四卷，其劃分方式卻非以篇章範圍爲標準，如其「道經上」共分二十章，共四十一頁，「道經下」卻分十七章，共二十五頁，此明顯表示其「道經上」、「道經下」的分卷，不是以篇幅大小而定。故可知徽宗《御注》原所分二卷係以「道經」、「德經」爲區分，而今《道藏本》徽宗《御注》的分卷方式，係後人根據原「道經」、「德經」爲區分的基礎上，再各自析分爲二，唯其分卷用意，未能推測而知。

最後，根據上述推測結果，已知徽宗《御注》的分卷方式，是以「道經」、「德經」作爲區分，若能進一步考察徽宗《御注》的分章狀況與經文文字安排，或許有助於認識徽宗《御注》的體例。然而，目前所流傳的老子注本極多，無法如實地一一加以比對，故筆者從思想較近的河上公本與開元御注本，〔註18〕作爲與徽宗《御注》比對的對象，並將結果製表於後：〔註19〕

徽宗《御注》內容	河上公本	開元御注本
道可道章第一 道可道，非常道；名可名，非常名。無名，天地之始；有名，萬物之母。常無，欲以觀其妙；常有，欲以觀其徼。此兩者，同出而異名。同謂之玄，玄之又玄，眾妙之門。	**體道第一** ＊「常無，欲以觀其妙；常有，欲以觀其徼」作「故常無欲，以觀其妙；常有欲，以觀其徼」。	
天下皆知章第二 天下皆知美之爲美，斯惡已；皆知善之爲善，斯不善已。故有無	**養身第二** ＊「故有無之相生，難易之相成，長短之相形，高下之相傾，聲音之相	＊「聲音之相和」作「音聲之相和」。 ＊「是以聖人處無爲之事」

〔註18〕依徽宗《御注》本重視「治身」、「治國」關係的觀點來看，頗近似於河上公本的看法，另外徽宗《御注》屬於「御注派」範圍，就今所見的各家御注派所存者，唯開元御注本（唐玄宗御注本）較爲完整，故取河上公本與開元御注本二本加以比對。

〔註19〕爲了方便比對，筆者將《道藏本》徽宗《御注》經文列出，河上公本與開元御注本與之不同的地方，另標出，若相同則不予處理。

之相生，難易之相成，長短之相形，高下之相傾，聲音之相和，前後之相隨。是以聖人處無爲之事，行不言之教。萬物作而不辭，生而不有，爲而不恃，功成不居。夫惟不居，是以不去。	和，前後之相隨」作「故有無相生，難易相成，長短相形，高下相傾，音聲相和，前後相隨」。 × 「功成不居」作「功成弗居」。 × 「夫惟不居」作「夫惟弗居」。	作「是以聖人處无爲之事」。
不尙賢章第三 不尙賢，使民不爭。不貴難得之貨，使民不爲盜。不見可欲，使心不亂。是以聖人之治，虛其心，實其腹，弱其志，強其骨。常使民無知無欲。使夫知者不敢爲也。爲無爲，則無不治矣。	**安民第三** × 「爲無爲，則無不治矣」作「爲無爲，則無不治」。	× 「常使民無知無欲」作「常使民無知无欲」。 × 「爲無爲，則無不治矣」作「爲无爲，則无不治矣」
道冲章第四 道冲而用之，或不盈。淵兮，似萬物之宗。挫其銳，解其紛，和其光，同其塵。湛兮，似或存。吾不知誰之子，象帝之先。	**無源第四** × 「湛兮，似或存」作「湛兮，似若存」。 × 「吾不知誰之子」作「吾不知其誰之子」。	× 「道冲而用之」作「道冲而用之」。 × 「或不盈」作「或似不盈」。
天地章第五 天地不仁，以萬物爲芻狗。聖人不仁，以百姓爲芻狗。天地之間，其猶橐籥乎。虛而不屈，動而愈出。多言數窮，不如守中。	**虛用第五**	
谷神章第六 谷神不死，是謂玄牝。玄牝之門，是謂天地根。綿綿若存。用之不勤。	**成象第六**	× 「綿綿若存」作「緜緜若存」。
天長地久章第七 天長地久，天地所以能長且久者，以其不自生，故能長生。是以聖人後其身而身先，外其身而身存。非以其無私耶？故能成其私。	**韜光第七**	× 「非以其無私耶」作「非以其無邪」。

上善若水章第八	易性第八	
上善若水。水善利萬物而不爭，處眾人所惡，故幾於道。居善地。心善淵。與善仁。言善信。政善治。事善能。動善時。夫惟不爭，故無尤矣。	* 「政善治」作「正善治」。 * 「夫惟不爭，故無尤矣」作「夫唯不爭，故無尤」。	* 「處眾人所惡」作「處眾人之所惡」。 * 「夫惟不爭，故無尤矣」作「夫唯不爭，故無尤」。
持而盈之章第九	運夷第九	
持而盈之，不如其已；揣而銳之，不可長保。金玉滿堂，莫之能守；富貴而驕，自遺其咎。功成名遂身退，天之道。		
載營魄章第十	能爲第十	
載營魄，抱一，能無離乎。專氣致柔，能如嬰兒乎？滌除玄覽，能無疵乎？愛民治國，能無爲乎？天門開闔，能爲雌乎？明白四達，能無知乎？生之畜之。生而不有，爲而不恃，長而不宰，是謂玄德。	* 「載營魄，抱一，能無離乎」作「載營魄，抱一能無離乎」。	* 「載營魄，抱一」，作「載營魄，抱一」。 * 「能無離乎」作「能无離乎」。 * 「能無疵乎」作「能无疵乎」。 * 「能無爲乎」作「能无爲乎」。 * 「能無知乎」作「能无知乎」。
三十輻章第十一	無用第十一	
三十輻共一轂，當其無，有車之用；埏埴以爲器，當其無，有器之用；鑿戶牖以爲室，當其無，有室之用。故有之以爲利，無之以爲用。		* 「當其無，有車之用」作「當其无，有車之用」。 * 「當其無，有器之用」作「當其无，有器之用」。 * 「當其無，有室之用」作「當其无，有室之用」。 * 「無之以爲用」作「无之以爲用」。
五色章第十二	檢欲第十二	
五色令人目盲，五音令人耳聾，五味令人口爽；馳騁田獵，令人心發狂；難得之貨，令人行妨。是以聖人爲腹不爲目，故去彼取此。		

寵辱章第十三 寵辱若驚，貴大患若身。何謂寵辱？寵爲下。得之若驚，失之若驚。是謂寵辱若驚。何謂貴大患若身？吾所以有大患者，爲吾有身。及吾無身，吾有何患？故貴以身爲天下，若可寄天下；愛以身爲天下，若可託天下。	**猒恥第十三** ✗「寵爲下」作「辱爲下」。 ✗「若可寄天下」作「則可寄於天下」。 ✗「若可託天下」作「乃可以託於天下」。	✗「及吾無身」作「及吾无身」。
視之不見章第十四 視之不見，名曰夷。聽之不聞，名曰希。搏之不得，名曰微。此三者，不可致詰，故混而爲一。其上不皦，其下不昧。繩繩兮不可名，復歸於無物。是謂無狀之狀，無物之象，是謂恍惚。迎之不見其首，隨之不見其後。執古之道，以御今之有。能知古始，是謂道紀。	**贊玄第十四** ✗「繩繩兮不可名」作「繩繩不可名」。 ✗「是謂恍惚」作「是爲忽恍」。	✗「故混而爲一」作「故復混而爲一」。 ✗「繩繩兮不可名」作「繩繩不可名」。 ✗「復歸於無物」作「復歸於无物」。 ✗「是謂無狀之狀」作「是謂无狀之狀」。 ✗「是謂無物之象」作「是謂无物之象」。 ✗「是謂恍惚」作「是謂惚恍」。
古之善爲士章第十五 古之善爲士者，微妙玄通，深不可識。夫惟不可識，故強爲之容。豫兮若多涉川，猶兮若畏四鄰。儼若容。渙若冰將釋。敦兮其若樸。曠兮其若谷。渾兮其若濁。孰能濁以靜之徐清？孰能安以動之徐生？保此道者，不欲盈。夫唯不盈，故能敝不新成。	**顯德第十五** ✗「夫惟不可識」作「夫唯不可識」。 ✗「豫兮若多涉川」作「與兮若多涉川」。 ✗「儼若容」作「儼兮其若容」。 ✗「渙若冰將釋」作「渙兮若冰之將釋」。 ✗「敦兮其若樸」作「敦兮其若朴」。 ✗「孰能濁以靜之徐清？孰能安以動之徐生」作「孰能濁以止？靜之徐清。孰能安以久？動之徐生」。 ✗「故能敝不新成」作「故能蔽不新成」。	✗「夫惟不可識」作「夫唯不可識」。 ✗「豫兮若多涉川」作「豫若多涉川」。 ✗「儼若容」作「儼若客」。 ✗「孰能安以動之徐生」作「孰能安以久動之徐生」。 ✗「故能敝不新成」作「故能弊不新成」。

致虛極章第十六	歸根第十六	
致虛極，守靜篤。萬物並作，吾以觀其復。夫物芸芸，各歸其根。歸根曰靜，靜曰復命。復命曰常，知常曰明。不知常，妄作凶。知常容，容乃公，公乃王，王乃天，天乃道，道乃久，沒身不殆。	✻「致虛極」作「至虛極」。 ✻「各歸其根」作「各復歸其根」。	✻「各歸其根」作「各復歸其根」。 ✻「沒身不殆」作「歿身不殆」。
太上章第十七	淳風第十七	
太上，下知有之。其次，親之、譽之。其次，畏之、侮之。故信不足焉，有不信。猶兮其貴言。功成事遂。百姓皆曰我自然。	✻「故信不足焉，有不信」作「信不足，焉有不信」。 ✻「百姓皆曰我自然」作「百姓皆謂我自然」。	✻「故信不足焉」作「信不足」。 ✻「猶兮其貴言」作「猶其貴言」。 ✻「百姓皆曰我自然」作「百姓謂我自然」。
大道廢章第十八	俗薄第十八	
大道廢，有仁義。智慧出，有大僞。六親不和，有孝慈。國家昏亂，有忠臣。	✻「有仁義」作「焉有仁義」。 ✻「有大僞」作「焉有大僞」。 ✻「有孝慈」作「焉有孝慈」。 ✻「有忠臣」作「焉有忠臣」。	
絕聖棄智章第十九	還淳第十九	
絕聖棄智，民利百倍。絕仁棄義，民復孝慈。絕巧棄利，盜賊無有。此三者以爲文不足，故令有所屬。見素抱樸。少私寡欲。	✻「見素抱樸」作「見素抱朴」。	✻「盜賊無有」作「盜賊无有」。
絕學無憂章第二十	易俗第二十	絕學无憂章第二十
絕學無憂。唯之與阿，相去幾何？善之與惡，相去何若？人之所畏，不可不畏。荒兮，其未央哉。眾人熙熙，如享太牢，如春登臺。我獨怕兮其未兆，若嬰兒之未孩。乘乘兮，若無所歸。眾人皆有餘。我獨若遺。我愚人之心也	✻「乘乘兮，若無所歸」作「儽儽兮若無所歸」。 ✻「我獨若遺」作「而我獨若遺」。 ✻「純純兮」作「沌沌兮」。 ✻「澹兮其若海」作「忽兮若海」。	✻「絕學無憂」作「絕學无憂」。 ✻「如春登臺」作「如登春臺」。 ✻「若嬰兒之未孩」作「如嬰兒之未孩」。 ✻「若無所歸」作「若无所歸」。

哉。純純兮。俗人昭昭，我獨若昏；俗人察察。我獨悶悶。澹兮其若海。飂兮似無所止。眾人皆有以，我獨頑且鄙。我獨異於人，而貴求食於母。	× 「飂兮似無所止」作「漂兮若無所止」。 × 「我獨頑且鄙」作「而我獨頑似鄙」。 × 「而貴求食於母」作「而貴食母」。	× 「我獨若遺」作「而我獨若遺」。 × 「澹兮其若海。飂兮似無所止」作「忽若誨寂兮似无所止」。 × 「我獨頑且鄙」作「我獨頑似鄙」。
孔德之容章第二十一 孔德之容，惟道是從。道之為物，惟恍惟惚。惚兮恍兮中有象焉，恍兮惚兮中有物兮，窈兮冥兮中有精兮。其精甚真，其中有信。自古及今，其名不去。以閱眾甫，吾何以知眾甫之然哉。以此。	**虛心第二十一** × 「惟道是從」作「唯道是從」。 × 「惟恍惟惚」作「唯恍唯忽」。 × 「惚兮恍兮中有象焉」作「忽兮恍兮，其中有像」。 × 「恍兮惚兮中有物兮」作「恍兮忽兮，其中有物」。 × 「窈兮冥兮中有精兮」作「窈兮冥兮，其中有精」。	**虛心第二十一** × 「惟道是從」作「唯道是從」。 × 「惟恍惟惚」作「唯恍唯惚」。 × 「惚兮恍兮中有象焉」作「惚兮恍，其中有象」。 × 「惚兮恍兮中有象焉」作「惚兮恍，其中有物」。 × 「窈兮冥兮中有精兮」作「杳兮冥，其中有精」。
曲則全章第二十二 曲則全，枉則直，窪則盈，敝則新，少則得，多則惑。是以聖人抱一為天下式。不自見故明。不自是故彰。不自伐故有功。不自矜故長。夫唯不爭，故天下莫能與之爭。古之所謂曲則全者，豈虛言哉？誠全而歸之。	**益謙第二十二** × 「敝則新」作「弊則新」。	× 「敝則新」作「弊則新」。
希言自然章第二十三 希言自然。故飄風不終朝，驟雨不終日。孰為此者？天地。天地尚不能久。而況於人乎？故從事於道者，道者同於道，德者同於德，失者同於失。同於道者，道亦得之；同於德者，德亦得之；同於失者。失亦得之。信不足，有不信。	**虛無第二十三** × 「故飄風不終朝」作「飄風不終朝」。 × 「道亦得之」作「道亦樂得之」。 × 「德亦得之」作「德亦樂得之」。 × 「失亦得之」作「失亦樂得之」。 × 「信不足，有不信」作「信不足，焉有不信焉」。	**虛無第二十三** × 「故飄風不終朝」作「飄風不終朝」。

跂者不立章第二十四 跂者不立，跨者不行。自見者不明，自是者不彰，自伐者無功，自矜者不長。其在道也，曰餘食贅行。物或惡之，故有道者不處也。	**苦恩第二十四** ✕ 「其在道也」作「其於道也」。	✕ 「自伐者無功」作「自伐者无功」。 ✕ 「其在道也」作「其於道也」。
有物混成章第二十五 有物混成，先天地生。寂兮寥兮，獨立而不改，周行而不殆，可以爲天下母。吾不知其名，字之曰道，強爲之名曰大。大曰逝，逝曰遠，遠曰反。故道大，天大，地大，王亦大。域中有四大，而王處一焉。人法地，地法天，天法道，道法自然。	**象元第二十五** ✕ 「字之曰道」作「故字之曰道」。 ✕ 「而王處一焉」作「而王居其一焉」。	✕ 「而王處一焉」作「而王居其一焉」。
重爲輕根章第二十六 重爲輕根，靜爲躁君。是以君子終日行，不離輜重。雖有榮觀，燕處超然。如何萬乘之主，而以身輕天下？輕則失臣，躁則失君。	**重德第二十六** ✕ 「是以君子終日行」作「是以聖人終日行」。 ✕ 「如何萬乘之主」作「奈何萬乘之主」。	✕ 「如何萬乘之主」作「奈何萬乘之主」。
善行章第二十七 善行，無轍迹；善言，無瑕讁；善計，不用籌筭；善閉，無關楗而不可開；善結，無繩約而不可解。是以聖人常善救人，故無棄人；常善救物，故無棄物。是謂襲明。故善人，不善人之師；不善人，善人之資。不貴其師，不愛其資，雖智大迷。是謂要妙。	**巧用第二十七** ✕ 「善行，無轍迹」作「善行者，無轍迹」。 ✕ 「善言，無瑕讁」作「善言者，無瑕讁」。 ✕ 「善計，不用籌筭」作「善計者，不用籌策」。 ✕ 「善閉，無關楗而不可開」作「善閉者，無關楗而不可開」。 ✕ 「善結，無繩約而不可解」作「善結者，無繩約而不可解」。 ✕ 「故善人，不善人之師；不善人，善人之資」作「故善人者，不善人之師」。 ✕ 「不善人，善人之資」作「不善人者，善人之資」。	✕ 「善行，無轍迹」作「善行，无轍迹」。 ✕ 「善言，無瑕讁」作「善言，无瑕讁」。 ✕ 「無關楗而不可開」作「无關楗而不可開」。 ✕ 「無繩約而不可解」作「无繩約而不可解」。 ✕ 「故無棄人」作「故无棄人」。 ✕ 「故無棄物」作「故无棄物」。 ✕ 「是謂要妙」作「是爲要妙」。

知其雄章第二十八	反朴第二十八	
知其雄，守其雌，為天下谿。為天下谿，常德不離，復歸於嬰兒。知其白，守其黑，為天下式。為天下式，常德不忒，復歸於無極。知其榮，守其辱，為天下谷。為天下谷，常德乃足，復歸於樸。樸散則為器，聖人用之，則為官長。故大制不割。	✱「復歸於樸」作「復歸於朴」。 ✱「樸散則為器」作「朴散則為器」。	✱「為天下谿，常德不離」作「為天下俗，常德不離」。 ✱「復歸於無極」作「復歸於无極」。
將欲章第二十九	**無為第二十九**	
將欲取天下而為之者，吾見其不得已。天下神器，不可為也。為者敗之，執者失之。故物或行或隨，或噓或吹，或強或羸，或載或隳。 是以聖人去甚，去奢，去泰。	✱「將欲取天下而為之者」作「將欲取天下而為之」。 ✱「或噓或吹」作「或呴或吹」。	✱「將欲取天下而為之者」作「將欲取天下而為之」。 ✱「或噓或吹」作「或煦或吹」。
以道佐人主章第三十	**儉武第三十**	
以道佐人主者，不以兵強於天下。其事好還。師之所處，荊棘生焉。大軍之後，必有凶年。故善者果而已矣，不敢以取強焉。果而勿矜，果而勿伐，果而勿驕，果而不得已，果而勿強。物壯則老，是謂非道，非道早已。	✱「故善者果而已矣，不敢以取強焉」作「善者果而已，不以取強」。 ✱「果而勿強」作「是果而勿強」。 ✱「是謂非道」作「是謂不道」。 ✱「非道早已」作「不道早已」。	✱「不以兵強於天下」作「不以兵強天下」。 ✱「故善者果而已矣」作「善者果而已矣」。 ✱「不敢以取強焉」作「不敢以取強」。 ✱「是謂非道」作「是謂不道」。 ✱「非道早已」作「不道早已」。
夫佳兵章第三十一	**偃武第三十一**	
夫佳兵者，不祥之器，物或惡之，故有道者不處。是以君子居則貴左，用兵則貴右。兵者，不祥之器，非君子之器。不得已而用之。恬淡為上，故不美也，若美必樂之。樂之者，是樂殺人也。樂殺人者，不可得志於天下矣。吉事尚左，凶事尚右。是以偏將軍處左，上將軍處右。言居上勢，則	✱「夫佳兵者」作「夫佳兵」。 ✱「恬淡為上」作「恬惔為上」。 ✱「故不美也，若美必樂之」作「勝而不美」。 ✱「樂之者」作「而美之者」。 ✱「樂殺人者，不可得志於天下矣」作「夫樂殺	✱「是以君子居則貴左」作「君子居則貴左」。 ✱「故不美也」作「勝而不美」。 ✱「，若美必樂之」作「而美樂之」。 ✱「是樂殺人也」作「是樂殺人」。 ✱「樂殺人者」作「夫樂殺人者」。

以喪禮處之。殺人眾多，以悲哀泣之；戰勝，以喪禮處之。	人者，則不可得志於天下矣」。 ✗「是以偏將軍處左，上將軍處右」作「偏將軍居左，上將軍居右」。 ✗「言居上勢，則以喪禮處之」作「言以喪禮處之」。 ✗「殺人眾多」作「殺人之眾」。	✗「不可得志於天下矣」作「不可得志於天下」。 ✗「是以偏將軍處左」作「偏將軍處左」。 ✗「言居上勢，則以喪禮處之」作「言以喪禮處之」。 ✗「戰勝，以喪禮處之」作「戰勝，則以喪禮處之」。
道常無名章第三十二 道常無名。樸，雖小，天下莫能臣。侯王若能守，萬物將自賓。天地相合，以降甘露，人莫之令而自均。始制有名，名亦既有。夫亦將知止，知止所以不殆。譬道之在天下，由川谷之與江海也。	**聖德第三十二** ✗「樸，雖小，天下莫能臣」作「朴雖小，天下不敢臣」。 ✗「侯王若能守」作「侯王若能守之」。 ✗「人莫之令而自均」作「民莫之令而自均」。 ✗「夫亦將知止，知止所以不殆」作「天亦將知之，知止所以不殆」。 ✗「由川谷之與江海也」作「猶川谷之與江海」。	**道常无名章第三十二** ✗「道常無名」作「道常无名」。 ✗「天下莫能臣」作「天下不敢臣」。 ✗「由川谷之與江海也」作「猶川谷之與江海」。
知人者智章第三十三 知人者智，自知者明。勝人者有力，自勝者強。知足者富。強行者有志。不失其所者久。死而不亡者壽。	**辯德第三十三**	
大道汎兮章第三十四 大道汎兮，其可左右。萬物恃之以生而不辭，功成不居。衣被萬物而不為主，故常無欲，可名於小矣；萬物歸焉而不知主，可名於大矣。是以聖人終不為大，故能成其大。	**任成第三十四** ✗「大道汎兮」作「大道氾兮」。 ✗「萬物恃之以生而不辭」作「萬物恃之而生而不辭」。 ✗「功成不居」作「功成不名有」。 ✗「衣被萬物而不為主」作「愛養萬物而不為主」。	✗「功成不居」作「功成不名有」。 ✗「衣被萬物而不為主」作「愛養萬物而不為主」。 ✗「故常無欲」作「故常亡欲」。 ✗「可名於小矣」作「可名於小」。 ✗「萬物歸焉而不知主」作「萬物歸之，不知主」。

	✳ 「故常無欲，可名於小矣」作「常無欲，可名於小」。 ✳ 「可名**於**大矣」作「可名爲大」。	
執大象章第三十五 執大象，天下往。往而不害，安平泰。樂與餌，過客止。道之出言，淡乎其無味，視之不足見，聽之不足聞。用之不可既。	**仁德第三十五** ✳ 「安平泰」作「安平太」。 ✳ 「道之出言」作「道之出口」。	✳ 「道之出言」作「道之出口」。 ✳ 「視之不足見」作「視之不可見」。
將欲歙之章第三十六 將欲歙之，必固張之。將欲弱之，必固強之。將欲廢之，必固興之。將欲奪之，必固與之。是謂微明。柔之勝剛，弱之勝強。魚不可脫於淵，國之利器不可以示人。	**微明第三十六** ✳ 「將欲歙之」作「將欲噏之」。 ✳ 「柔之勝剛，弱之勝強」作「柔弱勝剛強」。	✳ 「柔之勝剛，弱之勝強」作「柔弱勝剛強」。
道常無爲章第三十七 道常無爲，而無不爲。侯王若能守，萬物將自化。化而欲作，吾將鎮以無名之樸。無名之樸，亦將不欲。不欲以靜，天下將自正。	**爲政第三十七** ✳ 「吾將鎮以無名之樸」作「吾將鎮之以無名之朴」。 ✳ 「無名之樸」作「無名之朴」。	✳ 「道常無爲」作「道常无爲」。 ✳ 「而無不爲」作「而无不爲」。 ✳ 「吾將鎮以無名之樸」作「吾將鎮之以无名之樸」。
上德不德章第三十八 上德不德，是以有德。下德不失德，是以無德。上德無爲而無以爲，下德爲之而有以爲，上仁爲之而無以爲，上義爲之而有以爲，上禮爲之而莫之應，則攘臂而扔之。故失道而後德，失德而後仁，失仁而後義，失義而後禮。夫禮者，忠信之薄而亂之首也。前識者，道之華，而愚之始也。是以大丈夫處其厚，不處其薄；居其實，不居其華。故去彼取此。	**論德第三十八** ✳ 「則攘臂而扔之」作「則攘臂而仍之」。 ✳ 「忠信之薄而亂之首也」作「忠信之薄而亂之首」。 ✳ 「而愚之始也」作「而愚之始」。 ✳ 「不處其薄」作「不居其薄」。 ✳ 「居其實」作「處其實」。	✳ 「下德不失德，是以無德」作「下德不失德，是以无德」。 ✳ 「則攘臂而扔之」作「則攘臂而仍之」。 ✳ 「忠信之薄而亂之首也」作「忠信之薄而亂之首」。 ✳ 「而愚之始也」作「而愚之始」。

昔之得一章第三十九	法本第三十九	
昔之得一者：天得一以清，地得一以寧，神得一以靈，谷得一以盈，萬物得一以生，王侯得一以爲天下正。其致之一也。天無以清，將恐裂；地無以寧，將恐發；神無以靈，將恐歇；谷無以盈，將恐竭；萬物無以生，將恐滅；侯王無以爲正而貴高，將恐蹶。故貴以賤爲本，高以下爲基。是以侯王自稱「孤、寡、不穀」，此非以賤爲本邪？非乎？故致數譽無譽。不欲琭琭如玉，珞珞如石。	× 「王侯得一以爲天下正」作「侯王得一以天下爲正」。 × 「侯王無以爲正而貴高」作「侯王無以貴高」。 × 「故貴以賤爲本，高以下爲基」作「故貴必以賤爲本，高必以下爲基」。 × 「不穀」作「不穀」。 × 「此非以賤爲本邪」作「此非以賤爲本耶」。 × 「故致數譽無譽」作「故致數車無車」。 × 「珞珞如石」作「落落如石」。	× 「王侯得一以爲天下正」作「侯王得一以爲天下正」。 × 「其致之一也」作「其致之」。 × 「侯王無以爲正而貴高」作「侯王無以貴高」。 × 「此非以賤爲本邪」作「其非以賤爲本邪」。 × 「故致數譽無譽」作「故致數輿無輿」。 × 「珞珞如石」作「落落如石」。
反者道之動章第四十	去用第四十	
反者道之動，弱者道之用。天下之物生於有，有生於無。	× 「天下之物生於有」作「天下萬物生於有」。	
上士聞道章第四十一	同異第四十一	
上士聞道，勤而行之；中士聞道，若存若亡；下士聞道，大笑之。不笑不足以爲道。故建言有之：明道若昧，夷道若纇，進道若退。上德若谷，大白若辱，廣德若不足，建德若偷，質眞若渝。大方無隅，大器晚成，大音希聲，大象無形。道隱無名。夫唯道，善貸且成。	× 「夷道若纇，進道若退」作「進道若退，夷道若纇」。 × 「質眞若渝」作「質直若渝」。	× 「故建言有之」作「建言有之」。 × 「夷道若纇，進道若退」作「進道若退，夷道若纇」。
道生一章第四十二	道化第四十二	
道生一，一生二，二生三，三生萬物。萬物負陰而抱陽，沖氣以爲和。人之所惡，唯孤、寡、不穀。而王公以爲稱。故物或損之而益，益之而損。人之所教，亦我義教之。強梁者不得其死，吾將以爲教父。	× 「不穀」作「不穀」。 × 「益之而損」作「或益之而損」。 × 「亦我義教之」作「我亦教之」。	

天下之至柔章第四十三	徧用第四十三	
天下之至柔，馳騁天下之至堅。無有入於無間，是以知無為之有益也。不言之教，無為之益，天下希及之矣。	▪ 「無有入於無間」作「無有入無間」。 ▪ 「是以知無為之有益也」作「吾是以知無為之有益」。 ▪ 「天下希及之矣」作「天下希及之」。	▪ 「是以知無為之有益也」作「吾是以知無為之有益」。 ▪ 「天下希及之矣」作「天下希及之」。
名與身章第四十四	立戒第四十四	名與身章第四十四
名與身孰親？身與貨孰多？得與亡孰病？是故甚愛必大費，多藏必厚亡。知足不辱，知止不殆，可以長久。	▪ 「是故甚愛必大費」作「甚愛必大費」。	
大成若缺章第四十五	洪德第四十五	
大成若缺，其用不敝。大盈若沖，其用不窮。大直若屈，大巧若拙，大辨若訥。躁勝寒，靜勝熱。清淨為天下正。	▪ 「大成若缺」作「大成若（缺）」。 ▪ 「其用不敝」作「其用不弊」。 ▪ 「大辨若訥」作「大辯若訥」。	▪ 「其用不敝」作「其用不弊」。 ▪ 「大辨若訥」作「大辯若訥」。
天下有道章第四十六	儉欲第四十六	
天下有道，卻走馬以糞；天下無道，戎馬生於郊。罪莫大於可欲，禍莫大於不知足，咎莫大於欲得。故知足之足，常足矣。	▪ 「卻走馬以糞」作「却走馬以糞」。 ▪ 「常足矣」作「常足」。	
不出戶章第四十七	鑒遠第四十七	
不出戶，知天下；不窺牖，見天道。其出彌遠，其知彌少。是以聖人不行而知，不見而名，不為而成。		
為學日益章第四十八	忘知第四十八	
為學日益，為道日損。損之又損，以至於無為而無不為矣。故取天下者，常以無事，及其有事，不足以取天下。	▪ 「以至於無為而無不為矣」作「以至於無為，無為而無不為」。 ▪ 「故取天下者，常以無事」作「取天下常以無事」。	▪ 「以至於無為而無不為矣」作「以至於無為，無為而無不為」。 ▪ 「故取天下者，常以無事」作「取天下常以無事」。

聖人無常心章第四十九	任德第四十九	
聖人無常心，以百姓心爲心。善者，吾善之；不善者，吾亦善之。德善矣。信者，吾信之；不信者，吾亦信之。德信矣。聖人之在天下，惵惵爲天下渾心。百姓皆注其耳目。聖人皆孩之。	× 「德善矣」作「德善」。 × 「德信矣」作「德信」。 × 「聖人之在天下」作「聖人在天下」。 × 「惵惵爲天下渾心」作「怵怵，爲天下渾其心」。	× 「德善矣」作「德善」。 × 「吾亦信之」作「吾亦信」。 × 「德信矣」作「德信」。 × 「聖人之在天下」作「聖人在天下」。 × 「惵惵爲天下渾心」作「惵惵爲天下渾其心」。
出生入死章第五十	貴生第五十	
出生入死。生之徒，十有三；死之徒，十有三；民之生，動之死地，亦十有三。夫何故？以其生生之厚。蓋聞善攝生者，陸行不遇兕虎，入軍不被甲兵。兕無所投其角，虎無所措其爪，兵無所容其刃。夫何故？以其無死地。	× 「民之生，動之死地」作「人之生動之死地」。 × 「亦十有三」作「十有三」。	× 「民之生，動之死地」作「人之生動之死地」。
道生之章第五十一	養德第五十一	
道生之，德畜之，物形之，勢成之。是以萬物莫不尊道而貴德。道之尊，德之貴，莫之爵而常自然。故道生之畜之，長之育之，成之熟之，養之覆之。生而不有，爲而不恃，長而不宰，是謂玄德。	× 「莫之爵而常自然」作「夫莫之命而常自然」。 × 「故道生之畜之」作「故道生之，德畜之」。	
天下有始章第五十二	歸元第五十二	
天下有始，以爲天下母。既得其母，以知其子。既知其子，復守其母。歿身不殆。塞其兌，閉其門，終身不勤。開其兌，濟其事，終身不救。見小曰明，守柔曰強。用其光，復歸其明。無遺身殃，是謂襲常。	× 「既得其母」作「既知其母」。 × 「以知其子」作「復知其子」。 × 「歿身不殆」作「沒身不殆」。 × 「是謂襲常」作「是謂習常」。	× 「歿身不殆」作「沒身不殆」。

使我介然章第五十三	益證第五十三	
使我介然有知，行於大道，唯施是畏。大道甚夷，而民好徑。朝甚除，田甚蕪，倉甚虛。服文采，帶利劔，厭飲食，資財有餘，是謂盜誇。非道也哉。	× 「帶利劔」作「帶利劍」。 × 「資財有餘」作「財貨有餘」。 × 「是謂盜誇」作「是謂盜夸」。	× 「而民好徑」作「民甚好徑」。 × 「資財有餘」作「財貨有餘」。
善建不拔章第五十四	修觀第五十四	
善建者不拔，善抱者不脫，子孫以祭祀不輟。修之身，其德乃眞；修之家，其德乃餘；修之鄉，其德乃長；修之國，其德乃豐；修之天下，其德乃普。故以身觀身，以家觀家，以鄉觀鄉，以國觀國，以天下觀天下。吾何以知天下之然哉？以此。	× 「子孫以祭祀不輟」作「子孫祭祀不輟」。 × 「修之身」作「修之於身」。 × 「修之家」作「修之於家」。 × 「其德乃餘」作「其德有餘」。 × 「修之鄉」作「修之於鄉」。 × 「修之國」作「修之於國」。 × 「修之天下」作「修之於天下」。	× 「子孫以祭祀不輟」作「子孫祭祀不輟」。
含德之厚章第五十五	玄符第五十五	
含德之厚，比於赤子。毒蟲不螫，猛獸不據，攫鳥不搏。骨弱筋柔而握固。未知牝牡之合而（朘）作，精之至也。終日號而嗌不嗄，和之至也。知和曰常，知常曰明；益生曰祥，心使氣曰強。物壯則老，是謂不道。不道早已。	× 「攫鳥不搏」作「玃鳥不搏」。 × 「終日號而嗌不嗄」作「終日號而不啞」。 × 「物壯則老」作「物壯將老」。 × 「是謂不道」作「謂之不道」。	× 「攫鳥不搏」作「玃鳥不搏」。 × 「精之至也」作「精之至」。 × 「終日號而嗌不嗄」作「終日號而不嗄」。 × 「和之至也」作「和之至」。
知者不言章第五十六	玄德第五十六	
知者不言，言者不知。塞其兌，閉其門，挫其銳，解其紛。和其光，同其塵，是謂玄同。不可得而親，不可得而踈，不可得而利，不可得而害，不可得而貴，不可得而賤，故爲天下貴。	× 「不可得而親」作「故不可得而親」。 × 「不可得而踈」作「亦不可得而疏」。 × 「不可得而害」作「亦不可得而害」。 × 「不可得而賤」作「亦不可得而賤」。	× 「不可得而親」作「故不可得而親」。

以正治國章第五十七	淳風第五十七	
以正治國，以奇用兵，以無事取天下。吾何以知其然哉？夫天下多忌諱，而民彌貧。人多利器，國家滋昏；人多伎巧，奇物滋起；法令滋彰，盜賊多有。故聖人云：我無爲而民自化，我好靜而民自正，我無事而民自富，我無欲而民自樸。	× 「吾何以知其然哉？」後加上「以此」二字。 × 「夫天下多忌諱」作「天下多忌諱」。 × 「人多利器」作「民多利器」。 × 「法令滋彰」作「法物滋彰」。 × 「我無欲而民自樸」作「我無欲而民自朴」。	× 「吾何以知其然哉」作「吾何以知天下其然哉」。 × 「吾何以知其然哉？」後加上「以此」二字。 × 「夫天下多忌諱」作「天下多忌諱」。 × 「我好靜而民自正，我無事而民自富」作「我無事而民自富，我好靜而民自正」。
其政悶悶章第五十八	順化第五十八	
其政悶悶，其民淳淳；其政察察，其民缺缺。禍兮，福所倚；福兮，禍所伏。孰知其極？其無正邪？正復爲奇，善復爲祅。民之迷也，其日固已久矣。是以聖人方而不割，廉而不劌，直而不肆，光而不耀。	× 「其民淳淳」作「其民醇醇」。 × 「其民缺缺」作「其民（缺）（缺）」。 × 「禍兮，福所倚」作「禍兮福之所倚」。 × 「福兮，禍所伏」作「福兮禍之所伏」。 × 「其無正邪」作「其無正」。 × 「善復爲祅」作「善復爲訞」。 × 「民之迷也」作「人之迷」。 × 「其日固已久矣」作「其日固久」。 × 「廉而不劌」作「廉而不害」。 × 「光而不耀」作「光而不曜」。	× 「民之迷也」作「民之迷」。 × 「其日固已久矣」作「其日固久」。
治人事天章第五十九	守道第五十九	
治人事天，莫若嗇。夫唯嗇，是以早復。早復，謂之重積德。重積德則無不克，無不克則莫知其極。莫知其極，可以有國；有國之母，可以長久。是謂深根固柢，長生久視之道。	× 「是以早復」作「是謂早服」。 × 「早復」作「早服」。 × 「重積德則無不克」作「重積德則無不剋」。 × 「無不克則莫知其極」	× 「是以早復」作「是謂早服」。 × 「是謂深根固柢」作「是謂深根固（蔕）」。

	作「無不剋則莫知其極」。	
	* 「是謂深根固柢」作「是謂深根固（蔕）」。	
治大國章第六十 治大國，若烹小鮮。以道莅天下者，其鬼不神；非其鬼不神，其神不傷民；非其神不傷民，聖人亦不傷民。夫兩不相傷，故德交歸焉。	**居位第六十** * 「以道莅天下者」作「以道莅天下」。 * 「其神不傷民」作「其神不傷人」。 * 「非其神不傷民」作「非其神不傷人」。 * 「聖人亦不傷民」作「聖人亦不傷人」。	* 「以道莅天下者」作「以道莅天下」。
大國者下流章第六十一 大國者下流。天下之交，天下之牝。牝常以靜勝牡，以靜爲下。故大國以下小國，則取小國；小國以下大國，則取大國。故或下以取，或下而取。大國不過欲兼畜人，小國不過欲入事人。兩者各得其所欲，故大者宜爲下。	**謙德第六十一** * 「兩者各得其所欲」作「夫兩者各得其所欲」。	* 「天下之牝」作「天下之交牝」。
道者萬物之奧章第六十二 道者，萬物之奧也。善人之寶，不善人之所保。美言可以市，尊行可以加於人。人之不善，何棄之有？故立天子，置三公，雖有拱璧以先駟馬，不如坐進此道。古之所以貴此道者何也？不曰：求以得，有罪以免耶？故爲天下貴。	**爲道第六十二** * 「萬物之奧也」作「萬物之奧」。 * 「尊行可以加於人」作「尊行可以加人」。 * 「古之所以貴此道者何也」作「古之所以貴此道者何」。 * 「不曰：求以得」作「不曰以求得」。	* 「萬物之奧也」作「萬物之奧」。 * 「尊行可以加於人」作「尊行可以加人」。 * 「何棄之有」作「何弃之有」。 * 「古之所以貴此道者何也」作「古之所以貴此道者何」。
爲無爲章第六十三 爲無爲，事無事，味無味。大小多少，報怨以德。圖難於其易，爲大於其細。天下之難事，必作於易；天下之大事，必作於細。	**恩始第六十三** * 「天下之難事」作「天下難事」。 * 「天下之大事」作「天下大事」。	* 「天下之難事」作「天下難事」。 * 「是以聖人由難之」作「是以聖人猶難之」。

是以聖人終不爲大，故能成其大。夫輕諾必寡信，多易必多難。是以聖人由難之，故終無難矣。	˟ 「是以聖人由難之」作「是以聖人猶難之」。 ˟ 「故終無難矣」作「故終無難」。	˟ 「故終無難矣」作「故終無難」。
其安易持章第六十四 其安易持，其未兆易謀；其脆易泮，其微易散。爲之於未有，治之於未亂。合抱之木，生於毫末；九層之臺，起於累土；千里之行，始於足下。爲者敗之，執者失之。是以聖人無爲，故無敗；無執，故無失。故民之從事，常於幾成而敗之。愼終如始，則無敗事矣。是以聖人欲不欲，不貴難得之貨；學不學，以復眾人之所過。以輔萬物之自然，而不敢爲。	**守微第六十四** ˟ 「其脆易泮」作「其脆易破」。 ˟ 「是以聖人無爲，故無敗」作「聖人無爲，故無敗」。 ˟ 「故民之從事」作「民之從事」。 ˟ 「則無敗事矣」作「則無敗事」。	˟ 「其脆易泮」作「其脆易破」。 ˟ 「是以聖人無爲，故無敗」作「聖人無爲，故無敗」。 ˟ 「故民之從事」作「民之從事」。
古之善爲道章第六十五 古之善爲道者，非以明民，將以愚之。民之難治，以其智多。故以智治國，國之賊；不以智治國，國之福。知此兩者，亦楷式。常知楷式，是謂玄德。玄德深矣遠矣，與物反矣。然後乃至大順。	**淳德第六十五** ˟ 「然後乃至大順」作「乃至於大順」。	˟ 「故以智治國」作「是故以智治國」。
江海爲百谷王章第六十六 江海所以能爲百谷王者，以其善下之，故能爲百谷王。是以聖人欲上人，以其言下之；欲先人，以其身後之。是以聖人處上而人不重，處前而人不害。是以天下樂推而不猒。以其不爭，故天下莫能與之爭。	**後己第六十六** ˟ 「是以聖人欲上人」作「是以聖人欲上民」。 ˟ 「以其言下之」作「必以言下之」。 ˟ 「欲先人」作「欲先民」。 ˟ 「以其身後之」作「必以身後之」。 ˟ 「是以聖人處上而人不重」作「聖人處上而民不重」。 ˟ 「處前而人不害」作「處前而民不害」。	˟ 「是以聖人處上而人不重」作「是以處上而人不重」。 ˟ 「是以天下樂推而不猒」作「是以天下樂推而不厭」。

天下皆謂章第六十七 天下皆謂我「道大似不肖」。夫惟大，故似不肖。若肖，久矣其細也夫。我有三寶，寶而持之。一曰慈，二曰儉，三曰不敢爲天下先。夫慈故能勇，儉故能廣，不敢爲天下先，故能成器長。今捨其慈且勇，捨其儉且廣，捨其後且先，死矣。夫慈，以戰則勝，以守則固。天將救之，以慈衛之。	**三寶第六十七** ✗「天下皆謂我『道大似不肖』」作「天下皆謂我大，似不肖」。 ✗「久矣其細也夫」作「久矣其細」。 ✗「我有三寶」作「夫我有三寶」。 ✗「寶而持之」作「持而寶之」。 ✗「夫慈故能勇」作「慈，故能勇」。 ✗「今捨其慈且勇」作「今捨慈且勇」。 ✗「捨其儉且廣」作「舍儉且廣」。 ✗「捨其後且先」作「舍後且先」。	✗「寶而持之」作「保而持之」。
善爲士章第六十八 善爲士者，不武；善戰者，不怒；善勝敵者，不爭；善用人者，爲之下。是謂不爭之德，是謂用人之力，是謂配天，古之極。	**配天第六十八** ✗「善用人者，爲之下」作「善用人者爲下」。	✗「古之極」作「古之極也」。
用兵有言章第六十九 用兵有言：吾不敢爲主而爲客，不敢進寸而退尺。是謂行無行，攘無臂，仍無敵，執無兵。禍莫大於輕敵，輕敵幾喪吾寶。故抗兵相加，則哀者勝矣。	**玄用第六十九** ✗「則哀者勝矣」作「哀者勝矣」。	✗「輕敵幾喪吾寶」作「輕敵者幾喪吾寶」。 ✗「則哀者勝矣」作「哀者勝矣」。
吾言甚易知章第七十 吾言甚易知，甚易行。天下莫能知，莫能行。言有宗，事有君。夫惟無知，是以不吾知也。知我者稀，則我貴矣。是以聖人被褐懷玉。	**知難第七十** ✗「夫惟無知」作「夫唯無知」。 ✗「是以不吾知也」作「是以不我知」。 ✗「知我者稀」作「知我者希」。 ✗「則我貴矣」作「則我者貴」。	✗「夫惟無知」作「夫唯無知」。 ✗「是以不吾知也」作「是以不知」。 ✗「知我者稀」作「知我者希」。

知不知章第七十一	知病第七十一	
知不知，尙矣；不知知，病矣。夫唯病病，是以不病。聖人之不病，以其病病，是以不病。	✗ 「知不知，尙矣」作「知，不知，上」。 ✗ 「不知知，病矣」作「不知，知，病」。 ✗ 「聖人之不病」作「聖人不病」。	✗ 「知不知，尙矣」作「知不知，上」。 ✗ 「不知知，病矣」作「不知知，病」。 ✗ 「聖人之不病」作「聖人不病」。
民不畏威章第七十二	愛己第七十二	
民不畏威，則大威至矣。無狹其所居，無猒其所生。夫惟不猒，是以不猒。是以聖人自知不自見，自愛不自貴，故去彼取此。	✗ 「則大威至矣」作「大威至矣」。 ✗ 「無猒其所生」作「無厭其所生」。 ✗ 「夫惟不猒，是以不猒」作「夫惟不厭，是以不厭」。	✗ 「則大威至矣」作「則大威至」。 ✗ 「無猒其所生」作「無厭其所生」。 ✗ 「夫惟不猒，是以不猒」作「夫惟不厭，是以不厭」。
勇於敢則殺章第七十三	任爲第七十三	勇於敢章第七十三
勇於敢則殺，勇於不敢則活。此兩者，或利或害。天之所惡，孰知其故？是以聖人猶難之。天之道，不爭而善勝，不言而善應，不召而自來，坦然而善謀。天網恢恢，疎而不失。	✗ 「坦然而善謀」作「繟然而善謀」。 ✗ 「疎而不失」作「疏而不失」。	✗ 「此兩者」作「知此兩者」。 ✗ 「坦然而善謀」作「繟然而善謀」。
民不畏死章第七十四	制惑第七十四	民不畏死章第七十四
民常不畏死，柰何以死懼之。若使民常畏死，而爲奇者，吾豈執而殺之，孰敢？常有司殺者殺。而代司殺者殺，是代大匠斲。夫代大匠斲，希有不傷其手矣？	✗ 「民常不畏死」作「民不畏死」。 ✗ 「吾豈執而殺之」作「吾得執而殺之」。 ✗ 「常有司殺者殺」作「常有司殺者」。 ✗ 「而代司殺者殺」作「夫代司殺者」。 ✗ 「是代大匠斲」作「是謂代大匠斲」。 ✗ 「夫代大匠斲」作「夫代大匠斲者」。 ✗ 「希有不傷其手矣」作「希有不傷手矣」。	✗ 「若使民常畏死」作「若使人常畏死」。 ✗ 「吾豈執而殺之」作「吾得執而殺之」。 ✗ 「是代大匠斲」作「是謂代大匠斲」。

民之饑章第七十五	貪損第七十五	民之飢章第七十五
民之饑，以其上食稅之多也，是以饑；民之難治，以其上之有爲也，是以難治；人之輕死，以其生生之厚也，是以輕死。唯無以生爲者，是賢於貴生也。	✕「民之饑」作「民之飢」。 ✕「以其上食稅之多也」作「以其上食稅之多」。 ✕「是以饑」作「是以飢」。 ✕「以其上之有爲也」作「以其上之有爲」。 ✕「人之輕死」作「民之輕死」。 ✕「以其生生之厚也」作「以其求生之厚」。 ✕「唯無以生爲者」作「夫唯無以生爲者」。 ✕「是賢於貴生也」作「是賢於貴生」。	✕「民之饑」作「民之飢」。 ✕「以其上食稅之多也」作「以其上食稅之多」。 ✕「是以饑」作「是以飢」。 ✕「以其上之有爲也」作「以其上之有爲」。 ✕「人之輕死」作「民之輕死」。 ✕「以其生生之厚也」作「以其求生之厚」。 ✕「唯無以生爲者」作「夫唯無以生爲者」。 ✕「是賢於貴生也」作「是賢於貴生」。
人之生章第七十六	戒強第七十六	民之生章第七十六
人之生也柔弱，其死也堅強。草木之生也柔脆，其死也枯槁。故堅強者，死之徒也；柔弱者，生之徒也。是以兵強則不勝，木強則共。故堅強居下，柔弱處上。	✕「草木之生也柔脆」作「萬物草木之生也柔脆」。 ✕「死之徒也」作「死之徒」。 ✕「生之徒也」作「生之徒」。 ✕「故堅強居下」作「強大處下」。	✕「人之生也柔弱」作「民之生也柔弱」。 ✕「草木之生也柔脆」作「萬物草木生也柔脆」。 ✕「死之徒也」作「死之徒」。 ✕「生之徒也」作「生之徒」。 ✕「故堅強居下」作「強大處下」。
天之道章第七十七	天道第七十七	
天之道，其猶張弓乎？高者抑之，下者舉之；有餘者損之，不足者補之。天之道，損有餘補不足。人之道則不然，損不足以奉有餘。孰能損有餘而奉不足於天下者？其唯道乎？是以聖人爲而不恃，功成不居，其不欲見賢耶。	✕「不足者補之」作「不足者與之」。 ✕「損有餘補不足」作「損有餘而補不足」。 ✕「孰能損有餘而奉不足於天下者」作「孰能有餘以奉天下」。 ✕「其唯道乎」作「唯有道者」。 ✕「功成不居」作「功成而不處」。 ✕「其不欲見賢耶」作「其不欲見賢」。	✕「不足者補之」作「不足者與之」。 ✕「孰能損有餘而奉不足於天下者？其唯道乎」作「孰能以有餘奉天下？唯有道者」。 ✕「功成不居」作「功成不處」。 ✕「其不欲見賢耶」作「其不欲見賢」。

天下柔弱章第七十八	任信第七十八	
天下莫柔弱於水，而攻堅強者莫之能先，以其無以易之也。柔之勝剛，弱之勝強，天下莫不知，而莫之能行。是以聖人言：「受國之垢，是謂社稷主；受國之不祥，是爲天下王。」正言若反。	※「天下莫柔弱於水」作「天下柔弱，莫過於水」。 ※「而攻堅強者莫之能先」作「而攻堅強者莫之能勝」。 ※「以其無以易之也」作「以其無以易之」。 ※「柔之勝剛，弱之勝強」作「弱之勝強，柔之勝剛」。 ※「而莫之能行」作「莫能行」。 ※「是以聖人言」作「故聖人云」。 ※「是爲天下王」作「是謂天下王」。	※「天下莫柔弱於水」作「天下柔弱，莫過於水」。 ※「而攻堅強者莫之能先」作「而攻堅強者莫之能勝」。 ※「以其無以易之也」作「其無以易之」。 ※「柔之勝剛，弱之勝強」作「故柔勝剛，弱勝強」。 ※「而莫之能行」作「莫之能行」。 ※「受國之不祥」作「受國不祥」。 ※「是爲天下王」作「是天下王」。
和大怨章第七十九	任契第七十九章	
和大怨者，必有餘怨，安可以爲善？是以聖人執左契，而不責於人。有德司契，無德司徹。天道無親，常與善人。	※「和大怨者」作「和大怨」。	※「和大怨者」作「和大怨」。 ※「有德司契」作「故有德司契」。
小國寡民章第八十	獨立第八十	
小國寡民。使民有什伯之器而不用也，使民重死而不遠徙。雖有舟輿，無所乘之；雖有甲兵，無所陳之。使民復結繩而用之。甘其食，美其服，安其俗，樂其業。鄰國相望，雞犬之聲相聞，使民至老死，不相與往來。	※「使民有什伯之器而不用也」作「使民有什伯，人之器而不用」。 ※「安其俗，樂其業」作「安其居，樂其俗」。 ※「雞犬之聲相聞」作「雞狗之聲相聞」。 ※「使民至老死，不相與往來」作「民至老死不相往來」。	※「使民有什伯之器而不用也」作「使有什伯之器而不用」。 ※「使民復結繩而用之」作「使民復結繩而用之矣」。 ※「安其俗」作「安其居」。 ※「樂其業」作「樂其服」。 ※「雞犬之聲相聞」作「雞犬之音相聞」。
信言不美章第八十一	顯質第八十一	
信言不美，美言不信。善者不辯，辯者不善。知者不博，博者不知。聖人無積。既以爲人，己愈有；既以與人，己愈多。天之道，利而不害；聖人之道，爲而不爭。	※「知者不博，博者不知」作「知者不博，博者不知」。 ※「聖人無積」作「聖人不積」。	※「知者不博，博者不知」作「知者不博，博者不知」。 ※「聖人無積」作「聖人不積」。

比較三者版本差異之後，發現在「章名」的安排上，《道藏本》徽宗《御注》與開元御注本皆以該章開頭文字作為章名，除了〈名與身章第四十四〉開元御注本作〈名與身孰親章第四十四〉；〈知不知章第七十一〉開元御注本作〈知不知上章第七十一〉；〈勇於敢則殺章第七十三〉開元御注本作〈勇於敢章第七十三〉；〈民不畏死章第七十四〉開元御注本作〈民常不畏章第七十四〉；〈人之生章第七十六〉開元御注本作〈民之生章第七十六〉等五例之外，其餘各章的章名完全相同。〔註20〕故就《道藏本》徽宗《御注》與此二本比較的結果而言，徽宗《御注》頗近於開元御注本，這代表當徽宗注《老》時，必然相當程度參考了開元御注本。

第二節 徽宗《御注》的著作背景

本節探討的重點為徽宗《御注》的「作者與成書時間」與「注老動機」二者。

一、作者與成書時間

關於徽宗《御注》的「作者與成書時間」，可從《續資治通鑑長編紀事本末》、《能改齋漫錄》、《宋大詔令集》及《宋史·徽宗本紀》，找出相關的線索。首先，根據《續資治通鑑長編紀事本末·卷一二七》的記載：

> 政和七年，十二月，辛未，御筆：太上老君所著《道德經》，世以諸子等稱，未稱尊崇之禮，可改為《太上混元上德皇帝道德真經》。

又，

> （重和元年，1118年）八月戊午，朝散郎新知兗州王純奏：乞令學者治《御注道德經》，間於其中出論題。從之。

又，吳曾《能改齋漫錄·卷十三》云：

> 政和八年詔有司，是學者治《御注道德真經》。間于其中出論題。

〔註20〕除正文所列之五例外，《道藏本》政和御注本與開元御注本間，尚有四處章名互異。如：「〈道沖章第四〉／〈道沖章第四〉」、「〈絕學無憂章第二十〉／〈絕學无憂章第二十〉」、「〈道常無名章第三十二〉／〈道常无名章第三十二〉」、「〈民之饑章第七十五〉／〈民之飢章第七十五〉」，然而此四章之所以互異，或許出自傳鈔者用字習慣，故不列入正文。

〔註21〕
又，《宋大詔令集‧卷二二四》云：

> 庚午，御筆：道無乎不在，在儒以治國，在士以修身，未使有異，
> 殊途同歸，前聖後聖，若合符節。由漢以來，析而異之，黃老之學
> 遂與堯舜周孔之道不同。故世流於末俗，不見大全，道由是以隱，
> 千有餘歲矣。朕作新之，究其本始，使黃帝、老子、堯、舜之教偕
> 行於今日。……。〔註22〕

又，《宋史‧徽宗本紀》云：

> （重和元年）八月辛酉，詔班御注《道德經》。

從上述的資料中，我們可以歸納出下列兩項重點：其一、徽宗《御注》的作者爲宋徽宗本人，故《宋大詔令集》所載徽宗「御筆」才有「朕作新之」。除此之外，徽宗所親注的《老子西昇經‧序》中亦云：「朕萬機之暇，遊神太清，於道德之旨，每著意焉，既取二篇爲之訓解，於是書不可無述也，以意逆志，聊爲之說。」〔註23〕引文中所所指「二篇」，即是指《老子》而言，亦可證實徽宗《御注》的作者確實爲宋徽宗本人。其二，根據《續資治通鑑長編紀事本末》與《能改齋漫錄》的記載，徽宗於重和元年（1118 年）〔註24〕八月由王純奏請「以《御注道德經》出論題」，將《御解道德眞經》納入科舉考試，且《宋史‧徽宗本紀》記載此年同月徽宗下詔頒行《御解道德眞經》，可知徽宗《御注》的頒佈年代當在重和元年，如此推算徽宗《御注》的成書時間不得晚於重和元年。

二、注老動機

（一）宋徽宗之崇道

從歷史文獻資料的記載，我們可發現宋代君臣常以老子思想或經文，作爲論政的方式或根據，例如，司馬光〈上哲宗乞議革新法之不便者〉，提到：

〔註21〕引自〔宋〕吳曾著：《能改齋漫錄‧卷十三》「記事」門「詔學者治御注道德
　　　　眞經」條（百部叢書集成初編，臺北：藝文，1966 年）。

〔註22〕引自《宋大詔令集‧卷二二四》（北京：中華書局，1997 年 12 月），頁 864。

〔註23〕引自〔宋〕宋徽宗著《老子西昇經》（收錄於《正統道藏》第 19 冊，臺北：
　　　　新文豐出版公司，1977 年）。

〔註24〕政和八年改元重和，故《能改齋漫錄》引文作「政和八年」即是指「重和元
　　　　年」（1118 年）而言。

「今日公私耗竭，遠近疲弊，其原大概出於用兵。夫兵者凶器，天下之毒，財用之蠹，聖人除暴定亂，不得已而用之耳。」〔註 25〕奏議中所提到「夫兵者凶器」、「不得已而用之耳」的概念正是援引於《老子》。再如，呂誨、胡舜陟都曾分別以《老子》「損有餘而補不足」、「不以兵強天下」的訓誡提出〈上神宗論新法〉〔註 26〕、〈上欽宗論反正六事〉〔註 27〕。這種風氣一直延續到徽宗朝，如陳瓘便以《老子》「爲之於未有，治之於未亂。合抱之木，生於毫末；九層之臺，起於累土」的文字，提出〈上徽宗論向宗良兄弟交通賓客〉的奏議勸誡宋徽宗，他說：「皇太后功德之大，光於前人。念保持之艱爲無疆之慮，事戒其漸，正在今日，老子曰：『爲之其未有也，治之其未亂也』凡未有之事，今雖無之，後或漸有，既有而後圖，不知未有而先戒之。……臣愚以謂欲見前車之失，則往古之事不可以不考；欲辨履霜之漸，則方今之事不可以不戒。老子曰：『合抱之木，生於毫末；九層之臺，起於累土。』事之有漸者，無不然也。……當此之時，外家之勢已如合抱之木，九層之臺，豈一手所能拔？豈一鍤之所能平哉？商等區區，可憐而諫諍，後時戒之不早，何益於事？今臣所論，乃在於累土毫末之初，遏萌杜漸，何難之有？」〔註 28〕由此可見，老子思想在宋代的重要性。

　　除了在政治上可見老子思想的影響力之外，由於繼唐之後，宋代是道教發展的新高峰期。〔註 29〕被稱爲道教始祖的老子也持續受到重視。然而，老

<hr>

〔註 25〕引自〔宋〕趙汝愚編：《宋名臣奏議》（景印文淵閣四庫全書;431;432，臺北：臺灣商務印書館， 1983 年據國立故宮博物院藏本影印），頁 469。

〔註 26〕呂誨提出：「我朝著令一百餘年，富疆者供其力役，則貧竆者遂其安息。損有餘補不足者，正得術矣。生民悦戴仁惠，淪於骨髓，一旦更變，不知所措。繇是言之，舊法無弊，新法未安。主議者不究利害，自未知信，欲下民悦從，不亦難乎！豈特妄作以生事，其實貫怨於天下也。」（引自〔宋〕趙汝愚編：《宋名臣奏議》，頁 423）。

〔註 27〕胡舜陟說：「臣觀《春秋傳》曰：『兵猶火也，弗戢將自焚。』老氏亦曰：『以道佐人主者，不以兵彊天下，其事好還。』國家自熙寧間，王韶建開邊之說，王安石主其議，遣將用兵，無歲無之。……我師之出，無不敗衄，廢國喪氣，失威損重，此豈非所謂『弗戢自焚』、『其事好還』乎？」（引自〔宋〕趙汝愚編：《宋名臣奏議》，頁 944）。

〔註 28〕引自〔宋〕趙汝愚編：《宋名臣奏議》，頁 386～頁 387。

〔註 29〕任繼愈先生指出：「綜觀道教發展的歷史，可以分爲四個段落（或稱爲發展時期）。南北朝時期道教得到當時的帝王貴族統治者的支持，躋身社會上層，這是它的第一個發展時期。唐朝皇族與老子攀親，自稱李耳的後裔，政治上予以扶持，大力推行道教，這是第二個發展時期。北宋眞宗開始，後來徽宗繼

子思想之所以受到重視，其實亦與政治因素有關，呂錫琛先生解釋道：

> 自唐中葉以來，儒、釋、道三教合流成爲趨勢。在這種形勢下，宋
> 初統治者採取了儒、釋、道並用的態度……儘管三教並用，但宋初
> 統治者在對待儒、釋、道的態度上還是有所偏重。由於宋太祖的皇
> 位並非得之於趙姓祖先，而是奪之於幼主柴氏，爲了粉飾自己爲奪
> 位而策劃的黃袍加身之舉動，他更需要借助於道教神學來爲自己服
> 務；同時，久經戰亂之後，道家、道教的治國之術也是一劑拯救殘
> 局的有效藥方。這些社會背景，決定了道家、道教與宋初政治的密
> 切關係。〔註30〕

由是可知，宋代君王有意透過道教的力量來穩定自己的政治地位，因此往往有
意扶植和推行道教的發展，這一來便助長了道教勢力的提升。這個現象在徽宗
身上最是清楚。〔註31〕如眾所知，徽宗是個虔誠的道教徒，爲了表現他個人對
道教始祖老子的推崇之意，不但曾禁止一般人使用老子名諱取名，〔註32〕甚至
自封爲「教主道君皇帝」，使之成爲人君、天神、教主三合一的皇帝。然而，爲
何徽宗如此崇信道教呢？任繼愈先生編著的《中國道教史》提出了「政治因素」
的解釋，他說：

> 宋徽宗趙佶（1101～1125 在位），是北宋又一個著名的崇道皇帝。
> 徽宗在位二十餘年，雖然一貫崇奉道教，但其崇道活動，大致也可
> 分爲前後兩個時期。崇寧、大觀年間（1102～1110）爲前期，政和、
> 宣和年間（1111～1125）爲後期。在前期中，他只是一般地崇奉道

續崇奉道教，用道教麻痺人民，陶醉自己，藉以遮蓋北方強鄰壓境造成的恥
辱，這是道教發展的第三個時期。明代中葉，帝王迷信道教，妄圖成仙，道
教曾受到皇帝寵遇。皇帝縱容道士干預政治，參加政府內不得權力爭奪，這
是道教發展的第四個時期。」（引自任繼愈主編：《中國道教史》，臺北：桂冠
圖書，1991 年 10 月初版一刷，頁 8）。

〔註30〕引自呂錫琛著：《道家、方士與王朝政治》（長沙：湖南出版社，1991 年 12
月第 1 版第 1 次印刷），頁 224。

〔註31〕任繼愈先生編著的《中國道教史》提到：「宋代道教的發展和演變，除了道教
內在的原因外，是和當時政局的演變以及一些帝王的大力倡導分不開的，北
宋的眞宗和徽宗，即是兩位歷史上著名的崇道皇帝。」（引自任繼愈主編：《中
國道教史》，頁 507）。

〔註32〕吳曾《能改齋漫錄》云：「政和八年，八月，御筆：太上混元上德皇帝，名耳，
並字伯陽及諡聃。見今士庶多以此爲名字，甚爲瀆侮，自今並爲禁止。」（引
自〔宋〕吳曾著：《能改齋漫錄》，百部叢書集成初編，臺北：藝文，1966 年）。

教，並不熱衷於道教，後期始在全國大力扶植和推行道教。……徽
宗大規模崇道始於政和年間。……徽宗即位時，總的來說，社會比
較安定和繁榮，但因徽宗昏庸無能，政和以後，外患頻至，內憂不
斷，社會日益動亂。為了穩定社會，徽宗及蔡京集團利用道教來神
化宋皇朝，以達到懾服外敵和鎮服群眾的目的。〔註33〕

由此可知，徽宗並非單純信奉道教，而是基於政治考量而為。這種態度雖然
未必能直接證明徽宗之所以注《老》的動機，仍是有意於政治現實的穩定，
但是可想而知，徽宗之所以選擇注解道教經典《老子》，必然是出自於個人崇
信道教的結果。

（二）調和儒道

從歷史脈絡來看，徽宗注《老》的用意或許與其個人或其個人所組成的
政治團體「崇道」的歷程有關，然而，我們觀察徽宗《御注》的文字內容，
可以發現徽宗不只出於「崇道」的情懷而產生注《老》動機，尚有「調和儒
道」的用心。譬如，徽宗解〈道可道章第一〉「玄之又玄，眾妙之門」時，云：

孔子之作《易》，至「說卦」然後言妙，而老氏以此首篇。聖人之言，
相為終始。（卷一第三，頁 0784 下）〔註34〕

這段注文將孔子與老子視為聖人，且聖人所說的道理必定一致，故說「聖人
之言，相為終始」。那麼，這個一致的道理是什麼呢？我們可以從《宋大詔令
集・卷二二四》所記載的宋徽宗御筆看出端倪，他說：

崇寧以來，學校遍天下，士雖知所向，而不見道之大原，其所習尚
取辨藝文之末，以應考選程式而已。合而同之，使知大道之全，性
命之本，則士不流於俗，天下庶乎無二道。〔註35〕

「天下庶乎無二道」這句話，具體回應了徽宗《御注》所謂「聖人之言，相
為終始」。也就是說，儒、道兩家的學說之所以「相為終始」，在於兩家對「道」
的理解是一致的，縱使論述的過程、方式不同（筆者按：即「孔子之作《易》，
至『說卦』然後言妙，而老氏以此首篇」），但是不會造成兩家學說的分歧。
但是，徽宗看到世俗之人不明白其中道理而將之二分，故徽宗令學校同時修

〔註33〕引自任繼愈主編：《中國道教史》，頁 515～頁 517。
〔註34〕本論文所引用的徽宗《御注》，俱以《正統道藏》本《宋徽宗御解道德真經》
為據，並於引文後標示卷數、頁數，除有特殊情形，不另作注。
〔註35〕引自《宋大詔令集》（北京：中華書局，1997 年 12 月）。

習道書與儒經，並作徽宗《御注》，欲使二者之教「偕行於今日」（筆者按：「朕作新之，究其本始，使黃帝、老子、堯、舜之教偕行於今日。」）。然而筆者認爲，雖然徽宗有意調和儒道，但是「調和儒道」的動機並不是出於學術目的，而是與其政治施爲的主張有所關連。也就是說，徽宗之所以欲使「黃帝、老子、堯、舜之教偕行於今日」，出自於「道無乎不在，在儒以治國，在士以修身，未使有異，殊途同歸，前聖後聖，若合符節」的看法，而此看法正是徽宗對於「治身」、「治國」的期待。即使儒家或道家典籍，皆提供世人修身的方法，也指點統治者施政的要點，然而，儒家與道家典籍畢竟存在學術上之會通的困難，由此觀之，倘若徽宗出於學術目的進行儒道之調和，則必須面對且處理這些學術上的關鍵問題，但是我們從徽宗《御注》卻看不到相關成果。是故，黃釗先生以「牽強附會」、「將儒道生拉活扯地湊合在一起」來批評徽宗《御注》。〔註36〕當然，徽宗《御注》是否只是「牽強附會」、「將儒道生拉活扯地湊合在一起」是可供檢驗的部分，然而，徽宗之所以如此用心於「調和儒道」，乃受到於他個人統治者身份的影響，畢竟身爲統治者的徽宗還是應該關心自己政治施爲與人民生活，故而他有意「調和儒道」的方式來注《老》，使「黃帝、老子、堯、舜之教偕行於今日」，最終目的則是達到政治上面的長治久安。此是徽宗注《老》的動機之一。

〔註36〕黃釗編《道家思想史綱》提到：「儒道本來是兩個不同的思想體系，要想將兩個不同的思想體系『合而爲一』，需要進行理論上的思辯論證（如魏晉玄學和宋明理學那樣），但是宋徽宗沒有能達到這樣的理論修養水平，他只好在《御解》中牽強會，將儒道生拉活扯地湊合在一起。」（引自黃釗主編：《道家思想史綱》，湖南：師範大學出版社，1991 年 7 月初版第一次印刷，頁 514）。

第三章　徽宗《御注》對《老子》基本概念之理解

　　前章爲徽宗《御注》外緣問題的考察，本章開始則爲徽宗《御注》內在義理架構的解析。在徽宗《御注》內在義理架構部分，筆者擬分就「徽宗《御注》對《老子》基本概念之理解」、「徽宗《御注》對老子思想義蘊之推衍」爲主題，以兩章篇幅展開論述，前者目的在於探討徽宗《御注》對老子思想的吸收、批判，以了解徽宗《御注》對老子思想的取捨與轉化；後者目標則爲探究徽宗《御注》所彰顯的思想特色，並比較此特色是承續老子思想，抑或有所創發。

　　本章旨在處理「徽宗《御注》對《老子》基本概念之理解」。首先，何謂「《老子》的基本概念」？我們可從徽宗《御注》的〈道經‧小序〉中看出端倪，其曰：「老子當周之末，道降而德衰，故著書九九篇，以明道德之常，而謂之經。其辭簡，其旨遠，學者當默識而深造之。」此段文字內容頗似於《史記》之記載，〔註1〕一方面指出《老子》書的作者、體例與著書背景與動機，另一方面則直接點明「道」與「德」爲老子思想之基本概念。

　　同時，藉由這段小序，我們可以觀察到兩個重點：第一，回到老子「當周之末」的時代來看。在「道降而德衰」的時代中，老子提出什麼樣的因應

〔註1〕　《史記‧老子韓非列傳》記載：「老子脩道德，其學以自隱無名爲務。居周久之，見周之衰。迺遂去至關。關令尹喜曰：『子將隱矣，彊爲我著書。』於是老子迺著書上下篇，言道德之意，五千餘言而去。莫知其所終。」（引自瀧川龜太郎著：《史記會注考證》，臺北：萬卷樓圖書有限公司，民國82年8月初版，頁854。）

辦法，「以明道德之常」，亦即，他如何解決「周文疲弊」的現象，是《老子》書思想中的核心問題。同樣處在亂世的宋徽宗是否能從《老子》書中汲取精華，而有所體悟或發揮，是本論文關切重點，筆者將於下一章中提出論述。第二，由於「道」與「德」爲《老子》書之基本概念，因此不論何種傳本或詮釋進路，凡是有意於詮釋《老子》書的注家，若欲理解《老子》書的思想義蘊乃至有所發揮，首要面對之問題便是「道」與「德」，掌握「道」與「德」此二概念後，乃能進入《老子》書的思想世界。〔註2〕故而，徽宗《御注》如何掌握此二項基本概念，便成爲本章節關注焦點。以下將分節闡述徽宗《御注》如何掌握「道」、「德」這兩個老子思想中的基本概念，期能先對於徽宗《御注》思想有所基本認識，以便下一章能進一步深究並展開「徽宗《御注》對於老子思想義蘊之推衍」。

第一節　徽宗《御注》的「道」論

如前言所述，老子思想的理論系統乃是由其所預設的基本概念——「道」——開展而來，然而，處於老子思想核心地位的「道」，並非懸空的一個概念，在思想史的發展歷程〔註3〕中，「道」與「物」的關係是不可分割的，從五千言中可見多處「道」與「物」相提而論的現象，如：「道沖而用之，或不盈；淵兮似萬物之宗」（通行本第四章）、「道生一，一生二，二生三，三生萬物」（通行本第四十二章）、「萬物莫不尊道而貴德」（通行本第五十一章）、「道者，萬物之奧」（通行本第六十二章）；除此之外，《老子》書爲了說明「道」的性質，有時甚至權將「道」比擬爲「物」，〔註4〕如：「道之爲物，惟恍惟惚」（通

〔註2〕 徐復觀先生認爲老子思想的發展過程是先建立形上學的宇宙論，再由此轉以建立人生論，並延展爲他的政治論，而「貫通他的全書的，乃是他所說的『道』、『德』兩個基本概念」。（引自徐復觀著：《中國人性論史·先秦篇》，臺北：臺灣商務印書館，1999 年 9 月初版第十二次印刷，頁 328）

〔註3〕 陳鼓應教授曾說：「在老子之前的思想家，關注的問題多停留在人倫物理的層面，到老聃的出現，才將思想視野從『物』的世界提昇到『道』的領域。」（引自陳鼓應著：〈論道與物關係問題：中國哲學史上的一條主線〉，收錄於《臺大文史哲學報》第 62 期，2005 年 5 月，頁 93）

〔註4〕 此處所謂「爲了說明『道』的性質，甚至權將『道』比擬爲『物』」，即是傅偉勳先生所稱之「道原」。何謂「道原」？他說：「所謂『道原』，即不外是權且言詮不可道、不可名的『道體』之爲『無』或『無名』的形上學的弔詭言辭。」（引自傅偉勳著：〈創造的詮釋學及其運用〉，收錄於《從創造的詮釋學

行本第二十一章）、「有物混成，先天地生」（通行本第二十五章）。可見，倘若切離「物」與「道」的關連，則「道」之義理意涵將薄弱許多，換句話說，倘若不能留意於「物」的層面所代表意義，將無法通透了解《老子》書如何建立「道」的理論架構。爲此，本節首要說明徽宗《御注》中對「物」的描述，進而論述其「道」的性質，盼能完整呈現徽宗《御注》的「道」論。

一、「物」的存在〔註5〕性質：

　　所謂的「物」，是指現象界存在的一切可經驗之物，《老子》書用「物」、「萬物」或「器」的方式稱之，據葉廷幹先生〈老子道德經串珠〉統計，《老子》書「物」字共出現三十七次、〔註6〕「器」字則出現十二次。〔註7〕在「物」字的使用上，除了前言所引述的「道之爲物，惟恍惟惚」與「有物混成，先天地生」兩句，是爲權說「道」的性質，而將其稱作「物」以外，其餘三十五處所指稱的「物」，皆屬於可經驗的現象界之物。在「器」字的使用方面，大多數解爲「工具」的意思，共出現在六個章節中，合計九處，〔註8〕剩餘的三處，除了「大器晚成」〔註9〕（通行本第四十一章）係用於權稱「道」之外，「樸散則爲器」（通行本第二十八章）、「故能成器長」（通行本第六十七章）亦屬於可經驗的現象界之物。

〔註5〕 到大乘佛學》，臺北：東大圖書股份有限公司，民國88年5月再版，頁25）

〔註5〕 本節分別以「存在」和「存有」來說明「物」與「道」的狀態，是爲了區分二者差異。「物」屬於形而下的存在，故用「存在」一詞表示之，一般人可用感官經驗「物的存在」；「道」則是形而上的存在，特用「存有」一詞分別之，是爲了強調對於「道的存有」的感受，不能由感官經驗。此爲二術語意涵。

〔註6〕 參考葉廷幹著：〈老子道德經串珠〉（收錄於王弼著，葉廷幹撰，《老子道德經・老解老》，臺北：文史哲出版，民國68年10月景印出版），頁30。

〔註7〕 參考葉廷幹著：〈老子道德經串珠〉，頁75。

〔註8〕 《老子》書中「器」字使用，大多解爲「器具」或「方法」，屬「工具」意涵，如「埏埴以爲器」、「當其無，有器之用」（通行本第十一章）；「天下神器」（通行本第二十九章）；「夫佳兵者，不祥之器」、「兵者，不祥之器，非君子之器。」（通行本第三十一章）；「國之利器不可以示人」（通行本第三十六章）；「民多利器，國家滋昏」（通行本第五十七章）；「使有什伯之器而不用」（（通行本第八十章））。

〔註9〕 王邦雄教授曾說：「『大器晚成』現在成爲許多青年朋友自我解嘲的哲理教言，……。但老子本義，大器係指道的作用。……。」（引自王邦雄著：《老子的哲學》，臺北：東大圖書股份有限公司，2004年8月修訂二版，頁6）由此可見，「大器」的「器」雖是「物」的代稱，然而此處轉作「道」的權稱。

　　然而，何謂「可經驗的現象界之物」？可經驗的現象界之物的「存在性質」是什麼？徽宗《御注》又是如何看待「可經驗的現象界之物」的存在呢？關於上述問題，可從「可經驗的現象界之物」的意義談起。

（一）何謂「可經驗的現象界之物」：「物」與「象」之間

　　所謂現象界之物係指成形後的物，〔註 10〕徽宗《御注》解釋「樸散則為器」時，直接引用《易經‧繫辭傳上》的「形而上者謂之道，形而下者謂之器」這句話來說明：

> 形而上者謂之道，形而下者謂之器。有形名焉，有分守焉。（卷二第十二，頁 0809 下）

文字中所言的「器」即是本章將分析的「道與物間的關係」的「物」。那麼，何謂「形而上者謂之道，形而下者謂之器」？牟宗三先生認為「形」就是「成形」的意思，為動詞，他說：

> 「形乃謂之器」（是指）成一個形以後才成一個器物。譬如粉筆成一個器物，跟著來你就可以寫黑板。所以，形以後就說器。所以說：「形而下者謂之器」。〔註11〕

故而，所謂的「物」係指成形之後的「器」，也就是有形可見的具體之物。〔註 12〕徽宗《御注》對於「物」也有相同的看法，因此從它解釋「天下神器」的注文，可以看出其對「物」字所作的概念定義：

> 制於形數，圍於方體，而域於覆載之兩間，器也。（卷二第十三，頁 0810 上）

可見，「物」必然有其「形體」，既然「物」有形體，有形體則有形象。徽宗《御注》又以「象」字來代表「物之形象」的意涵。如其解「惚兮恍兮中有象焉，恍兮惚兮中有物兮」時，便說：

〔註 10〕所謂「成形後的物」，非謂「物」有成形與非成形之分，係指「物」之所以為物，乃因其已然「成形」。

〔註 11〕引自牟宗三主講，盧雪崑錄音：〈成象效法〉（收錄於《周易哲學演講錄》，上海：華東師範大學出版社，2004 年 5 月），頁 117。

〔註 12〕黃慶萱教授認為：「『形而上者謂之道，形而下者謂之器』的『形』，是天象地形的總體概括省稱。……；形而下，指在天地變化、陰陽交感所生的具體事物，其名曰『器』。」（引自黃慶萱著：〈「形而上者謂之道，形而下者謂之器」析議〉，收錄於《中國學術年刊》第廿六期，臺北：國立臺灣師範大學國文系，民國 93 年 9 月，頁 1）。

　　　見乃謂之象，形乃謂之物。惚恍之中，象物斯具。（卷二第一，頁
　　0804 上）

「見乃謂之象，形乃謂之物」係徽宗《御注》轉引並改變《易經・繫辭傳上》
的「見乃謂之象，形乃謂之器」這段文字而來，《周易王韓注》解其中的「象」
字爲「兆見曰象」〔註 13〕。那何謂「兆見曰象」？首先，《易經・繫辭傳》的
「象」字大多指爲「卦象」的意思，例如：「聖人設卦觀『象』」〔註 14〕、「八
卦成列，『象』在其中矣」〔註 15〕，這二句之「象」字都是作「卦象」解。但
是，進一步來看，所謂的「卦象」則是取其「象徵」的意涵，如〈傳上〉有
云：「聖人有以見天下之賾，而擬諸形容，象其物宜，是故謂之『象』」〔註 16〕，
雙引號中的「象」字仍舊是「卦象」的意思，可是此卦象取意於「『象』其物
宜」，也就是「象」字非單作「卦象」解，而有作爲「象徵」的意思。我們看
〈傳下〉的「是故《易者》，象也。象也者，像也」〔註 17〕這段文字，便更加
清楚《易經・繫辭傳》的「象」字實有二解，一作「卦象」解，另一作「象
徵」意，此二者是密不可分的。〔註 18〕由此便知，何以《周易王韓注》會解

〔註 13〕引自〔魏〕王弼、〔晉〕韓康伯著：《周易王韓注》（收錄於涂雲清校對：《周
　　　　易二種》，臺北：大安出版社，1999 年 7 月第一版第一刷），頁 216。
〔註 14〕語出《易經・繫辭傳上》。引自〔魏〕王弼、〔晉〕韓康伯著：《周易王韓注》，
　　　　頁 204。
〔註 15〕語出《易經・繫辭傳下》。引自〔魏〕王弼、〔晉〕韓康伯著：《周易王韓注》，
　　　　頁 219。
〔註 16〕引文二見，皆出自《易經・繫辭傳上》。引自〔魏〕王弼、〔晉〕韓康伯著：
　　　　《周易王韓注》，頁 210、217。
〔註 17〕語出《易經・繫辭傳下》。引自〔魏〕王弼、〔晉〕韓康伯著：《周易王韓注》，
　　　　頁 222。
〔註 18〕有關「卦象」作爲「象徵」意涵的意義，謝大寧教授曾說：「任何文明之起始，
　　　　皆來自於某原初的象徵，它是一個根本的語言，一個在其文明經驗之初的『不
　　　　可替代的語言』，它甚至早於一切神話與思辨，而爲後人經由某些儀式之助以
　　　　模寫之者。我以爲《易》之象所表示者，很可能即是這樣一種象徵符號。所
　　　　謂『天尊地卑，乾坤定矣。卑高以陳，貴賤位矣。動靜有常，剛柔斷矣。方
　　　　以類聚，物以群分，吉凶生矣。在天成象，在地成形，變化見矣』，這正是通
　　　　過某些借自自然的經驗所顯示之具有『第一層意義』的原初象徵，以此，《易》
　　　　乃能說話，而且不但能說話，還能顯示出某種無可替代的語言，從而使得聖
　　　　人得以『觀象繫辭』來進行模寫。若非如此，則我們即無從理解易象何以能
　　　　成爲顯示意義之源頭。」（引自謝大寧著：〈言與意的辯證：先秦、兩漢《易
　　　　經》詮釋的幾種類型〉，收錄於李明輝編：《中國經典詮釋傳統（二）：儒學篇》，
　　　　臺北：財團法人喜瑪拉雅研究發展基金會，民國 91 年 2 月初版，頁 69）。

釋爲「兆見曰象」。

倘若進一步深究《易經・繫辭傳》中「象」字的使用，可知《易經・繫辭傳》所謂的「象」最初所指涉者是外在客觀世界的形象，也就是天地間的自然現象，譬如：〈傳上〉的「在天成『象』，在地成形，變化見矣」這段文字，《周易王韓注》解「象」爲「況日月星辰」義，〔註19〕將本是自然現象的「日月星辰」用來詮解「象」的意涵，其他又如「天垂『象』，見吉凶，聖人象之」〔註20〕、「古者包羲氏之王天下也， 仰則觀『象』於天， 俯則觀法於地，觀鳥獸之文，與地之宜，近取諸身，遠取諸物，於是始作八卦，以通神明之德，以類萬物之情」〔註21〕二者皆是。

再者，雖然「象」原所指涉者爲天地間的自然現象，但是自然現象會產生的原因，必定是有「變化」，我們看《周易王韓注》解釋「在天成象，在地成形，變化見矣」中的「變化見矣」一詞時，他說：「縣象運轉以成昏明，……，故變化見矣。」〔註22〕。筆者以爲這個解釋表達了三層意義：其一，注文中的「象」仍指涉天地間的自然現象，也就是日月星辰，且日月星辰有所「變化」（筆者按：運轉），當其運轉時，也就出現了「昏」與「明」的不同現象；其二，「昏」與「明」這兩種不同現象的產生，是一種殊相的變化，但是《周易王韓注》所稱的「變化見矣」的「變化」一詞，不必然指涉著殊相的變化，或爲指稱之所以造成「縣象運轉以成昏明」現象產生的原因，則「變化」當是一種無窮的作用力；其三，若此，讀者應再思索：「誰」讓日月星辰產生運轉呢？易言之，這股「變化」的力量，來自哪裡呢？很明顯的，唯有「道」能之。當道讓日月星辰產生運轉而有昏、明不同現象的時候，在此顯現了道的無窮作用力。〔註23〕藉由上述三層意義層層推進的結果，我們可分析出文

〔註19〕引自〔魏〕王弼、〔晉〕韓康伯著：《周易王韓注》，頁 203。

〔註20〕本句全文爲「是故天生神物，聖人則之；天地變化，聖人效之；天垂象，見吉凶，聖人象之；河出《圖》，洛出《書》，聖人則之。」（語出《易經・繫辭傳上》。引自〔魏〕王弼、〔晉〕韓康伯著：《周易王韓注》，頁 216。）從前後文的脈絡可知，「聖人『象』之」的「象」字與前面的「則」、「效」，都是「效法」的意思，不同於「天垂『象』，見吉凶」的「象」字。

〔註21〕語出《易經・繫辭傳下》。引自〔魏〕王弼、〔晉〕韓康伯著：《周易王韓注》，頁 220。

〔註22〕引自〔魏〕王弼、〔晉〕韓康伯著：《周易王韓注》，頁 203。

〔註23〕後兩層之意實同於林啓屏教授解「在天成象，在地成形，變化見矣」的「變化」時，所提出之說明：「在此處的『變化』既然不是經驗世界的殊相變化，則其意當是指陳證成變化背後的那個神奇妙用的作用，其意味是形上的。或

字中欲表述之「道」的意涵。但是再回過頭來，我們既然已經得知現象界中
一切的殊相變化，都是經由道所「變化」而來，也就是說代表天地間的自然
現象，必然與「變化」有所關連，即「象」與「變化」之間必定有所關連。
那「象」與「變化」之間存在何種關連性質？林啓屏教授認爲：

> 「象」是與「變化」聯繫在一起的，因此《易傳》的作者必然是認
> 爲只有「象」才能曲盡這時時刻刻都在生成變化的世界本質，所以
> 〈繫辭傳上一〉要說：「在天成象，在地成形，變化見矣。」但我們
> 必須注意到這裡的「象」可不能將之理解爲「一個象只能確指某一
> 個概念」，因爲若如此，則此「象」之見變化，其意含便是以爲「任
> 何一項殊多，我們均可爲其找到一項符應的象」。如是則此處能盡的
> 意，就變成是外延的眞理，反而失去了彈性，也失去變化的形上意
> 義。事實上，這樣的區分是相當要緊的。因爲如果「象」與「變化」
> 的關係只是殊多的符應而已，則《易傳》希望以之點明「道」、「器」
> 的形上聯繫，便將落空。〔註24〕

此段引文旨在強調「象」與「變化」間的關係，既然「象是與變化聯繫在一
起」，那麼天地間所存有的萬象，是否可能會有萬變化的出現？林啓屏教授的
答案是否定的。如前述之，「變化」不是一種殊相的變化，而是一種無窮的作
用力，係指稱道的展現，道的展現雖產生萬般殊相的變化，但論其展現的過
程，即其作用力而言只能爲一，因此萬象不保證萬變化的可能，此即所謂「如
是則此處能盡的意，就變成是外延的眞理，反而失去了彈性，也失去變化的
形上意義」。此是第一個關連性質。另外，既然「象是與變化聯繫在一起」，
而「變化」又指涉道的無窮作用力，也就代表天地間所存在的「象」必然是
與「道」同質性，對此，林啓屏教授指出：

> 我們可以知道所有自道體所分化出來的經驗界殊多，其所以能存有
> 乃在於有「道」的作用。所以這些殊多必然是與「道」同質的。也

者，更確切地説：『變化』是『道』的一種展現，所以『乾道變化，各正性命』
（〈乾・象傳〉）。〈繫辭上十二〉也説：『形而上者謂之道；形而下者謂之器；
忠而裁之謂之變』。」（參考林啓屏著：〈古代中國「語言觀」的一個側面：以
《易・繫辭》論「象」爲研究基點〉（收錄於李明輝編：《中國經典詮釋傳統
（二）：儒學篇》，臺北：財團法人喜瑪拉雅研究發展基金會，民國 91 年 2 月
初版，頁 44）。

〔註24〕 引自林啓屏著：〈古代中國「語言觀」的一個側面：以《易・繫辭》論「象」
爲研究基點〉，頁 43。

只有這些殊多是與「道」同質，則取象於由道所分化出的殊多才能
也具有「道體」的意味，以及分享了「道」的神聖性。〔註25〕

可見，在「象」與「變化」的關係中，我們可知「象」必然與「道」同質，
也就是說，「象」享有「『道』的神聖性」。此是第二個關連性質。最後，在《易
經‧繫辭傳》中「象」的意涵，成爲形式上的「卦象」的同時，在內容上已
被《易經‧繫辭傳》的作者等同於「道體」，則「象」不僅作爲單純表現「道
體」的工具而已，尙必然指涉「道體」本身。林啓屛教授復以《易經‧繫辭
傳》中相關句子，提出下列說明：

> 「象」本身就是「易」。而「易」在《易傳》的作者眼中，實即是「道
> 體」，如「易與天地準，故能彌綸天地之道」、「生生之謂易，成象之
> 謂乾，效法之謂坤」、「天地設位，而易行乎其中矣。 成性存存，道
> 義之門」、「易無思也，無爲也，寂然不動，感而遂通天下之故。非
> 天下之致神，其孰能與於此」。是故，「象」本身所表現的就是道體，
> 無「象」不足以知「道體」的朗現；同樣地，若無「道體」作用於
> 「象」中，則「象」亦只是定著符應的外延眞理的形式而已。〔註26〕

此是第三個關連性質。從上述種種說明，我們約略可以看出《易經‧繫辭傳》
中的「象」字所代表之意涵。

回到徽宗《御注》本身的討論。當徽宗《御注》用「見乃謂之象，形乃
謂之物」這句話來詮解經文中的「惚兮恍兮中有象焉，恍兮惚兮中有物兮」
時，是否如實表現了《易經‧繫辭傳》中「象」的意涵呢？答案恐怕爲非。

首先，我們來看注文中的「見乃謂之象，形乃謂之物。惚恍之中，象物
斯具」這句話，倘若徽宗《御注》所援用的「象」字係採納其原意，即用「象」
來指稱「道體」的話，徽宗《御注》中「見乃謂之象，形乃謂之物。惚恍之
中，象物斯具」這句話，便會產生自我矛盾，矛盾地方在於「惚恍之中，象
物斯具」該句。如眾所知，「惚恍」一詞出自《老子》書原文，〔註27〕「惚恍」

〔註25〕 引自林啓屛：〈古代中國「語言觀」的一個側面：以《易‧繫辭》論「象」爲
研究基點〉，頁 45。

〔註26〕 引自林啓屛：〈古代中國「語言觀」的一個側面：以《易‧繫辭》論「象」爲
研究基點〉，頁 45～頁 46。

〔註27〕 《老子》書第十四章云：「是謂無狀之狀，無物之象，是謂惚恍。」通行本王
弼注解「是謂惚恍」爲「不可得而定」（引自樓宇烈校釋：《王弼集校釋》，臺
北：華正書局，民國 81 年 12 月初版，頁 32）河上公注則說：「言一忽忽恍恍，
若存若亡，不可見之也」（引自〔魏〕王弼等著，彭曉鈺校對：《老子四種‧

亦作爲「恍惚」。通行本將《老子》書第二十一章的「道之爲物，惟恍惟惚」解釋爲「恍惚，無形不繫之歎」。〔註28〕什麼叫做「恍惚，無形不繫之歎」？王淮先生進一步解釋：

> 恍惚，狀道之虛無變化。虛無者道之體；變化者道之用。道之體用，虛靈不昧，至健不息。以言其體，則非無非有，亦虛亦實。以言其用，則一陰一陽、一動一靜。故曰道之體用：虛無變化，無爲而無不爲。〔註29〕

由此，我們可知「惚恍」即是指「道」而言，一方面說明其體乃爲虛無，另一方面則指出其用是爲變化。徽宗《御注》對此段文字本身亦作此解，其云：

> 道體至無，而用迺妙有，所以爲物。然物無非道，恍者，有象之可況；惚者，有數之可推。而所謂有者，疑於無也，故曰「道之爲物」。
> （卷二第一，頁 0804 上）

可見在徽宗《御注》的理論架構中，「惚恍」即是「道」的代名詞。然而，前述中才提到《易經‧繫辭傳》中「象」字的使用，不僅單純作爲表現「道體」的工具而已，尚必然指涉「道體」本身。如果徽宗《御注》視「惚恍」爲「道」的代名詞，且其引「見乃謂之象，形乃謂之物」是扣緊《易經‧繫辭傳》的原意，則如何解釋「惚恍之中，象物斯具」的意涵？第一，「象物斯具」係將「象」與「物」視爲同價，「象」不得超越或凌駕於「物」的存有性質，此已與《易經‧繫辭傳》中「象」字含意違背；第二，「惚恍之中，象物斯具」的意思等同於「恍惚之中，有象與物」〔註30〕，然本節開頭解釋「形而上者謂之道，形而下者謂之器」時，曾指出物即是成形之後的器，但物之所以會成形，端賴形而上的道，故而「惚恍之中，物斯具」可解，但是與道同意的「象」不可謂之「惚恍之中，象斯具」。此是矛盾處。

老子河上公注》，臺北：大安出版社，1999 年 2 月第一版第一刷，頁 16）。

〔註28〕引自樓宇烈校釋：《王弼集校釋》，頁 52。

〔註29〕引自王淮著：《老子探義》（臺北：臺灣商務印書館，2001 年 6 月第十二次印刷），頁 89。

〔註30〕「恍惚之中，有象與物」係徽宗《御注》解「常無，欲以觀其妙；常有，欲以觀其徼」之注文，全文作：「《莊子》曰：『建之以常無有。』不立一物，玆謂之常無；不廢一物，玆謂之常有。常無在理，其上不皦，天下之至精也，故觀其妙。常有在事，其下不昧，天下之至變也，故觀其徼。有無二境，徼妙寓焉。大智並觀，迺無不可。恍惚之中，有象與物。小智自私，蔽於一曲，棄有著空，徇末忘本，道術於是乎爲天下裂也。」（卷一第二，頁 0784 上）

　　故而，徽宗《御注》使用的「象」字，即使係引自《易經・繫辭傳》，然其使用時非全然接受《易經・繫辭傳》的解釋，即排除「象」字單獨指稱「道」之可能，〔註31〕僅取其「形象」、「象徵」的意味，譬如其解「夫物芸芸，各歸其根」時，云：

　　　　芸芸者，動出之『象』。（卷一第三十二，頁 0799 上）

又，解「眾人熙熙，如享太牢，如春登臺」時，則云：

　　　　凡物以陽熙，以陰凝。熙熙者，敷榮外見之『象』。（卷一第三十九，頁 802 下）

又，解「執大象，天下往」時，則云：

　　　　『象』如天之垂象，無爲也，運之以健；無言也，示之以文。（卷二第二十一，頁 0814 上）

上述各引文中的「象」字，皆是指稱物形體的「形象」、「象徵」，因爲天地間的物眾多，眾多就用「萬」意表述（筆者按：「號物之數謂之萬」），所以又有「萬象」之詞。例如，徽宗《御注》解「有無之相生，難易之相成，長短之相形，高下之相傾，聲音之相和，前後之相隨」時，云：

　　　　太易未判，『萬象』同體。兩儀既生，物物爲對。（卷一第二，頁 0784 下）

解「三生萬物」時，亦云：

　　　　天肇一於北，地耦一於南，人成位爲三，三才具而『萬象』分矣。號物之數謂之萬。自此以往，巧曆不能計。（卷三第九～第十，頁 0820 下～頁 0821 上）

解「是謂無狀之狀，無物之象，是謂恍惚」時，又云：

　　　　無狀之狀，無物之象。恍兮惚，其中有物；惚兮恍，其中有象。猶如太虛含蓄『萬象』，而不覩其端倪。（卷一第二十七，頁 0796 下）

〔註31〕若取「象」字指稱「道」，徽宗《御注》援用《老子》書中的「大象」一詞。如：「微乎微乎，至於無形。孰得而搏之？『大象』無形是已」（〈視之不見章第十四〉「搏之不得名曰微」注文，卷一第二十六，頁 0796 上）、「太易未判，孰分高下？大音希聲，孰辯清濁？『大象』無形，孰爲巨細」（同上，「此三者不可致詰，故混而爲一」注文）、「自明道至於『大象』，皆道也」（〈上士聞道章第四十一〉「道隱無名」注文，卷三第九，頁 0820 下）老子之所以用「大象」指稱「道」的原因，如唐君毅先生所說：「此象亦非如一般之象之可見，故曰『大象』。」（引自唐君毅著：《中國哲學原論（原道論卷一）》，臺北：臺灣學生書局，2004 年 10 月全集校訂版三刷，頁 341）。

從「萬象」這個詞語的使用，我們便可知徽宗《御注》乃將「象」字視爲「眾多殊相」的「殊相」之意。既是「殊相」，則「象」字不得有形上意味，也就是說它並沒有將「象」視爲「道體」。所以，「象」充其量不過只是「物」的一種表象而已。同時，「象」既然只是物的一種表象，則此現象的存在，必須依待「物」的先在。故解「吾不知誰之子，象帝之先」時，又說：

> 象者，物之始見；帝者，神之應物。物生而後有象，帝出而後妙物。

（卷一第十，頁 0788 上）

這段引文明顯係將「象」字作爲「表象」來解釋，「物」之所以能被經驗存在，乃是因爲見到了「象」，故曰「象者，物之始見」，則「象」作爲「形象」、「象徵」之意顯矣，且其論「物生而後有象」，也使「物」先「象」後的關係表露無遺。〔註32〕

既然，徽宗《御注》係以「象」字來代表「物之表象」的意涵，因此，我們要掌握物的特性，必須透過物之「象」來理解。那我們如何知覺物之「象」呢？只能用個人感官方式來經驗「物之表象」。所謂的「感官」，指的是耳目口鼻之類，「感官方式」則是這些耳目口鼻之類的作用。是以徽宗《御注》解「視之不見，名曰夷。聽之不聞，名曰希。」時，云；

> 目主視，視以辯物。……。耳主聽，聽以察物。（卷一第二十六，頁
> 0796 上）

眼睛、耳朵皆是感覺器官，眼睛的功能是「視」，耳朵的功能是「聽」，而二者最終目的則是用來辨識「物」，也就是接受物之表象，易言之，倘若我們要辨識「物」，必須依賴外在感官的作用。〔註33〕外在感官能「作用」，所起之作用便是「經驗」，經驗的對象是現象界所存在的「物」，故而本節所稱「可經驗的現象界之物」，係指可被耳目口鼻之類的感官所經驗的存在於現象界中

〔註32〕「物生而後有象」一詞，於徽宗《御注》中共出現兩次，除正文所引的出處外，其解「吾不知其名，字之曰道，強爲之名曰大」時，又出現相同文字，全文作：「物生而後有象，象而後有滋，滋而後有數。名生於實，實有數焉。字者，滋而已。」（卷二第七，頁 0807 上）

〔註33〕雖然如此，未必同意僅保有外在感官便能辨識「物」。外在感官之所以能「辯物」、「察物」，在於「能虛」，故而徽宗《御注》解「是以聖人之治，虛其心，實其腹，弱其志，強其骨。常使民無知無欲」時，云：「耳以虛，故能聽；目以虛，故能視；鼻以虛，故能齅。有實其中，則有礙於此。」（卷一第六，頁 0786 上）因此，外在感官的存在僅是充分條件，必要條件在於這些外在感官能保持虛的狀態。

的「物」。我們當繼續探問，可經驗的現象界之物的「存在性質」是什麼？徽宗《御注》又是如何解釋可經驗的現象界之物的存在性質？

（二）何為「可經驗的現象界之物的存在性質」：

此處所謂的「存在性質」，即指物之「象」而言。有關物之「象」的定義，前文已說明徽宗《御注》的「象」為「表象」意涵，值得注意的是現象界之「物」並非單純指稱現象界中的日月星辰、山川草木而已。當我們用「物」與「道」對舉時，「物」實包含二義，陳鼓應教授就說：「無形跡之道與有形跡之物，在哲學史上又以道、器或道、事稱之。」〔註34〕我們對這句話的含意，可透過唐君毅先生對「物」的詮說加以掌握，其稱：

> 中國哲學中之物一名之義，則可同於西方哲學中之存在之義，物與
> 物相關係曰事。物無不與他物相關，而無有不事。故物皆物事，事
> 皆事物。〔註35〕

由此可見，統言之，現象界之「物」可用「物」一詞指稱；析言之，現象界之「物」一方面指涉物事本身，另一方面則指涉事物關係。更清楚地說，以物事本身來看，所謂現象界之「物」實乃已然有形而可被經驗之的物事，如日月星辰、山川草木、男女禽獸皆是；就事物本身來看，所謂現象界之「物」則指稱男女禽獸與日月星辰或山川草木彼此之間的關係。

然而，代表存在性質的「象」是如何產生的呢？在前面的討論中，筆者曾以徽宗《御注》注文中的「見乃謂之象，形乃謂之物。惚恍之中，象物斯具」這段文字，探究「象」與「物」之關係，從前段的分析中我們得知「象」字作為「表象」來解釋，也了解其中存在「『物』先『象』後」的關係。然而，再進一步，我們亦可從該段注文得知「象」之所以能成為何種「物」之表象，乃是依靠物之「形」的存在而然。

要了解「形」的概念，須先觀察徽宗《御注》的注文中如何使用「鑑」這個字。其解「是以聖人之治，虛其心」時，曾云：

> 谷以虛，故應；鑑以虛，故照；管籥以虛，故受。耳以虛，故能聽；
> 目以虛，故能視；鼻以虛，故能齅。有實其中，則有礙於此。（卷一
> 第六，頁 0786 上）

這段引文直接點明了「鑑」的用途為「照」，也就是「反映對象物」，而若要

〔註34〕引自陳鼓應著：〈論道與物關係問題：中國哲學史上的一條主線〉，頁101。
〔註35〕引自唐君毅著：《中國哲學原論（原道論卷一）》，頁35。

能「照」，則「鑑」必先處於「虛」的狀態。所謂處於虛的狀態，即是不受任
何主觀條件所礙。因此，徽宗《御注》於解「我好靜而民自正」時，云：

> 鑑水之與形接也，不設智故，而物之方圓曲直，不能逃也。（卷三第
> 二十九，頁 0830 下）

本段引文以水爲「鑑」。此明言水之所以能完整且客觀地呈現出物的全貌（方
圓曲直），乃是因爲水「不設智故」，「不設智故」就是不受主觀條件所礙，也
就是處於前段引文中所謂的「虛」的狀態。而「鑑」所呈現出來的物之「方
圓曲直」，即是物之「象」，此物之「象」有賴於物之「形」的存在，倘若沒
有「形」的存在，即使「不設智故」，也無法見其「物之方圓曲直」。因此，
嚴格來說，物之「象」即是指物所呈現的「形」之「象」。再看一個相同的例
子。其解「萬物作而不辭」爲：

> 萬物並作，隨感而應。若鑑對形，妍醜畢現；若谷應聲，美惡皆赴，
> 無所辭也。（卷一第五，頁 0785 下）

此段引文亦明言「鑑」的對象爲「形」。當「鑑」處虛而照物時，自然「妍醜
畢現」，也就是「鑑」依其物之「形」而完全表現出物之「象」。可見，「象」
所對應的對象必須是物之「形」。

　　那麼，「物」與「形」的關係又爲何呢？有關「物」與「形」的關係，徽
宗《御注》用《莊子・天地》的「留動而生物，物成生理謂之形」這段文字
加以說明。〔註36〕郭象注「物成生理，謂之形」爲「物得成就，生理具足，
謂之形也」〔註37〕，宣穎注此爲「物受之而成生理，謂之形」〔註38〕，陳壽
昌注此爲「物既生矣，自然順此生理，以底於成，官骸備具，故謂之形也」，

〔註36〕注文凡二見，唯其改「物成生理，謂之形」爲「物生成理，謂之形」：其一用
　　　　以解〈致虛極章第十六〉的「歸根曰靜，靜曰復命」，全文作：「留動而生物，
　　　　物生成理，謂之形；形體保神，各有儀則，謂之性；未形者有分，且然無間，
　　　　謂之命。命亙古今而常存，性更萬形而不易。全其形生之人，去智與故，歸
　　　　於寂定，則知命之在我。如彼春夏，復爲秋冬。體性抱神，中以自考，此之
　　　　謂復命。」（卷一第三十三，頁 0799 下）；另一處用以解〈道生之章第五十一〉
　　　　的「物形之」，全文作：「留動而生物，物生成理，謂之形。」（卷三第二十，
　　　　頁 0826 上）。
〔註37〕引自〔清〕郭慶藩撰，王孝魚點校：《莊子集釋》（北京：中華書局出版，1997
　　　　年 10 月北京第 8 次印刷），頁 425。
〔註38〕引自〔清〕王先謙撰，沈嘯寰點校：《莊子集解》（北京：中華書局出版，1999
　　　　年 12 月北京第 2 次印刷），頁 104。

〔註39〕從上述三家注文的內容裡，我們得知所謂的「形」即是「物」的紋理，也就是物的外在官能或形骸。但是，雖說是物的外在官能或形骸，卻不是特指人而言，而是泛指一切物，〔註40〕也因爲是泛指一切物，爲「鑑」所「照」的「象」才能有普遍義，也就是呈現出一切物的共有的存在性質。

　　回到老子思想裡頭。徐復觀先生認爲老子思想的基本動機在於「常」，如何找到一個不變的「常」，使個人與群體皆可安全長久，是其關切的問題。〔註41〕然而，老子之所以會提出「常」的觀念，以求得到生命的安頓，乃是他從現象界中觀察到「不常」的現象，欲從「不常」中獲得解脫，從變動中取得不變的永恆。於此，徐復觀先生說的明白：

> 由於他爲柱下史所得到的歷史教訓，和對社會的銳敏觀察，覺得在現象界中，無一不變，無一可以長久，亦即無一是安全之道。於是他便從現象界追索上去……〔註42〕

所謂的「無一不變」、「無一可以長久」，就是「不常」，此「不常」的現象不是憑空想像而來，乃是透過對現象界的觀察所得到的，是現象界中眞實的狀況，亦即「物」的存在性質。徽宗《御注》掌握了這個道理，其解「常」爲「變」，〔註43〕且認爲「無常」乃是物的變化狀況。〔註44〕那麼，《老子》書是如何描述物的變化狀態？嚴靈峰先生提出「相對原理」與「消長率」的解

〔註39〕引自〔清〕陳壽昌撰：《南華眞經正義》（臺北：新天地書局出版，民國61年11月初版），頁29。

〔註40〕鍾泰以爲：「此所謂『物成生理謂之形』，尚就一切物言，未說到人上，至『形體保神，各有儀則，謂之性』，乃專就人說。蓋形體留滯者也，神則非留滯者也，故以形體言，人與物未始有異。」（引自鍾泰著：《莊子發微》，上海：上海古籍出版社，2002年4月第1次印刷，頁262）

〔註41〕徐復觀先生提出：「殷周之際的人文精神的萌芽，是以憂患意識爲其基本動力。……。在這種社會劇烈轉變中，使人感到既成的勢力，傳統的價值觀念等，皆隨社會的轉變而失去其效用。……。於是要求在劇烈的的轉變中，如何找到一個不變的『常』。以作爲人生的立足點，因而可以得到個人及社會的安全長久，這是老子最基本的動機。」（引自徐復觀著：《中國人性論史·先秦篇》，頁327）

〔註42〕引自徐復觀著：《中國人性論史·先秦篇》，頁328。

〔註43〕徽宗《御注》解「復命曰常」時，云：「常者，對變之詞。」（卷一第三十三，頁0799下）

〔註44〕徽宗《御注》解「無遺身殃，是謂襲常」爲「物之化，無常也。惟復命者，遺物離人，復歸於明，而不與物俱化。故體常而無患，與形諜成光者異矣。」（卷三第二十三，頁0827下）

釋。首先是「相對原理」，他指出：

> 老子很早就發現事物的相對性的原理。在老子第二章他說：「有無相
> 生，難易相成，長短相形，高下相傾，音聲相和，先後相隨」⋯⋯由
> 於認識一切事物之相對性，老子認爲善惡也是相對的。老子第二章
> 說：「天下皆知美之爲美，斯惡已；皆知善之爲善，斯不善已。」又，
> 第四十九章說：「善者，吾善之；不善者，吾亦善之。德善。信者，
> 吾信之；不信者，吾亦信之。德信。」其次，他認爲禍福也是相對的。
> 第五十八章他說：「禍兮，福之所倚；福兮，禍之所伏。」由於認識
> 禍福的相對性，因而推論人間的利害也是相對的。如第四十四章說：
> 「甚愛必大費，多藏必厚亡。」這就是五行家所說：「相生相剋」和
> 「相反相成」的道理。老子哲學著重於「對立的統一」，而不著重於
> 「對立的分裂」，求「相反相成」，不取「相生相剋」。〔註45〕

在「消長率」部分，則指出：

> 由於宇宙和萬物之循環運動和變化，老子又發現了「消息盈虛」的
> 原理，今試名之爲「消長率」。萬物運動和變化既具有循環性，則始
> 必有終，終則有始；於是產生了「物極必反」的道理，所以老子第
> 七章說：「飄風不終朝，驟雨不終日。孰爲此者？天地。天地尚不能
> 久。而況於人乎？」在老子看來，一切走到極端，登峰造極，必然
> 向相反的方向發展；同時，在一定的條件之下，相對的變化必互相
> 消長。如《易‧豐卦》說：「日中則昃，月盈則虧；天地盈虛，與時
> 消息」按之事實，晝短則夜長，晝長則夜短。⋯⋯。互相消長，勢
> 之必然。我們在《老子》書中可以舉出此類有關的文字。老子第四
> 十二章云：「物或損之而益，益之而損」；第三十九云：「貴以賤爲本，
> 高以下爲基」；第七十七章云：「天之道，其猶張弓與？高者抑之，
> 下者舉之；有餘者損之，不足者補之。天之道，損有餘補不足。」
> 〔註46〕

由此兩段引文，我們約略可推測出老子針對現象界所提出的「不常」，至少有
兩項性質，其一爲「相對」，另一爲「消長」。「相對」的意思在於兩個體間彼

〔註45〕引自嚴靈峰著：《老子達解》（臺北：藝文印書館，民國60年10月初版），頁
　　　　384～頁386。

〔註46〕引自嚴靈峰著：《老子達解》，頁386～頁387。

此性質的相反關係,「消長」則表現出個體由一端向對立的另一端發展的現象。但此是分析的說法,若將二者並觀,則「相對原理」與「消長率」所指爲同一事:一切「物」皆存在相對之性質。故可用「相對原理」一詞全稱。當然,嚴靈峰先生此說未必公允。劉福增教授曾對此提出批評,他說:

> 學者嚴靈峰用「相對原理」一詞來概括它。他對他使用的「相對原理」這一概念說明不多。他說:「老子早就發現事物的相對原理」。這裡有些問題。……老子用對反的方式造了許多句子,說了許多話,但是,他從來沒有提出一個什麼相對原理來。同時,我們似乎也不可能從他造的這些在意義上那麼雜亂的句子,抽出一個什麼相對原理來。在我們沒有用一個相當清楚的方式把一個原理寫出來,並顯示這一原理相當符合我們所舉的實例以前,我們不能稱它爲一個原理。其次,嚴靈峰所謂的相對性是什麼意思,也沒加說明。在中文的日常用法上,「相對」一詞至少有三個意義。一個是普通字典上所講的反對詞之間的相對。……。另一個是,相對於(with respect to)某一標準或根據而言的相對。……。再一個是相對性(relativity)的相對,這是與絕對性相較而言。這是一個觀念從一到零之間的程度的觀念。……老子的對反觀念主要是從上述第一種意義的相對而言,也就是從日常反對詞出發來講的種種。因此,我們用對反而不用相對一詞來概括它們。〔註47〕

劉福增教授主張以「對反」〔註48〕取代「相對」,這不僅是名詞使用的問題,亦是名詞意涵的問題,〔註49〕其反對「相對原理」的理由,可從此段引文中看出:第一,老子本身並沒有提出「相對原理」的概念;第二,從《老子》書的文字中,看不出「相對原理」的「原理性」存在;第三,「相對」詞語的

〔註47〕 引自劉福增著:《老子哲學新論》(臺北:東大圖書股份有限公司,民國88年3月),頁28。

〔註48〕 劉福增教授的「對反」爲一種思考模式,而此思考模式即是老子的思考模式。至於「對反」一詞的意義,劉福增教授提出:「我們這裡所謂的對反,主要是指在造句上用相反詞(antonym opposite),而在概念上基本是使用這種相反詞所呈現出來的某種對反情況。」(引自劉福增著:《老子哲學新論》,頁25。)

〔註49〕 筆者認爲嚴靈峰先生所謂「相對原理」係指《老子》書中對於一切物的存在性質之描述,而劉福增教授所言「對反」一詞是指老子的思維模式。既然前者所關注對象,在於老子如何看待一切物,而後者則是分析《老子》書中的思考模式,則「相對」與「對反」便不只是名詞的差異,也是意涵的不同。

意義範圍遠大於「對反」一詞，嚴靈峰先生未能界定「相對」概念，則不應使用「相對」之詞語。

　　對此，我們要進一步思索此批評是否眞能成立。誠然，老子並未提出「相對原理」的主張，但是這不意味讀者無法從《老子》書中看出「相對原理」，正如同老子未必提出「對反模式」，但我們仍可主張《老子》書具有對反的思考模式。所以，若因爲老子不曾提出「相對原理」這個概念，而否定《老子》書中曾以「相對原理」描述「物」之存在性質，實有待商榷。且劉福增教授之所以認爲不存在「相對原理」，乃因爲劉福增教授將《老子》書中「相反詞」的使用，只當作一種思考模式，故而其主張以「對反」一詞來取代「相對」詞語的使用，他提出：

> 嚴靈峰的學生鄭成海在他的《老子學說研究》中也使用「相對原理」。
> 他說：「老子認爲『道』以外一切形而下的事物發展都是相對的。任
> 何事物都不能單獨存在，必須向其他事物發生關係或聯繫。」我們
> 認爲，在討論老子哲學時，不能沒有辯解就說什麼是形而上的，形
> 而下的。老子在什麼地方說，道以外形而下的事物發展都是相對的？
> 又在什麼地方說，任何事物都不能單獨存在？〔註50〕

由此段引文即知劉福增教授並非眞反對「相對原理」的解釋，而是反對《老子》書中曾描述一切物爲「相對原理」。是以，此批評之成立與否，則端視論者以何種角度解釋「相對／對反」這個詞語。

　　筆者之所以解釋嚴靈峰先生與劉福增教授二家對「相對／對反」觀念間的差異，在於徽宗《御注》對「可經驗的現象界之物的存在性質」的看法，在形式上實與嚴靈峰先生之說極爲雷同，也就是徽宗《御注》亦將「相對」的特性用於解釋「可經驗的現象界之物的存在性質」。

　　在徽宗《御注》的注文裡頭，處處可見其對「物」及其相關觀念所做的概念分析，一如筆者先前曾經討論過的，從「形而上者謂之道，形而下者謂之器。有形名焉，有分守焉」、「見乃謂之象，形乃謂之物。惚恍之中，象物斯具」、「象者，物之始見；帝者，神之應物。物生而後有象，帝出而後妙物」這三段引文，我們不難發現徽宗《御注》的作者確實曾將關注力聚焦於「物」身上，甚至從其使用「形而下」一詞來界定「物」的概念看來，徽宗《御注》不只是定義了「物」之概念，也透露出「物」與「形」之間有所關連，既然

〔註50〕引自劉福增著：《老子哲學新論》，頁28。

物有「形」的存在，則物當然能被「照」、能被觀察，這也使得徽宗《御注》面對經文中提到有關描述「物」的「相對／對反」現象的文字時，不會僅將其視爲老子的一種思考模式，而會將其視作是一種老子對現象界一切存在物的存在性質之描述。於此，徽宗《御注》不會產生劉福增教授所認爲的所有「相對／對反」的形容，只能是一種思考模式的表述而已。

釐清此點差異後，來看徽宗《御注》如何描述「可經驗的現象界之物的存在性質」爲相對特性。最具代表性的解釋，在其對於「故有無之相生，難易之相成，長短之相形，高下之相傾，聲音之相和，前後之相隨」這段經文的說明。其云：

> 太易未判，萬象同體。兩儀既生，物物爲對。此六對者，群變所交，百慮所生，殊途所起，世之人所以陷溺而不能自出者也。無動而生有，有復歸無，故曰「有無之相生」，有涉險之難，則知行地之易，故曰「難易之相成」。「長短之相形」，若尺寸是也。「高下之相傾」，若山澤是也。聲舉而響應，故曰「聲音之相和」。形動而影從，故曰「前後之相隨」。（卷一第三～第四，頁 0784 下～頁 0785 上）

我們從「太易未判，萬象同體。兩儀既生，物物爲對」的「物物爲對」這四個字，即可看出現象界之一切「物」確實存在著「相對」的現象，同時，「物」的相對現象，並非肇因於「物」本身與生而來的性質，乃是「物」生之後才存在。〔註51〕物生之後，則各有各自的形體，此形體與他物之形體會產生與相對的性質，即是所謂的「六對」，也就是經文中所指的「有無」、「難易」、「長短」、「高下」、「聲音」、「前後」這六項關係。此「六對」可以進一步地區分爲三類現象：第一，循環的現象，如「有無之相生」；第二，比較的現象，如「難易之相成」、「長短之相形」、「高下之相傾」；第三，依存的現象，如「聲音之相和」、「前後之相隨」。〔註52〕

〔註51〕「太易未判，萬象同體」係指在太易未判之時，眾多殊相表現爲同一性質，須待「生」之後，才能有所區別。故而徽宗《御注》解「三生萬物」時，亦云：「天肇一於北，地耦一於南，人成位爲三，三才具而『萬象』分矣。」（卷三第九～第十，頁 0820 下～頁 0821 上）

〔註52〕嚴靈峰先生所提出的「相對原理」，雖然也解釋了事物的相對現象，然其內容與徽宗《御注》的解釋稍有不同。嚴靈峰先生將此章中的六種相對關係區分爲四類：「對立物之統一的基本原理」、「對立的兩方皆由比較而來」、「對立的兩方之互相依存和融調」、「對立的兩方之互相排拒」。可見，二家區分的類別有所不同，且相似類別所對應之「相對關係」亦不同。可參見嚴靈峰著：《老

　　首先，先看「比較的現象」方面，徽宗《御注》以「難易之相成」、「長短之相形」、「高下之相傾」為代表，這三對用以說明物的性質乃是透過與之相對的他物的性質而呈現出來的，而物與他物的性質既然是因為彼此之間互相比較得來，所以物的存在性質中也就產生了「相對」的現象。是故，「行地」之所以為易，不是因為其本身存在著容易的性質，而是因為與「涉險」之難比較之後，相對地顯得「行地」的容易；同樣的，「山」與「尺」之所以為高、為長，並非「山」真的為高、「尺」真的為長，而是透過與「澤」之低下和「寸」之短小兩相比較之後，「山」與「尺」才相對地有「高」與「長」的性質。可見現象界中的物的存在性質並非獨立，端賴與其相對的他物的相反性質而定。

　　復次，既然物之存在性質是透過與他物的存在性質相比較所得，換句話說，如果沒有他物的存在性質，則自己也就表現不出與其相對的存在性質，反之亦然。進一步分析，既然說如果沒有他物的存在性質，則自己也就表現不出與其相對的存在性質，這也就意謂著，凡是有某存在性質，必然有與其相成的另一存在性質。徽宗《御注》以「聲音之相和」、「前後之相隨」這兩對作為例子，說明物的存在性質中尚包含「依存的現象」。我們看徽宗《御注》分別將此兩對的內容解釋為「聲舉而響應」和「形動而影從」，即可知徽宗《御注》的作者必然認為性質與性質間的關係如同「聲與響」及「形與影」間的關係。因為，當「發出聲音」時，必因之而「產生聲響」；當「形體運動」時，也必因之有「影子隨形」。是以，當某種性質出現的時候，就如同「發出聲音」或是「形體運動」一般，此時必定會有「成為聲響」或是「如影隨形」的另一性質產生。可見，透過現象界中的物的某一存在性質，必然可以找到與其相成的另一個存在性質。

　　最後，徽宗《御注》又提出了「循環的現象」。所謂的「循環現象」係說明物的性質並非永恆變動，而是以循環的方式不斷改變。我們從上述的「比較的現象」的分析中已經知道，物的存在性質必須依賴另一與之相反性質的他物的表現而定，如果再加上「依存的現象」的作用，則當物透過另一物的相反性質呈現為某一特定性質時，必然會「依存」地產生與之相成的性質，這也就使得物的存在性質產生了「循環性」。譬如說，「無」這個性質會依存地產生與之相反相成的「有」性質，但是同樣的，當「有」這個性質產生時，

子達解》，頁384。

也會依存地產生與之相反相成的「無」性質，是以存在性質具有「循環的現象」。徽宗《御注》就是利用這種觀念將「有無之相生」解釋爲「無動而生有，有復歸無」，既是相反的特性，也是相成的特性。

　　總結來說，不論徽宗《御注》是否適切且準確地表達了《老子》書中對「物」的有關看法，〔註 53〕我們可以知道徽宗《御注》對於「可經驗的現象界之物的存在性質」，具有「相對的現象」、「依存的現象」和「循環的現象」這三種理解，但這是分析的說法，綜合來看，所謂「相對的現象」、「依存的現象」和「循環的現象」其實都說明著「相對性質」的存在，也就是說，現象界中的物的性質都不是絕對的，是相對比較而來，既然是相對比較的結果，自然就會「變」，「變」就是「不常」、「無常」。這樣的觀念在徽宗《御注》的注文中隨處可見，譬如其解「事善能」爲「因地而爲曲直，因器而爲方圓，趣變無常，而常可以爲平，無能者若是乎」，又有「萬變無常」（見〈昔之得一章第三十九〉之注文）、「物之化，無常也」（見〈天下有始章第五十二〉之注文）之語，如果我們掌握了物的存在性質就是「相對性質」，自然能了解「無常」指的就是「物」之「相對性質」而言。

二、「道」的存有特性

　　從《老子》書中，我們可以觀察到曾出現將「道」與「物」相提並論的例子，甚而有將「道」權稱爲「物」的句子，就這個現象，我們可以探知老子思想義理的建構過程，即是由「物」的層次而上升至「道」的層次，若此，

〔註53〕筆者認爲徽宗《御注》於「六對」部分內容的解釋，與《老子》原意並不完全一致。首先，「有無之相生」之所以有「循環的現象」，乃是因爲徽宗《御注》用「相繼」來解釋「相」字意（筆者按：雙方的「復歸」構成「相繼」的意思，而「相繼」正是「循環」的必要條件。），然而，經文中此六對明明係以互文的形式呈現，所以所謂的「相生」的「相」字應該與其他五對的的「相」字同作爲「相對」的意思才對，如河上公注「有無相生」爲「見有而爲無也」（參見〔魏〕王弼等著，彭曉鈺校對：《老子四種‧老子河上公注》，頁3）其次，徽宗《御注》解「前後之相隨」爲「形動而影從」亦有問題。因爲如果「相」作「相對」的意思，則「相隨」應該也是相互對立的現象，但是「形動而影從」的解法，明顯表示了「形在前、影從後」的關係，如何會有相互對立的現象？兩者當然只能是「依存」的關係。此即是爲何嚴靈峰先生與徽宗《御注》兩家雖然都用「相對」來看「物」的性質，但是在分類上，嚴靈峰先生把「先後相隨」視如「難易相成」、「長短相形」一樣，是作爲對立兩方而非依存的關係。

要了解「道」的層次的問題便不得懸空談論，必須由「物」的層次的問題推溯回去，始能得知。

（一）惟道無體〔註54〕

雖說要了解「道」的層次的問題便不得懸空談論，必須由「物」的層次的問題推溯回去，但是並不意味「道」與「物」的性質全然一致，透過「成形」與否的差異，二者表現出不同的特性。反過來說，「物」的存在性質之所以「無常」，也就是「物」表現出「相對性」的存在性質，乃是因爲「物」有「形」的關係，所以徽宗《御注》解「勢成之」時，指出：

> 形質既具，體勢斯成。長短之相形，高下之相傾，其勢然也。（卷三第二十，頁0826上）

其解「夫唯不盈，故能敝不新成」時，又云：

> 有敝，故有新；有成，故有壞。新故相代，如彼四時；成壞相因，如彼萬物。自道而降麗於形數者，蓋莫不然。（卷一第三十一，頁0798下）

「長短之相形」、「高下之相傾」表現出相對性的現象，而此相對性的現象會進一步循環並非凝滯不變，所以「有敝，故有新」、「有成，故有壞」，此即是無常。但是，物之相對性的現象與無常，並不是「物」「自道而降」本是如此，乃是因爲其「形質既具」之後才發生這些形象。因此可知，「物」之所以有相對性的存在性質，是因爲「物」有「形」，倘若「物」沒有形，則不會產生相對性的存在性質，也不會造成「無常」。

既然，「物」的相對性的存在性質所表現出來的「無常」，乃是因爲其有「形」而然，那麼「道」不會表現出相對性的「無常」的原因，則是來自於它「無形」，故徽宗《御注》在「繩繩兮不可名，復歸於無物」時，說：

> 道之體，若晝夜之有經，而莫測其幽明之故。豈貌像聲色可得而形容乎？故復歸於無物。（卷一第二十七，頁0796下）

又，其解「道，沖而用之，或不盈」時，說：

> （道）無爲無形，故不盈。……。注焉而不滿，酌焉而不竭。既以爲人，己愈有；既以與人，己愈多。道之體，猶如太虛，包裹六極，

〔註54〕「惟道無體」之命題出自徽宗《御注》注解「夫唯不盈，故能敝不新成」的注文內容（見文中說明）。

何盈之有？（卷一第八，頁 0787 上）

上句的引文係以描述「道之體」，論其「無形」。「道之體」就像晝夜交替一般，無法如同「物」可加以經驗之，或者描述其「形」，所以才說「豈貌像聲色可得而形容」，可見得「道」是無形的存有。下句的引文則直接點出「道」爲「無形」，認爲「道」之所以能夠不盈，乃是因爲其無爲無形，倘若「道」有形，就跟平時可經驗到的「物」一樣，不可能「注焉而不滿，酌焉而不竭」、「既以爲人，己愈有；既以與人，己愈多」由是，「道」的「無形」得證。

順此，其解「夫唯不盈，故能敝不新成」時，才會又說：

（⋯⋯自道而降麗於形數者，蓋莫不然。）惟道無體，虛而不盈，故能敝、能新、能成、能壞，超然出乎形數之外，而未常敝、未常壞也，故曰「夫惟不盈，故能敝不新成」。木始榮而終悴，火初明而末熄，以有新也，故敝隨之。日中則昃，月滿則虧，以有成也，故壞繼之。有道者異乎此。（卷一第三十一，頁 0798 下）

「物」有「形」（筆者按：即前段所提「形質既具」），故而「始榮而終悴」、「初明而末熄」，且「日中則昃」、「月滿則虧」，而「道」雖然能敝、能新、能成、能壞，但是因爲它「超然出乎形數之外」，所以這些「『新』隨轉爲『敝』」、「『成』爲『壞』所繼」的相對現象，不會發生在「道」身上。何謂「超然出乎形數之外」？徽宗用「惟道無體」四字描述之。此處所言的「無體」，就是沒有實存的形體，既然沒有實存的形體，自然也就「無形」，如此當然「虛而不盈」，也不會有「『新』隨轉爲『敝』」、「『成』爲『壞』所繼」的現象發生。簡言之，徽宗認爲因爲「惟道無體」的緣故，才能表現出絕對的存有特性。

所謂「絕對的存有特性」，即是表示能夠獨立，而不與其他的「物」相對的性質。筆者先前已引「形質既具，體勢斯成。長短之相形，高下之相傾，其勢然也」這段注文，說明「物」有實體，才能與他物相互比較，而顯出相對性存在性質。如此，可知有無實體，是能否成立相對關係的條件。既然「道」「無體」，也就不得與其他物相對。徽宗《御注》用「不與物雜」、「不與物化」說明這樣的現象，先看其解「淵兮，似萬物之宗」，云：

《莊子》曰：「鯢桓之審爲淵，止水之審爲淵，流水之審爲淵。」淵虛而靜，不與物雜，道之體也。（卷一第九，頁 0787 下）

又，解「寂兮寥兮，獨立而不改」爲：

寂兮寥兮，則不涉於動，不交於物，湛然而已。大定持之，不與物

化，言道之體。(卷二第六，頁 0806 下)

「虛」就是「無」，[註55] 上句引文中用「淵」的虛而靜的特性，來詮表「道」，與前一段引文中所述的「惟道無體，虛而不盈」是同樣的意思，二者都是描述「道」之體的虛無特性。因爲「道」之體保持著虛無，故而「不交於物」，也就是不與之發生如物與物的交互關係，其結果當然「不與物雜」、「不與物化」，如此一來也就避免相對的結果，而表現出絕對的特質。因此，我們得知「道」因爲「無體」，故而能表現出與「物」不同的絕對特性。這是「惟道無體」所代表的第一個意涵。

「惟道無體」所代表的第二個意涵，在於「道」不可爲人所經驗之。如筆者先前所言，「物」因爲有「形」斯有「象」，故人可依賴外在感官經驗「形」的存在，但是「道」是「無體」，故而人無從由外在感官經驗之。此義於徽宗《御注》解「視之不見名曰夷，聽之不聞名曰希，搏之不得名曰微」之注文最爲清楚，其云：

> 目主視，視以辯物。夷則平而無辯，非視所及，故名曰夷。太易未
> 見，氣是已。耳主聽，聽以察物。希則概而有間，非聽所聞，故名
> 曰希。大音希聲是已。微乎微乎，至於無形。孰得而搏之？大象無
> 形是已。(卷一第二十六，頁 0796 上)

眼睛、耳朵所視聽的對象爲「物」，而之所以能辨察「物」，乃是因爲「物」有「象」的存在。但是，「道」之「形」卻是「微乎微乎，至於無形」，「無形」斯「無象」，[註56] 也就無法讓人可用眼睛、耳朵加以辨識，因而說「非視所

[註55] 徽宗《御注》解「故有之以爲利，無之以爲用」時，云：「有則實，無則虛」。(卷一第二十一，頁 0793 下) 可見，「無」的表現爲「虛」，「虛」與「無」是一而二，二而一。

[註56] 柳存仁先生認爲徽宗《御注》將「搏之不得名曰微」註爲「微乎微乎，至於無形。孰得而搏之」的解法或有誤，他提出：「然其所以不得而搏，匪因其微，而因其『大象無形』，巨細不分也。」(引自柳存仁著：〈道藏本三聖注道德經會箋〉，收錄於《和風堂文集》，上海：上海古籍，1991 年，頁 262)。可見，徽宗《御注》以「微乎微乎，至於無形」來註解此句，明顯地混淆了「無形」與「微」的差異。但是，筆者認爲該注末加上「大象無形是已」一句，則不得謂徽宗眞混淆不明。今細省其解「大象無形」，乃爲「託於窈冥，而視之不得見，故無形」，可見徽宗視「大象」已獨立於現象界而無所謂「形」，故非眞認爲「大象」是「微乎」而不可辨識者。況且，其注「此三者，不可致詰，故混而爲一」時，說：「大象無形，孰爲巨細？」，倘若眞是混淆，則「微」者當然爲「細」，豈又會說「巨細不分」？可見得徽宗並未混淆二者差異。故

及」、「非聽所聞」。如此,「道」不可爲人所經驗之,其意甚明。

(二) 道以物顯〔註57〕

　　順次,既然「道」的層次的問題不能爲人所經驗,則欲認識「道」的存有特性仍有待從「物」的層次的問題反溯,筆者將此現象命之爲「道以物顯」。徽宗《御注》的作者對「道以物顯」特有體會,因此,當其談論到「道」所存有的特性時,常透過「物」所存在的性質而顯發,也就是其將二者對舉來做說明,最明顯的例子莫過於〈三十輻章第十一〉〔註58〕的注文:

　　　　有無一致,利用出入,是謂至神。有無異相,在有爲體,在無爲用。
　　　　陰陽之運,萬物之理也。車之用在運,器之用在盛,室之用在虛。
　　　　妙用出於至無,變化藏於不累。如鑑無象,因物顯照。至人用心,
　　　　每解乎此。(卷一第二十一,頁 0793 下)

又,

　　　　有則實,無則虛。實,故具貌像聲色而有質;虛,故能運量酬酢而
　　　　不窮。天地之間,道以器顯,故無不廢有;器以道妙,故有必歸無。
　　　　木撓而水潤,火爆而金堅,土均而布,稼穡出焉。此有也,而人賴
　　　　以爲利。天之所以運,地之所以處,四時之所以行,百物之所以昌,
　　　　孰尸之者?此無也。而世莫覩其跡,故其用不匱。有無之相生,老
　　　　氏於此三者,推而明之。(卷一第二十一,頁 0793 下)

上半段注文中的「有」、「無」即是筆者於前一小節中所援引討論過的「有無之相生」的有無,〔註59〕係指「物」之是否具體存在的對待關係,也就是一般意義的「有」、「無」現象。既然是「有」,「有」爲「實」,既然有實體,當

　　　　　筆者以爲徽宗《御注》此注仍視其爲「無形」。
〔註57〕「道以物顯」之命題出自徽宗《御注》注解「故有之以爲利,無之以爲用」
　　　　的注文內容(筆者按:注文原作「道以器顯」,唯此處所言之「器」,所指涉
　　　　的即是形而下的「物」,爲求本論文用語一致,故改「器」字爲「物」字)。
〔註58〕徽宗《御注》將本章分割成「三十輻共一轂,當其無,有車之用;埏埴以爲
　　　　器,當其無,有器之用;鑿戶牖以爲室,當其無,有室之用」與「故有之以
　　　　爲利,無之以爲用」兩段經文,並分別作註。
〔註59〕此注文後半段亦出現「有無之相生」的詞語,然觀察全章注文內容,筆者推
　　　　測後半段的「有」雖仍指涉「物」層次,然其「無」所指涉則是「道」層次,
　　　　故本章的「有無之相生」與前一節所談論之「有無之相生」的文字使用雖然
　　　　相同,意涵卻有差別。相關細節筆者安排於下小節〈「道」與「物」之關係〉
　　　　中另作詳盡說明。

然能呈現出自己獨特的相貌與聲色，就如同「車子」、「器具」與「屋室」都是一種「有」，也各自呈現出不同的相貌與聲色。不過，我們進一步觀察「車子」、「器具」與「屋室」之所以能有所功用，不在於「有」，而在於能「無」。所以，對於「物」來說，「有」與「無」雖然表現爲「物」之相異的相貌，但是就物之「體」來說，因爲其「有」，所以保障了物之存在；復又因爲能「無」，物始能發揮功用，則「無」是就物之「用」而言。

再者，同樣是「有」，「車子」、「器具」與「屋室」所表現出來的「有」完全不同，然而就它們能「無」的意義來看，三者透過了「無」都產生了功用，也就是說它們所表現出來的「無」，反倒都相同地產生了「用」。徽宗《御注》將這樣的「用」統稱爲「妙用」。復因爲徽宗《御注》將「物」的「有」、「無」性質歸於相對性，因此，雖然「用」是「無」所生發出來，但是物之「無」的現象僅能是普通意義的「無」，乃循環性的無，這類的「無」具有變動性，無法永恆保障著這個妙用，因而勢必需要依靠另一個絕對的「無」來保障它，徽宗《御注》將這個絕對的「無」稱爲「至無」，所以說「妙用出於至無」。

筆者認爲「妙用出於至無」實是指稱下半段注文中所說之「有必歸於無」，係說明「物」的作用須依靠「道」加以保障，所以「器以道妙，故有必歸於無」。復次，所謂的「至無」就是永遠沒有實體，沒有實體也就「無象」，因此「道」爲「無象」，不過因爲有「物」的存在，我們仍能依靠「物」的存在而探索「道」。就如同本亦無象的鏡子一般，雖然自身本無象，但是透過各種「物」的相應，便能有「象」的呈現，〔註60〕所以「道以器顯，故無不廢有」。

有關「道以器顯」之命題，徽宗《御注》在解釋「道者，萬物之奧也」時，又提出「道爲萬物之奧，則物者道之顯」予以強化，注文作：

> 天奧西北，鬱化精也；地奧黃泉，隱魄榮也；人奧思慮，蘊至神也。天地與人，有所謂奧，而皆冒於道。道也者，難終難窮，難測難識，故爲萬物之奧。道爲萬物之奧，則物者道之顯歟！（卷四第四，頁0834上）

天、地、人即是相對於「道」的「物」，「奧」即是深藏的意思。〔註61〕萬物

〔註60〕高專誠簡讀「如鑑無象，因物顯照」爲「（至無）如同鏡子一樣，其中的物象並非來自鏡子本身，而是對外物的顯現。」（引自高專誠著：《御註老子》，山西：山西古籍出版社，2003年1月第1次印刷，頁65）

〔註61〕河上公本注「奧」爲「藏」，其曰：「奧，藏也。道爲萬物之藏，無所容也。」（引自〔魏〕王弼等著，彭曉鈺校對：《老子四種·老子河上公注》，頁77）。

以「道」深藏其中，所以「道」爲萬物之奧，「物」反而成了「道」的一種表現。〔註62〕又因爲「道」爲「難終難窮，難測難識」，一般人根本無法直接經驗到「道」，故而只能透過「物」的表現，來推測「道」的樣貌。至此，我們就可以明白，徽宗《御注》論「道」的存有特性，乃是透過「物」的存在性質始得顯發。

不過，此處仍有兩點可能誤解之處需澄清。第一個可能產生的疑義在於，所謂透過「物」的存在性質始得顯發的意思，並非意謂如果沒有「物」則「道」不具有象，若是如此，「道」只是相對於「物」而有象（抑或無象），那麼「道」將下落至「物」的層次，成爲相對性的存在，也就是說，「道」也不過是同「物」一般的「無常」而已，如此一來，「道」反而不能保障住「物」的作用。故而說，「無象」只是描述一般人無法直接經驗「道」的存有特性，並非「道」眞的不具有象。事實上，「道」包含了萬象，所以徽宗《御注》解「是謂無狀之狀，無物之象，是謂恍惚」時，提出：

> 無狀之狀，無物之象，恍兮惚，其中有物；惚兮恍，其中有象。猶
> 如太虛含蓄萬象，而不覩其端倪。（卷一第二十七，頁 0796 下）

「恍惚」就是「道」，「道」並非眞的不具有象，只是如同太虛一般「不覩其端倪」，卻能「含蓄萬象」。故而，江澂疏解「如鑑無象，因物顯照」爲「如鑑無像，因物顯照。不將不迎，應而不藏，固非有也，亦非無也，應物而不傷斯已矣」（江澂《疏義》，卷三第十二，頁 0771 上），這表示固然一般人無法直接經驗到「道」之象，所以看起來似「非有」，但若以「物」相照，也就看出其象，如此亦不能說「道」是「無」。

第二個可能產生的疑義在於，雖然說「因物顯照」、「道以物顯」，但是我們不可誤以爲既然「因物顯照」、「道以物顯」，則「物」所顯現的一切性質，

又，劉韶軍認爲：「宋徽宗所說的天奧地奧人奧三句，來自揚雄的《太玄經》。這樣理解的『奧』，就是深藏之意。」（引自劉韶軍點評：《唐玄宗、宋徽宗、明太祖、清世祖《老子》御注點評》，長沙：湖南人民出版社，1997 年 9 月第 1 版第 1 次印刷，頁 380）

〔註62〕「『物』反而成了『道』的一種表現」非指「物」的諸般樣貌、表現，皆屬於「道」，因爲，「物」的表現未必然全合乎於「道」，是以「物」仍須透過一定的過程，始能合乎「道」，但是這種合乎「道」的要求，不待外來學習卻能自我省察，如此仍可說「物」表現了「道」。所以，「『物』反而成了『道』的一種表現」這句話只是單純指「道」的形象須透過「物」的表現來理解的一種途徑與方式。

與「道」的性質無異，也就是說，雖然透過「物」的存在性質，始得顯發「道」的存有特性，但是「道」的存有特性並非「物」的特性。「道以物顯」之命題只能單純描述爲「道」之存有特性必須依賴「物」的存在特性的顯發，而始能爲人所知，這是一種途徑義，非內容義，所以「物」的存在特性不能全然等同於「道」之存有特性。徽宗《御注》解「天下皆謂我『道大似不肖』。夫惟大，故似不肖。若肖，久矣其細也夫」時，曾表示：

> 肖物者小，爲物所肖者大。道，覆載萬物者也，洋洋乎大哉，故似不肖。若肖，則道外有物，豈得爲大乎？（卷四第十一，頁 0837 下）

此段注文便清楚說明唯有小「肖」於大。「道」既然能夠覆蓋與承載「物」，且「道」之外並沒有任何其他的「物」，因此「道」爲大，既然「道」爲大，故而「道」不能「肖」「物」，只能「物」「肖」於「道」，故知「物」的存在特性不能全然等同於「道」之存有特性，只是表明了「道」的存有特性需透過「物」的存在特性加以體會的一種過程。

（三）以中為至〔註63〕

有關於「物」的存在性質，徽宗《御注》多用「萬物之理」、「物之理」或「天下之理」稱之。如其解「故有無之相生，難易之相成，長短之相形，高下之相傾，聲音之相和，前後之相隨」時，云：

> 陰陽之運，四時之行，萬物之理。俄造而有，倐化而無。其難也，若有爲以經世；其易也，若無爲而適已。性長非所斷，性短非所續。天之自高，地之自下。鼓宮而宮動，鼓角而角應。春先而夏從，長先而少從。對待之境，雖皆道之所寓，而去道也遠矣。（卷一第三～第四，頁 0784 下～頁 0785 上）

其解「道，冲而用之，或不盈」時，又云：

> 萬物之理，偏乎陽則強，或失之過；偏乎陰則弱，或失之不及。（卷一第八，頁 0787 上）

其解「持而盈之，不如其已；揣而銳之，不可長保」時，又云：

> 盈則溢矣，銳則挫矣。萬物之理，盈必有虧。（卷一第十六，頁 0791）

其解「故物或行或隨，或噓或吹，或強或羸，或載或隳」時，又云：

〔註63〕「以中爲至」之命題出自徽宗《御注》注解「天之道，其猶張弓乎？高者抑之，下者舉之；有餘者損之，不足者補之。」的注文內容（見文中說明）。

> 萬物之理，或行或隨，若日月之往來；或噓或吹，若四時之相代；
> 或強或羸，若五行之王廢；或載或隳，若草木之開落；役于時而制
> 于數，固未免乎累。（卷二第十四，頁 0810 下）

其解「谷神不死」時，又云：

> 有神則有盛衰，有數則有成壞。形數具而生死分，物之理也。（卷一
> 第十一，頁 0788 下）

其解「功成名遂身退，天之道」時，又云：

> 功成者隳，名成者虧。日中則昃，月盈則食，物之理也。（卷一第十
> 七，頁 0791 下）

其解「反者道之動，弱者道之用。天下之物生於有，有生於無」時，又云：

> 天下之理，動靜相因，強弱相濟。（卷三第六，頁 0819 上）

由上述七段引文，可知徽宗《御注》以「萬物之理」、「物之理」或「天下之
理」指稱「物」的存在性質，且從引文中可知，「萬物之理」、「物之理」或「天
下之理」皆表現爲兩個極端，若非「偏乎陽則強，或失之過」，則「偏乎陰則
弱，或失之不及」。但是，「道」的現象是否也如同「物」一樣呢？其解「道，
沖而用之，或不盈」時，接著說：

> 道有情有信，故有用；無爲無形，故不盈。《經》曰：「萬物負陰而
> 抱陽，沖氣以爲和。」……無過不及，是謂沖氣。沖者，中也，是
> 謂大和。高者仰之，下者舉之；有餘者取之，不足者予之。道之用，
> 無適而不得其中也。（卷一第八，頁 0787 上）

徽宗《御注》的作者認爲「沖氣」係道表現出來的現象，因此訓「沖」字爲
「沖氣」，而「沖者，中也，是謂大和」，我們若再進一步與〈道生一章第四
十二〉的注文對照，這邊的「中」是處於陰陽之中的意思。〔註64〕既然「道」
的表現爲陰陽之中，則不會如同「萬物之理」會「偏乎陽則強，或失之過；
偏乎陰則弱，或失之不及」，因此才會說「無過不及，是謂沖氣」。故而，「道」
的作用是「高者仰之，下者舉之」、「有餘者取之，不足者予之」，表現爲「無

〔註64〕〈道生一章第四十二〉對於「萬物負陰而抱陽，沖氣以爲和」的解釋爲「陰
　　　 止而靜，萬物負焉，君子所以日入而息。陽融而亨，萬物抱焉，聖人所以嚮
　　　 明而治。必有陰陽之中，沖氣是已。《莊子》曰：『至陽赫赫，至陰肅肅。肅
　　　 肅出乎天，赫赫發乎地。兩者交通成和，而物生焉。』」（卷三第十，頁 0821
　　　 上）由是可見，所謂的「沖氣」即是指「陰陽之中」。

適而不得其中」。然而，此說是否符合《老子》書的原意？可從下列兩點來看：第一點，《老子》書的「道沖而用之或不盈」之「沖」字作何解釋。第二點，《老子》書的「沖氣以爲和」的「沖氣」一詞作何解釋。

　　首先，就第一點來看，傅奕本將「道沖而用之或不盈」改作「道盅，而用之或不滿」，據《說文》解釋：「盅，器虛也，从皿中聲。《老子》曰：道盅而用之。」〔註 65〕，可見「沖」可作「盅」字，爲「虛」的意思。是以，釋憨山註「道沖而用之或不盈」爲「沖，虛也。」〔註 66〕，通行本王弼注〔註 67〕則說：「沖而用之，用乃不能窮。滿以造實，實來則溢。故沖而用之又復不盈，其爲無窮亦已極矣。」〔註 68〕樓宇烈進一步解釋：「『沖』，俞樾說：『盅，器虛也。《老子》曰：道盅而用之。』作『沖』者，假字也。按：王弼注此處以『沖』與『滿』、『實』對言，是以『沖』爲『虛』之義。……」。〔註 69〕由上述諸說可知，「道沖而用之或不盈」之「沖」字是「虛」的意思，也就是說「道」是以「虛」爲用。

　　何謂「沖氣」？有關「沖氣」的解釋，諸家說法莫衷一是。高亨提出：「沖氣以爲和者，言陰陽二氣涌搖交蕩以成和氣也。」〔註 70〕可見高亨是以「沖氣」指陰陽二氣相激盪的狀態。不過，吳光先生從版本、通假、字義、魏源

〔註65〕引自〔漢〕許慎撰，〔清〕段玉裁注：《說文解字注》（臺北：黎明文化事業股份有限公司，民國 83 年 7 月十一版），頁 214～頁 215。

〔註66〕引自憨山大師編著：《老子道德經憨山註、莊子內篇憨山註（合一冊）》（臺北：新文豐出版公司印行，民國 85 年 4 月出版四刷），頁 56。

〔註67〕陳錫勇教授指出：「今《通行本》題王弼注者，其本文與宋·范應元所見《王弼注本》頗有參差，有注文與本文牴牾者，既非宋徽宗政和晁說之所見本，亦非孝宗乾道熊克重刻原貌，……而今所謂明·張之象刻本、顧復溪香書屋刻本已非宋本之舊。若清·乾隆中浙江書局以華亭張之象本爲底本，以武英殿本校刊重刻，而題爲『老子道德經』、『老子道德經注』者，內文有與《河上公本》同而與宋本異者：有全篇注文刊落者：有注文與本文不相應者：有注文與《河上公本》略同者，稱之爲《通行本》可也。蓋今所流通之《老子》王注本非王弼注之原本也。……」（引自陳錫勇著：〈《通行本》非《王弼注本》原文〉，收錄於《老子校正》，臺北：里仁書局，民國 92 年 9 月 15 日第二次增訂，頁 281）由此可知，今所傳王弼注本已非宋徽宗所見版本。雖然本論文不處理《老子》版本問題，爲避免所徵引文句與之混淆，凡引用今所流通之王弼本的說法，皆從陳錫勇教授之說，以「通行本」稱之。

〔註68〕引自樓宇烈校釋：《王弼集校釋》，頁 11。

〔註69〕引自樓宇烈校釋：《王弼集校釋》，頁 12。

〔註70〕引自高亨著：《老子正詁》（臺北：臺灣開明書局，民國 85 年 7 月臺六版），頁 97。

訓解之證爲根據，主張「沖氣」不能解爲「陰陽二氣相激盪」，「沖氣」應當作「中氣」，爲「會通上下、陰陽之氣」；「萬物負陰而抱陽，中氣以爲和」，意即「天下萬物都包含陰陽兩個方面，陰陽會通而成爲和諧之氣。」〔註71〕因此「沖氣」至少有二說，其一爲「（氣）相激盪」，另一爲「會通」，但不論是高亨的說法或吳光先生的主張，皆不能符合「道沖而用之或不盈」的「沖」字義。唯一符合以「虛」解「沖」的說法，當是河上公注，其註解「沖氣以爲和」爲「萬物中皆有元氣，得以和柔，若胸中有藏，骨中有髓，草木中有空虛，與氣通，故得久生也」，〔註72〕是以「沖」爲「虛」。若依河上公注，則以「沖氣」解「道沖而用之或不盈」的「沖」字，可通矣。

　　從上述兩點來看，徽宗《御注》以「沖氣」解釋「道沖而用之或不盈」的方式頗有新意。一方面，「沖氣」的「沖」字或作「（氣）相激盪」，或作「會通」，或作「空虛」，但是徽宗《御注》有異於此三者，而以「陰陽之中」作爲解釋，是其獨特之處。另一方面，如前示例，「沖」字當作「虛」義解釋，河上公本雖亦以「中」字注「道沖而用之或不盈」的「沖」字，然其所謂「中」的意涵仍存有「虛」義，不同於徽宗《御注》所謂「無過不及」之「中」，〔註73〕這也是徽宗《御注》與其他注本不同的地方。

　　由是可見，徽宗《御注》認爲道所表現出來的作用在於「中」，而此表現可見諸「天之道」的規律，故其解「天之道，其猶張弓乎？高者抑之，下者舉之；有餘者損之，不足者補之」，又說：

> 道無益損，物有盈虛。注焉而不滿，酌焉而不竭者，聖人之所保也。
> 降而在物，則天地盈虛，與時消息，而況於人乎？天之道，以中爲至，
> 故高者仰之，不至於有餘；下者舉之，不至於不足。將來者進，成功
> 者退，四時運行，各得其序。（卷四第二十二～第二十三，頁 0843）

本處引文中的「高者仰之，不至於有餘；下者舉之，不至於不足」，實同於前段討論注文中所引之「高者仰之，下者舉之；有餘者取之，不足者予之」，二

〔註71〕引自吳光著：〈關於《老子》中三句話的解釋〉，（收錄於《儒道論述》，臺北：三民書局，民國83年6月初版），頁6～頁13。

〔註72〕引自〔魏〕王弼等著，彭曉鈺校對：《老子四種・老子河上公注》，頁54。

〔註73〕河上公注「道沖而用之」爲「沖，中也。道匿名藏譽，其用在中。衝，直隆反」（引自〔魏〕王弼等著，彭曉鈺校對：《老子四種・老子河上公注》，頁5。），又注「或不盈」爲「或，常也。道常謙虛，不盈滿」（同上）。由上述兩句注文，可推測河上公本雖以「中」字爲訓，然其所謂的「中」，應是「中空」義，也就是後句的「謙虛」意思。

者唯一不同的地方，在於前段引文主語爲「道」，此段注文之主語爲「天之道」。
然而，「天之道」與「道」是否一致？若非，則二者間的關連爲何？

　　依劉笑敢教授所做的分析，在《老子》書中的「道」可作三種意義的分
析，分別爲「本根之道」、「天之道」（或「天道」）、「聖人之道」。〔註74〕所謂
的「天之道」的「天」字有天空與大自然的意思，因此「天之道」係指與不
爲人類意志控制的客觀規律，接近於大自然的現象或規律；但是，老子所關
注的「天」並非純粹是物理學意義的天，其所談論的「天」的形象，往往亦
作爲人類的行爲準則，依此，又產生了價值意義與規範性意義。故而，劉笑
敢教授提出：

> 「天之道，損有餘而補不足」也是以客觀之天的獨立性來強化、支
> 持人事中應該「損有餘而補不足」的原則。簡單地說，「天之道」既
> 是獨立於人之外，又給人的行爲方式提供規範的價值和原則。具體
> 來說，「天之道」的原則是要維持一個恰當的平衡狀態，對有餘者損
> 之，對不足者補之。大自然的生物鏈就是這種損有餘而補不足的具
> 體表現。〔註75〕

由是可知，在《老子》書中的「天之道」或是「天道」，實包含了兩個意思，
一個是指「大自然的規律」，另一個則是隱含在大自然規律背後，爲可規範一
般世俗習慣的「行爲準則」。《老子》書對於「天之道」的這兩層意義，皆被
保留於徽宗《御注》的注文中，如其解「功成不居」，〔註76〕云：

> 四時之運，功成者去，天之道也。聖人體之，故功蓋天下而似不自已，
> 認而有之，亦已惑矣，故曰「功成不居」。（卷一第五，頁0785下）

〔註74〕劉笑敢教授將「道」區分爲三種意義：其一爲「本根之道」，係世界之總根源
　　　　和總根據。因爲作爲世界起源的總根源，不與其他「物」有任何關係，故具
　　　　有絕對性與客觀性；因爲是萬物存在、發展的總根據，是以又產生規範性。
　　　　其二爲「天之道」，也稱爲「天道」，其雖體現了「本根之道」的絕對性、客
　　　　觀性與規範性，但是「天」爲天空、大自然的意思，其根源與根據仍是「本
　　　　根之道」，故而，「天之道」僅能視作「本根之道」的具體形象的體現者，而
　　　　非「本根之道」本身。其三爲「聖人之道」，這是「本根之道」和「天之道」
　　　　所體現的價值取向和行爲原則的人格化代表。引自劉笑敢著：《老子古今：五
　　　　種對勘與析評引論・上卷》（北京：中國社會科學出版社，2006年5月第一版
　　　　第一次印刷），頁725～頁730。
〔註75〕引自劉笑敢著：《老子古今：五種對勘與析評引論・上卷》，頁726。
〔註76〕〈天下皆知章第二〉章經文。

又，解「功成名遂身退，天之道」，云：

> 四時之運，功成者去，是天之道。知進而不知退，知存而不知亡，
> 知得而不知喪，能勿悔乎？（卷一第十七，頁 0791 下）

又，解「不敢爲天下先，故能成器長」，云：

> 不爭而善勝者，天之道。道之尊，故爲器之長。（卷四第十二，頁
> 0838 上）

又，解「天之道，損有餘補不足」，云：

> 滿招損，謙得益，時乃天道。（卷四第二十三，頁 0843 下）

引文中的「四時之運」、「滿招損，謙得益」，即是指「天之道」所代表的「大
自然的規律」，「功成者去」、「不爭而善勝」則是透過大自然的規律所表現的
形象，進一步作爲人類行爲的規範價值的「行爲準則」。

然而，「天之道」雖然可作爲人類行爲的規範價值的「行爲準則」，但是「天
之道」尙有其根源所在，人們雖透過「天之道」得到行爲準則的規範價值，但
是此規範價值並非來自於「天之道」本身，而只是一種形象的呈現而已。據劉
笑敢教授的主張，「天之道」也只是「本根之道」的一種呈現。〔註77〕所以，其
實「天之道」並非人類最終所應學習的對象，人類最終所應學習的對象乃是透
過掌握「天之道」所呈現出來的「道」的形象。此義可見諸徽宗《御注》解「王
乃天，天乃道」時，其云：

> 通天地人而位乎天地之中者，王也。一而大，在上而無不覆者，天
> 也。天地人莫不由之者，道也。盡人則同乎天，體天則同乎道。（卷
> 一第三十四，頁 0800 上）

於此，徽宗《御注》將「道」視爲天地人「所由」的對象，〔註78〕而「天」
尙未能獨立於「由之」的範圍中，可見得「天之道」，不過是「道」的一種具
體體現。易言之，透過「天」所呈現出來的「天之道」，人們才能掌握「道」，

〔註77〕劉笑敢教授認爲：「天之道在老子哲學中的地位很高，但畢竟不等於本根之
道。天之道與大自然相聯繫，與天的形象相聯繫，而本根之道則是大自然和
天的根源和根據。所以天之道只能是本根之道的較爲具體形象的體現者，而
不是本根之道本身。」（引自劉笑敢著：《老子古今：五種對勘與析評引論‧
上卷》，頁 729）。

〔註78〕徽宗《御注》於〈道經‧小序〉中亦提到：「道者，人之所共由。……道者，
亘萬世而無弊。」（卷一第一，頁 0783 下）可見，在徽宗的思想架構中，「道」
永久爲人所效法對象，且除了「道」之外，沒有其他物可爲人所效法，故又
稱「共由」。

此乃「體天則同乎道」的意涵；從另一個角度看，既然「體天則同乎道」，則「道」與「天之道」必然表現爲同樣的形象，而此形象也就是「以中爲至」的特性。因此，本小節所討論的兩段注文，雖然一個主語爲「道」，另一個爲「天之道」，但是二者所指涉的概念卻是一致，皆是針對「道」的存有特性而發，而此存有之特性即是「以中爲至」。

三、「道」與「物」之關係

從前面兩小節的說明可知，「道」的存有特性可從「物」的存在性質推測出來，這表示「道」與「物」之間，必然具有某項關連。故而，繼「道」與「物」的分別討論之後，本小節將進一步探索並分析徽宗《御注》如何表述「道」與「物」之間的關連性，以完成徽宗《御注》中「道論」的研究。

（一）存在的關係：「母子關係」的確立

從《老子》書中「天下萬物生於有，有生於無」、「道生一，一生二，二生三，三生萬物」、「道生之，德畜之，物形之，勢成之」等句，我們可以知道《老子》思想中的「道」與「物」，係用「生」的概念予以聯繫。而徽宗《御注》承繼了此模式，亦以「生」連結「道」與「物」，故其解「無名，天地之始；有名，萬物之母」，云：

> 道常無名，天地亦待是而後生。《莊子》所謂「生天生地」是也。（卷一第一，頁 0783 下）

又，解「可以爲天下母」，云：

> 萬物恃之以生。（卷二第七，頁 0807 下）

又，其解「吾不知誰之子，象帝之先」，云：

> 「象帝」者，群物之始，而道實先之。《莊子》所謂「神鬼神帝，生天生地」是也。（卷一第十，頁 0788 上）

又，其解「玄牝之門，是謂天地根」，云：

> 然天地之所從出者，玄牝是已。彼先天地生者，孰得而見之？（卷一第十二，頁 0789 上）

又，其解「故道生之畜之，長之育之，成之熟之，養之覆之」，云：

> 別而言，則有道德勢物之異；合而言，則皆出于道。道者，萬物之奧也。萬物化作，而道與之生；萬物欲藏，而道與之成。（卷三第二

十一~第二十一，頁 0826）

從上述諸句引文可知，不論是「天地」或是「萬物」，皆有待於「道」而「生」，這說明了徽宗《御注》亦是透過「生」的概念，使「道」與「物」產生連結。從另一個角度來看，既然「道」與「物」之間具有「生」的關連，所以「道」與「物」之間的關連性，可以用「母子關係」一詞表述之。〔註 79〕故而，既然徽宗《御注》是透過「生」的概念，使「道」與「物」產生連結，則其必然也是以「母子關係」來看待「道」與「物」之間的關連，如其解「我獨異於人，而貴求食於母」，云：

> 嬰兒慕，駒犢從，惟道之求而已。夫道，生之畜之，長之育之，萬物資焉，有母之意。惟道之求，此所以異於人之失性於俗。（卷一第四十一，頁 0803 下）

又，其解「天下有始，以為天下母。既得其母，以知其子」，云：

> 無名，天地之始；有名，萬物之母。始與母，皆道也。自其氣之始，則謂之始；自其生生，則謂之母。有始，則能生生矣。道能母萬物而字之，則物者其子也。（卷三第二十一，頁 0826 下）

又，其解「有國之母，可以長久。是謂深根固柢，長生久視之道」，云：

> 道為萬物母。有道者，萬世無弊。道者，物之母，而物其子也。性者，形之根，而形其柢也。既知其子，復守其母，沒身不殆，故可以長久。（卷四第二，頁 0833 上）

從上述兩段引文可以得知，徽宗《御注》亦視「道」與「物」所存在的關係為「母子關係」。倘若，我們仔細觀察引文中的文字，可以發現徽宗《御注》之所以規定此「母子關係」，含有三層意義：首先，從「夫道，生之畜之，長之育之，萬物資焉，有母之意」、「有名，萬物之母。始與母，皆道也。……自其生生，則謂之母。……道能母萬物而字之，則物者其子也。」這兩段文字，可推知「母子關係」是確立於「道」之具有「母」的特性，也就是「生物」的本能；順次，由於「道」與「物」是「母子關係」，因此「道」又被規定為「物」所依循的標準，故說：「既知其子，復守其母，沒身不殆，故可以

〔註 79〕《老子》書中常以「母」字來形容「道」，譬如：「有名，萬物之母」、「我獨異於人，而貴求食於母」、「可以為天下母」、「天下有始，以為天下母」、「既得其母，以知其子。既知其子，復守其母」、「有國之母，可以長久」，由是可知，「道」為天地萬物之「母」，故說「道」與「物」之關係為「母子關係」。

長久。」；最後，既然「道」被規定爲「物」所依循的標準的同時，也破除了「物」以其他的「物」作爲依循標準之可能，因此又說：「嬰兒慕，駒犢從，惟道之求而已。」這三層意義環環相扣，且可看出徽宗《御注》之所以提出「母子關係」，乃爲確立「道」之作爲「物」最終所依循的標準。

（二）對待的關係：「大道之序」〔註80〕的提出

既然確定了徽宗《御注》規定「道」與「物」的關係爲「母子關係」，我們理當進一步探究「道」之「生物」的型態爲何。此問題的提出，構成了「道」與「物」之間的「對待的關係」。然而，由於歷代《老子》注家對「道」之形上性格的認知有所分歧，則有關「道」如何生物的討論，便有多元且無法完全統一的詮釋，故先釐清徽宗《御注》如何處理「道」之形上性格，有其必要性。

有關「道」之形上性格的區分，袁保新教授認爲所有的詮釋系統約可歸納爲兩種型態，其一爲「客觀實有」型態，另一爲「主觀境界」型態，所謂「客觀實有」的詮釋型態，也就是將「道」的形上意義理解作獨立在人類心靈之外、客觀自存的「超越實有」，此說以唐君毅先生主張最具代表性；至於「主觀境界」的詮釋型態在於肯定「道」乃是經由主體實踐修養所證的「境界」，既不能以「形上實體」視之，也不能從宇宙發生論的觀點認作「第一因」，此說以牟宗三先生爲代表。〔註81〕倘若進一步來看，「客觀實有」與「主觀境界」二種型態間的差異關鍵，在於「道」是否能被視爲「實體」來看，依牟宗三先生的看法：

> 道家的道和萬物之關係就在負責萬物的存在，籠統地說也是創造。……但你要是再進一步了解，就知道用創造這個名詞不很恰當。儘管也用生字，但照道家的講法這生實在是「不生之生」。儒家就是創生，中庸說「天地之道可一言而盡也：其爲物不貳，則其生物不測。」那個道就是創生萬物，有積極的創生作用。道家的道嚴格講

〔註80〕「大道之序」之命題出自徽宗《御注》注解「玄牝之門，是謂天地根」的注文內容（見文中說明）。

〔註81〕此兩種老學分化的基本型態，係由袁保新教授從馮友蘭、方東美、徐復觀、勞思光、唐君毅與牟宗三等六位當代知名學者對老學義理解釋的深層思想所歸納之結果。引自袁保新著：〈老子思想中「道」之形上性格底商榷——當代老學詮釋的釐清與辨正〉（收錄於《老子哲學之詮釋與重建》，臺北：文津出版社，民國86年12月初版二刷），頁131～頁151。

> 沒有這個意思，所以結果是不生之生，就成了境界型態，境界型態
> 的關鍵就寄託在此。……（因此）道家只能籠統地說實現原理，不
> 好把它特殊化，說成創造，因此道家是徹底的境界型態。……由不
> 生之生才能說境界型態，假定實是生就成了實有型態。譬如儒家天
> 命不已的道體就實有創生萬物的作用，就成了客觀的實有，創造的
> 實體了。〔註82〕

此段引文爲牟宗三先生對於儒家、道家兩家的「道」之分析。兩者不同處在
於道家的「道」有賴於「物」在各安其位下的自我實現，故而僅可視爲一種
價值理序，或是使物實現的實現原理；而儒家的「道」之表現爲「生物不測」，
具有積極的創生作用，是爲創造的實體。兩相對照下，即可知由於道家的「道」
僅是價值理序、實現原理，本身沒有可創生的實體意涵，故而是「主觀境界」
型態的形上性格。

　　然而，我們以此回頭檢視徽宗《御注》之內容，可發現徽宗對於「道」
之理解包容了儒家對於「道」的解釋，如其解「是以聖人抱一爲天下式」，云：

> 其爲物不貳，則其生物不測。惟天下之至精，能爲天下之至神。聖
> 人抱一以守，不搖其精，故言而爲天下道，動而爲天下則。（卷二第
> 三，頁0805上）

該句注文以《中庸》的「不貳」來解釋經文中的「抱一」之「一」的意思，
〔註83〕故可說徽宗《御注》的作者將「抱一」視爲「抱道」。〔註84〕然而，
在經文此處的「道」究竟屬於價值理序，或是可視爲客觀實體？以通行本王
弼注觀之，其以「一，少之極也」詮解「抱一」，樓宇烈援引通行本王弼注
其他注文內容，將「一」解釋爲「法則」的意涵，〔註85〕是故我們可知通行

〔註82〕引自牟宗三著：《中國哲學十九講》（臺北：臺灣學生書局，2002年8月），頁
　　　　104～頁105。

〔註83〕徽宗《御注》以「不貳」詮「一」的方式，除了此處注文外，亦可見其解「昔
　　　　之得一者」之注文，其曰：「《莊子》曰：『通於一，萬事畢。』致一則不貳，
　　　　抱一則不離，守一則不遷。能知一，則無一之不知；不能知一，則無一之能
　　　　知。」（卷三第四，頁0818上）

〔註84〕楊師祖漢認爲「其爲物不貳」的「爲物」是指天道說，「其爲物不貳」係指天
　　　　地之道本身是誠一不二的。（引自楊師祖漢著：《中庸義理疏解》，臺北：鵝湖
　　　　出版社，民國91年8月修訂四版，頁224）就此，徽宗《御注》引《中庸》
　　　　「爲物不貳」來詮解「抱一」，可知「抱一」即是「抱不貳的天地之道」。

〔註85〕樓宇烈指出：「四十二章王弼注：『萬物萬行，其歸一也』，『以一爲主』，所以
　　　　此處以『一』爲天下萬事萬物之法則。」（引自樓宇烈校釋：《王弼集校釋》，

本王弼注係將「聖人抱一爲天下式」解釋爲「聖人抱持著『少之極的法則』，以作爲天下人的準則」，則此處之「道」不是客觀實體，乃爲價值理序的意思。章安亦以「價值理序」的角度疏解徽宗《御注》，其云：

> 少則得乎性命之理，多則惑於事物之變，是以聖人抱一，而不離於情，體道盡性，而玄同物我，而爲式於天下。（章安《解義》，卷四第十一，頁 0048 下）〔註86〕

章安與徽宗《御注》就以「道」爲「一」的解法方面，看法一致，不過章安所抱之「一」是「少則得乎性命之理，多則惑於事物之變」的法則，略同於通行本王弼注「少之極」之說，「體道盡性」不過就是體現這種法則而已。然而，我們對照徽宗《御注》的注文內容，卻看不出徽宗《御注》具有「少則得乎性命之理，多則惑於事物之變」這一層的意思。是以，筆者推測章安此說未能扣緊徽宗《御注》文字意涵，應是於徽宗《御注》義理外另立新解。

再看江澂疏文所述：

> 唯天下之至誠爲能盡其性，能盡物其性，則可以贊天地之化育，與天地參矣。其爲物不貳，所謂誠也。其生物不測，所謂贊天地之化育也。惟一能存精，惟精能集神。一者，何也？誠幾是已。（江澂《疏義》，卷五第二十七，頁 0810 下）〔註87〕

江澂的疏解掌握了徽宗《御注》引《中庸》的動機，以「誠」字來解說不貳的「一」，〔註88〕「聖人抱一」就是「至誠盡性」。此處的「性」爲何義？楊師祖漢提出：「《中庸》所說的性，是絕對普遍的，即是宇宙論意義的生化本體，形而上的天道。……是作爲一切存在的所以能存在的『創造性的眞幾』，

頁 57）

〔註86〕 本論文所引用的章安疏文，俱以《正統道藏》本《宋徽宗道德眞經解義》爲據，於行文中，以「章安《解義》」簡稱章安《宋徽宗道德眞經解義》，並於文後標示卷數、頁數，不另作注。

〔註87〕 本論文所引用的江澂疏文，俱以《正統道藏》本《道德眞經疏義》爲據，於行文中，以「江澂《疏義》」簡稱江澂《道德眞經疏義》，並於文後標示卷數、頁數，不另作注。

〔註88〕 朱熹《中庸章句》即以「誠」來解說「不貳」，其解「天地之道，可一言而盡也：其爲物不貳，則其生物不測」，曰：「天地之道，可一言而盡，不過曰誠而已。不貳，所以誠也。誠故不息，而生物之多，有莫知其所以然者。」（引自〔宋〕朱熹撰：《四書章句集注》，臺北：鵝湖出版社，民國 91 年 3 月六刷，頁 34）。

－93－

是天道，故此性是『性天』之性，是形而上之道體義。」，〔註89〕因之，「至誠盡性」也就是「至誠盡道」，且「性」既然具有實有意涵，則「道」不能是價值理序的意思，必為「客觀實有」型態。

再看一例。其解「不欲以靜，天下將自正」，又云：

> 水靜則平中準，大匠取法焉。不欲以靜，則不失其正，先自正矣，故天下將自正。《易》曰：「乾道變化，各正性命。」乾道變化則無為也，各正性命則不欲以靜，天下將自正也。以道治天下，至於各正性命，此之謂治之至。（卷二第二十五，頁 0816 上）

徽宗《御注》此處強調「道治天下」的施政作為，並用《周易・乾象傳》的「乾道變化，各正性命」來描述「道治天下」的狀況。筆者認為此與前則引《中庸》的「其為物不貳，則其生物不測」為注的用心相同，二者皆表現出「道」的實體意涵。先來看「乾道變化，各正性命」的意涵。牟宗三先生言道：

> 乾卦就是把一個 becoming process 看成是終始生成的過程。終始生成過程有道德的意義，那麼，必定有一個使它所以有道德意義的一個根據。這個根據就是道體，……。這個道體用《易傳》的話說就是乾道。道體是一個怎麼樣的體呢？它就是一個創造性的實體嘛。用西方哲學的詞語講，它就是一個 creative reality。這個道體就是天道，說乾道也可以。說乾道是《易傳》的說法、象徵的說法。說天道就是落實地講，實講，就無所謂象徵了。……什麼是道體呢？最後的意思就是：它就是創造性自己（creativity itself）。……我說創造性自己，這個創造性自己不是隸屬於某一個特殊的能力，或者 organ，或者 faculty，它就是本體。假定它還有所隸屬，它不能是創造性自己，它不是最後的，它後面還有一個東西作最後的。創造性自己就是儒家所言道體所表示的那個意思，就是《周易》言乾道所象徵表示的這個實體。由這個實體貫串著這個生成的過程，來貫徹到這個 becoming process 裡面。這成為〈乾象傳〉所表示的意思，所以說：「大哉乾元，萬物資始。」「乾道變化，各正性命，保合大和，乃利貞。」〔註90〕

〔註89〕引自楊師祖漢著：《中庸義理疏解》，頁 206。

〔註90〕引自牟宗三主講，盧雪崑整理：《〈原始的型範〉第二部分《周易》大義（三）——先秦哲學演講錄〉（收錄於《鵝湖月刊》第三二卷第九期，總號第三八一號，臺北：鵝湖月刊社，民國 96 年 3 月），頁 4～頁 6。

從引文的說明，我們可以知道在《周易・乾象傳》中，「乾道變化，各正性命」
之「乾道」即指道體，且此道體既爲創造性自己，則必爲絕對的實體，〔註91〕
既然是絕對的實體，則無涉於主觀境界的表現狀況。故而，徽宗《御注》引
儒家典籍來詮解道家之「道」的作法，雖未必全然合乎道家對於「道」之描
述，然而就其援儒入道的解法下，我們不難看出在徽宗《御注》所設定「道」
只能是「客觀實有」型態，而不能是「主觀境界」型態。

　　順次，既然「道」爲「客觀實有」型態，則「『道』生『物』」之過程便
能有所次序。因此，徽宗《御注》解「玄牝之門，是謂天地根」時，提出「大
道之序」之命題，其云：

> 天地者，萬物之上下也。物與天地，本無先後。明大道之序，則有
> 天地，然後有萬物。然天地之所從出者，玄牝是已。彼先天地生者，
> 孰得而見之？（卷一第十二，頁 0789 上）

「大道之序」一詞出自於《莊子・天道》，原作爲「尊卑先後」之順序，故曰：
「夫天地至神矣，而有尊卑先後之序，而況人道乎！宗廟尚親，朝廷尚尊，
鄉黨尚齒，行事尚賢，大道之序也。」〔註92〕並由此「尊卑先後」之順序的
意義，續而提出論述大道的九個步驟。〔註93〕由此可知，「大道之序」一詞原
與「『道』生『物』」之過程無關，但是，觀察本段引文可發現，徽宗改變原
有意涵，轉而指涉「『道』生『物』」的程序。〔註94〕首先，「道」〔註95〕生出

〔註91〕牟宗三先生指出：「創造性自己就是天地萬物之本體，人格化就是上帝，不人
　　　　格化就是創造性本身，亦即創造的實體，是絕對的實體。」（引自牟宗三：《中
　　　　國哲學十九講》，頁 117）
〔註92〕原文引自〔清〕郭慶藩撰，王孝魚點校：《莊子集釋》，頁 469。成玄英疏「大
　　　　道之序」云：「此理之必然，故云大道之序」，可見在《莊子》書中，「大道之
　　　　序」只是「必然之理」，也就是指「尊卑先後」之順序而言。
〔註93〕原文作：是故古之明大道者，先明天而道德次之，道德已明而仁義次之，仁
　　　　義已明而分守次之，分守已明而形名次之，形名已明而因任次之，因任已明
　　　　而原省次之，原省已明而是非次之，是非已明而賞罰次之。（引自〔清〕郭慶
　　　　藩撰，王孝魚點校：《莊子集釋》，頁 471）
〔註94〕「大道之序」一詞原是《莊子・天道》詞語，徽宗《御注》注文中凡二見。
　　　　其一如正文所引，另一出現於〈道常無名章第三十二〉曰：「大道之序，五變
　　　　而形名可舉，有形之可名，則道降德衰，淳淳散朴而莫之止。……」（解「始
　　　　制有名，名亦既有。夫亦將知止，知止所以不殆」，卷二第十八，頁 0812 下）。
　　　　其中「五變而形名可舉」亦出自《莊子・天道》，係指自「明天」之後的第五
　　　　個順序（引自前注）。依字面意思，本句的「大道之序」的意涵，是講論大道
　　　　的次序，與正文所述「大道之序」略有不同。

「天地」，故而說「然天地之所從出者，玄牝是已。彼先天地生者，孰得而見之」；既生出「天地」，「道」續生「萬物」，因此說「明大道之序，則有天地，然後有萬物」。就此，「天地」與「萬物」皆由「道」所生，且「天地」先於「萬物」而生，且既然「天地」與「萬物」有先後的關係，則此二者不能是同一體，必然是分別的兩個物事。此解略同於徐復觀先生所述。徐復觀先生認爲「（道）創生的歷程」爲：

> 說到創生的歷程，即是道向下落，以成就現象界的過程，便不能不說到《老子》一書中「有」、「一」、「德」的三個觀念。……將上面的話略加分析，可以了解：（一），在老子的思想中，天地與萬物是個別的創生。（二），創生天地的程序，乃在萬物之前。（三），由「天地之間，其猶橐籥乎」之語推之，天地爲生萬物所不可缺少的條件。因爲中國傳統的觀念，天地可以說是一個時空的形式，所以持載萬物的；故在程序上，天地應當生於萬物之先，否則萬物將無處安放。〔註96〕

然而，徽宗《御注》的注文又說「物與天地，本無先後」，既然「本無先後」，則「天地」與「萬物」若非同時產生，則二者同爲一體，此明顯與「明大道之序，則有天地，然後有萬物」有所矛盾。因此，有必要深究「大道之序」的意涵。

筆者認爲，所謂「明大道之序，則有天地，然後有萬物」可以有兩種解釋，其一爲「時間上的先後」，另一爲「邏輯上的先後」。如果「大道之序」係指時間上的先後次序，即「天地」與「萬物」在時間上一前一後的相續生成，不能說「物與天地，本無先後」；反之，「大道之序」若是指邏輯上的先後次序，則「有天地，然後有萬物」是指「天地」邏輯上早於「萬物」存在，但是邏輯上的先在未必然保證時間上的先在，故而可說「物與天地，本無先後」。

那麼，什麼是「邏輯上的先後」？注文說「天地者，萬物之上下也」，「上下」係指「天地」處於「萬物」的上、下兩方。我們觀察「天長地久，天地所以能長且久者，以其不自生，故能長生」的注文有相似說法，其云：

> 天穹窿而位乎上，經爲日月，緯爲星辰，而萬物覆焉；地磅礴而位

〔註95〕原文作「玄牝」，然「玄牝」即是「道」。其解「無名，天地之始；有名，萬物之母」時，曾云：「道常無名，天地亦待是而後生。《莊子》所謂『生天生地』是也。」以之對比本段引文「然天地之所從出者，玄牝是已」，便可知「玄牝」即是「道」。

〔註96〕引自徐復觀著：《中國人性論史‧先秦篇》，頁332～頁335。

乎下，結爲山嶽，融爲川澤，而萬物載焉。萬物覆載於天地，天地
無心於萬物，故天確然而常運，地隤然而常處，所以能長且久也。……
（卷一第十二～第十三，頁 0789）

「天地」位乎上、下，而爲日月、星辰、山嶽、川澤，故說「天地者，萬物
之上下也」，因此「天地」是用以承載「萬物」，反過來說，「萬物覆載於天地」。
若此，「天地」不能後於「萬物」存在，而必須保持先在性，但是所謂的「先
在」只是描述透過天地的存在，進而保住萬物的存在，並不意味二者在時間
上有任何先後關係，故而說「天地」是邏輯上早於「萬物」存在。因此，「大
道之序」不能指時間上的先後關係，係指邏輯上的次序關係。

　　既然，「大道之序」是邏輯上的次序關係，則「道」與「天地」及「道」
與「萬物」之間，也應該是邏輯上的次序關係。是故，其解「故道大，天大，
地大，王亦大」時，云：

　　道，覆載天地者也。天無不覆，地無不載。王者，位天地之中，而
　　與天地參，故亦大。（卷二第七，頁 0807 上）

又，其解「天下皆謂我『道大似不肖』。夫惟大，故似不肖」時，云：

　　道，覆載萬物者也，洋洋乎大哉，故似不肖。（卷四第十一，頁 0837
　　下）

這兩段注文中，「道」與「天地」、「萬物」之間的關係，皆以「覆載」形容之，
如同「天地」與「萬物」的「覆載」關係一般，既然「道」爲覆載「天地」
與「萬物」的實體，表示「道」在邏輯上保證了「天地」與「萬物」的存在，
就此意義下，才可說「道常無名，天地亦待是而後生」、〔註97〕「萬物恃之以
生」。〔註98〕然而此處「『道』生『物』」的方式爲何？與一般「『物』生『物』」
的方式是否不同？有關「『道』生『物』」的問題，徐復觀先生曾提出：

　　道創生天地萬物的情形，老子以「玄牝」作比喻。……牝是象徵生化
　　作用；玄牝是象徵道的生化作用。道的生化作用，無形可見，無跡可
　　求，故稱之爲「玄」。並且道的生化，既非出於意志，自亦無所造作，
　　而只是出於自然，所以說「緜緜若存，用之不勤」。緜緜若存，是形
　　容此作用之發抒，是無限的繼續，但並不是一種剛性的勢用；換言之，

────────────
〔註97〕〈道可道章第一〉解「無名，天地之始」之注文。
〔註98〕〈有物混成章第二十五〉解「可以爲天下母」之注文。

　　　　其生化並不費絲毫氣力，所以用綿綿若存來加以形容。〔註99〕

由是，徐復觀先生所描述的「『道』生『物』」的方式，與一般「『物』生『物』」的方式之差別，在於「『道』生『物』」的方式係出自於「自然」，也就是沒有絲毫造作或受意志左右，然而「道」的生化作用儘管沒有絲毫造作或受意志左右，仍是一種消極主動的態度，只是這種消極主動的態度「不費絲毫氣力」，故能作無窮的創造。徽宗《御注》的作者，則連此種「消極主動態度」的創造，都允以摒除，如其解「（萬物）生而不有」，云：

　　　　自形自化，自生自色，各極其高大而遂其性，孰有之哉？故曰「生而不有」。（卷一第五，頁 0785 下）

又，其解「萬物恃之以生而不辭」，云：

　　　　往者資之，求者與之。萬物自形自化，自智自力，而不尸其功。（卷二第二十，頁 0813 下）

又，其解「故飄風不終朝，驟雨不終日。孰爲此者？天地。天地尚不能久。而況於人乎」，云：

　　　　天地之造萬物，風以散之，委眾形之自化；而雨以潤之，任萬物以自滋。故不益生，不勸成，而萬物自遂于天地之間，所以長且久也。……（卷二第四，頁 0805 下）

從上述三段注文的「自形自化」、「自生自色」、「自智自力」、「自滋」，可知「道」的「生」之力量並未直接作用於「物」本身，「物」之所以「生」，是由自身形化的作用，故其解「綿綿若存。用之不勤」時，又云：

　　　　自本自根，自古以固存，不知其盡也。夫是之謂「綿綿若存」。茫然天造，任一氣之自運，倏爾地化，委眾形之自殖。乾以易知，坤以簡能，非力致也，何勤之有？（卷一第十二，頁 0789 上）

此段注文的「綿綿若存」不同於徐復觀先生所說的「形容（道的）作用之發抒」，乃是描述「道」本身存在的狀況沒有盡頭、也看不到。而「物」之所以能生，純是「任一氣之自運」，非「道」力所致之。如其解「不召而自來」，又云：

　　　　有所受命，則出命者能召之矣。萬物之紛錯，而天有以制其命，孰得而召之？健行不息，任一氣之自運而已。（卷四第十九，頁 0841 下）

「受命」者爲萬物，「出命」者爲道。道能召之卻不召，而純任萬物「一氣之

〔註99〕引自徐復觀著：《中國人性論史・先秦篇》，頁 331～頁 332。

「自運」，可見「道」並未將本身的作用施之於「物」的身上。物之所以能「生」，純粹是自身形化的作用，另一方面，「物」之所以爲相對性的存在，也是其本身的「氣」之表現使然，故而解「正復爲奇，善復爲祅」時，又說：

> 通天下一氣耳，今是而昨非，先迕而後合，神奇臭腐，相爲終始，
> 則奇正之相生，祅善之更化，乃一氣之自爾。（卷三第三十一，頁
> 0831 下）

「奇正之相生」、「祅善之更化」即是「物」的相對性存在性質，據徽宗《御注》注文所述，此相對性的存在性質爲「勢成之」的表現，〔註100〕而「勢」之所以「成」，乃是因爲「物」之有「形」，此處注文既說「物」之所以爲相對性的存在「乃一氣之自爾」，可見「物」之成形的可能，不待「道」力所致。「道」只是在邏輯上保證「物」的「生」，卻未曾施予任何實際作爲在「物之生」本身。故而解釋「道生之」爲：

> 道常無爲而無不爲，萬物職職，皆從無爲殖。（卷三第二十，頁 0826
> 上）

就「生」的方式而言，「道」純任「物」一氣之自運，那麼「道」可以說是「無爲」，但是「物」不能自己突然迸發而生，在「物」生之前必須有另一物支持其「生」，由此來看，「道」又是「無不爲」。是以，就「生」的前提而言，「物」之生是由「道」而來，這是就邏輯上來說。〔註101〕故其解「是謂玄牝」，才會說：

> 萬物受命於無，而成形於有。谷之用無相，神之體無方，萬物所受
> 命也。玄者，天之色；牝者，地之類，萬物所成形也。谷神以況至
> 道之常，玄牝以明造物之妙。（卷一第十一～第十二，頁 0788 下～
> 頁 0789 上）

有關「無」、「有」的解釋，徐復觀先生將《老子》書中的「無」、「有」各自區分爲兩個不同的層次，其一爲超現象界中的「無」、「有」，超現象界中的「無」是形容「道」只能「意想」而「不可得聞見」的特性，超現象界中的「有」

〔註100〕見「勢成之」注文，其云：「形質既具，體勢斯成。長短之相形，高下之相傾，其勢然也。」（卷二第二十，頁 0826 上）

〔註101〕劉韶軍點評：「從道與萬物的關係看，道沒有具體的行爲，它不能直接生物，這是道無爲的一面。但道是萬物產生的前提，所以道又是無不爲的。至於無爲與無不爲之間如何轉化？則根本無法說得明白，只是一種推論。」（引自劉韶軍點評：《唐玄宗、宋徽宗、明太祖、清世祖《老子》御注點評》，頁 319）。

是形成萬物的最基本地共同元素；另一個則是現象界中的「無」、「有」，現象
界中的「無」即是等於「沒有」，現象界中的「有」指的是現象界中各具體存
在的現象。〔註102〕故而，此處徽宗《御注》所謂萬物所「受命」的「無」是
無相、無方的「谷之用」、「神之體」，其所「成形」的「有」是「玄牝」的生
化作用，因此本段注文的「無」、「有」指的是超現象界的「無」、「有」，也就
是就「道」的層次來說。〔註103〕

　　然而，徽宗是否眞能掌握《老子》書中的「無」、「有」的概念呢？筆者
認爲答案爲非。回到本節「『物』的存在性質」之討論中。筆者曾說明，「物」
的存在性質乃表現於物之「形」上面，根據徽宗《御注》對「物」與「形」
的理解，「形」係「物」生之後所成之外在紋理，（筆者按：即「物生成理謂
之形」），雖然「形」有待「物」之先在，但「物」如何生是一事，物之「形」
的表現爲何，才構成物的存在性質。然而，徽宗《御注》將「有無之相生」
解釋爲「無動而生有，有復歸於無」，又以之解釋「天地萬物生於有，有生於
無」這段文字，可見徽宗《御注》的作者將「有無之相生」視同爲「有生於
無」。〔註104〕然而，「有無之相生」與「有生於無」應分屬兩個不同的命題。
如劉福增教授所言：

> 《老子》第二章「有無相生」中的「有」、「無」是普通意義的有無，
> 與第一章「無，名天地之始；有，名萬物之母」和第四十章「天下
> 萬物生於有，有生於無」中特別意義的「有」、「無」是不一樣的。
> 在後兩章中的「無」是稱指當做「天地之始」的道，而「有」則稱
> 指當做「萬物之母」的道。〔註105〕

從上段注文所述之「萬物受命於無，而成形於有」來看，徽宗並非不能區分此

〔註102〕引自徐復觀著：《中國人性論史・先秦篇》，頁329～頁333。

〔註103〕陳鼓應教授亦指出：「老子的「有」、「無」須分道與物兩個層次來說，就「道」
　　　　而言，「有」、「無」見於通行本《老子》〈第1章〉與〈40章〉；就物而言，
　　　　有、無則見於〈2章〉與〈11章〉。層次之分，是首先要辨明的。……」（引
　　　　自陳鼓應著：〈論道與物關係問題：中國哲學史上的一條主線〉，頁98），與
　　　　徐復觀先生說法相對照，則知「超現象界中的『無』、『有』」，即是陳鼓應教
　　　　授所稱『道』的層次」。

〔註104〕徽宗《御注》將「天下之物生於有，有生於無」解釋爲「然則有無之相生，
　　　　若循環然，故無動而生有，有極而歸無，如東西之相反，而不可以相無也」
　　　　（卷三第六，頁0819上），由此可見，徽宗《御注》確實是將「有無相生」
　　　　視同爲「有生於無」。

〔註105〕引自劉福增著：《老子哲學新論》，頁123。

兩個層次的「無」、「有」，然而何以不知「有無相生」係指「物」之是否具體存在的對待關係，與「有生於無」表示「道」之生成天地萬物的歷程，〔註106〕二者截然不同？這是令人感到疑惑之處。先看二者之所以會混淆的原因為何？劉福增教授曾提出：

> 有人或初讀《老子》的人會把第二章普通意義的「有無」和第二、第四十章特別意義混在一起，其理由恐怕有四個：一個是，都使用意義鮮明濃厚的「有」、「無」二字。另一個是，第二章的「有無」就在第一章的意義突出的「有」、「無」兩字之後出現，容易使人在心裡上聯想混同在一起。再一個是，第二章中的「有無」在「有無相生」出現後，在該章中沒有再做任何說明。第四個理由是，「有無相生」的「生」字和第一章中的「有，名萬物之母」的「母」字有很接近的意義，尤其是和第四十章中「生於有」、「生於無」的「生」字根本是同一個字。〔註107〕

據此，我們回頭檢視徽宗《御注》注文對「相生」一詞使用的狀況，可以發現徽宗《御注》將「相」字視為「相繼」的意思，把「生」字視作「發生／生成」的意思，譬如其解「正復為奇，善復為祅。民之迷也，其日固已久矣」時，云：

> 通天下一氣爾。今是而昨非，先迕而後合，神奇臭腐，相為終始，則奇正之相生，祅善之更化，乃一氣之自爾。（卷三第三十一，頁0831下）

又，其解「將欲歙之，必固張之。將欲弱之，必固強之。將欲廢之，必固興之。將欲奪之，必固與之」，云：

> 陰陽相照相蓋相治，四時相代相生相殺，萬物之理，人倫之傳，其斂散也，其盛衰也，其僨起也，其虧盈也，幾常發於至微，而莫覩其眹。（卷二第二十二，頁0814下）

「奇正之相生」取意同於「神奇臭腐，相為終始」，〔註108〕與「四時相代相生

〔註106〕陳鼓應教授認為「有生於無」亦可以是「物」的層次的命題。（引自陳鼓應著：〈論道與物關係問題：中國哲學史上的一條主線〉，頁98～頁99）然筆者認為，陳鼓應先生將「有生於無」之命題置於「物」之層次，係賦予「有生於無」這個命題新的意義，否則既然提出「層次之分，是首先要辨明的」，何以將出自道之層次的「有」、「無」所構成之「有無相生」之命題，置於「物」的層次？

〔註107〕引自劉福增著：《老子哲學新論》，頁123。

〔註108〕《莊子‧知北遊》：「是其所美者為神奇，其所惡者為臭腐。臭腐復化為神奇，

相殺」一樣，都是指相繼發生或相繼生成的意思，由此可見「有無之相生」
也被視爲「無」與「有」相繼發生或相繼生成的現象，故而才說「無動而生
有，有復歸無」。

　　然而，「有無之相生」的「相生」一詞不能單獨作「相繼生成」解釋，應與
其他「難易之相成」、「長短之相形」、「高下之相傾」、「聲音之相和」、「前後之
相隨」同義，是「互相形成」的意思，如河上公注所言之「見有而爲無也」。〔註
109〕如果是「互相形成」，也就回歸注文中所述「兩儀既生，物物爲對」的意思，
一方面，「有無之相生」是「互相形成」，則不能有先後的關係，故不可說「天
下之物生於有，有生於無」；另一方面，「有無之相生」是「物物爲對」，則此「物」
不可能生彼「物」，故沒有「發生／生成」的意思。〔註110〕

　　但是，徽宗《御注》的作者忽略了這兩層意思，從〈反者道之動章第四
十〉的注文內容來看，「天下萬物生於有，有生於無」的解釋係呼應「反者道
之動」而來，其作：

> 天下之理，動靜相因，強弱相濟。夫物芸芸，各歸其根。則已往而
> 返，復乎至靜。然感而遂通天下之故，則動無非我，故曰「反者道
> 之動」。……然則有無之相生，若循環然，故無動而生有，有極而歸
> 無，如東西之相反，而不可以相無也。彼蔽于莫爲，溺于或使，豈
> 道也哉？（卷三第六，頁 0819 上）

所謂「動靜相因」、「強弱相繼」，也就是「有無之相生」的現象。因此，「物」

　　神奇復化爲臭腐。」（引自〔清〕郭慶藩撰，王孝魚點校：《莊子集釋》，頁
　　733），可見「神奇」與「臭腐」乃是相繼而生。
〔註109〕引自〔魏〕王弼等著，彭曉鈺校對：《老子四種・老子河上公注》，頁3。
〔註110〕嚴靈峰先生曾調和「有無相生」與「有生於無」二者在先後關係上的矛盾
　　處。然其調和的方式乃將「有無相生」之命題，由「物」的層次往上拉至
　　「道」的層次，透過《易傳》的「一陰一陽之謂道」的說法，從「萬物負
　　陰而抱陽」推出「道也是負陰而抱陽」。易言之，嚴靈峰先生所述「有無相
　　生」之命題不僅屬於「物」的層次，也屬於「道」的層次，復透過「陰陽」、
　　「動靜」的表現（「靜極而動，動極而靜」）來說「從無入有」、「由有歸無」，
　　綜合二者即是「有無相生」。（引自嚴靈峰著：〈道家哲學中的「有」、「無」
　　問題〉，收錄於《無求備齋學術新著》，臺北：臺灣商務印書館，民國76年
　　2月初版，頁94～頁96）然而，嚴靈峰先生對於「有無相生」的「無」、「有」
　　概念的定義不同於徽宗《御注》，故說雖然徽宗《御注》注文亦常見「一陰
　　一陽之謂道」的用法，卻不能據此推測徽宗《御注》能調和「有無相生」
　　與「有生於無」二者的矛盾。

理應「復乎至靜」，也就是「有歸於無」，才能「無動而生有」，徽宗《御注》當就此義統合了「天下萬物生於有，有生於無」與「有無之相生」二者。從這點來看，徽宗取消了「有生於無」異於「有無之相生」的上一層次的「無」、「有」，因此「有生於無」的「無」、「有」只能落到「物」的層次來看；復次，既然徽宗《御注》將「物」的層次的「有無之相生」的「生」字視作「發生／生成」的意思，那麼「物」之「發生／生成」僅在「物」的層次完成，就不是徐復觀先生所說的「（創生的歷程）即是道向下落，以成就現象界的過程」，而是先前所述：「物」之所以「生」，是由自身形化的作用。此是徽宗《御注》混合「有生於無」與「有無之相生」二者對於「無」、「有」的概念之用意所在。

從上述種種看來，「道」與「物」之間的關係，雖然用「生」之概念予以聯繫住，表現爲「母子關係」，但是所謂的「生」的方式，並不是指「道」直接進行生發作用在「物」身上，「物」的生仍有待於本身的「一氣之自運」，「道」只是在邏輯上予以保證「生」的可能，故順而提出了「大道之序」之命題。此兩層意思不能偏廢，如果堅持「母子關係」的存在關係，而主張「物」必由「道」所直接創生，則「溺于或使」；﹝註111﹞反之，如果堅持「物」乃「自形自化」，卻忽略「大道之序」的對待關係，則「蔽于莫爲」。﹝註112﹞不論是「蔽于莫爲」，或是「溺于或使」，都不能通透地分析「道」與「物」之間的關係。

第二節　徽宗《御注》的「德」論

前一節爲分析「道」在本體論上的意涵，以及在宇宙萬物創生過程中所處的地位，但是老子思想之所以被提出的目的並不在於建構宇宙論或是本體論，而是回歸現實人生中解決生命所面對的問題。﹝註113﹞徽宗的看法與此一

﹝註111﹞語出〈反者道之動章第四十〉的注文。「溺于或使」一詞出自於《莊子‧則陽》，原作：「季眞之莫爲，接子之或使。二家之議，孰正於其情，孰偏於其理？」（引自﹝清﹞郭慶藩撰，王孝魚點校：《莊子集釋》，頁916）依馮友蘭先生之說，「或使」就是認爲總有個什麼東西，使萬物生出來的。（轉引自陳鼓應註譯：《莊子今註今譯》，臺北：商務印書館，2002年10月修訂版第二次印刷，頁716）。

﹝註112﹞語出〈反者道之動章第四十〉的注文。「蔽于莫爲」之出處與「溺于或使」相同。依馮友蘭先生之說，「莫爲」就是認爲萬物都是自然地生出來的，不是由於什麼力量的作爲。（轉引自陳鼓應註譯：《莊子今註今譯》，頁716）。

﹝註113﹞徐復觀先生曾說：「老學的動機與目的，並不在於宇宙論的建立，而依然是人生的要求，逐步向上面推求，推求到作爲宇宙根源的處所，以作爲人生安頓之地。因此，道家的宇宙論，可說是他的人生哲學的副產物。」（引自徐復觀

致，故〈道經・小序〉云：

> 道者，人之所共由；德者，心之所自得。道者，亘萬世而無弊；德
> 者，充一性之常存。（卷一第一，頁 0783 下）

就此可看出徽宗《御注》之思想並不是僅關注於宇宙本體方面的解釋，除了宇宙本體方面的解釋之外，更偏就道德修養方面而立言，也就是提出如何解決生命所面對之問題。再者，從這段注文雖可看出「道」爲價值判斷之依準，〔註114〕但是道德修養的工夫，不能在「道」上面努力，必須用心於「德」層次，江澂疏解：

> 且道無盡而德可脩，夫惟無盡，故歷古今而自若，非時數之所拘，
> 新新不窮，未嘗終也。經曰：道乃久。亘萬世而無弊者，此也。夫
> 惟可脩，故擴四端之所有，更萬形而不異，育而充之，未嘗離也。
> 傳曰：德者，性之端，充一性而常存者，此也。（江澂《疏義》，卷
> 一第一～第二，頁 0736 下～頁 0737 上）

由是可見，修養工夫須在「德」的層面努力。因此，分析徽宗《御注》如何界定老子思想中的「德」之內涵，爲本章節將要討論的課題。

一、「德」與「道」的關係：物得以生謂之德

「德」字原來應爲「悳」字，如楚簡本《老子》的「德」便作「悳」。「悳」字作何解釋？許愼《說文解字》云：「悳，外得於人，內得於己。从直心。」段玉裁認爲所謂的「外得於人」是指「惠澤使人得之也」，「內得於己」則是「身心所自得也」，〔註115〕可見「德」字與「得」有關。〔註116〕大抵來說，徽宗《御注》對「德」字的理解亦是如此，如其解「無德司徹」，云：

> 無德者，不自得其得，而得人之得。（卷四第二十五，頁 0844 下）

著：《中國人性論史・先秦篇》，頁 325）。

〔註114〕章安疏解「道者，人之所共由」爲「道本無名，謂之道者，即人之所共由者
而爲言也。」（章安《解義》，卷一第一，頁 0002 下）江澂則說：「制字者以
道與道路之道同字，蓋以人所出入不能外是故也。則道者，人之所共由可知。」
（江澂《疏義》，卷一第一，頁 0736 下）由此二家解釋，可知「道」爲價值
判斷之依準。

〔註115〕引自〔漢〕許愼撰，〔清〕段玉裁注：《說文解字注》，頁 507。

〔註116〕徐復觀先生認爲此義爲後起之義，其從古書出處與該字字形，認爲其原義是
直心而行的負責任的行爲。（引自徐復觀著：《中國人性論史・先秦篇》，頁
23～頁 24）。

又，其解「下德爲之而有以爲」，云：

> 屈折禮樂，吁俞仁義，以慰天下之心，得人之得，而不自得其得，
> 故有以爲。（卷三第一～第二，頁 0816 下～頁 0817 上）

可見，「德」與「得」之關係是不可分的。然而不同的是，徽宗《御注》對「德」字的理解，異於「悳」字既「外得於人」又「內得於己」的意思，而將「德」字的意涵收得更緊，其主張應「自得其得」反對「得人之得」。倘若「得人之得，而不自得其得」，則是「有以爲」，也就是「下德」、「無德」。因此〈道經・小序〉才會說：「德者，心之所自得。」可見「德」乃「自得」的意思。那麼何謂「自得」呢？徽宗對於「德」的理解，與「道」有密切關連，如其解「孔德之容，惟道是從」，云：

> 一陰一陽之謂道，物得以生謂之德。道常無名，豈可形容？所以神
> 其德。德有方體，同焉皆得，所以顯道。性脩反德。德至，同於初，
> 故「惟道是從」。（卷二第一，頁 0804 上）

「道常無名」的「名」是名稱，引申有形容、命名的意思，「無名」一詞指「道」無法被形容、命名，所以沒有名稱。如其解「道可道，非常道；名可名，非常名」，云：

> 無始曰道，不可言，言而非也。又曰：道不當名。可道可名，知事
> 物焉，如四時焉。（卷一第一，頁 0783 下）

又，其解「道常無名」，云：

> 道者，天地之始，豈得而名？（卷二第十七，頁 0812 上）

又，其解「無名，天地之始；有名，萬物之母」，云：

> 道常無名，天地亦待是而後生。《莊子》所謂「生天生地」是也。未
> 有天地，孰得而名之？故「無名」爲天地之始。有天地，然後萬物
> 生焉，故「有名」爲萬物之母（母）。（卷一第一，頁 0783 下）

所謂「天地之始」，就是在「物」之先，也就是在有「物」之前。在有「物」之前的「道」不能跟事物一樣「可道可名」，所以說「道」不當名、不可得而名，即所謂「未有天地，孰得而名之？故『無名』爲天地之始」。是故，就「道」本身來說，是不當名、不可得而名，因此可以說「道」是「無名」；但是天地、萬物待「道」而生之後，既然已經有天地、萬物的存在，「道」從「無名」而爲「有名」，即所謂「有天地，然後萬物生焉，故『有名』爲萬物之母（母）」。

　　「道」從「無名」而爲「有名」，不是一種矛盾的現象，也不是必然的變

化，而是權詮的方式。首先，「名」來自於對實存形體的形容，「物」有實存形體，所以能有「名」，而「道」的特性是「惟道無體」，既然沒有實存形體，故沒有「道象」的存在，因此「道」無法被形容。此說可見徽宗《御注》解「吾不知其名，字之曰道，強爲之名曰大」的內容，其云：

> 物生而後有象，象而後有滋，滋而後有數。名生於實，實有數焉。
> 字者，滋而已。道常無名，故字之。大者，對小之稱，故可名焉。（卷
> 二第七，頁 0807 上）

可見唯有「物」有「名」，「道」不得有「名」。順次，既然「物」之「名」是從「物」的實存形體而來，「物」的實存形體並不存在絕對的形象，而是與他物相對的形象（即所謂「難易之相成」、「長短之相形」、「高下之相傾」的存在特性），若以「物」與「道」相比較，則「物」爲小、「道」爲大，〔註117〕既然說「道」爲大，則「道」雖然無「名」，卻可得與「物」相對應的「字」，〔註118〕是爲「大」，因此「道」也能說「有名」。如此看來，「道」之所以從「無名」而爲「有名」，正是權詮的方式。

再深入分析，「道」之「有名」只是一種權詮的方式，是在道的創生歷程中所得到的方式，因此，「道」之「有名」、「可名」不是必然、絕對的現象，用「大」作爲「道」的「名」是不得已的且有待於「物」的方式，故其解「衣被萬物而不爲主，故常無欲，可名於小矣；萬物歸焉而不知主，可名於大矣」云：

> 夫道，非小大之可名也。云可名者，道之及乎物爾。（卷二第二十～
> 第二十一，頁 0813 下～頁 0814 上）

「大」是及乎物的「道」之「名」，對「道」本身來說，沒有所謂的「大」或「小」可言。因此，我們可知「道」及乎「物」，才能「可名」、「有名」，因此「可名」、「有名」的現象不能說爲「常」；反之，既然「道」及乎「物」，便「可名」、「有名」，那麼「道」的「不可得而名」、「無名」的現象也不能說

〔註117〕徽宗《御注》解「天下皆謂我『道大似不肖』。夫惟大，故似不肖。若肖，久矣其細也夫」爲「肖物者小，爲物所肖者大。道，覆載萬物者也，洋洋乎大哉，故似不肖。若肖，則道外有物，豈得爲大乎？」（卷四第十一，頁 0837下），可見若以「物」與「道」相比較，則「物」爲小、「道」爲大。

〔註118〕從徽宗《御注》注文看來，「名」與「字」是不同的概念。雖然「字」可視爲廣義的「名」，但是二者所表述的意義卻不相同。「名」是對於實存形體的具體形容，「字」則是相對應他物的間接描述。故說：「名生於實，實有數焉。字者，滋而已。」（卷二第七，頁 0807 上）。

是「常」。所以，徽宗《御注》用「常無名」來說明「道」。

回到「道常無名，豈可形容」的討論中。這句注文一方面是就「天地之始」的「道」來看，「道」是「無名」，既然「道」是「無名」，也就代表其不可形容；另一方面則就「有天地，然後萬物生焉」之後的「道」來說，「道」為「有名」，但是此「道」之「名」是及乎「物」而有，因此「道」雖「有名」，卻依然不可形容。〔註119〕是故，不從「名」理解「道」，而「神其德」，即「道」是通過「德」來展現。

《老子》書中用「玄德」或「上德」來表示展現了「道」之「德」，〔註120〕如：「生之畜之。生而不有，為而不恃，長而不宰，是謂『玄德』」、「常知楷式，是謂『玄德』。『玄德』深矣遠矣，與物反矣」、「『上德』不德，是以有德」、「『上德』無為而無以為」、「『上德』若谷」。徽宗《御注》亦視「玄德」如此，故而解「然後乃至大順」時，云：

> 順者，天之理。乃至大順者，去智與故，循天之理而已。《莊子》曰：
> 「與天地為合，其合緡緡，若愚若昏，是謂玄德，同乎大順。」惟
> 若愚若昏，所以去智。（卷四第十，頁0837上）

「天之理」即是「天之道」，也就是「道」投映於「天」所呈現之理。徽宗《御

〔註119〕徽宗《御注》曾如通行本王弼注援引《莊子・齊物論》的「一與言為二，二與一為三」來解釋《老子》書的「二生三」。徐復觀先生認為：「王弼注援引《莊子・齊物論》的『一與言為二，二與一為三』作解釋，當然不適當。因為〈齊物論〉是表述『道』與『言』的關係；而此處則是表述創生的實際過程。」（引自徐復觀著：《中國人性論史・先秦篇》，頁334），然而徐復觀先生的看法，是否適用於徽宗《御注》注文呢？筆者以為否。正如本章前節所述，徽宗《御注》的「道」的概念，雖仍保有「客觀實有」型態，但是卻不將「創生」的力量直接加諸於「物」身上，而是純任「物」自形自化，故而「道生一，一生二，二生三，三生萬物」也就不全然等同於徐復觀先生所述之「創生的實際過程」，既然不全然等同，也就是說「道生一，一生二，二生三，三生萬物」未必要如徐復觀先生之一一落實地說。再者，「一與言為二，二與一為三」正說明「道常無名，豈可形容」的原因，即「道」之「名」與「道」之真實存在為不同的兩個內涵，所以若要從「道」之「名」來形容「道」，是不可能的事。

〔註120〕唐君毅先生認為：「吾人不可謂在失上德之上，更有一失道。因所謂上德即玄德，玄德即得道之常之德。失此上德、玄德，即失道之常而失道矣。人有上德玄德，即亦不失道矣。」（引自唐君毅著：《中國哲學原論（原道論卷一）》，頁331。）由是可知，「玄德」、「上德」實乃「道」之展現。

注》以「順」爲「天之理」的解法，頗近似於河上公注，〔註121〕將「順」視爲「天之理」，則「大順」者，必爲「道」所呈現之理。且從其所援引《莊子‧天地》「是謂玄德，同乎大順」這句話，我們又可知，「玄德」即是「大順」，因而得知「玄德」即是「天之理」，且展現了「道」的樣貌。

　　進一步來看，「玄德」既是由「道」所展現的結果，則其表現爲何？徽宗《御注》解「生而不有，爲而不恃，長而不宰，是謂玄德」〔註122〕時，云：

　　　　生則兆於動出，爲則効於變化，長則見於統壹。道之降而在德者爾，
　　　　然生而不有其功，爲而不恃其能，長而不覩其刻制之巧。非德之妙而
　　　　小者，孰能與此？故曰「是謂玄德」。（卷三第二十一，頁0826下）

徽宗認爲「玄德」就是「道」任萬物自然生成盛衰的規律表現。因爲任其自生自長，卻不多加干涉，若物自得，故能成其「德」。在徽宗《御注》中，用《莊子‧天地》的「物得以生謂之德」〔註123〕這句話說明「德」的表現。郭象解「物得以生謂之德」云：

　　　　夫無不能生物，而云物得以生，乃所以明物生之自得，任其自得，
　　　　斯可謂德也。〔註124〕

成玄英認爲：

　　　　德者，得也，謂得此也。夫物得以生者，外不資乎物，內不由乎我，
　　　　非無非有，不自不他，不知所以生，故謂之德也。〔註125〕

透過上述兩家說解，我們可知徽宗《御注》用「物得以生謂之德」疏解「德」義，乃表示「道」任物所「自得」的態度，然而雖說是任物自得，並不意味

〔註121〕河上公本注釋「乃至於大順」，曰：「玄德之人，與萬物反異，故能至大順。大順者，順天理也。」（引自〔魏〕王弼等著，彭曉鈺校對：《老子四種‧老子河上公注》，頁82）。

〔註122〕〈道生之章第五十一〉章經文。

〔註123〕《莊子‧天地》全文作「泰初有无，无有无名；一之所起，有一而未形。物得以生，謂之德；未形者有分，且然無間，謂之命；留動而生物，物成生理，謂之形；形體保神，各有儀則，謂之性。性脩反德，德至同於初。同乃虛，虛乃大。合喙鳴；喙鳴合，與天地爲合。其合緡緡，若愚若昏，是謂玄德，同乎大順」（引自〔清〕郭慶藩撰，王孝魚點校：《莊子集釋》，頁424）。徽宗《御注》注文中援引「物得以生謂之德」作注凡三見：其一用以解「孔德之容，惟道是從」，其二用以解「上德不德，是以有德」，其三用以解「德畜之」。

〔註124〕引自〔清〕郭慶藩撰，王孝魚點校：《莊子集釋》，頁425。

〔註125〕引自〔清〕郭慶藩撰，王孝魚點校：《莊子集釋》，頁425。

「物」生成的動力與「道」無關，故成玄英說「夫物得以生者，外不資乎物，內不由乎我，非無非有，不自不他，不知所以生，故謂之德也」，意指「自得」僅是一種不加限制的方式而隨任物之生成，故「外不資乎物」，但是反過來看，雖是隨任物之生成，但是「物」並沒有主動選擇生或不生的權力，故又曰「內不由乎我」。關於這一點，徽宗在解「故道生之畜之，長之育之，成之熟之，養之覆之」，說得清楚：

> 別而言，則有道德勢物之異；合而言，則皆出于道。道者，萬物之奧也。萬物化作，而道與之生；萬物斂藏，而道與之成。出乎震，成乎艮，養乎坤，覆乎乾。剛柔相摩，八卦相盪，若有機織而不能自己，道實冒之。（卷三第二十～第二十一，頁0826）

雖然有「道生之」、「德畜之」、「物形之」、「勢成之」的差異，但是這四種差異卻皆同根源於「道」，萬物之化作或斂藏皆由「道」與之生、與之成。也就是說，雖然萬物有不同的生成規律，但是這些不同的生成規律必須有所根據，而這最後的根據即是「道」。〔註126〕由是，我們透過「物得以生謂之德」即可知，「物」之生成乃「道」任物自得的結果，且雖是任物自得，卻不得以為「物」之生成與「道」無關，「道」仍是「物」所生成的根據。

　　既然說「道」是「物」所生成的根據，則「德」與「道」之間並沒有本質上的差異，宣穎解「物得以生，謂之德」時，云：

> 物得此未形之一以生，則性中各有一太極，故謂之德。〔註127〕

何謂「未形之一」？即「泰初有無」之「無」，鍾泰以為：

> 無之與一，名固不同也。無何由而轉唯一。既可轉而為一，何為立無之名？為破此疑，故曰「一之所起，有一而未形」。此九字當分兩層看。「一之所起」，言一起於無，無則非一也。無既非一，則一何由起？曰：無中實有一，特未形耳，以是故能起一。此破無何由轉為一之疑。……曰無曰一，皆推物之本源超於物以為之名者。若就

〔註126〕劉韶軍點評：「萬物有自己的生成盛衰的規律，把這種規律總結為道，道反而成為源，萬物自身的運動則成了流。這是一種道置。古人比較貼近自然，對萬物的生長過程觀察較細，但他們總以為有一個主宰使然，所以要造出一個萬能的道，用來解釋一切。」（引自劉韶軍點評：《唐玄宗、宋徽宗、明太祖、清世祖《老子》御注點評》，頁322）

〔註127〕引自〔清〕王先謙撰，沈嘯寰點校：《莊子集解》，頁103。

物言，則亦曰「物得以生謂之德」而已。〔註128〕

由是可見，「未形之一」係指「無」而言，且此「無有無名」之「無」並非普通意義的「無」，乃指稱「道」本身。因此，「德」係「物」得「道」而生後，於「性中各有（之）一太極」，可見「德」與「道」在本質上沒有差異。徐復觀先生即提出「德是道的分化。萬物得道之一體以成形，此道之一體，即內在於各物之中，而成爲物之所以爲物的根源；各物的根源，老子即稱之爲德」，〔註129〕也就是說，「德」與「道」在本質上可以說是一致的，只是在「全」與「分」的差別有所不同。〔註130〕

然而，雖有「全」與「分」的差別，卻因爲「德」的根源來自於「道」，因此，「玄德」不僅單純是「道」的展現，當人的行爲表現內涵達到某種程度的要求之後，「玄德」亦可用以形容「聖人之行爲內涵」之表現。如徽宗《御注》解「生之畜之。生而不有，爲而不恃，長而不宰，是謂玄德」〔註131〕時，云：

> 聖人存神知化，與道同體，則配神明，育萬物，無不可者。生之以遂其性，畜之以極其養。無愛利之心焉，故「生而不有」；無矜伐之行焉，故「爲而不恃」；無刻制之巧焉，故「長而不宰」。若是者，其德深矣遠矣，與物反矣，故曰「是謂玄德」。天道升于北，則與物辯。而玄者，天之色也。聖人之於天道，降而爲德，非玄不足以名之。（卷一第二十，頁 0793 上）

在通行本《老子》中，「生而不有，爲而不恃，長而不宰，是謂玄德」凡二見。如前所述，〈道生之章第五十一〉章中的「玄德」爲「道」之展現；本章則言聖人若能「與道同體」，也就是倘能不受個人主觀意念束縛，而如「道」任物所「自得」，則人之「德」亦可表現如同「道」之「德」，因爲如同「道」之「德」，故「非玄不足以名之」，而稱爲「玄德」。就此可見，在徽宗《御注》對於「德」之概念的分析，頗爲精細。雖說「道」是「德」的根源，但是人之「德」與表現爲「道」之「德」的「玄德」仍有差異，因而此處才會說「若是者，其德深矣遠矣，與物反矣，故曰『是謂玄德』」。何謂「若是者，其德

〔註128〕引自鍾泰：《莊子發微》，頁 260～頁 261。

〔註129〕引自徐復觀著：《中國人性論史・先秦篇》，頁 337。

〔註130〕徐復觀先生說：「就其『全』者『一』者而言，則爲之道；就其分者多者而言，則謂之德。道與德，僅有全與分之別，而沒有本質上之別。」（引自徐復觀著：《中國人性論史・先秦篇》，頁 337～頁 338）。

〔註131〕〈載營魄章第十〉章經文。

深矣遠矣，與物反矣，故曰『是謂玄德』」？徽宗《御注》於〈古之善爲道章
第六十五〉中，解釋「常知楷式，是謂玄德。玄德深矣遠矣，與物反矣」：

> 玄者，天之色。常知楷式，而不用其智，則與天合德，深不可測，
> 遠不可窮。獨立于萬物之上，物無得而耦之者，故曰「與物反矣」。
> （卷四第十，頁 0837 上）

此處注文與河上公注略同。〔註132〕其將「玄德」視爲「與天合德」的狀態，
但是「與天合德」不是做工夫的過程，只是「不用其智」的結果，若「不用
其智」則不受個人主觀意念束縛，乃能如「道」隨順「物」之「自得」。「與
天合德」即是就達到隨順「物」之「自得」的結果而言。再者，因爲能「與
天合德」，所以得「獨立于萬物之上，物無得而耦之」，就「獨立于萬物之上，
物無得而耦之」的狀態來說，即是「道」的狀態，〔註133〕故說能「與天合德」
即是「與道同體」。

　　最後，「玄德」雖然是「道」之「德」的展現，卻非懸掛、不可企及的物
外之理。此可見諸徽宗《御注》對「上德」的解釋。如其解「上德無爲而無
以爲」時，云：

> 不思而得，不勉而中，不行而至，上德也。（卷三第一，頁 0816 下）

前已述及《老子》書中用「玄德」或「上德」來表示展現了「道」之「德」。
「玄德」多以直接表述「道」之「德」的展現，「上德」則指人之如「道」之
「德」的表現，名稱雖不同，性質則爲一。注文中的「不思而得，不勉而中」
出自《中庸》，原文作「誠者，天之道也；誠之者，人之道也。誠者不勉而中，

〔註132〕河上公注：「玄，天也。能知治身及治國之法式，是謂與天同德也。玄德之人，
　　　　深不可測，遠不可極也。玄德之人，與萬物反異。萬物欲益己，玄德欲施與
　　　　人也。」（引自〔魏〕王弼等著，彭曉鈺校對：《老子四種·老子河上公注》，
　　　　頁 82）。
〔註133〕徽宗《御注》解「希，言自然」時，云：「希者，獨立于萬物之上，而不與物
　　　　對，列子所謂疑獨者是也。」（卷二第四，頁 0805 下）「列子所謂疑獨」係指
　　　　《列子·天瑞》所言「不生者疑獨，不化者往復。往復，其既不可窮；疑獨，
　　　　其道不可窮」，宋徽宗《沖虛至德真經義解》注曰：「（生自无而適有，化自有
　　　　以之无。有化有生者，物也；不生不化者，道也。……）獨立萬物之上，故
　　　　不生者疑獨，汎應而不窮，故不化者往復。往復，其既不可窮。蓋莫知其端
　　　　倪也。疑獨其道不可窮。蓋不可測究也。物无得而耦之者，豈真知其所以然
　　　　哉？疑焉而已。」由是可知，所謂「希」即是《列子》所言「疑獨」，也就是
　　　　指稱不生不化的「道」，其表現爲「獨立萬物之上」、「物无得而耦之」。將之
　　　　與正文相對應，其知「獨立于萬物之上，物无得而耦之」係指「道」之狀態。

不思而得，從容中道，聖人也。誠之者，擇善而固執之者也」。朱熹認爲：

> 誠者，眞實無妄之謂，天理之本然也。……聖人之德，渾然天理，
> 眞實無妄，不待思勉而從容中道，則亦天之道也。不思而得，生知
> 也。不勉而中，安行也。〔註134〕

因此，「不思而得，不勉而中」係指聖人不待思勉而能表現從容中道的狀態，
此狀態即是「天之道」，易言之，聖人之德即是天之道。然而，《中庸》尙有
「誠者」與「誠之者」的差別，且「誠之者」可透過「去誠」的修養工夫，
達到「誠者」之圓滿呈現的狀態。楊師祖漢便說：

> 「誠者天之道」句，意是說聖人不待思勉而自然從容中道，即孟子
> 「堯舜性之也」之意。人有氣性上之蔽障，未能直接順遂的盡其性，
> 故要誠之，即以後天的工夫來使本具的善性能純粹無雜的呈現。……
> 人若能因通過修養工夫而使本心性體如如呈現，無一毫人欲之夾
> 雜，則人的具體生命活動，便如天道之生化般自然而然，不須任何
> 擬議造作。故達到不用勉強而自然合度，不用思慮而自然明理的地
> 步的聖人，是如同天道生生般的。故可以不勉而中，不思而得的聖
> 人之表現來說誠，這是人之本性的圓滿實現的狀態。〔註135〕

可見，《中庸》所謂「不勉而中，不思而得」是形容一般人透過修養工夫，使
本性得以純粹無雜的呈現的一種狀態。但是，既然要使本性得以純粹無雜的
呈現，一方面就必須有所選擇，使人能執持保守而不失，故說「誠之者，擇
善而固執之者也」；另一方面，「擇善」的工夫不可短暫爲之，必須時時謹守
心性而不失。由是可知，若要達到聖人「不勉而中，不思而得」的表現，一
般人不得不加以修養工夫的努力，且此努力過程必有所效法的對象、目標。
不過，徽宗《御注》並非如此解釋《老子》書中的「上德」。在徽宗《御注》
的注文中，雖說「不思而得，不勉而中」的「上德」即是「道」之「德」的
展現，但是「不思而得，不勉而中」即是一種成果的展現，並沒有做工夫的
過程，因而又說「不行而至」。什麼叫做「不行而至」？即是沒有選擇對象，
如其解「不欲琭琭如玉，珞珞如石」時，云：

> 玉貴而石賤，一定而不變。聖人乘時任物，無所底滯。萬變無常，
> 而吾心常一，是眞得一者也，故不可得而貴賤。《孟子》曰：「所惡

〔註134〕引自〔宋〕朱熹撰：《四書章句集注》，頁31。
〔註135〕引自楊師祖漢著：《中庸義理疏解》，頁196。

乎執一者。」謂其執一而廢百也。不欲琭琭如玉、珞珞如石，非知
化之聖不能及此，是謂上德。（卷三第六，頁 0819 上）

「玉貴石賤」是一定的道理，徽宗《御注》用「如玉之貴」、「如石之賤」來
表達選擇對象性質的差異，一般人選擇或貴或賤，但是「得一」的聖人不選
擇貴抑或賤，何以如此？章安提出：

玉石性正一而不變者也，一而不變是物也，非所謂得一者也。得一者，
曲應萬變，酬酢無窮，而無所底滯，而心未始或離於一，孰得而貴賤
之也。如玉貴之也，如石賤之也，玉石不能變，貴賤蓋已定，非所謂
通於一者也，故曰不欲。（章安《解義》，卷六第九，頁 0072 下）

江澂則認爲：

……所以爲眞一者，湛然而獨存，豈若碌碌之玉貴而不能賤，落落之
石賤而不能貴，拘於一定之體，執而不變者哉？聖人其動若水，善時
而無所失，避礙而無不通，方圓曲直，應變無常，又何底滯之有？測
知益深，窮之益遠，雖涉萬變，而常可以爲乎未始離於一信，所謂眞
得一者也。所以不可得而貴，不可得而賤，以一無貴賤故也。……（江
澂《疏義》，卷八第十九～第二十，頁 0010 下～頁 0011 上）

此是說「玉貴石賤」雖各具有價值可供取捨、選擇，然而玉之貴、石之賤是
特定的，選擇貴者如玉，則失之以賤，選擇賤者如石，則失之以貴，易言之，
不論選擇何者，都會因此一而廢彼一，即所謂「執一而廢百也」。聖人不欲如
此，故「不可得而貴賤」，因爲不以貴賤的分別作爲選擇，乃能「乘時任物，
無所底滯」，就如同「水」一般，應物而不滯於物，隨任方圓故能應變不窮。

　　總結來說，徽宗《御注》雖然援引《中庸》「不勉而中，不思而得」來描述
「上德」，僅純粹取其「天之理」的意涵，用以表述聖人之「德」如同道之「德」。
其與《中庸》的差異在於《中庸》尚有「誠之者」與「誠者」之別，「誠之者」
爲「擇善而固執之者」，因「擇善而固執之」乃能達到「誠者」之「不勉而中，
不思而得」的境界。徽宗《御注》解「上德」卻非如此，其所謂「不思而得，
不勉而中」雖然同是描述「聖人之德」、「天之道」的狀態，然「不思而得，不
勉而中」乃連著「不行而至」一起說，也就是沒有「擇善」的可能。復次，既
然「不行而至」沒有「擇善」的可能，也就代表「不用其智」，前已言及「不用
其智」的結果是「與大合德」的狀態，即「玄德」，又「玄德深矣遠矣，與物反
矣。然後乃至大順。」，故說「不行而至」的「至」即是「至大順」。

從「不行」到「至大順」，看似兩層作用，實際上能「不行」便能「至大順」，即可達到「玄德」、「上德」，也就是如「天之理」、「天之道」之所展現，則「玄德」、「上德」不能是懸掛於物外的理，必然與物有極緊密關係，否則僅是「不行」如何能「至大順」？可見，「德」並非於物外別覓一理，而是隨順物之自生成長的心境所提升的狀態，故說「自得」。這也就是本節前言所述「德者，心之所自得」的意思。同時，此狀態既然能「至大順」，則「德」之狀態必能合於「道」之展現的「玄德」，而普遍於萬物之中，並非主觀獨白的現象，此代表「德」的根據來自於「道」，唯有根據於「道」，才能普遍於萬物，故說「物得以生謂之德」。

二、離「道」爲「德」，是名聖智

除了前一節所討論之展現了「道」之「德」的「玄德」、「上德」之外，徽宗《御注》稱不符合「道」之展現的「德」爲「凶德」〔註136〕、「威德」〔註137〕、「逆德」。〔註138〕何以會有「玄德」、「上德」與「凶德」、「威德」、「逆德」的差別？可見諸〈德經・小序〉，其云：

> 道無方體，德有成虧。合于道，則無德之可名；別於德，則有名之可辨。仁義禮智，隨量而受，因時而施，是德而已。體道者異乎此，

〔註136〕徽宗《御注》解「故善者果而已矣，不敢以取強焉」時，云：「以強勝人，是謂凶德。」（卷二第十五，頁0811上）

〔註137〕徽宗《御注》解「夫禮者，忠信之薄而亂之首也」時，云：「至於禮，則離道滋遠，而所失滋衆矣。凡物不並盛，陰陽是也。理相奪予，威德是也。」（卷三第三，頁0817下）江澂疏解「理相奪予，威德是也」爲「以德爲治，威非所先，以威臨下，德在所後，自然之勢，不可易者也」（江澂《疏義》，卷八第九，頁0005下），顯將「威德」視爲「威」與「德」二者，然而觀察其他注文，「威」與「福」爲對，如「據利勢，擅賞罰，作福威」（〈寵辱章第十三〉「何謂貴大患若身」注文，卷一第二十四，頁0795上）、「君見賞，則人臣用其勢：君見罰，則人臣乘其威……威福萬物而無勇功」（〈將欲歙之章第三十六〉「魚不可脫於淵，國之利器不可以示人」注文，卷二第二十三，頁0815上）是故，倘若如江澂所言「理相奪予，威德是也」是分指「威」與「德」，則「德」豈是「賞」、「福」？於理不通。此可見諸徽宗《御注》解「報怨以德」之注文，其曰：「爵祿不足以爲勸戮恥不足以爲辱，則何怨之有？所尚者，德而已」（卷四第六，頁0835上），可見「德」不可以爲「貴」、「福」。因此，正文「威德」係指不符合「道」之展現的「德」。

〔註138〕徽宗《御注》解「善勝敵者，不爭」時，云：「爭，逆德也。爭地以戰，殺人盈野；爭城以戰，殺人盈城；勝敗特未定也。」（卷四第十三，頁0838下）。

故列于下經。（卷三第一，頁 0816 下）

何謂「道無方體」？江澂疏曰：

> 通變之謂道，則道不可以方求也。形而上者謂之道，則道不可以體
> 求也。蓋道無乎不在，仰而視之在乎上，俯而窺之在乎下，棄而望
> 之在乎後，无門无旁，四達之皇皇，是无方也。能陰能陽，能柔能
> 剛，能短能長，能圓能方，窅然空然，終日視之而不得見，是無體
> 也。（江澂《疏義》，卷八第一，頁 0001 下）

可見「道無方體」係指「道無方」且「道無體」，「無體」即是「惟道無體」
的意思，「無方」是指「道」充塞於四方之間的意思，也就是「道」之流行並
沒有範圍限制。既然「道」沒有「方體」，且「自道而降，則有方體」，〔註139〕
故「德有方體」。〔註140〕雖然「德有方體」，倘能「與道同體」、「與天合德」，
則「同焉皆得，所以顯道」，也就是以「德」爲「玄德」、「上德」，是「生而
不有，爲而不恃，長而不宰」，且「不思而得，不勉而中，不行而至」，因爲
沒有主觀意念的作爲，則沒有「成虧」，〔註141〕沒有成虧即是渾然同於「道」，
故說「合于道，則無德之可名」。反之，倘若有意施加作爲，而「以強勝人」、
「理相奪予」、「爭」，則爲「凶德」、「威德」、「逆德」，「凶德」、「威德」、「逆

〔註139〕徽宗《御注》解「域中有四大，而王處一焉」之注文，原文作「自道而降，
　　　　則有方體，故云域中。靜而聖，動而王，能貫三才而通之人道於是爲至。故
　　　　與道同體，與天地同功，而同謂之大。」（卷二第八，頁 0807 下）柳存仁先
　　　　生認爲「域中」之解有誤，其曰：「徽宗云：『自道而降，則有方體，故云域
　　　　中』，其說非是，以『域中有四大』而道亦處一，道非在四大之外也。」然而，
　　　　徽宗並非不明於此，如其解「天下神器」時，又云：「制於形數，圖於方體，
　　　　而域於覆載之兩間，器也。」（卷二第十三，頁 0810 上）可見「域中」是針
　　　　對非「道」的「物」而言。就「道」本質來說，「道」不能是也不是「物」，
　　　　但是就「道」能生「物」，可在邏輯上保證「物」的存在這點來說，「道」亦
　　　　不能獨存於「域中」之中，故其解「有物混成，先天地生」曰：「氣形質具而
　　　　未相離曰渾淪，合於渾淪，則其成不虧，《易》所謂『太極』者是也。天地亦
　　　　待是而後生，故云『先天地生』。然有生也，而非不生之妙，故謂之物。」（卷
　　　　二第六，頁 0806 下）簡言之，「道」雖在「域中」，但是「道」的本質不能是
　　　　「物」，故「自道而降，則有方體，故云域中」這句話本身並無矛盾之處。

〔註140〕徽宗《御注》解「孔德之容，惟道是從」時，云：「德有方體，同焉皆得，所
　　　　以顯道。」（卷二第一，頁 0804 上）。

〔註141〕徽宗《御注》解「是以聖人處無爲之事，行不言之教」時，云：「爲則有成虧，
　　　　言則有當愆，曾未免乎累，豈聖人所以獨立于萬物之上，化萬物而物之所不
　　　　能累歟？」（卷一第四，頁 0785 上）可見，避免成虧、當愆的現象的產生，
　　　　仍有待修養工夫的提升。

德」與「道」所展現之「德」不同，故說「別於德，則有名之可辨」。〔註142〕

復次，由上所述我們得知「德」與「道」能「爲一」、「同體」，則「德」同於「道」，雖可稱爲「玄德」、「上德」，實際上是「無德之可名」，那麼「別於德，則有名之可辨」又是爲何呢？徽宗《御注》解「絕聖棄智，民利百倍」時，提出：

> 道與之性，一而不離。離道爲德，是名聖智。聖智立，而天下始有
> 喬詰卓摯之行。驚愚而明汙，譽堯而非桀，則聖智之利天下也少，
> 而害天下也多。絕而棄之，與道同體，則各安其性命之情，其利博
> 矣。（卷一第三十七，頁0801下）

「離道爲德」即指非「玄德」、「上德」，約近於「凶德」、「威德」、「逆德」之類的「德」，此「德」爲「聖智」。從注文脈絡可知，「聖智」不得爲美名而有劣義。然而，問題是「聖智」爲一複合詞語，抑或分別指涉「聖」與「智」？徽宗《御注》用「智」字，凡八十五處，且有「大智」與「小智」的差別，如其解「常無，欲以觀其妙；常有，欲以觀其徼」時，云：

> 有無二境，徼妙寓焉。大智並觀，迺無不可。恍惚之中，有象與物。
> 小智自私，蔽於一曲，棄有著空，徇末忘本，道術於是乎爲天下裂
> 也。（卷一第二，頁0784上）

又，其解「我愚人之心也哉。純純兮」時，云：

> 孔子曰：「吾與回言終日，不違如愚。」純純兮，天機不張，而默與
> 道契，茲謂大智。（卷一第四十，頁0803上）

又，其解「唯之與阿，相去幾何？善之與惡，相去何若？」時，云：

> 唯、阿同聲，善、惡一性。小智自私，離而爲二；達人大觀，本實
> 非異。（卷一第三十九，頁0802下）

由上述三例可知，「大智」「純純兮，天機不張，而默與道契」，雖爲「愚」，卻爲美名，「小智」則不然。析言之，有「大智」與「小智」之別，然「大智」爲「愚」，故「大智」與「小智」之別，實爲「愚」與「智」的不同，因此雖

〔註142〕徽宗《御注》解「故從事於道者，道者同於道，德者同於德，失者同於失」
　　　　時，云：「希則無所從事，無聲之表，獨以性覺，與道爲一，而不與物共，豈
　　　　德之可名，失之可累哉？」（卷二第五，頁0806上）可見，若能「與道爲一」，
　　　　即「與道同體」、「與天合德」，則所表現的就是「道」所展現之「德」，雖然
　　　　有「玄德」、「上德」的名稱，但是同於「道」，故無德之可名，反之，若與物
　　　　爭而相奪予，將以強勝人，則不得不與物共，故「別於德，則有名之可辨」。

有「大智」與「小智」，總地來看，「智」不當為美名。「聖」字又如何？徽宗《御注》注文中出現一百四十八處「聖」字，大抵與「聖人」的意思相關，為美名。〔註143〕因此，雖「智」為劣義，但「聖」為美名，故「聖智」不得分解為「聖」與「智」，否則「聖智」不必然成其劣義。但是，不得分解為「聖」與「智」，是否「聖智」可作為一特有之複合詞語？

如果「聖智」為「聖人之智」之省稱，「聖智」亦不得為劣義，如徽宗《御注》解「知其雄，守其雌，為天下谿」時，云：

> 雄以剛勝物，雌柔靜而已。聖人之智，知所以勝物矣，而自處于柔
> 靜，萬物皆往資焉而不匱，故為天下谿。（卷二第十一，頁 0809 上）

從注文中「聖人之智」並無劣義，因此亦不得為「聖智」省稱。再者，徽宗《御注》中，除了本章注文以外，其他篇章幾乎未見「聖智」一詞，〔註144〕倘若「聖智」可作為一特有之複合名詞，不應僅在一處提及。故筆者推測，「聖智」一詞或許係因經文「絕聖棄智」之「聖」、「智」而發。就此來看，「聖智」應當另有所指。所指為何？我們看徽宗《御注》如何解「雖智大迷。是謂要妙」，其云：

> 道之要妙，不覩眾善，無所用智。「七聖皆迷，無所問塗」，義愜于
> 此。（卷二第十，頁 0808 下）

「七聖皆迷，無所問塗」出自《莊子・徐无鬼》。郭象注曰：「聖者名也；名生而物迷矣，雖欲之乎大隗，其可得乎」。成玄英疏：「塗，道也。今汝州有襄城縣，在泰隗山南，即黃帝訪道之所也。」〔註145〕可見「聖」係代指「名」而言，為「訪道」而徒生「聖名」，乃用「智」的結果，用「智」則不可企及於「道」，〔註146〕故說「道之要妙，不覩眾善，無所用智」。因而可說「聖智」是指「名」，標立「聖智」之名而企求於「道」。但是，「道常無名」，「合于道，則無德之可名；別於德，則有名之可辨」，一旦有「名」，反而離道越遠，故「聖智立，而天下始有喬詰卓鷙之行。驚愚而明汙，譽堯而非桀，則聖智之利天下也少，而害天下也多」。

〔註143〕有關「聖」、「聖人」概念，詳見本論文第四章第一節所述。

〔註144〕「聖智」一詞共出現七次。除了引文出處（筆者按：〈絕聖棄智章第十九〉）之外，亦出現於〈載營魄章第十〉之「明白四達，能無知乎？」的注文，其作：「聰明聖智，守之以愚，與此同義。」

〔註145〕引自〔清〕郭慶藩撰，王孝魚點校：《莊子集釋》，頁 831。

〔註146〕有關「用智」的問題，詳見本論文第四章第二節所述。

　　那麼，「聖智之名」爲何？徽宗《御注》解「故失道而後德，失德而後仁，失仁而後義，失義而後禮」時，曾云：

> 道不可致，故「失道而後德」。德不可至，故「失德而後仁」。仁可爲也，爲則近乎義，故「失仁而後義」。義可虧也，虧則飾以禮，故「失義而後禮」。至於禮，則離道滋遠，而所失滋眾矣。（卷三第二～第三，頁 0817）

「道不可致」並非眞謂無法企及於「道」。倘若無法企及於道，則不可能有「玄德」、「上德」，況且徽宗《御注》注文中尚有「致道之學」，若眞「不可致」，則不會有「致道之學」。〔註147〕是以，「道不可致」是指人必須透過「德」回歸於「道」的過程，如其解「爲天下式，常德不忒，復歸於無極」時，云：

> 《書》於〈洪範〉言王道曰：「歸其有極。」老氏言「爲天下式」，曰「復歸於無極」。極，中也。有極者，德之見于事，以中爲至；無極者，德之復于道，不可致也。（卷二第十一～第十二，頁 0809）

「道不可致」即是「德之復于道」，以是故「失道而後德」。「德不可至」的「至」字，應同於前一小節中所討論之「玄德深矣遠矣，與物反矣。然後乃至大順」、「不行而至」的「至」字，也就是「復于道」，能「至」，則爲「玄德」、「上德」爲「道」所展現之「德」；反之，「德不可至」係指無法「與道同體」、「與天合德」的現實。既「德不可至」，復又以仁爲可爲、以義爲可虧、以禮爲可飾，則「失德而後仁」、「失仁而後義」、「失義而後禮」，終而「離道滋遠，而所失滋眾矣」。由是，「仁」、「義」、「禮」當爲「聖智之名」，屬「凶德」、「威德」、「逆德」之類的「德」。玄德、上德「與道同體」，故可謂之「無方體」，仁義禮智「離道滋遠」故「有方體」，「有方體」則「隨量而受，因時而施」，故云「仁義禮智，隨量而受，因時而施，是德而已」。

　　進一步，徽宗《御注》是如何看待「仁」、「義」、「禮」？首先，在「禮」的部分，其解「夫禮者，忠信之薄而亂之首也」時，云：

〔註147〕徽宗《御注》解「絕學無憂」爲「學以窮理。方其務學以窮理，思慮善否，參稽治亂，能勿憂乎？學以致道，見道而絕學，損之又損，以至於無爲而無不爲，則任其性命之情，無適而不樂，故無憂」（卷一第三十八，頁 0802上）又其解「爲學日益」時，云：「學以致其道，始乎爲士，終乎爲聖，日加益而道積于厥躬。」（卷三第十六，頁 0824上）可見徽宗《御注》至少將「學」區分爲「窮理之學」與「致道之學」二種。（「致道之學」之說明詳見本論文第四章第二節。）

> 至於禮，則離道滋遠，而所失滋眾矣。凡物不並盛，陰陽是也。理
> 相奪予，威德是也。實厚者貌薄，父子之禮是也。由是觀之，禮繁
> 者實必衰也；實衰則僞繼之，而爭亂作。故曰「夫禮者，忠信之薄
> 而亂之首也」。（卷三第三，頁 0817 下）

形上之「道」以中爲至，無過與不及的現象，「禮」不同於形而上之「道」，
故有所變化，當「禮」受到重視會漸趨繁瑣，終而衰敗而「爭亂作」。以此觀
之，立「禮」而行，當然「利天下也少，而害天下也多」。再者，就實際運用
來說，

> 禮以交物，以示人，以節文，仁義其用多矣。莫先施報而已，施之
> 盡而莫或報之，則忿爭之心生，而乖亂之變起。春秋之時，一言之
> 不讐，一拜之不中，兩國爲之暴骨；而攘臂而仍之，尚其患之小者。
> （卷三第二，頁 0817 上）〔註148〕

「禮」是用於人際交往的規範，即使不等到其「衰敗」，人也會因他人「莫或
報之，則忿爭之心生」，而導向「爭亂作」的結果。可見得，徽宗認爲「禮」
雖爲約束人們行爲舉止之規範，若以「禮」爲要求，卻不足以使國家爲治，
小則「攘臂而仍之」，大則「暴骨」。

　　復次，「禮」是「仁」、「義」的運用。徽宗不僅不高估「仁」、「義」的運
用，對「仁」、「義」亦抱以相似於「禮」的看法，如其解「天地不仁，以萬
物爲芻狗。聖人不仁，以百姓爲芻狗」時，云：

> 恩生於害，害生於恩。以仁爲恩，害則隨至。天地之於萬物，聖人
> 之於百姓，輔其自然。無愛利之心焉，仁無得而名之。束芻爲狗，
> 祭祀所用。適則用之，過則棄之。彼萬物之自生，百姓之自治，曾
> 何容心焉？（卷一第十，頁 0788 上）

此說略同於「禮」的缺點。所謂的「仁」仍不是形而上之「道」，故恩與害之
間不斷變化，若「以仁爲恩，害則隨至」，因此，天地之於萬物、聖人之於百
姓，皆不以「仁」爲治，而視之如「芻狗」。故其解「愛民治國，能無爲乎」
時，又云：

> 以仁愛民，以智治國，施教化，修法則，以善一世，其於無爲也，難
> 矣。聖人利澤施乎萬世，不爲愛人；功蓋天下，似不自己。故無爲也，
> 用天下而有餘。（卷一第十九～第二十，頁 0792 下～頁 0793 上）

〔註148〕徽宗《御注》解「上禮爲之而莫之應，則攘臂而扔之」之注文。

又，其解「古之善爲道者，非以明民，將以愚之」時，云：

> 屈折禮樂，以正天下之形；吁俞仁義，以慰天下之心。將以明民，
> 名曰治之，而亂孰甚焉。（卷四第九，頁 0836 下）

聖人治國的方式是「無爲」，〔註149〕但是「以仁愛民，以智治國」是很難做到無爲而治。如果非要用「仁義」治國，雖然用意於治理，實際操作的結果反倒爲添亂。何以如此呢？徽宗認爲「仁義」並非是天性，以「仁義」加諸在「天性」之上，是戕害了「天性」。故其解「絕仁棄義，民復孝慈」時，云：

> 孝慈，天性也。蹩躠爲仁，踶跂爲義，而以仁義易其性矣。絕仁棄
> 義，則民將反其性而復其初。不獨親其親，不獨子其子，其於孝慈
> 也何有？（卷一第三十七，頁 801 下）

「孝慈，天性也」不是指「天性」爲孝慈，而是指人的天性能孝、能慈。〔註150〕既然人的天性本能孝、能慈，何須「以仁義易其性」？徽宗更以此斥韓愈之排老者，如其解「大道廢，有仁義」時，云：

> 失道而後德，失德而後仁，失仁而後義。仁以立人，義以立我，而
> 去道也遠矣。韓愈不原聖人道德之意，迺以謂仁與義爲定名，道與
> 德爲虛位。老子之小仁義，其所見主者小也，《莊子》所謂蔽蒙之民。
>
> （卷一第三十六，頁 0801 上）

本段援引韓愈之語，出於韓愈〈原道〉一文。韓愈以爲「仁與義爲定名，道與德爲虛位」，係指「道」、「德」觀念可隨不同學派的理解有不同意涵，故爲「虛位」，「仁」與「義」則有特定概念（博愛之謂仁，行而宜之之謂義），是實的，不能隨意解釋，故爲「定名」；且老子不能明白「仁」、「義」的意義，故把仁義看得渺小。徽宗則反對該語，而以「蔽蒙之民」斥之。「蔽蒙之民」

〔註149〕有關「無爲」概念，詳見本論文第四章第三節所述。

〔註150〕譯者多以爲人的「天性」爲「孝慈」，如高專誠《御註老子》便將「孝慈，天性也」解釋爲「孝慈本來是人的天性」（引自高專誠著：《御註老子》，頁110），然而，我們查讀徽宗《御注》注文，看不出「天性」有所內容，只能推測得知「性」與「道」之間存在密切關係，如其解「絕聖棄智，民利百倍」時，云：「道與之性，一而不雜。」（卷一第三十七，頁0801下），又如其解「樸，雖小，天下莫能臣」時，云：「道之全體，不離于性，小而辨物。」（卷二第十七，頁0812上）再者，既然「道」無內容，則「性」亦不可得有內容。且若「天性」內容果爲孝慈，爲何「反其性復其初」之後，反倒「不獨親其親，不獨子其子，其於孝慈也何有」？與理不合。故知「孝慈，天性也」不是指「天性」爲孝慈，而是指人的天性能孝、能慈。

一詞出自《莊子‧繕性》，全文作「繕性於俗，俗學以求復其初，滑欲於俗，思以求致其明，謂之蔽蒙之民」，成玄英認爲：「蔽，塞也。蒙，暗也。此則結前。以俗學歸本，以思慮求明，如斯之類，可謂蔽塞蒙暗之人。」〔註151〕因此，徽宗批評韓愈的地方在於其不能了解「道」、「德」才是根源，「失道而後德，失德而後仁，失仁而後義」，韓愈所堅持之「仁」與「義」不過僅是世俗之名，重世俗之名而輕根源之道，則爲蔽塞蒙暗之人。〔註152〕

　　然雖斥韓愈之說，並不意謂徽宗反對「仁」、「義」，只是反對以「仁」、「義」爲本源，視「道」、「德」爲末流。故從徽宗《御注》注文中，仍可見諸若干對「仁」保有正面肯定態度之語，如其解「自是者不彰」時，云：

　　　　自是則仁不足以同眾，故不彰。（卷二第五，頁 0806 上）

又，其解「樂殺人者，不可得志於天下矣」，云：

　　　　國君好仁，天下無敵，安其危而利其菑。樂其所以亡者，怨之所歸，
　　　　禍之所集也。（卷二第十六～第十七，頁 0811 下～頁 0812 上）

又，其解「上仁爲之而無以爲」，云：

　　　　堯、舜，性之仁覆天下，而非利之也，故無以爲。（卷三第二，頁
　　　　0817 上）

又，其解「百姓皆注其耳目。聖人皆孩之」，云：

　　　　天視自我民視，天聽自我民聽，故聖人以百姓爲心。聖人作而萬物
　　　　觀，故百姓皆注其耳目。百姓惟聖人之視聽，則聖人者，民之父母
　　　　也。矜憐撫奄，若保赤子，而仁覆天下。（卷三第十八，頁 0825 上）

又，其解「一曰慈」，云：

　　　　慈以愛物，仁之寶也。（卷四第四十一，頁 0837 下）

又，其解「夫慈，以戰則勝，以守則固。天將救之，以慈衛之」，云：

　　　　仁人無敵於天下，故以戰則勝。民愛其上，若手足之捍頭目，子弟
　　　　之衛父兄，効死而弗去，故以守則固。志於仁者，其衷爲天所誘；

〔註151〕引自〔清〕郭慶藩撰，王孝魚點校：《莊子集釋》，頁 547～頁 548。

〔註152〕「蔽蒙之民」一詞，不可視爲徽宗批評儒家之語，事實上，徽宗《御注》之所以援引若干儒家經典釋老，就形式意義上，代表認同兩家學說一致，如其解「玄之又玄，眾妙之門」時，云：「孔子之作《易》，至『說卦』然後言妙，而老氏以此首篇。聖人之言，相爲終始。」（卷一第三，頁 0784 下）可見徽宗視孔老二家學說一致，既然一致，則其必然認爲二家對「道」、「德」、「仁」、「義」之看法當相同，故「蔽蒙之民」不當視之爲徽宗批評儒家之語，而是描述「不原聖人道德之意」而「謂仁與義爲定名，道與德爲虛位」的那些人。

志於不仁者，其鑒爲天所奪。則天所以救之衛之者，以慈而已。此三寶所以慈爲先。（卷四第十二～第十三，頁 0838）

又，其解「禍莫大於輕敵，輕敵幾喪吾寶」時，云：

輕敵則好戰，好戰是樂殺人也。樂殺人者，喪其慈，而失仁民愛物之心，不可得志於天下矣。（卷四第十五，頁 0839 下）

又，其解「是以聖人自知不自見，自愛不自貴，故去彼取此」，云：

聖人有自知之明，而不自見以矜其能；有自愛之仁，而不自貴以臨物。若是者，處物不傷物，物莫之能傷也。方且樂天而無憂，何威怒之足畏乎？聖人之所去取，抑可見矣。（卷四第十八，頁 0841 上）

從上述諸條注文中，可以發現徽宗《御注》解「仁」多與「國君理國」有所關係，國君（或聖人）若是「好仁」、「仁民愛物」，表現爲「慈」，則可「天下無敵」、「得志於天下」。陸建華先生曾曰：

關於仁的涵義，老子從道之「無爲」的角度界定之。他說：「上仁爲之而無以爲」。「爲之」指有爲，「無以爲」指無爲。這是說，仁是有爲與無爲的矛盾統一體，指主觀上「有爲」而客觀上「無爲」。一方面，仁以「有爲」別於道，而且違背道；另一方面，仁以「無爲」同於道，而且服從道。這表明，老子所謂的仁根本不同於儒家的「愛人」之仁，二者不僅內涵不同，本質也不同。老子之仁僅具政治性，儒家之仁既具政治性，又具道德性。〔註153〕

陸建華先生此說有三個重點：其一，老子之「仁」既爲「有爲」且「無爲」；其二，老子之「仁」不同於儒家「愛人」本質；其三，老子之「仁」具有「政治性」。陸建華先生之說是否無誤，非本論文關心重點。但是，以徽宗《御注》解老的方式觀之，除了第二點所述之不具有「愛人」本質以外，〔註154〕徽宗《御注》中給予正面評價之「仁」確實符合第一點及第三點。筆者推測，徽宗《御注》所解之「仁」之所以能獲得正面肯定而非全盤否定，與其具有「無爲」之特性有關，易言之，國君之「好仁」、「仁覆天下」，並非「離道而求仁」，

〔註153〕引自陸建華著：〈老子仁學略論〉（收錄於《孔孟月刊》第四十三卷第三期），頁 41。

〔註154〕徽宗《御注》曾曰：「輕敵則好戰，好戰是樂殺人也。樂殺人者，喪其慈，而失仁民愛物之心，不可得志於天下矣。」（引自〈用兵有言章第六十九〉「禍莫大於輕敵，輕敵幾喪吾寶」注文，卷四第十五，頁 0839 下）可見徽宗《御注》所解老子之「仁」，仍有「愛民」之意，故未去「愛人」之質。

而是不欲仁而仁至。〔註155〕因此，我們可以推知徽宗並不完全反對「仁」的發揮。在「義」與「禮」的方面，亦是如此。如其解「善爲士者，不武」，云：

> 武，下道也。士尙志，曰仁義而已。孔子曰：「軍旅之事，未之學也。」
>
> （卷四第十三，頁 0838 下）

又，其解「專氣致柔」，云：

> 《孟子》曰：「其爲氣也，至大至剛，以直養而無害，則塞乎天地之間。」老氏之專氣，則曰致柔，何也？至剛以行義，致柔以復性。
>
> 古之道術，無乎不在。（卷一第十九，頁 0792 下）

又其解「二曰儉」，云：

> 儉以足用，禮之節也。（卷四第十二，頁 0838 上）

上述三例爲徽宗《御注》所肯定之「義」與「禮」。「士尙志」即是「士志於道」，〔註156〕能志於道，即是有意於「致道之學」，〔註157〕倘若徽宗全然摒棄「仁義」，如何會說「士尙志，曰仁義而已」？再者，既說「道與之性，一而不雜」，則「復性」則是「復道」，其曰「至剛以行義，致柔以復性。古之道術，無乎不在」，將「行義」與「復性」等而視之，故而「義」不當偏廢。對「禮」的態度也是一樣，其將「儉以足用」視爲「禮」，既然「節儉足用」係三寶之一，則「禮」當然亦不可偏廢。

　　就上述各段注文內容，可見徽宗對「仁」、「義」、「禮」皆未全盤否定，而是反對如韓愈將「仁」、「義」爲本源，視「道」、「德」爲末流。如果以「仁」、「義」、「禮」爲本源，以「道」、「德」爲末流，則本末倒置、「離道爲德」，「仁」、「義」、「禮」不過是「聖智之名」而已，「聖智之利天下也少，而害天下也多」，故棄絕離道之「仁」、「義」、「禮」。此概念可見諸其解「此三者以爲文，不足。故令有所屬」之注文內容：

> 先王以人道治天下，至周而彌文。及其弊也，以文滅質，文有餘而質不足，天下舉失其素樸之眞，而日淪於私欲之習。老氏當周之末世，方將袪其弊而使之反本，故攘棄仁義，絕滅禮學，雖聖智亦在

〔註155〕有關「無爲」與「理國」等問題，詳見第四章第三節所述。

〔註156〕徽宗《御注》解「上士聞道，勤而行之」時，云：「士，志於道者也。」（卷三第七，頁 0819 下）。

〔註157〕徽宗《御注》解「爲學日益」時，云：「學以致其道，始乎爲士，終乎爲聖，日加益而道積于厥躬。孔子謂顏淵曰：『吾見其進也。』」（卷三第十六，頁 0824 上）故可知「爲士者」即是有意於「致道之學」者。

所擯，彼其心豈眞以仁義聖智爲不足以治天下哉？先王之道，若循環捄文者，莫若質。「故令有所屬」謂：見素抱樸，少私寡欲也。（卷一第三十七～第三十八，頁 0801 下～頁 0802 上）

此處所言之「文」即「聖智之名」，其「質」則爲未全盤否定之「仁」、「義」、「禮」。於此，徽宗清楚表達老子之所以「攘棄仁義，絕滅禮學，雖聖智亦在所擯」的原因，不在於「仁」、「義」、「禮」之「質」有問題不足以治理天下，而是因之而起的外在制度（「文」）導致弊端。因爲如此，所以不欲「離道爲德」，使人拋棄追求居於末流之「仁」、「義」、「禮」，而強調「復性」以長保「玄德」、「上德」。若能「復性」，則「仁」、「義」、「禮」自然能表現出來，就如同「性」中雖無孝慈的內容，但「復性」則能孝、能慈，且進一步能「不獨親其親、不獨子其子」；反之，如果以「仁」、「義」的追求取代「復性」，則未能使「性」有所表現，如此一來，反倒不能孝、不能慈。以上是徽宗《御注》對《老子》基本概念之理解。

第四章 徽宗《御注》對老子思想義蘊之推衍

　　本章目標爲探究「徽宗《御注》對老子思想義蘊之推衍」。所謂「推衍」，係指徽宗《御注》吸收、批判老子思想中的核心概念的「道」與「德」之後，而彰顯出來的思想特色，此特色雖未必全然異於老子思想，或新出於老子思想，卻是徽宗《御注》所關切的核心課題。此核心課題可分爲「聖人形象」、「治身論」、「治國論」三者。

　　首先，「聖人」這個詞彙的運用，在先秦諸子百家典籍中，雖未必具有相同的內涵，然大抵皆作爲理想人格的典型，王文亮以爲：「中國，自古以來就是一個崇拜聖人的國度」〔註1〕且「聖人乃是千百年來由中國人所塑造、又爲中國人所企慕的最高理想人格」，〔註2〕足見「聖人」這個詞彙，在中國思想中所代表的特殊意涵。而「聖人」概念在老子思想中亦多所討論，該詞彙總共出現三十二次，分佈在二十七個章節中，〔註3〕其出現頻率之高，可知「聖人」概念在老子思想中佔有很重要的地位，因此「如何成爲聖人」可視爲老子思想的根本意向之一，〔註4〕且（在老子思想中）達成政治最高成就的關鍵，

〔註1〕 引自王文亮著：《中國聖人論》（北京：中國社會科學出版社，1993年4月第一版），頁1。
〔註2〕 引自王文亮著：《中國聖人論》，頁4。
〔註3〕 參考葉廷幹著：〈老子道德經串珠〉（收錄於王弼著，葉廷幹撰，《老子道德經·老解老》，臺北：文史哲出版，民國68年10月景印出版），頁49。
〔註4〕 袁保新教授認爲「如何建立理想的政治」、「如何成爲聖人」、「如何向上實現

即在於統治者是否具備聖人的修養，能否針對社會的混亂，提出一套根源性的解決之道，〔註5〕因此，徽宗以統治者的身份解《老》，必然對「聖人」概念多所重視與體會，再者，既然聖人的修養與政治實踐有所關連，徽宗《御注》是否如同唐玄宗御注本，對「聖人」概念有所轉化，將原本一般的理想人格典型轉而賦予政治意義，〔註6〕是本章節首要釐清的關鍵。

　　順次，「老子的政治哲學，雖然有高明的形上洞見做基礎，但是落實到政治實踐的層面，卻仍舊不能突破歷史的條件，而只能將希望寄託在統治者的修養與積德之上」，〔註7〕因此可知，老子的義理思想的體系，並非停留在形上的「道論」的建立，而是將形上的「道」落實於形下的領域，落實在人身上，則成爲「治身論」，落實在天下國家，則成爲「治國論」。〔註8〕此即是徽宗《御注》所云：「道之全，聖人以治身；道之散，聖人以用天下。」〔註9〕可見，「道」、「聖人」之間存在著密切的關連性，並衍之爲「治身論」與「治國論」之主張。因此，本章乃爲第三章之延續，欲進一步探究徽宗《御注》於「聖人形象」、「治身論」、「治國論」等思想內涵，期能了解徽宗《御注》思想對老子思想義蘊推衍之梗概。

生命之善與大」、「『道』何以失落」構成了《老子》的根本意向。（參考袁保新著：《老子哲學之詮釋與重建》，臺北：文津出版社，民國86年12月初版二刷，頁88～頁91）可見「聖人」概念在《老子》思想中是重要的課題。

〔註5〕　參考袁保新著：《老子哲學之詮釋與重建》（臺北：文津出版社，1997年12月初版二刷），頁206。

〔註6〕　唐玄宗《御製道德真經疏》解「是以聖人猶難之，故終無難」時，云：「聖人即有道之君也。猶難之者難爲輕諾多易之事，況不如聖者乎。聖人猶難爲輕諾多易，故終無難大之事爾。」（唐玄宗《御製道德真經疏》，卷八第十五，頁0713上）可見，在唐玄宗御注本賦予了「聖人」具有「國君身份」的政治意涵，然而據袁保新教授所述，「聖人」僅是老子思想中的理想人格的典型，雖說國君符合此理想人格典型與否，決定了施政成就的優劣，但不意味「聖人」與「國君」是混同爲一，故言「轉化」。有關玄宗御注本轉化「聖人」觀念的說明，可見洪嘉琳所發表之《唐玄宗《道德真經》注疏研究》（臺北：國立政治大學中國文學系碩士論文，民國91年12月）第四章所述。

〔註7〕　引自袁保新著：《老子哲學之詮釋與重建》，頁207。

〔註8〕　此同於徐復觀先生之說，其認爲老子思想義理的建構，乃由「形上學的宇宙論」至「人生論」，再由「人生論」延展而爲「政治論」。（見徐復觀著：《中國人性論史·先秦篇》，臺北：臺灣商務印書館，1999年9月初版第十二次印刷，頁328。）

〔註9〕　徽宗《御注》〈知其雄章第二十八〉解「聖人用之，則爲官長」之注文。（卷二第十二，頁0809下）

第一節　徽宗《御注》中的「聖人形象」

一、聖人形象的初步建立

　　如前言所述，「聖人」在中國思想中，是極爲重要的概念。在中國傳統的典籍中，經常出現「聖／聖人」的概念，但是各家的論述與內涵卻各有不同，甚而說，就《老子》書的「聖人」一詞來看，後人對於該詞彙的解讀，也存在多種意義。如徐復觀先生認爲「書中所稱的聖人，乃著者對老聃的稱呼」，他指出：

> 這些聖人，到底指的是誰呢？《老子》一書的最大特色，是全書中沒有出現過歷史人物的姓名，因爲他的思想對歷史而言，完全是反傳統的。也沒有出現過架空人物的姓名，這是因爲它是春秋之末的文體，尚少出現寓言。……若說它是泛指傳統的聖人而言，則《老子》的思想，便完全是出自於傳統。但就古代思想發展的線索及文獻來看，《老子》的思想，只能說是對傳統思想的深刻反省而開闢出新地發展方向；從正面決找不出傳統的線索。……孔子在當時已有人稱他爲聖人；據前引《呂氏春秋・重言篇》，老聃也被人稱爲聖人。……孔子是公開救世、設教的；所以孔子的學生便稱之爲「夫子」，「仲尼」，對他所說的話，便稱之爲「子曰」、「夫子曰」、「仲尼曰」、「孔子曰」。但老聃是以「自隱無名爲務」的，所以他的學生只好泛泛地稱之爲聖人。……並且從老子思想的性格，他的話一定說得很簡約。他的學生爲了向社會傳播，便必需再加以疏釋；他學生的這種疏釋工作，便形成了現在這樣一部書。《老子》書中，凡是在「聖人」前面的話，都是爲了「聖人」作疏釋的話。這正與現行《墨子》一書中在疏釋墨子的思想之後，而結以「故子墨子曰」的文體，完全相同。〔註10〕

加藤常賢則從文字學的角度來分析《老子》書中的聖人，他說：

> 這裡面的聖人，是指體會了道的思想的人。這個「聖人」；固然可以爲不過是借了儒家「聖人」之語，來命名道家思想的；但我卻懷疑這個名稱毋寧是來自道家系統的古代的「宗教人」。爲什麼呢？「聖」

〔註10〕引自徐復觀著：《中國人性論史・先秦篇》，頁496～頁497。

字在說文只作：「聖，通也。从耳呈聲。」……單說「聖人」是通萬
事的，恐怕不過是後起之義；它原來毋寧是：「聖者，聲也，通也，
聞其聲知情。（風俗通。藝文類第二十引）」、「聖者，通也，到也，
聲也……聞聲知情。（白虎通聖人篇）」這裡標出了「聞聲」兩字。
依我的想法，古代是把「能夠聽到神的聲音」的叫「聖人」；而能夠
聽到神的聲音的，當不外宗教學上的 shaman。〔註11〕

就徐復觀先生的說法來看，「聖人」一詞的用法似乎過於侷限。誠然，若《老
子》的作者爲老聃，從《史記》所記載之成書過程來看，爲了替「自隱無名
爲務」的老聃疏釋異於傳統的古思想，「聖人」這個詞彙確實可作爲「著者對
老聃的稱呼」。然而，這不意謂針對《老子》的義理思想而論，也就是從其《老
子》的文字來看，「聖人」這個詞彙只能作爲「對老聃的稱呼」，而不可有所
其他概念之指涉或意涵，況且我們對《老子》的作者與成書背景尚有待進一
步地考證與確定，如何能說「他學生的這種疏釋工作」？故「聖人」不必僅
能作爲「著者對老聃的稱呼」。而加藤常賢從「聖」字的字源學考察，提出
「shaman」的看法，筆者認爲即使如所言「古代是把『能夠聽到神的聲音』
的叫『聖人』」，亦不能說《老子》書中的「聖人」即是「宗教學上的 shaman」，
因爲「聖人」這個觀念「如何／爲何」被提出，與「聖人」這個詞彙「如何」
被解釋，是兩種不同意涵。〔註12〕縱使「聖人」觀念的提出，與「聞聲」有
關，且「聞聲」係指「能夠聽到神的聲音」，尚不足以用以解釋《老子》書中
的「聖人」這個詞彙即是「宗教學上的 shaman」，〔註13〕故當轉化「聖人」觀

〔註11〕引自加藤常賢作，劉文獻譯：〈老子書中的「善人」和「聖人」〉，頁43。
〔註12〕丁原植教授曾撰〈老子思想中「聖人」觀念的提出〉，此文也以「聖」字的文
字學意義作爲出發點，認爲「以三元結構來分析『聖』字，則『耳』指對『天』
之聆聽，『口』指對『地』之言說，『壬』指對『天地』而有所立。『聖』自本
身是此三元指向所聚合之一種人義的呈現。故『聖』字於春秋末葉即在『聖
人』一詞終以展現其哲學性的作用。」（引自丁原植著：〈老子思想中「聖人」
觀念的提出〉，收錄於《哲學與文化》十八卷二、三期，1991年2月，頁214）
然而，「聖」或「聖人」的觀念如何被提出，是思想史上的問題，而「聖」或
「聖人」的觀念如何被解釋，才與義理結構有所連繫，故又說：「我們提出『老
子思想中的聖人觀念的提出』的問題。我們所探討的是『聖人』觀念的『提
出』而不是『聖人』觀念的解釋。『聖人』的提出是一種原創性人義的探求，
觀念的解釋則已遠離此種創造的可能。」（引自丁原植著：〈老子思想中「聖
人」觀念的提出〉，頁214）。
〔註13〕筆者認爲，若將《老子》中的「聖人」這個詞彙解釋爲「宗教學上的 shaman」，

念的解釋，如劉笑敢先生認爲：

> 「聖」的本意是聰明的意思。《説文》云：「聖，通也。從耳，呈聲。」
> 語言學家認爲「聖」本是會意字，在甲骨文中像人有大耳，從口，
> 其初意爲聽覺官能之敏銳，故引申訓爲「通」，又引申爲賢聖之意。
> 《尚書・洪範》「睿作聖」一句傳曰「于事無不通謂之聖」，《左傳・
> 文公十八年》「齊聖廣淵」之孔疏云：「聖者，通也，博達眾務，庶
> 是盡通也。」這就是説聖人的第一個基本特點是智慧過人。〔註14〕

此濾除了「聖人」在宗教學上的可能意涵，將「聽覺官能之敏銳」的「聞聲」
意涵轉爲人格表現的特點。方東美先生便以「人格表現的理想價值標準」來
衡定「聖人」之意義，故説：

> 宇宙裡面最高的價值，是不是只有一個空洞的價值呢？從老子的眼
> 光看起來，不是。因爲宇宙間最高的價值是可以完成實現的。完成
> 實現在什麼人身上呢？在這一點上面，道家同儒家都是從中國遠古
> 的文化及理想裡面得到啓發的。也就是，一切價值歸根結底，總要
> 在一種最高的人格精神裡面完成實現出來。這種人格拿什麼爲代表
> 呢？就是所謂「聖人」。「聖人」在道家系統中，是以他的品格來代
> 表宇宙裡面最高的價值理想的標準。〔註15〕

由此可見，「聖人」在《老子》書中，是人格表現的理想價值標準，而「聖人」

則《老子》與宗教學必先產生關連，也就是在思想根源處的「道」須具有宗
教意義。但是，如眾所知，老子思想並沒有此層設定，牟宗三先生便説：「我
們人的一生落在現實中生活，每一個人都有規定、有所限制，但是，他從有
所限嚮往一個無限。道家不是像宗教家那樣嚮往一個超人的無限的大神。照
宗教家，上帝就是無限的，上帝是人格的，是 personal God，是客觀的，而且
超覺得，高高在上。祂是萬能的，無所不知，無所不能。道家不這樣想，它
也想無限，但它不把『無限』personify 成一個 objective individual being。……
譬如，道家的「道」不是有一個客觀的東西叫做道，這個「道」不能 personify
嘛，不是一個 individual being 嘛。」（引自牟宗三主講，盧雪崑記錄：〈老子
《道德經》講演錄（八）〉，收錄於《鵝湖月刊》第二九卷第五期，總號第三
四一，臺北：鵝湖月刊社，頁 11）既然，老子思想根源處的「道」不具有宗
教意義，「聖人」是否仍有「宗教學上的 shaman」的意義已不重要，故對其
之義理解釋也就擺脱了「宗教學上的 shaman」的可能。

〔註14〕引自劉笑敢著：《老子古今：五種對勘與析評引論・上卷》（北京：中國社會
科學出版社，2006 年 5 月第一版第一次印刷），頁 309。
〔註15〕引自方東美著：《原始儒家道家哲學》（臺北：黎明文化，民國 82 年 6 月四版），
頁 192。

所體現的最高的理想價值，方東美先生稱爲「絕對價值」，也就是「道」。故可說，在老子思想中的「聖人」是人格表現的典型，易言之，「聖人」之所以能作爲人格表現的典型，必然在於落實了體現「道」的行動上面。

回到徽宗《御注》的討論。徽宗對「聖人」觀念的第一層理解，可從「聖人與世人之差異」入手。他認爲「聖人」看待事物的標準與表現，與「世人」有著極大的差異，如其解「上士聞道，勤而行之；中士聞道，若存若亡；下士聞道，大笑之。不笑不足以爲道」時，云：

> 士，志於道者也。上士聞道，眞積力久，至誠不息。中士則有疑心焉。疑心生則用志分，其於道也，一出焉，一入焉。下士則信不足以守，智不足與明也，故笑。夫道無形色聲味之可得，則其去耳目鼻口之所嗜也遠矣。《莊子》曰：「大聲不入于俚耳，高言不止於眾人之心。」（卷三第七，頁 0819 下）

徽宗認爲「學以致其道，始乎爲士，終乎爲聖，日加益而道積于厥躬」（卷三第十六，頁 0824 上），[註16] 可見「士」與「聖人」的差別在於「始」與「終」的差異，因而本段注文之「下士」、「中士」與「上士」即是「學以致其道」的過程中的三種不同程度的表現，[註17]「上士」當如「聖人」一般「日加益而道積于厥躬」，故說「上士聞道，眞積力久，至誠不息」。「中士」係指「始乎爲士」的「士」，因「始乎爲士」，故而「有疑心焉，疑心生則用志分，其於道也，一出焉，一入焉」。至於「下士」則爲一般世人，世人之所以「聞道，大笑之」，並非資質愚鈍、根器不佳，[註18] 而是因爲他們只相信耳目感官所

〔註16〕徽宗《御注》〈爲學日益章第四十八〉解「爲學日益」之注文。

〔註17〕憨山將《老子》思想中的「上士」、「中士」與「下士」的區分，視作「資質」的不同，故其註曰：「此言道出常情，而非下於小智之所能知，必欲上根利智可能入也。謂上根之人，志與道合，一有所聞，便身體而力行之。……若夫中人之資，則且信且疑，或日月至焉。故曰若存若亡。至若下根之士，即有所聞，了不相蒙，而且以爲怪。故大笑之矣。」（引自憨山大師編著：《老子道德經憨山註、莊子內篇憨山註（合一冊）》，臺北：新文豐出版公司印行，民國85年4月出版四刷，頁102）。然而，從徽宗《御注》注文中，卻點明「士，志於道者也」，可見「上士」、「中士」與「下士」三者之間的區別，不在於資質的高低，而在「致其道」過程的不同表現。

〔註18〕既然點明「士，志於道者也」，則不論「上士」亦或「下士」，皆「志於道者」。何謂「志於道」？徽宗《御注》解「弱其志」時，云：「志者，心之所知。」（卷一第七，頁0786下）可見，「志於道」係指如何去了解「道」。既然「上士」、「中士」與「下士」三者皆「志於道」，則其分別在於三者是否能眞實地

能經驗之物，對於「無形色聲味之可得」的「道」尚且不能體會，故笑之。由是，可見聖人與世人之差異，在於是否能眞實掌握住「道」。再進一步來看，聖人與世人之差異，不僅在於聖人能掌握住「道」，而世人無從掌握「道」，甚而說，二者對於「道」之外的「物」的看法也不相同，故其解「知其榮，守其辱，爲天下谷」時，云：

> 性命之外，無非物也。世之人，以得爲榮，以失爲辱；以泰爲榮，
> 以約爲辱。惟聖人爲能榮辱一視，而無取舍之心。然不志於期費，
> 而以約爲紀，亦虛而已，故爲天下谷。（卷二第十二，頁 0809 下）

從此段注文得知世人汲汲營營於「道」外之「物」，「以得爲榮，以失爲辱；以泰爲榮，以約爲辱」，唯恐不能獲得又害怕失去；聖人則不同，其所在意的對象是「道」，「聞道，眞積力久，至誠不息」，因而未曾用心於「道」外之「物」，故「能榮辱一視，而無取舍之心」。

　　「道」與「物」之間的關係，徽宗進一步用「本」、「末」的概念加以規定之，如其解「萬物並作，吾以觀其復」時，云：

> 萬物之變，在道之末。體道者，寓乎萬物之上焉。（卷一第三十二，
> 頁 0799 上）

「萬物之變」爲「道之『末』」，反之，「道」即是「萬物之變」的「本」。此外，我們必須留意，所謂的「本」、「末」並非生發的關連，筆者於本論文第三章第一節曾說明「物」的存在特性爲「相對性存在」，且此相對性性質是「生」之後才有的依存現象，倘若「本」、「末」係屬生發的關連，而「末」爲萬物之變，則「本」也必屬於萬物變化的一類，譬如，「末」者爲「貴」，其所依存而生發之「本」必爲「賤」，但是，「賤」與「貴」同屬於「萬物之變」，是以「賤」者不得爲「貴」之「本」，況且，我們已知「道」才是「萬物之變」的「本」，「道」乃絕對價值，並沒有相對性，並不會爲「貴」，也不會爲「賤」，因此「本／末」不可爲生發關係。那麼，「本／末」究竟爲何種關係呢？徽宗《御注》解「爲無爲，則無不治矣」時，提出：

> 萬物之變，在形而下。聖人體道，立乎萬物之上，總一其成，理而

掌握「道」。故筆者認爲徽宗《御注》雖說「下士則信不足以守，智不足與明
也，故笑」，但『智不足以明』非謂貧賤不佳而不知向道，僅能說具雖向道，
但是不明「道」之爲「道無形色聲味之可得」，仍欲以耳目感官經驗求之，以
此行爲言「智不足以明」。

治之。（卷一第八，頁 0787 上）

與上段所引之注文對比，則知所謂「道之末」即是指「形而下」而言，由是，江澂疏解「萬物之變，在道之末」爲「氣變而有形，形變有生，在形而下無動而不變也。故萬物之變，在道之末」，（江澂《疏義》，卷四第十三～第十四，頁 0787 下～頁 0788 上）此正說明作爲萬物變化後的結果的「末」，是形而下世界的現象，「道」是「本」，是爲形而上的存有，不得爲「萬物之變」。因此「本／末」即是形而上與形而下的區別。聖人之「體道」即謂「探本」，故其解「故貴以賤爲本，高以下爲基」時，云：

> 賤者，貴之所恃以爲固；下者，高之所自起。世之人覩其末，而聖
> 人探其本；世之人見其成，而聖人察其微，故常得一也。（卷三第五，
> 頁 0818 下）

前已言及「末」即是萬物變化後的結果，世人所重者爲形而下之「物」，故說「世之人覩其末」。但是聖人則不然。聖人既然能有志於道，則所重視的不會是萬物變化後所產生的結果，必定超脫於萬物的變化而上，以「道」爲目標，是以說「聖人探其本」。因此，「本／末」關係又可視爲「取捨的標準」，應取者爲「本」，應捨者爲「末」。

因此，由上所述，我們知道「聖人與世人之差異」在於所取捨對象的不同，世人所取者爲性命之外的「物」，此爲「末」，故「覩其末」；聖人則「志於道」，所重者爲「本」，故「探其本」。然而，何以聖人「探其本」，而不「覩其末」呢？徽宗認爲，能「探其本」便有「知幾」的功效。如其解「將欲歙之，必固張之。將欲弱之，必固強之。將欲廢之，必固興之。將欲奪之，必固與之」時，云：

> 陰陽相照相蓋相治，四時相代相生相殺，萬物之理，人倫之傳，其
> 斂散也，其盛衰也，其償起也，其虧盈也，幾常發於至微，而莫覩
> 其朕。惟研幾之聖人，得先見之吉，賢者殆庶幾而已。（卷二第二十
> 二，頁 0814 下）

又其解「其安易持，其未兆易謀；其脆易泮，其微易散」時，云：

> 安者，危之對；未兆者，已形之對；脆者，堅之對；微者，著之對。
> 持之於安則無危，謀之於未兆則不形。聖人之知幾也，脆者泮之則
> 不至於堅冰，微者散之則不著。賢人之殆庶幾也。（卷四第七，頁
> 0835 下）

「幾」即是「變化的關鍵點」，「研幾」、「知幾」，也就是指聖人能發現事情的預兆，而知道變化的關鍵。何以如此？因爲「幾常發於至微」。所謂的「微」就是事物變化的先兆，因其不明顯，故稱爲「微」。〔註19〕聖人之所以能「研幾」、「知幾」，在於其能「察其微」，「察其微」即是「體道」，〔註20〕「體道」便是「探本」。因此，能「探其本」則有「研幾」、「知幾」的功效。再從反面方面來看，聖人之所以「探其本」，而不「覩其末」，在於倘若「覩其末」則將受牽制於物，如其解「不知知，病矣」時，云：

> 不知至道之精，而知事物之粗；不知至道之極，而知事物之末。方且爲緒使，方且爲物絯，而日趨于憂患之塗，故病。（卷四第十六，頁 0840 上）

「不知至道之精，而知事物之粗；不知至道之極，而知事物之末」即是不「探其本」而「覩其末」。徽宗認爲倘若不「探其本」而「覩其末」，將受到外物的束縛、阻礙與役使，〔註21〕最後將走上憂患的地步。綜合上述種種，聖人形象的建立，係就其與世人對價值取捨之判斷不同而言，聖人「探其本」，而世人「覩其末」；「覩其末」則「日趨于憂患之塗」，「探其本」則能「研幾」、「知幾」，故知在價值判斷的層面上，「聖人」體現了最高的理想價值。因此，徽宗《御注》所形塑的「聖人形象」，是人格表現的理想典型。

二、聖人體道的表現

由於聖人與世人的差異，在於是否能夠「探其本／體道」，因此「體道」成爲聖人之重要表現。然而，爲什麼聖人必須「體道」，且聖人又該如何「體

〔註19〕徽宗《御注》解「是謂微明」時，云：「其未兆爲微，而其理爲甚著。」（卷二第二十三，頁 0815 上）

〔註20〕徽宗《御注》解「夫輕諾必寡信，多易必多難。是以聖人由難之，故終無難矣」爲「禍固多藏於微，而發於人之所忽。聖人之應世，常愼微而不忽，故初無輕易之行，而終絕難圖之患。凡以體無故也。」（卷四第七，頁 0835 下）聖人能謹愼於「微」，在於能「體無」，所謂「體無」即是「體道之無」（如江澂疏解），故說「察其微」即是「體道」。

〔註21〕「方且爲緒使，方且爲物絯」語出於《莊子‧天地》。郭象注「方且爲緒使」爲「將興後世事役之端」，並注「方且爲物絯」爲「將遂使後世拘牽而制物」（引自〔清〕郭慶藩撰，王孝魚點校：《莊子集釋》，北京：中華書局出版，1997 年 10 月北京第 8 次印刷，頁 418），可見「覩其末」則必受物所拘礙而役使。

道」呢？首先，在「體道」的原因方面，筆者認爲之所以「體道」的要求，可分爲「消極因素」與「積極因素」，在「消極因素」部分，徽宗認爲「物」之不可求，求則失之，如其解「金玉滿堂，莫之能守；富貴而驕，自遺其咎」時，云：

> 金玉富貴，非性命之理也，外物之不可恃而有者也。寶金玉者，累於物，累於物者，能勿失乎？故莫之能守。富貴而驕，則害於德；害於德者，能免於患乎？故自遺其咎。聖人不拘一世之利以爲己私分，不以王天下以爲己處顯。夫豈金玉以爲寶、富貴之足累乎？故至富國財，並焉；至貴國爵，並焉。其貴無敵，其富無倫，而道不渝。（卷一第十六～第十七，頁 0791）

又，其解「得之若驚，失之若驚。是謂寵辱若驚」時，云：

> 軒冕在身，非性命之理也。物之儻來，寄也。寄之來，不可拒，故至人不以得爲悅；其去，不可圉，故至人不以失爲憂。今寄去則不樂，受而喜之，是以得失累乎其心，能勿驚乎？柳下惠爲士師，三黜而不去；正考父三命，循墙而走；則異於此。（卷一第二十四，頁 0795 上）

「金玉富貴」並非「性命之理」，而是「物」，〔註 22〕前小節中已說明，對於這些「物」，世人與聖人的態度不同，「世之人，以得爲榮，以失爲辱；以泰爲榮，以約爲辱。惟聖人爲能榮辱一視，而無取舍之心」。何以如此？從所引的這兩段注文即可看出，第一，徽宗認爲金玉富貴並非是性命之理，既然非性命之理，則金玉富貴屬身外之物，其之得與不得，都不是主觀意願所能決定。第二，既然金玉富貴不是主觀意願所能決定，則「軒冕在身」也不過是暫時之寄託，來者自來，去者自去，不必因爲得或失而有所歡樂或悲傷。第三，倘若有意於求取非性命之理以外的「物」，將「累於物」，累於物就是受到「物」所牽制，受到「物」所牽制，則「以得失累乎其心」，將導致不好的後果，故說「能勿驚乎」、「能勿失乎」。〔註 23〕由是可知，「物」之不可求，

〔註 22〕徽宗《御注》解「知其榮，守其辱，爲天下谷」時，云：「性命之外，無非物也。」（卷二第十二，頁 0809 下）故可知，「非性命之理」的「金玉富貴」爲「物」。

〔註 23〕「寶金玉者，累於物，累於物者，能勿失乎？」中的「能勿失乎」一詞，可以有兩種解釋，其一，「失」當作「失去」解，指「失去『外物』」而言，同於「其去，不可圉，故至人不以失爲憂」的「失」。因此，江澂疏解爲「寶金

求則失之。再者，如本論文第三章第一節所述，「物之理」爲相對性存在，並非絕對永恆，倘若以「物之理」爲選擇的對象，則將有所「累」並產生後患。故其解「故物或行或隨，或噓或吹，或強或羸，或載或隳」時，云：

> 萬物之理，或行或隨，若日月之往來；或噓或吹，若四時之相代；或強或羸，若五行之王廢；或載或隳，若草木之開落；役于時而制于數，固未免乎累。惟聖人爲能不累於物，而獨立于萬物之上，獨往獨來，是謂獨有。獨有之人，是謂至貴。故運神器而有餘裕。物態不齊，而吾心常一。（卷二第十四，頁 0812 下）

又其解「何謂貴大患若身」時，云：

> 世之人以物易性，故累物而不能忘勢；以形累心，故喪心而不能忘形；其患大矣。（卷一第二十五，頁 0795 下）

「萬物之理」是相對的性質，故而不足取，若是以「物」所表現者爲標準，則「未免乎累」。世人以物易性，所以「累物」，「累物」就是受到物的牽制，受到物的牽制便有所失。且「物之理」爲相對的性質，受到物的牽制，則落於物之表現的一端，故說不能忘勢；〔註 24〕不能忘勢，則受執於物之形，而不能通透地掌握「物」，也就使心有所執著；心有所執著，「能勿驚乎」？「能勿失乎」？故說「其患大矣」。職是之故，聖人爲求不累於物，而獨立於萬物之上。所謂「獨立於萬物之上」，便是指聖人不以「物」爲選擇對象，反過來說，以「物」爲選擇對象者，便非聖人。〔註 25〕此爲「體道」的消極因素。

　　另一方面，從「積極因素」來看，聖人選擇「道」的態度，來自於「遇

> 玉者累於物，物之去不可止，能無失乎？」（江澂《疏義》，卷二第二十六，頁 0762 下）其二，「失」當作「失落」解，指「淪失『本性』」而言。是故，章安疏解爲「（金玉富貴，在彼者也，性命道德，在我者也，忘其在我，而逐夫在彼，喪其天眞，流於物假，亦妄人爾。）金玉，世所寶也，非我固有，恃而有之，自累於物爾。物有所累，能無失乎？」（章安《解義》，卷二第十四，頁 0021 下）然而，依照注文前後脈絡來看，物之來與去，皆非主觀意願所能決定，故「失」無關涉是否「累於物」，因此，「能無失乎」的「失」字若僅就字面解釋爲「失去『外物』」，則何必言「累於物」？故筆者以爲其所謂「能無失乎」的「失」字不能作「失去」解，當從章安疏解爲「淪失」。

〔註 24〕徽宗《御注》解「勢成之」爲「形質既具，體勢斯成。長短之相形，高下之相傾，其勢然也」（卷三第二十，頁 0826 上）可見，所謂的「勢」係指物之表現的一端，也就是長短、高下之類。

〔註 25〕徽宗《御注》解「無德司徹」時，云：「樂通物，非聖人也。」（卷四第二十五，頁 0844 下）。

吉離凶」。如其解「不知常，妄作。凶」時，云：

> 聖人知道之常，故作則契理，每與吉會；不知常者，隨物轉徙，觸
> 塗自患。故妄見美惡，以與道違；妄生是非，以與道異。且不足以
> 固其命，故凶。《易》曰：「復則不妄，迷而不知復。」茲妄也巳。（卷
> 一第三十三，頁0799下）

又其解「道乃久，沒身不殆」，云：

> 道者，萬世無弊。庶物得之者昌，關百聖而不窮，蔽天地而不息，
> 故沒身而不殆。殆近凶，幾近吉，不殆則無妄作之凶，非知常者無
> 與。（卷一第三十四，頁0800上）

「知道之常」，即爲「體道」，也就是前小節中所言之「探其本」、「察其微」。
「體道」何以能夠「作則契理，每與吉會」？原因在於聖人能「研幾」、「知
幾」。既然說「惟研幾之聖人，得先見之吉」、「持之於安則無危，謀之於未
兆則不形。聖人之知幾也」，則若能「體道」，便可「作則契理，每與吉會」；
反之，不能「體道」而「隨物轉徙」，其「以與道違」、「以與道異」的結果，
爲「凶」。〔註26〕由上述種種，可見聖人之所以「體道」的原因，當區分成
「消極因素」與「積極因素」，消極因素在於「不累物」，積極因素則是「遇
吉離凶」。

再者，既然知道「體道」爲「聖人」不同於「世人」的地方，然而本論
文第三章第一節曾述「道」具有「惟道無體」的特性，有體則有形之可見，
如「物」之類，而「道」無體，聖人如何能「體道」？且聖人「體道」的方
法又爲何？首先，「體道」與「覯物」的方式不同，「覯物」有待於耳目感官
的經驗，「體道」則不以耳目感官去感受，而超脫乎耳目感官的經驗，如其解
「五色令人目盲，五音令人耳聾」時，便云：

〔註26〕徽宗《御注》解「天下皆知美之爲美，斯惡巳；皆知善之爲善，斯不善巳」
時，曾云：「道無異相，孰爲美惡？性本一致，孰爲善否？有美也，惡爲之對，
故曰『天下皆知美之爲美，斯惡巳』。有善也，不善爲之對，故曰『皆知善之
爲善，斯不善巳』。」（卷一第三，頁0784下）其解「此兩者，同出而異名。
同謂之玄」時，又云：「道本無相，孰爲徼妙。物我同根，是非一氣，故同謂
之玄。」（卷一第二，頁0784上）就此兩段注文可知於「道」無所謂「美惡」、
「是非」，之所以有「美惡」、「是非」的差異，在於「物」身上。若不能「體
道」而行，則與道違、與道異，而「隨物轉徙」，自然「妄見美惡」、「妄生是
非」，此即是消極原因的地方所說之「世之人以物易性，故累物而不能忘勢」，
結果「其患大矣」，故爲「凶」。

　　観道之人，無形之上，獨以神視；無聲之表，獨以氣聽。而視聽有

　　不待耳目之用者，曾何聲色之足蔽哉？世之人役耳目於外物之累，

　　故目淫於五色，耳淫於五音，而聰明爲之衰，其於盲聾也何辯？（卷

　　一第二十二，頁 0794 上）

「観道」即是「體道」。世人透過耳目感官經驗外在世界，因而「役耳目於外
物之累」，観道之人則不然，其「獨以神視」、「獨以氣聽」，故免於世人之所
累。但是，何謂「獨以神視」、「獨以氣聽」？「獨以神視」之「神」，可作「心」
解。如其解「無有入於無間」時，云：

　　《莊子‧外篇》論夔蛇風目之相憐，而終之以目憐心。蓋足之行

　　有所不至，目之視有所不及，而惟神爲無方也。（卷三第十一，頁

　　0821 下）

本段注文援引《莊子‧秋水》篇寓言證之。〔註27〕從引文可知，徽宗將「夔、
蛇、風、目」分爲二組，其一爲「有足／無足」之類，如「夔」、「蛇」、「風」
皆是，這是有形體、無形體之討論，有形體則有所限制，故曰「蓋足之行有
所不至」；另一爲「外／內」之別，以「目」與「心」爲代表，此二者雖同爲
感官，然而外感官將「淫於五色」、「淫於五音」而累於物，故曰「目之視有
所不及」。是知「神」即是指「心」而言。〔註28〕然而，此「（神）心」卻不
是一般所認知的「心」，而是超出生理存在之狀態的「心」，能超出生理存在
狀態的「心」，才眞正不受拘束，「而惟神爲無方也」，故不用「心」字而採「神」
字。此意又可見諸「獨以氣聽」。「獨以氣聽」係《莊子‧人間世》之心齋義。
〔註29〕徐復觀先生認爲心齋乃是追求精神境界的過程，並非眞正取消「心」
的作用，故說：

〔註27〕「《莊子‧外篇》論夔蛇風目之相憐」係指《莊子‧秋水》所言：「夔憐蚿，
　　　　蚿憐蛇，蛇憐風，風憐目，目憐心。」（引自〔清〕郭慶藩撰，王孝魚點校：
　　　　《莊子集釋》，頁 591）。
〔註28〕徽宗《御注》解「不出戶，知天下：不窺牖，見天道」爲「天下雖大，聖人
　　　　知之以智；天道雖遠，聖人見之以心。智周乎萬物，無遠之不察，故無待於
　　　　出戶；心潛於神明，無幽之不燭，故無待於窺牖。《莊子》曰：『其疾俛仰之
　　　　間，再撫四海之外。』兹聖人所以密運而獨化。」（卷三第十五，頁 0823 下）
　　　　可見，聖人以「心」覺道。
〔註29〕《莊子‧人間世》：「回曰：『敢問心齋。』仲尼曰：『若一志，無聽之以耳而
　　　　聽之以心，無聽之以心而聽之以氣。聽止於耳，心止於符。氣也者，虛而待
　　　　物者也。唯道集虛。虛者，心齋也。』」（引自〔清〕郭慶藩撰，王孝魚點校：
　　　　《莊子集釋》，頁 147）。

> 莊子既將形與德對立，以顯德之不同於形；則他所追求的必是一種
> 精神生活，不能在人的氣上落腳，而依然要落在人的心上。因爲氣
> 即是生理作用；在氣上開闢不出精神的境界；只有在人的心上才有
> 此可能。……並且他在上面所說的氣，實際只是心的某種狀態的比
> 擬之詞，與老子所說的純生理之氣不同。〔註30〕

徽宗《御注》亦有與徐氏之說相同的看法，如其解「知和曰常」爲「純氣之
守，制命在內，形化而性不亡」。（卷三第二十六，頁 0829 上）「純氣之守」
即是養心以去巧詐之智的方式，〔註31〕以「氣」養「心」，關鍵在使「心」不
落於心知外馳，而仍保有「心」之主體地位。高柏園教授提出：

> 心齋的內容在於虛靜，其層次則由耳而心而氣，而其意義則在心齋
> 乃是將耳目心知予以超越的肯定，即所謂「作用的保存」，而不是
> 「本質的否定」。由此而一方面達到心虛之境而有本，另一方面又
> 能「循耳目內通而外於心知」，以爲萬物之化而有其迹。有本有迹
> 而相冥爲一圓境，即爲「行無地」，亦即爲〈人間世〉論心齋之精
> 義所在。〔註32〕

因此，筆者認爲徽宗《御注》所謂「獨以氣聽」不是以「氣」取代「心」爲
主宰，而是使「心」呈現出最好的狀態，以作爲「體道」的方式。如此一來，
「氣」便成爲徐復觀先生所說「實際只是心的某種狀態的比擬之詞」。因此，
聖人「體道」的方式，不是依賴耳目感官的感受，而是「獨以神視」、「獨以
氣聽」，指視聽已「合於氣」的「心」。〔註33〕

三、聖人是否爲可企及之目標

　　由上述兩小節可知，徽宗《御注》中的「聖人形象」爲人格表現之理想典
型，既然是理想典型，則必成爲世人所追求（或應該努力）的目標，而聖人的

〔註30〕引自徐復觀著：《中國人性論史‧先秦篇》，頁 381～頁 382。
〔註31〕成玄英疏曰：「夫不爲外物侵傷者，乃是保守純和之氣，養於恬淡之心而致之
　　　　也，非關運役心智，分別巧詐，勇決果敢而得之。」（引自〔清〕郭慶藩撰，
　　　　王孝魚點校：《莊子集釋》，頁 634）。
〔註32〕引自高柏園著：《莊子內七篇思想研究》（臺北：文津出版社，2000 年 5 月初
　　　　版二刷），頁 137。
〔註33〕徽宗《御注》解「心使氣曰強」時，云：「體合於心，心合於氣，則氣和而不
　　　　暴。」（卷三第二十六，頁 0829 上）

言行也就成爲世人所仿效的對象，故其解「是以聖人抱一爲天下式」時，云：

> 其爲物不貳，則其生物不測。惟天下之至精，能爲天下之至神。聖
> 人抱一以守，不搖其精，故言而爲天下道，動而爲天下則。（卷二第
> 三，頁 0805 上）

「抱一」即是「抱道」，也就是「體道」的意思。〔註34〕是以「抱一」即是「體
道」，且體道的方式不是追尋外物的感官經驗，而是以合於「氣」的「心」聽
之，既是合於「氣」之「心」，則此「心」超脫物的束縛，「與道合一」。此又
可爲世人所效法者。

　　但是，若單從「聖人體道」的形象來看，「聖人」與「至人」無異。「至
人」一詞在徽宗《御注》中共出現七次，如解「三十輻共一轂，當其無，有
車之用；埏埴以爲器，當其無，有器之用；鑿戶牖以爲室，當其無，有室之
用」時，云：

> ……妙用出於至無，變化藏於不累。如鑑無象，因物顯照。至人用
> 心，每解乎此。（卷一第二十一，頁 0793 下）

又，解「得之若驚，失之若驚。是謂寵辱若驚」時，云：

> 軒冕在身，非性命之理也。物之儻來，寄也。寄之來，不可拒，故
> 至人不以得爲悅；其去，不可圉，故至人不以失爲憂。今寄去則不
> 樂，受而喜之，是以得失累乎其心，能勿驚乎？（卷一第二十四，
> 頁 0795 上）

又，解「吾所以有大患者，爲吾有身。及吾無身，吾有何患？」時，云：

> 人之生也，百骸、九竅、六臟，賅而存焉。吾誰能爲親，認而有之，
> 皆惑也。體道者解乎此，……夫死生亦大矣，而無變於己，況得喪
> 禍福之所介乎？此古之至人所以不以利累形，不以形累心，視萬物
> 與我將擇焉而不可得，則吾身非吾有也。上與造物者遊，下與外死
> 生、齊終始者爲友。吾有何患？（卷一第二十五，頁 0795 下）

〔註34〕王淮先生認爲：「一、道之別名。抱一，猶抱道也。王弼注：『一、少之極也』。
聖人抱一，謂聖人棄『知』去『行』無『心』無『我』，與道爲一，而爲天下
之法式也。又，此處所謂『抱一』，唯是一種『境界』之描述。或更具體一點
講：唯是一種心境，莊子描述『心齋』的境界有謂：『瞻彼闋者，虛室生白，
吉祥止止。』，此即聖人心體虛靈，與道合一之境界。以之應事，則無知而無
不知，無爲而無不爲，故可以爲天下法式也。」（引自王淮著：《老子探義》，
臺北：臺灣商務印書館，2001 年 6 月初版第十二次印刷，頁 95）。

又，解「孰能濁以靜之徐清？孰能安以動之徐生？」時，云：

> 有道之士，即動而靜，時騁而要，其宿定而能應，至無而供其求。
> 故靜之徐清，而物莫能濁；動之徐生，而物莫能安。《易》曰：「來
> 徐徐。」徐者，安行而自適之意。至人之用心，非以靜止爲善，而
> 有意於靜；非以生出爲功，而有爲于生也。（卷一第三十，頁 0798
> 上）

又，解「保此道者，不欲盈」時，云：

> 有積也，故不足；無藏也，故有餘。至人無積，亦虛而已。保此道
> 而以天下之美爲盡在己者，亦已小矣，故不欲盈。（卷一第三十一，
> 頁 0798 下）

又，解「勝人者有力，自勝者強」時，云：

> 至人尚德而不尚力，務自勝而不務勝人。（卷二第十九，頁 0813 上）

又，解「蓋聞善攝生者，陸行不遇兕虎，入軍不被甲兵。兕無所投其角，虎
無所措其爪，兵無所容其刃。夫何故？以其無死地」時，云：

> 善攝生者，形全精復，與天爲一。……知死生之說，而超然通乎物
> 之所造，其惟至人乎？（卷三第十九，頁 0825 下）

上述七例是徽宗《御注》對「至人」的形容。注文中直接以「體道者」、「有
道之士」稱呼「至人」，可見「至人」與「聖人」就「體道」的態度來說，是
一致的，而這種一致的態度都是表現於「用心」方式，其於「物」外乎性命
之理，故「不以得爲悅」、「不以失爲憂」，使「心」不落於心知外馳，得與失
皆不受累。就此論之，「至人」與「聖人」都可視作徽宗《御注》中的人格表
現之理想典型。

然而，「聖人」與「至人」二者的概念，果眞一致而不可區分？若是，則
何須提出兩種形象，來表達同一種概念？且《老子》書中僅有「聖人」一詞，
而沒有出現過「至人」，則徽宗何不逕以「聖人」稱「體道者」，還要另闢新
詞呢？從文本來看，徽宗《御注》所規定的「聖人」形象，除了「體道」的
表現之外，還包括了「外在事功」的作爲，故其解「是以聖人常善救人，故
無棄人；常善救物，故無棄物」時，云：

> 善者，道之繼。冥于道，則無善之可名。善名立，則道出而善世。
> 聖人體道，以濟天下，故有此五善，而至於人、物無棄，然聖人所
> 以愛人利物，而物遂其生，人樂其性者，非意之也。反一無迹，因

其常然而已。世喪道矣，天下舉失其恬淡寂常之性，而日淪于憂患
之域，非聖人，其孰救之？（卷二第十，頁 0808 下）

此言世人已淪失「恬淡寂常之性」，以追逐外在之物爲事，誰能加以挽救呢？
注文提出「非聖人，其孰救之」。由是可見，「聖人」有挽救頹喪之世的責任，
反過來說，「聖人」必有外在事功，否則不得爲「聖人」。再者，既然「聖人」
有挽救頹喪之世的責任，則「聖人」必當有「位」始得爲之。〔註35〕何謂之
「位」？即「帝王之位」。如其解「何謂貴大患若身？吾所以有大患者，爲吾
有身。及吾無身，吾有何患」時，云：

> 據利勢，擅賞罰，作福威，天下畏之如神明，尊之如上帝，可謂貴
> 矣。聖人則不以貴自累，故能長守貴而無患。……且寵者，世所榮
> 也，而以爲辱；貴者，人所樂也，而以爲患。蓋外物之不可恃也，
> 理固然矣。誠能有之以無有，則雖寵而不辱，雖貴而無患。伊尹之
> 不以寵利居成功，堯之不以位爲樂，幾是已。（卷一第二十五，頁
> 0795 下）

從注文可知，「貴」係指如上帝之尊，能「據利勢，擅賞罰，作福威」。那麼，
除了上帝之外，還有誰能爲「貴」？唯有「聖人」能之，故舉堯爲例。「堯之
不以位爲樂」即是「聖人（則）不以貴自累」，故可說「貴」即是「位」，「貴」
者能如上帝般「據利勢，擅賞罰，作福威」，因此說「位」即是「帝王之位」，
故「聖人」是即帝王之位的「國君」。〔註36〕由此，則不難想見「聖人」之所
以是體道的國君，故可爲「神民萬物之主」〔註37〕、「民之父母」，〔註38〕倘

〔註35〕徽宗《御注》解「非以其無私耶？故能成其私」時，云：「天地之大德曰生，聖
人之大寶曰位。」（卷一第十四，頁 0790 上）可見得聖人有「位」。本句注文乃
援引《易經‧繫辭傳下》文字，〔晉〕韓康伯注「聖人之大寶曰位」爲「夫无
用則无所寶，有用則有所寶也。无用而常足者，莫妙乎道；有用而弘道者，莫
大乎位，故曰『聖人之大寶曰位』。」（引自〔魏〕王弼、〔晉〕韓康伯著：《周
易王韓注》，收錄於涂雲清校對：《周易二種》，臺北：大安出版社，1999 年 7
月第一版第一刷，頁 220。）是見聖人之用以挽救頹喪之世，必待「位」始得爲
之。再者，聖人既然有挽救頹喪之世的責任，故知聖人必當有位。

〔註36〕徽宗《御注》解「魚不可脫於淵，國之利器不可以示人」時，曾云：「君見賞，
則人臣用其勢；君見罰，則人臣乘其威。」（卷二第二十三，頁 0815 上）可見
得「國君」者能「據利勢，擅賞罰，作福威」，且前又言「據利勢，擅賞罰，作
福威」爲「貴」，「聖人」能以此「貴」而不自累，也就代表「聖人」即「國君」。

〔註37〕徽宗《御注》解「以道莅天下者，其鬼不神」時，云：「聖人者，神民萬物之
主也。不得已而臨莅天下，莫若無爲。」（卷四第二～第三，頁 0833）

若「聖人」僅是做爲人格表現之理想典型，何以能爲「民」之「主」、爲「民」之「父母」？

總述前論，就「聖人」之「體道」態度而言，「聖人」爲人格表現之理想典型，但是，從徽宗《御注》若干注文中，我們又可發現，徽宗《御注》之「聖人」觀念與「國君」意涵互相結合，因此，「聖人」存在目的爲挽救頹喪之世，而不得爲一般人所能企及目標。〔註39〕

然而，徽宗《御注》所搏造之「聖人形象」，是否合於《老子》的思想呢？筆者以爲否。在《老子》書中，「聖人」僅能視作國君之榜樣，不得謂「聖人」即是國君。如陳鼓應教授說：

> 政治從來就是人類社會生活的焦點。……政治的關鍵在於掌握政權的人，即侯王、君主。要建立和維持自然的秩序，君主的觀念和行爲是最重要的，老子之「自然」，首先就是向君王進言。爲了使君王能夠遵從自然的原則，老子爲他們樹立了效法的榜樣——聖人。儒家和道家都以聖人爲最高理想的人物，但兩家的聖人標準又有重要的差異：儒家的聖人是典範化的道德人，道家的聖人則體認自然。

〔註40〕

〔註38〕徽宗《御注》解「百姓皆注其耳目。聖人皆孩之」時，云：「百姓惟聖人之視聽，則聖人者，民之父母也。」（卷三第十八，頁 0825 上）

〔註39〕結合「聖人」觀念與「國君」意涵的詮釋方式，並非徽宗《御注》所獨創，在御注老子系統中，「聖人」觀念往往被轉化而帶有政治意義，如玄宗御注本即是一例。至於其之所以轉化的產生原因爲何？蕭璠提出：「皇帝的聖化是秦漢君主在面對自己有威脅而又潛在地對自己有利用價值的文化因素崛起、壯大的情勢之下，所發展出來得，把跟自己對立的因素轉化爲可供自己運用的政治資源，來爲提升自己的威勢服務的積極的步驟。……而『聖人』這重大的因素正出現在這承繼並利用歷史遺留下來的舊資產，開闢、創造政治新資源的時刻，……。可見在天下統一的前夕，列國君主雖不能修身成聖，但對聖人的治積卻也心生嚮往之，對聖人這名稱也以流露出垂涎之意。秦政吞并列國，以其前所未有的統一天下等諸項事功來求取聖人之名，當是繼踵戰國列國君主之後，企慕『上聖』的進一步發展的結果。……皇帝聖化的過程也就於焉開始了。」（引自蕭璠著：〈皇帝的聖人化及其意義試論〉，收錄於《中央研究院歷史語言研究所集刊》第六十二本，第一分，臺北：中央研究院歷史語言研究所，民國 82 年 3 月，頁 36）可見，「皇帝聖人化」係秦漢以降便有之現象，筆者推測，一方面由於宋代的國君已習焉「聖人」的稱號，另一方面，宋徽宗以帝王之尊註解《老子》，其面對老子思想中的最高理想人格典型時，不免心生嚮往，故而將政治意義賦予「聖人」之上。

〔註40〕引自陳鼓應，白奚著：《老子評傳》（江蘇：南京大學出版社，2001 年 7 月第

劉笑敢教授亦有類似主張，他說：

> 論《老子》者多將聖人等同於王侯，等同於統治者，……。上古「聖
> 人」之稱並不等於後來之「聖上」。以聖人爲王侯或統治者是對原文
> 的簡單化的理解。《老子》中的聖人高於統治者，而不等於統治者，
> 說到統治者，《老子》多用「王」、「侯王」、「王公」、「人主」，這些
> 才是現實的統治者。「王」字的使用次數不過十次（王弼本）或十一
> 次（帛書本）（不包括兩次「百谷王」）。顯然，《老子》之「聖人」
> 比「王」更高、更重要。聖人非「王」也。聖人不等於現實的統治
> 者。〔註41〕

從這兩段引言可知，《老子》書中的「聖人」僅能作爲「國君」的榜樣，也就是
說，「國君」能體道（體認自然）而成爲「聖人」，但「聖人」不必然是「國君」。
因此，「聖人」在老子思想中仍爲人格表現之理想典型，世人透過工夫修養的努
力，則可以企及之目標。徽宗《御注》本則結合了「聖人」觀念與「國君」意
涵，將僅有理想人格表現、不具政治意義的典型，歸於「至人」；把既有理想人
格表現，且具政治意義的典型，稱作「聖人」。如此一來，「聖人」成了「體道
之君」，非僅是「體道之人」（筆者按：「體道之人」如無國君身份，可視爲「至
人」），一般人也將無法企及徽宗《御注》中的「聖人」形象。

第二節　徽宗《御注》中的「治身論」

　　雖然「成爲聖人」並非一般人所能企及的目標，但是，既然「聖人」是
人格表現的理想價值標準，則當其作爲人格表現的理想價值標準的同時，其
價值形象同時也是世人所仿效的對象。〔註42〕因此，聖人「體道」而行，以

　　　　1版），頁97～頁98。
〔註41〕引自劉笑敢著：《老子古今：五種對勘與析評引論・上卷》，頁309。
〔註42〕徽宗《御注》中的理想人格可分爲「至人」與「聖人」二者。前已言及二者
　　　　差異在於「聖人」形象帶有「政治意涵」，「至人」則無；但是，就二者「體
　　　　道」的表現而言，「聖人」與「至人」可說沒有差異。因此，世人雖不可能成
　　　　爲「聖人」，僅能透過工夫修養成就「至人」境界，但是就此境界而言，成爲
　　　　「至人」也就成爲無位的「聖人」；且「聖人」作爲有位的「至人」，本就成
　　　　爲世人生活中的一個重要角色。故徽宗《御注》解「百姓皆注其耳目。聖人
　　　　皆孩之」時，云：「百姓惟聖人之視聽，則聖人者，民之父母也。」（卷三第
　　　　十八，頁0825上）因此，聖人確實具備爲世人所仿效對象的特質。

「道」治身、以「道」用天下，〔註43〕則一般人理當仿效聖人之所以「治身」而「治身」，普通國君也應進一步仿效聖人之所以「用天下」而「用天下」。就此，世人仿效聖人以「治身」的工夫路數，構成了徽宗《御注》的「治身論」；國君仿效聖人以「用天下」的施政作爲，則建構爲徽宗《御注》的「治國論」，此二者係徽宗《御注》對老子思想義蘊推衍之兩項重要的課題。職是之故，筆者擬透過本章節與下一章節，分別針對徽宗《御注》中有關「爲何需要治身／治國的目的」，與「如何進行治身／如何進行治國」的討論爲核心，勾勒出徽宗《御注》之「治身論」及「治國論」。

一、「性」之命題的提出：「性」的根源與內容

「治身」的行爲主體是「人」，也唯有「人」才有「治身」的要求與需求，因此，針對「治身論」課題，首先提出討論者，正是分析「人」之所以爲「人」的特質。

（一）「性」的根源：形體保神，各有儀則，謂之性〔註44〕

如本論文第三章第一節所言，徽宗用「形而上」與「形而下」的分別，通過「道」與「物」二者建構出一個理論世界，在此理論世界中的「物」，乃泛指一切相對於「道」的形下之物，而「人」不得爲形上之「道」，故「人」當歸納在「物」之類。就「『人』爲『物』的一類」來看，「人」不必然具有「治身」之要求，因爲，既然「人」是形下之物中的一份子，則「人」與其他的形下之物並無不同，便只有「生」的問題，然而，倘若「人」如其他「物」般，皆僅有「生」之問題，則「人」何必「治身」？因此，在「治身論」的課題中，首要探討者便是「人」如何與「物」做出區別。

此一區別可從《老子西昇經》（宋徽宗御注本）「譬如種木未生，不見枝葉根。合會地水火風，四時氣往緣」句之注文看出端倪，〔註45〕徽宗解曰：

〔註43〕徽宗《御注》解「聖人用之，則爲官長」時，云：「道之全，聖人以治身；道之散，聖人以用天下。」（卷二第十二，頁0809下）。

〔註44〕「形體保神，各有儀則，謂之性」之命題出自徽宗《御注》註解「歸根曰靜，靜曰復命」的注文內容（見文中說明）。

〔註45〕徽宗於《西昇經·序》中曾云：「朕萬機之暇，遊神太清，於道德之旨，每著意焉，既取二篇爲之訓解，於是書不可無述也。以意逆志，聊爲之說。昔吳筠嘗云：深於道者，無如五千言，其餘徒費紙札爾。是書蓋與五千言相爲表裏，不得不盡心焉」（引自〔宋〕宋徽宗，《老子西昇經》〔御注〕，《中華道

　　草木有生而無知，其無知與人異，其有生與人同。方其未生，猶人
　　之胚胎未兆，在太易時也，不見枝葉根，猶人之氣形質具未相離也，
　　及其萌蘖之生，散爲枝葉，旁達爲根，猶人會四者之氣，以時而往，
　　循緣以成其身也。……〔註46〕

「草木有生而無知」出自《荀子·王制》。〔註47〕從「生」的角度來看，「(草
木) 有生與人同」，草木之生爲枝葉根之形體，人之生爲「(成其) 身」，皆是
指「滋生」，即外在可見之形體而言，因此，就「生」而言，二者之間可謂之
沒有差異。然而，「草木」與「人」當有所分，所分者爲「知」之有無。「草
木」無知，而「人」有知，此「知」是否等同於楊倞所謂「性識」，從該引文
中尚未能得知，但是，於此可見徽宗認爲「人」與「物」勢必有所區隔，則
「人」不是像「物」般僅有「生」之問題，勢必有其他特別之處。

　　觀察徽宗《御注》的注文內容，人之所以特殊，在於「性」的存有，才
能有別於「物」之「生」，故其解「是以聖人常善救人，故無棄人；常善救物，
故無棄物」時，云：

　　聖人體道，以濟天下，故有此五善，而至於人、物無棄，然聖人所
　　以愛人利物，而物遂其生，人樂其性者，非意之也。反一無迹，因
　　其常然而已。(卷二第十，頁 0808 下)

從這一段注文便可看出，徽宗明顯有意將「人」與「物」做出區隔，故以「人」、
「物」對舉，在「物」曰「生」、於「人」曰「性」，聖人之「愛人」與「利
物」，表現在「物遂其生」而「人樂其性」。此雖不違背「人」屬於一切相對
於「道」的形下之「物」的範圍，卻明顯有意凸顯「人」獨有之「性」，而區
隔出「人」與「物」。〔註48〕易言之，「人」隸屬於相對於「道」的「物」之

藏》第 8 冊，頁 227)。既然徽宗視此書與《老子》「相爲表裏」，倘若欲理解
　　徽宗《御注》的注文思想，則不可無視此書存在。況且徽宗自云「於是書不
　　可無述也，以意逆志，聊爲之說」，則後人以《西昇經》之注文與徽宗《御注》
　　互相比對、應證，更能體見徽宗《御注》思想之意。

〔註46〕引自《中華道藏》第八冊，頁 230。

〔註47〕《荀子》作：「水火有氣而無生，草木有生而無知，禽獸有知而無義，人有氣、
　　有生、有知，亦且有義，故最爲天下貴也。」(引自〔清〕王先謙撰，沈嘯寰、
　　王星賢點校《荀子集解》，北京·中華書局出版，1997 年 10 月北京第 4 次印
　　刷，頁 164)。

〔註48〕徽宗《御注》解「歸根曰靜，靜曰復命」時，以《莊子·天地》的「形體保
　　神，各有儀則，謂之性」爲「性」作定義。鍾泰以爲：「此所謂『物成生理謂
　　之形』，尚就一切物言，未說到人上，至『形體保神，各有儀則，謂之性』，

範圍，在此範圍中有人與鳥獸草木等種類，是故「人」如同其他小範圍之「物」（筆者按：「小範圍」指非「一切相對於形上之「物」的範圍，如：鳥獸草木），也有「生」的問題；但是相對於小範圍之「物」而言，「人」獨有其他小範圍之「物」所沒有的「性」。

　　進一步來看，在徽宗《御注》的注文中，隨處可見「性」字及其討論，[註49]然而，遍翻《老子》五千言，卻不曾發現任何「性」字的使用。就此現象，我們當問第二個問題：徽宗《御注》是如何規定「人」之異於「物」的「性」呢？

　　首先，在徽宗《御注》中，徽宗有時以「性」字代表「物理性質」或「物理需求」，如其解「生而不有」之注文（筆者按：出於〈天下皆知章第二〉）爲：

> 自形自化，自生自色，各極其高大而遂其性，孰有之哉？故曰「生而不有」。（卷一第五，頁 0785 下）

所謂「各極其高大而遂其性」乃指各自表現出各物的物理性質。夫萬物既生之後，萬物各有萬物之「形」，如本論文第三章第一節「何謂『可經驗的現象界之物』：『物』與『象』之間」所討論，凡「物」必然有其「形體」，既然「物」有形體，有形體便有「（形）象」。因此，這裡所謂的「遂其性」便是指「表現出各物的物理性質」，「遂其性」之「性」字當爲「物理性質」意義，即章安所言之「色」。[註50]再如解「爲無爲，則無不治矣」，云：

> 聖人之治，豈棄人絕物，而怳然自立于無事之地哉？……物有作也，順之以觀其復；物有生也，因之以致其成。豈有不治者哉？故上治則日月星辰得其序，下治則鳥獸草木遂其性。（卷一第八，頁 0787 上）

此云聖人之治，當因「物」之「生」，以致其成（物有生也，因之以致其成），能因物之生，則「日月星辰得其序」、「鳥獸草木遂其性」。此處注文雖然也用「性」字，但是「鳥獸草木遂其性」的「性」字，乃相對於「日月星辰得其序」的「序」字，理當各自解釋爲「物理需求」與「物理性質」，與「人」所

乃專就人說。蓋形體留滯者也，神則非留滯者也，故以形體言，人與物未始有異。」（引自鍾泰著：《莊子發微》，上海：上海古籍出版社，2002 年 4 月第 1 次印刷，頁 262）此亦可證，徽宗乃以「性」的存有，使「人」獨立於泛指的一切形下之物。

〔註49〕徽宗《御注》注文於「性」字的使用，凡一百處。

〔註50〕章安《解義》提出：「天與之形，散於萬殊，其化不同，其生不一，其體之別，其色之異，各極其量，而遂其自然，且莫知其所以然也。」（章安《解義》，卷一第十二，頁 0008 上）。

獨有之「性」的意義不同。是以，人獨有之「性」並不是指「物理性質」或「物理需求」而言。此義亦可見諸「生之畜之。生而不有」（筆者按：出於〈載營魄章第十〉）之注文，其云：

> 聖人存神知化，與道同體，則配神明，育萬物，無不可者。生之以遂其性，畜之以極其養。無愛利之心焉，故「生而不有」。（卷一第二十，頁 0793 上）

注文所謂「（聖人）無愛利之心」之「愛利」，當是「聖人所以『愛人利物』」之省稱。聖人「無愛利之心」，故「生之以遂其性，畜之以極其養，無愛利之心焉」，此與「聖人所以愛人利物，而物遂其生，人樂其性，非意之也」亦同義。則「生之以遂其性」的「性」字同時指涉「物遂其生」與「人樂其性」。然而「鳥獸草木」不是「人」，故「鳥獸草木遂其性」的「遂其性」是「物遂其生」的意思，而非「人樂其性」。既然「物遂其生」是使「物」能得到物理需求滿足而發展，[註51] 且「鳥獸草木遂其性」的「性」字就是「遂其生」的「生」字，那麼，「鳥獸草木遂其性」的「性」字只能是「物理需求」，與「人樂其性」之「性」字的意涵不同。故知人之獨有的「性」不得為一般的「（物）性」（筆者按：即「物理性質」或「物理需求」）。

　　順次，既然「性」為人所獨有，則「性」如何起、如何規定，與「人」的概念有密切的關係，故從徽宗《御注》及徽宗相關著作中，找出對「人」之概念所做的分析，是必要的工作。如徽宗御製《老子西昇經》[註52]「老君曰：觀諸次為道，存神於想思。道氣和三光，念身中所治。髣髴象夢寤，神明忽往來」的注文，便作：

> 蓋神妙而無方，存之則守形而不離，神全斯精全，精全斯氣全，三者和而不乖矣。天之三光，日月星是也，人之三光，神氣精是也，和三光之道無他，返照內觀，取足於身而已。蓋人一身，真君內存，五官咸備，百骸六臟，固有相治者，念之不忘，則友神明於恍惚之際，此其效也。髣髴象夢寤，則恍惚若有無之際也。[註53]

〔註51〕此即江澂《疏義》所謂「是以其生之也，以遂其性，所謂萬物之生各得其宜也」（江澂《疏義》，卷三第十，頁 0770 上）。

〔註52〕《老子西昇經》的經文約出於魏晉以後，假託老子告關令尹喜。徽宗認為「是書蓋與五千言相為表裏，不得不盡心焉。」（引自〔宋〕宋徽宗著：《老子西昇經》〔御注〕「政和御制序」，收錄於《中華道藏》第 8 冊，頁 227。）。

〔註53〕引自〔宋〕宋徽宗著：《老子西昇經》〔御注〕（收錄於《中華道藏》第 8 冊），

從引文可知，徽宗對於「人」之概念的分析，約可區分爲「神」、「氣」、「精」三者，雖然區分爲三，但是「神妙而無方，存之則守形而不離，神全斯精全，精全斯氣全，三者和而不乖矣」，因此人之「神」、「氣」、「精」三者之間有密不可分的關係。此密不可分的關係與內容，可透過徽宗《御注》的注文文字敘述加以了解。

首先，在徽宗《御注》中「氣」字的概念，大抵有二種解釋：第一種解釋如本章第一節中「聖人體道的表現」中所言，「氣」爲「心之狀態」，此一層次的「氣」乃是保證「心」成爲「體道」的最佳方式，如：「覩道之人，無形之上，獨以神視；無聲之表，獨以氣聽。而視聽有不待耳目之用者，曾何聲色之足蔽哉？」（筆者按：〈五色章第十二〉「五色令人目盲，五音令人耳聾」之注文，卷一第二十二，頁 0794 上）。「氣」字的另一種解釋，係作爲生命產生／存在的一種構成元素或條件，如其解「無猒其所生」時，便說：「生者，氣之聚。」又其解「萬物無以生，將恐滅」時，則說：「聚則精氣成物，得一以生故也，散則遊魂爲變，失一以滅故也。」（卷三第五，頁 0818 下）又，其解「天下有始，以爲天下母」時，也說：「自其氣之始，則謂之始；自其生生，則謂之母。」（卷三第二十一，頁 0826 下）由此三段引文，可知「氣」成爲生命產生所構成之元素，於此同時，「氣」之「聚」與否的現象，亦成爲「物」之生命是否存在的判斷條件。

順次，我們進一步探問：「氣」既然作爲生命產生／存在的一種構成元素或條件，那麼生命中的哪一部分是由「氣」所構成？是「眞君」，抑或是「五官」、「百骸六臟」？顯而易見，「氣」當構成「五官」、「百骸六臟」之類。何以如此？蓋「氣」之「聚」與否，只關涉「成物」與否的問題（筆者按：即「聚則精氣成物」），「成物」即「成形」，徽宗《御注》稱之「形乃爲之物」。「氣」之已聚，則有「成形」的可能，反之則否。是故，就「氣」作爲生命產生／存在的構成元素或條件來看，只是使人「成物」而已，而不得使「人」特出於「物」。換句話說，既然「氣」只是關涉「人」是否「成物」，則可知人所特有之「性」非由「氣」出。據此推斷，人之「性」若非出於「精」，必出於「神」。而人之「性」究竟出於「精」，抑或出於「神」，則可藉由「精」、「神」兩者間的關係探索之。

藉由檢索徽宗《御注》內容可發現，「精」與「神」彼此間有所特殊的互動關係，如其解「一生二」時，徽宗云：「天一而地二次之，水生而火次之，

頁 237。

精具而神從之。」（卷三第九，頁 0820 下）。〈含德之厚章第五十五〉「骨弱筋柔而握固。未知牝牡之合而（朘）作，精之至也」的注文中，徽宗又指出：「精之至者，可以入神。」（卷三第二十六，頁 0829 上）筆者認爲，前者爲「精」與「神」的生成過程，後者爲修養工夫，此二義又合見於其解〈載營魄章第十〉之「抱一，能無離乎」的注文，作：

> 天一生水，於物爲精；地二生火，於物爲神。精神生於道，形本生
> 於精，守而勿失，與神爲一，則精與神合而不離。以精集神，以神
> 使形，以形存神。精全而不虧，神用而不竭，形生而不敝，如日月
> 之麗乎天，如草木之麗乎土，未嘗離也。（卷一第十八，頁 0792 上）

「天一生水，於物爲精；地二生火，於物爲神。精神生於道」即「天一而地二次之，水生而火次之，精具而神從之」，皆是指「精」與「神」的生成過程。在此生成過程中，先有「精」的存在，而後乃產生「神」，故曰「精具而神從之」；「精與神合而不離。以精集神，以神使形，以形存神。精全而不虧，神用而不竭，形生而不敝」即「精之至者，可以入神」，係指修養工夫而言。同時，「精」與「神」之間有特殊的互動關係，但是二者卻不是直接互動而產生關連，乃間接地透過「形」之存在，始完成彼此關係的連結。易言之，此段引文所提示之工夫修養的極致，雖在於「以精集神」（筆者按：即「精之至者，可以入神」），但是「集神」、「入神」的修養工夫，卻非直接透過「精」本身而表現，乃是以「形」爲媒介，藉由「守（形）而勿失（神）」（筆者按：即「以形存神」），讓「（精）與神爲一」，也就是「精與神合而不離」。嚴格來說，是「形」與「神」之間產生互動，但是「形本生於精」，故「形」與「神」之間的互動可視爲「精」與「神」之間的互動關係，此是就「精」、「形」、「神」等概念之間的關連而論。

那麼，「形」與「神」之間的互動是怎樣的模式？就行爲主體之作工夫修養的過程而言，並非行爲主體之「形」對其「神」作修養工夫，而是透過行爲主體之「神」對其「形」下工夫，即所謂「以神使形」；若能「以神使形」而達到工夫修養之極致，則是「以形存神」，正是所謂「精與神合而不離」。「不離」則爲「全」，「精與神合而不離」，則「神全」且「精全」。是以，徽宗於《老子西昇經》談論「人」之「神」、「氣」、「精」三者間的關係時，才會說「神全斯精全」；且由於「形本生於精」，因此「形至」乃「精至」，而「形至」則「氣」之「聚」不散（筆者按：即「氣全」），故「精全斯氣全」，因而雖然

就概念而言，「人」之「神」、「氣」、「精」區分爲三，但是此三者並非獨立的概念，彼此相牽連，故說「神妙而無方，存之則守形而不離，神全斯精全，精全斯氣全，三者和而不乖矣」。

不過，既然說「精全」爲「形全」，而「物」亦有「形」，則人之「精」尚不得成就特出於「物」的「性」，故而可知，「人」獨有的「性」之所出者，在於「神」，而不在於「精」。易言之，人之「性」關連者爲「神」，故其解「歸根曰靜，靜曰復命」，云：

> 留動而生物，物生成理，謂之形；形體保神，各有儀則，謂之性；未形者有分，且然無間，謂之命。命亘古今而常存，性更萬形而不易。全其形生之人，去智與故，歸於寂定，則知命之在我。如彼春夏，復爲秋冬。體性抱神，中以自考，此之謂復命。（卷一第三十三，頁 0799 下）

「形體保神，各有儀則」出自於《莊子‧天地》，徽宗以此爲「性」字作定義。筆者認爲「形體保神」便是「以形存神」的意思，「保神」即是「存神」，行爲主體如何達到「保神」，端視其是否能「存神」，意即行爲主體之「行止」必有所「儀則」。此「儀則」便稱之爲「性」。反過來說，由於「性更萬形而不易」，既然有「萬形」，若是「性（儀則）」爲「形」之表現，如何能不易？故而「性」不得在「形」之上，必在「神」中。〔註54〕

（二）「性」的內容：道與之性，一而不雜〔註55〕

既然，「人」獨有的「性」之所出者，不在於「氣」或「精」，而在於「神」，且「性」或可視爲是「神」所表現的模式。〔註56〕那麼，既然不同之「人」

〔註54〕徽宗以爲「神」不隨「形化」而改變。如徽宗《御注》解「死而不亡者壽」爲「聖人通乎晝夜之道，而知死之未始異于生，故其形化，其神不亡，與天地並，而莫知其極，非壽而何？」（卷二第二十，頁 0813 下）何以「形化，其神不亡」？正因爲「神」並不因「形化」（筆者按：即「生／死」）而有所改變，甚而說，所謂的「生／死」決定於「神」的存離，如徽宗解《老子西昇經》「生我者神，殺我者心」時，云：「神守其形故生，神去於形則死。」因此可知，決定生死而不隨之化亡的「神」，才能提供「性」之「不易」的條件。

〔註55〕「道與之性，一而不雜」之命題出自徽宗《御注》註解「絕聖棄智，民利百倍」的注文內容（見文中說明）。

〔註56〕宣穎解「形體保神，各有儀則，謂之性」，曰：「形載神而保，合之視聽言動，各有當然之則，乃所謂性也。……言性在形之後者，性須形載之，故曰形體保神。」（引自〔清〕王先謙撰、沈嘯寰點校：《莊子集解》，北京：中華書局出版發行，1999 年 12 月北京第 2 次印刷，頁 104）由是可見，「性」爲主體

有不同的「神」，不同的「神」是否會表現出不同的「性」呢？徽宗以爲不然，天下人之「性」必定相同。故其解「譬道之在天下，由川谷之與江海也」，云：

> 天下，一性也。道之在天下，以性而合，由川谷之與江海。以水之聚，同焉者得，類焉者應。聖人之臨莅，何爲哉？因性而已矣。（卷二第十八，頁 0812 下）

「天下，一性也」直接說明了天下人之「性」必定相同的現象。然而，何以「天下，一性也」呢？徽宗以「水」喻「性」，認爲「性」就如同「水」一般。川谷之所以能與江海相通，所依賴的是「水」的匯聚，而「水」之所以能匯聚的原因，在於川谷之水與江海之水的質性相同，質性相同便能相容而有所呼應。而不同之「人」當有如「川谷」與「江海」。聖人雖然不同於世人，卻可以臨莅天下，正因爲其與天下人的「性」相同，故知天下人之「性」必定相同。〔註57〕且不只是天下人之「性」必定相同，古人之「性」與今人之「性」也必定相同，故其解〈名與身章第四十四〉的「可以長久」時，又云：「物有聚散，性無古今。」（卷三第十三，頁 0822 下）。

　　另外，筆者認爲「以水喻性」的譬喻，除了說明天下人之「性」必定相同，從「道之在天下，以性而合」這段文字，可以發現「以水喻性」的方式尚有其他用意。簡單地說，徽宗於此注文若僅是單純以「水」證成「天下，一性也」，則無須添入「道之在天下，以性而合」這段文字，從「由川谷之與江海。以水之聚，同焉者得，類焉者應」便足以清楚表達「天下，一性也」的內涵。是故，筆者推測「道之在天下，以性而合」除了表示「天下，一性也」之外，或許另有其他意涵。欲探究此深意，必須觀察徽宗《御注》中的「水」，是否指涉或象徵某種特殊意象。

　　　　所「視聽言動」的「當然之則」，且此「當然之則」不在於「形」之中而由「形」載之，能載之即爲「保神」。故推測所謂的「性（筆者按：「當然之則」）」應爲「神」所表現出來模式。

〔註57〕筆者認爲，徽宗此處論證有問題。關鍵在於：聖人之所以能臨莅天下，已預設了天下人的「性」與之一致的前提，然而，此文所將論證者，正是「性」是否一致。徽宗用已預設了結論的前提進行論證，雖在邏輯上屬有效論證，然而卻無助於結論的論證強度（筆者按：即「乞求論點（question begging）」）然而，徽宗並無意於論證的推論過程，因此不論該論證是否具備論證強度，讀者於其中所得「以水喻性」、「天下一性」二命題，足使徽宗《御注》義理繼續往前邁進。

在《老子》思想中，「水」共出現了五章，〔註58〕其中最重要的章節在於第八章。該章經文全以水爲譬喻，藉由水的七種形象與特性，〔註59〕來描述「上善之人」，〔註60〕是故，河上公注「上善若水」，曰：「上善之人，如水之性。」，〔註61〕而此「水性幾與道同」。〔註62〕我們藉由河上公注對該章的理解，可得以下兩點：其一，「上善之人」有著如水的特性；其二，水（不爭）的特性與「道」爲近。然而，徽宗《御注》對此章的說解，卻不是完全一致於河上公注。首先，徽宗亦以「水之性」來象徵「道」，如其解「水善利萬物而不爭，處眾人所惡，故幾於道」，云：

> 融爲雨露，萬彙以滋；凝爲霜雪，萬寶以成。疏爲江河，聚爲沼沚，泉深海大，以汲以藏以裕，生殖萬物，皆往資焉而不匱，以利萬物，孰善於此？善利萬物，萬物蒙其澤，受其施，而常處於柔弱不爭之地，納汙受垢，不以自好累乎其心，故於道爲近。幾，近也。（卷一第十四～第十五，頁0790）

此注文前半部係解說「水利萬物」的特性，主語爲「水」，後半部則轉爲「聖人」爲主語，〔註63〕認爲「聖人」如同「水」之「常處於柔弱不爭之地」，而「善利萬物，萬物蒙其澤，受其施」，可說是「於道爲近」。故知此注大抵仍

〔註58〕「水」出現於下面五章：「上善若水。水善利萬物而不爭，處眾人之所惡，故幾於道。」〈八章〉、「古之善爲士者，微妙玄通，深不可識。夫唯不可識，故強爲之容：豫焉若冬涉川；猶兮若畏四鄰；儼兮其若容；渙兮若冰之將釋；敦兮其若樸；曠兮其若谷；混兮其若濁。」〈十五章〉、「譬道之在天下，猶川谷之與江海。」〈三十二章〉、「江海所以能爲百谷王者，以其善下之，故能爲百谷王。」〈六十六章〉、「天下莫柔弱於水，而攻堅強者莫之能勝，其無以易之。弱之勝強。柔之勝剛，天下莫不知，莫能行。」〈七十八章〉。

〔註59〕即「居善地」、「心善淵」、「與善仁」、「言善信」、「政善治」、「事善能」、「動善時」，或曰「水之德」。

〔註60〕張松如指出：「蔣錫昌《老子校詁》：『上善，謂上善之人，即聖人也。』這是一首《水之歌》，歌頌的則是理想中的『聖人』。它是以水的形象來說明『聖人』是道的體現者，因爲『聖人』的言行有類乎水，而水德是近於道的。」（引自張松如著，《老子說解》，高雄：麗文公司，1993年10月初版，頁58）。

〔註61〕引自〔魏〕王弼等著，彭曉鈺校對：《老子四種‧老子河上公注》，頁9。

〔註62〕此爲河上公本於「故幾於道」之注文，引自〔魏〕王弼等著，彭曉鈺校對：《老子四種‧老子河上公注》，頁9。

〔註63〕「水」無「心」，但是注文卻說「不以自好累乎其心」，故知此注後半轉以「聖人」爲主語。

是就「水之性」而發，尚未脫河上公注所謂「水性幾與道同」的說法，〔註64〕但是仔細比對河上公注與徽宗《御注》對「幾於道」的解釋，前者以爲「水性幾與道同」，後者以爲「於道爲近。幾，近也」，此二者似乎仍有所差異。差異在於，「水性幾與道同」係就「水之性」而言，認爲「水之性」與「道」相似；「於道爲近」雖亦有此層意思，然以「近」訓「幾」，除了指其「性質狀況」「近似」於「道」之外，或可謂「生成過程」「接近」於「道」的意思，這種說法，可見諸同章「上善若水」的注文，其曰：

> 《易》曰：「一陰一陽之謂道，繼之者善也。」《莊子》曰：「離道以善。」善名既立，則道之體虧。然天一生水，離道未遠，淵而虛，靜而明，是謂天下之至精，故上善若水。（卷一第十四，頁0790上）

此段注文是就「宇宙生成」的角度來詮說「上善若水」。〔註65〕第一，徽宗所言之「上善」，不同於河上公注中「上善之人」的解釋，這裡的「上善」是一種好（good）的狀態，但是這種狀態不是相對於其他不好的狀態而言「好」，乃是一種絕對的「好」。〔註66〕第二，這種絕對的「好」，就像「水」一樣。「水」之所以爲「好」的原因，不在於其性質內容，而在於「宇宙生成」的過程中，「天一生水，離道未遠」，「未遠」即是「（接）近」。既然「水」「（接）近」於「道」，則亦「淵而虛，靜而明」，故說「上善若水」。

〔註64〕河上公注曰：「水在天爲霧露，在地爲泉源也。眾人惡卑濕垢濁，水濁靜流居之也。」（引自〔魏〕王弼等著，彭曉鈺校對：《老子四種‧老子河上公注》，頁9）故知其主語始終爲「水」，徽宗《御注》雖有更動主語現象，然以「水之性」的「常處於柔弱不爭之地」、「善利萬物，萬物蒙其澤，受其施」作爲描述「聖人表現」，且認爲「聖人表現」與「道」爲近的觀點來看，仍不脫河上公注所謂「水性幾與道同」的說法。

〔註65〕江淑君教授認爲：「宋徽宗則以『天一生水，離道未遠』，以『水』之『淵而虛，靜而明，是謂天下之至精』來闡釋『上善若水』。此藉《易傳》『一陰一陽之謂道，繼之者善也』訓解『上善若水』，使《老子》『上善若水』的意義更具有形上思維的況味，可說是『易老會通』的結果。」（引自江淑君：〈宋代老子學的一個側面—以《易傳》詮解《老子》的觀點〉，收錄於《淡江人文社會學刊》第十四期，2003年3月，頁14）可見本段注文乃以「宇宙生成」作爲詮說角度。

〔註66〕徽宗《御注》的「上善」概念的使用並非一致。如正文所示，在「上善若水」注文中，所謂的「上善」是一種絕對的「好」的狀態；然而觀之同章「夫惟不爭，故無尤矣」的注文，又說：「聖人體道則治身，惟長久之存；兼善則利，處物不爭之地。……上善利物，若水之性。雖利物而不擇所利，不與物爭，而物莫能與之爭，故無尤矣。……」顯見此處「上善」指「上善之人」，即「聖人」而言，而所謂的「善」是如水之性「不擇」、「不爭」。

倘若此說成立，我們從「上善若水」的解說，來省察前文之「道之在天下，以性而合」，可知並非僅表達「天下，一性也」的意涵而已。之所以與「性」爲合，或許是因爲「性」如同「水」亦「離道未遠」，既然離道未遠，則「性」與「道」之關係是最爲緊密的。這種緊密的關係，可以從其他注文中找出相似討論，如其解「絕聖棄智，民利百倍」時，云：

> 道與之性，一而不雜。離道爲德，是名聖智。聖智立，而天下始有喬詰卓摯之行。驚愚而明汙，譽堯而非桀，則聖智之利天下也少，而害天下也多。絕而棄之，與道同體，則各安其性命之情，其利博矣。（卷一第三十七，頁 0801 下）

徽宗以爲「道」與「性」的關係是「一而不雜」，此正說明「性」與「道」間有緊密的關係。然而，何謂「道與之性，一而不雜」？是指「性」與「道」所指爲一，只是名稱有異？或是指「性」與「道」之間的質性相同，而無些許差異？或是指「性」的表現必須與「道」的表現同一，而不得有所悖離？前兩種說法大抵屬於「性」之本體討論，如江澂疏爲：

> 無受之初，性與道冥。有受之後，性與道違。惟與道冥，故無差殊，所謂道與之性，一而不雜者是也。惟與道違，故有分際，所謂離道爲德，是名聖智者此也。原性之初，妙本渾全，聖智下愚，初無殊品。離道爲德者，外立其德，失眞沈僞，迷而不復，因愚顯智，遂有聖名。（江澂《疏義》，卷五第三，頁 0798 下）

江澂以「妙本」的概念解釋「性」，在老子注家中，所謂的「妙本」實屬「道體」之形容。〔註67〕江澂推究「性」之原初，可以說是渾全的「妙本」，與「道」全然冥合而「無差殊」，唯「有受」之後，才與「道」產生分際，而有「聖」、

〔註67〕 「妙本」即是「道」。董恩林先生於此問題有透徹解釋，他說：「唐玄宗在第一章「解題」中就明言：『此章明妙本之由起，萬化之宗源』，用「妙本」來形容處虛極幽玄的道體，以揭示宇宙萬事萬物的起源，這是唐玄宗『道論』的最大特點。『妙本』一詞，早在題爲顧歡撰的《道德經注疏》中即已出現，他曾提出：『其唯聖人，眞知妙本，洞遺言教。』成玄英則用來指代『至道』的玄妙本體，李榮等後來學者並沒有沿用這種提法。唐玄宗可以說是直承成玄英的思想。」（引自董恩林著：《唐代老學：重玄思辨中的理身理國之道》，北京：中國社會科學出版社，2002 年 5 月，頁 42）。由是可知，與徽宗《御注》同屬「御注派」之開元御注本，多用「妙本」概念詮解「道」。而江澂此處文字是否參考開元御注或其他老子注本，雖屬學術上可探究之課題，然觀之徽宗《御注》通篇注文，未曾出現「妙本」一詞，故「妙本」思想與本論文無直接關係，是以不多作討論。

「智」等名的出現。是故，江澂所解的「一而不雜」係指「性」與「道」之間質性相同，而不是將「性」視爲「道」的另一種稱呼。〔註 68〕第三種「一而不雜」說法，則是屬於「復性」之工夫論述。以劉韶軍先生爲代表，他以「合一」來解釋「一而不雜」。〔註 69〕所謂的「合一」，係指行爲主體應透過某種修養工夫，而使其內在於人的「性」，得與外在於人的「道」一樣，皆表現爲「一而不雜」的狀態，若能達到此狀態，則「有利天下之作用」；反之，則「有害天下之結果」。

筆者認爲，雖然徽宗於此注的看法當只有一義，然而上引二說都可視爲徽宗《御注》對「性」的內容之理解，且皆可於其他注文中獲得詮證。譬如，從「性」之本體而言，「性」與「道」的質性全然相同，而無所分，是故徽宗解「樸，雖小，天下莫能臣」的注文曰：

> 樸以喻道之全體。形名而降，大則制小。道之全體，不離于性，小而辨物。莊周所謂「其有眞君存焉」。（卷二第十七，頁 0812 上）

「其有眞君存焉」出自《莊子‧逍遙遊》。作爲「眞君」的「道」雖然可謂之大，但是「道之全體」卻「不離于性」，用「不離于性」描述「道」之小的同時，也提高了「性」的內涵。是以，我們從「道之全體，不離于性」該句，便可得知「道」雖大，然而其質性卻與「性」相同；既然與「性」的質性與「道」相同，則「性」雖然不是「道」本身，卻已有與「道」相同的內涵。因此，「道與之性，一而不雜」係指「性」與「道」之間的質性相同，而無些許差異。

再者，既然「性」與「道」兩者的質性相同，而無些許差異。佐以本論文第三章第二節所述，「道」所展現者，又可稱之爲「玄德」、「上德」，因此在徽宗《御注》中，有時亦以「性」與「德」間所生發的模式，來作爲「復性」的指引，如其解「孔德之容，惟道是從」時，云：

〔註 68〕依江澂的解釋，亦可知「道與之性，一而不雜」的說法，不可謂「性」與「道」只是「名稱」差異。倘若只是「名稱」之差異，「性」與「道」則無所謂分離與否的問題，故不可說「性與道冥」、「性與道遠」，因而就「性」的本體討論來看，「道與之性，一而不雜」係指「性」與「道」的質性相同而言。

〔註 69〕劉韶軍先生認爲：「道是外在於人的，性是內在於人的……。道與之性必須都是一而不雜，才是合一的，若離道爲德，就成了人爲的聖智。這就是二者不合一的表現。二者不合一，就有害天下之結果，而無利天下之作用。」（引自劉韶軍點評：《唐玄宗、宋徽宗、明太祖、清世祖《老子》御注點評》，長沙：湖南人民出版社，1997 年 9 月第 1 版第 1 次印刷，頁 120〜頁 121。）

> 一陰一陽之謂道，物得以生謂之德。道常無名，豈可形容？所以神
> 其德。德有方體，同焉皆得，所以顯道。性脩反德。德至，同於初，
> 故「惟道是從」。（卷二第一，頁 0804 上）

此段注文的「德」字即是「玄德」、「上德」，是一種「與天合德」的狀態，也就是同乎「道」的狀態。當行爲主體努力於修養工夫（筆者按：即「性脩」），則能「反德」，而同乎於「道」。〔註70〕同乎「道」，就是使「性」與「道」能「合一」（筆者按：徽宗《御注》稱爲「與道同體」）。又因爲注文所示的「德」可作爲「道」的代稱，那麼，「性」與「道」能「合一」，也就是「德與性常合而不離」的意思，「德」與「性」常合而不離的狀態，稱作「全德」。〔註71〕

　　總結來說，徽宗《御注》在「治身論」提出了「性」的概念，並將之規定爲「人」所獨有。然而，雖說「性」是人所獨有，但是透過「性」與「道」的質性相同的規定，獨有的「性」有了普遍意涵，正因爲「性」有普遍意涵，則雖有人我差異，但是對於「治身」的要求與方式並不會隨之有所差異，由是才能開展成爲「治身論」。

二、「惡」的起源問題與「致道盡性」的工夫

　　前小節主要是分析「性」作爲「治身論」之所以成立的理論基礎。透過「性」的存有，「治身論」始有成立的可能，然而，行爲主體雖已有「性」作爲「治身」的保障，行爲主體之所以需要治身卻有待治身理由的出現，因此，雖然有「性」作爲「治身論」的理論基礎，卻未必然產生「治身」工夫。故而本小節將繼續探究「治身工夫」之所以出現的原因，以及如何「治身」。

（一）「惡」的起源問題：役己於物，失性於俗〔註72〕

　　「治身工夫」即是所謂的「修養工夫」。欲探討「修養工夫」之前，必須對「善」與「惡」的根源或起源問題進行釐清。這是因爲如果吾人生命自始至終皆處於「善」的狀態，則不可能產生「惡」的現象，便不須有任何修養

〔註70〕章安認爲：「德至同於初，則復與道爲一。」（章安《解義》，卷四第七，頁 0046 下）是則可見，所謂工夫修養的終究，乃是與「道」的表現相等、同乎「道」。

〔註71〕徽宗《御注》解「常德不離」時，云：「德與性常合而不離，是謂全德。」（卷五第一，頁 0056 上）。

〔註72〕「役己於物，失性於俗」之命題出自徽宗《御注》註解「抱一，能無離乎」的注文內容（見文中說明）。

工夫；反過來說，唯有「惡」之產生，或是有產生「惡」之所以產生，才需要提出「修養工夫」。因此，爲了對「修養工夫」有完整的探討，掌握「惡」的起源問題，當有其重要且必要性。另一方面，除了掌握「惡」的起源問題之外，「修養工夫」之所以會出現，必然是行爲主體處於「惡」的狀態中，有所欲求於「善」、或是被要求爲「善」，筆者首要說明的是：徽宗《御注》如何理解「善」與「惡」的概念。

　　本小節主要探討的「善」、「惡」的觀念，與《老子》思想或是徽宗《御注》中所提到的「善／惡」概念並不一致。在《老子》思想中，「善」是與「惡」相對而存在的狀態描述，因此「善」無從脫離「惡」而獨立，故通行本王弼注：「善不善猶是非也，……，是非同門，故不可得而偏舉也。」〔註73〕（筆者按：通行本王弼注所言「不善」即是本節所說之「惡」，蓋《老子》原文以「美／惡」、「善／不善」相對，「美／惡」是對狀態的判斷、「善／不善」則是對行爲的評價。本節所稱一般之「善／惡」觀念，即是《老子》書中的「善／不善」）。徽宗《御注》對此「善／惡」的看法亦同於《老子》，故其解「皆知善之爲善，斯不善已」，云：

> 有善也，不善爲之對，故曰「皆知善之爲善，斯不善已」。……昔之所是，今或非之；今之所棄，後或用之，則善與不善奚擇？（卷一第三，頁 0784 下）

徽宗《御注》與通行本王弼注皆將「善／不善」視作一種相對的「是非」。既然「善／不善」只是相對的「是非」，則相對的「善」未必會成爲所有人所共同欲求的對象，甚而說，自己所欲求的「善」，反倒成爲他人欲避之的「不善」，故說「善與不善奚擇」。由於「善／不善」僅是一種相對的「是非」，故徽宗除了將一般世俗的「善」觀念，視爲與「惡」相對的概念，而不具絕對價值以外，更進一步地泯同了一般世俗的「善／惡」觀念，如其解「荒兮，其未央哉」，云：

> 世故之萬變，紛糾而不可治，難終難窮，未始有極。所謂善惡，特未定也，惟達者知通爲一。（卷一第三十九，頁 0802 下）

又，其解「唯之與阿，相去幾何？善之與惡，相去何若？」時，云：

> 唯、阿同聲，善、惡一性。小智自私，離而爲二；達人大觀，本實非異。（卷一第三十九，頁 0802 下）

〔註73〕引自樓宇烈校釋：《王弼集校釋》（臺北：華正書局，民國 81 年 12 月初版），頁 6。

按徽宗觀點，一般世俗的「善／惡」觀念之標準來自於世故的變化，由於世故變化並非一定，因而「善／惡」之間也就無從區分，故說「所謂善惡，特未定也」，既然「未定」，則「善、惡一性」，「善」隨即可以爲「惡」，反之亦同。此間道理唯有「達人」〔註74〕能體會。既然「所謂善惡，特未定也」，則一般世俗的「善／惡」觀念是可以被泯除的。

筆者推測，徽宗《御注》之所以泯同一般世俗的「善／惡」觀念的原因，除了依循《老子》原思想之外，另一個更重要的因素在於，徽宗有意在一般世俗的「善／惡」觀念之上，給予一個絕對的「善」之標準，並主張每個人理應將此絕對的「善」之標準視作行事根據，倘若棄絕之將有所淪失，而落入爲「惡」的狀態。此絕對的「善」，即是本章節所討論之「性」。「性」非屬相對的「善／惡」之範疇，故其解「天下皆知美之爲美，斯惡已；皆知善之爲善，斯不善已」時，云：

> 道無異相，孰爲美惡？性本一致，孰爲善否？（卷一第三，頁 0784下）

前以敘述「性」與「道」關係密切，則「道」既然無「美／惡」，與其質性相同的「性」自然也沒有「善／否」。「善／否」就是「善／不善」，也就是一般世俗中的「善／惡」評價。然而，「性」雖然不屬於一般世俗中的「善／惡」評價，但是「性」是可欲求且爲行爲主體所應該依循的標準；就此言之，「性」仍應視爲「善」，只是此「善」沒有相對性，而是絕對的「善」。徽宗《御注》稱此絕對的「善」爲「上善」，並佐以《易經‧繫辭傳》的文字來詮解該概念，如其解「上善若水」，云：

> 《易》曰：「一陰一陽之謂道，繼之者善也。」《莊子》曰：「離道以善。」善名既立，則道之體虧。然天一生水，離道未遠，淵而虛，

〔註74〕徽宗所言「達人」即是「通達之人」，所謂「通達」即是能「體道」者，也就是前小節中所指能使「德與性常合而不離」的人，故徽宗《御注》中有時亦以「聖人」或「全德之人」代替之。如其解「不貴其師，不愛其資」時，曰：「天下皆知善之爲善，斯不善已。善與不善，彼是兩忘，無容心焉，則何貴愛之有？此『聖人』所以大同於物。」（卷二第十，頁 0808 下）解「善者，吾善之；不善者，吾亦善之。德善矣。信者，吾信之；不信者，吾亦信之。德信矣」時，又曰：「善否相非，誕信相譏。世俗之情，自爲同異，豈德也哉？德善，則見百行無非善者，故不善者亦善之；德信，則見萬情自非信者，故不信者亦信之。眞僞兩忘，是非一致，是謂全德之人，此舜之於象，所以誠信而喜之。」（卷三第十七，頁 0824 下）。

靜而明，是謂天下之至精，故上善若水。（卷一第十四，頁 0790 上）

又，其解「天下莫柔弱於水，而攻堅強者莫之能先，以其無以易之也」則云：

> 《易》以「井」喻性，言其不改。老氏謂水幾於道，以其無以易之也。有以易之，則徇人而失己，烏能勝物？惟無以易之，故萬變而常一，物無得而勝之者。（卷四第二十四，頁 0844 上）

前小節已說明「水」之所以「善」，不在於其特性表現，而是在生成過程中「離道未遠」，「離道未遠」就是「幾於道」。徽宗認為，老子所謂「水幾於道」而「無以易之」，故「萬變而常一」，即不因外在事物的差異而有所改變，此點與《易經》用「井卦」來表現「性」的「不改」，〔註75〕是同樣的意涵。由是，「性」與「水」可同謂之為「善」，也就是絕對的「善」，即「上善」。徽宗《御注》如何規定「上善」呢？徽宗使用《易經‧繫辭傳》的「一陰一陽之謂道，繼之者善也」這句話，來詮解「（上）善」的概念。在《易經‧繫辭傳》思想，所謂的「繼之者」是指能秉受其「道」（筆者按：即「所以為陰陽」的根據），而使之活動永遠連續下去。若能如此，則稱之為「善」。〔註76〕但是，徽宗並非全然依循《易經‧繫辭傳》的思想而發，而另有領會。他在這裡所提出的「上善」概念，未必與延續氣化過程有關連，而是從宇宙生化過程的觀點出發，讓「上善」異於一般世俗中相對的「善」觀點，使之保有如「道」般地絕對的價值，故又引《莊子‧繕性》中「離道以善」的說法證之。〔註77〕至此，「性」可稱之為「上善」，是獨立且絕對的，而成為修養工夫的重要依準。

反過來說，既然「性」為「善」，則「去性」便相對成為「惡」的象徵。如其解「化而欲作，吾將鎮以無名之樸」時，云：

〔註75〕《易經》「井卦」作：「井：改邑不改井，无喪无得。往來井井，汔至，亦未繘井，羸其瓶，凶。」（引自〔魏〕王弼、〔晉〕韓康伯著：《周易王韓注》，頁 150）。

〔註76〕牟宗三先生提出：「『一陰一陽』那個一字，從所以然了解的那個道當然是理，但它不只是理，也是心，也是情，也是神，那才有活動意義。有活動意義才能引申出一個行程，使氣化永遠連續下去，要不然怎麼能連續下去呢？你能把這個行程永遠連續下去，就是『繼之者善也』。」又說：「道從行程看，能把這個帶著行程的道繼續下來就是善。」（引自牟宗三著：《周易哲學演講錄》，上海：華東師範大學出版社，2004 年 5 月，頁 60）。

〔註77〕劉韶軍先生認為：「按照《易》和莊子的理論，道與善是聯繫在一起的。善必須是道之下的善，道又是不能不講善的道。但道之下的善，不是一般人所理解的道，而是虛靜淵明的善，如水一樣的善。」（引自劉韶軍點評：《唐玄宗、宋徽宗、明太祖、清世祖《老子》御注點評》，頁 48）。

《孟子》曰：「待文王而後興者，凡民也。」民惟上之從，化而欲作，則離道以善，險德以行，將去性而從心，不足以定天下。惟道無名，樸而未散，故作者鎮焉。救僿者莫若忠，爲是故也。（卷二第二十四，頁 0815 下）

「離道以善，險德以行，將去性而從心」引自《莊子·繕性》。〔註 78〕前已述及「性」爲近於「道」之「上善」，既然「性」是絕對的「善」，離開了「道」而別覓「善」，則所覓之「善」與「道」有異而與「道」分離，如此一來，「道與之性」將無法「一而不雜」，於「道之全」終究有所虧損。〔註 79〕同樣的，「德」與「性」的關係，亦如同「道」與「性」的關係，「道與之性，一而不雜」也可以視作「德與性常合而不離」，行爲主體若不能率性而爲，卻於「性」外強有作爲，則將有危於「德」，〔註 80〕終有失於「德之體」。〔註 81〕因此，分述之，有「道之全或虧」、「德之體或失」二者差異，總言之，此二者都是「去性」的結果，且此結果都是負面的，應該爲行爲主體所避免或矯正。然而，「去性」是狀態的表述，造成此負面結果的原因爲何呢？仔細省察注文內容，關鍵在於「從心」二字，也就是行爲主體以「心」爲行止，而離「性」愈遠。

雖說「從心」係指主體以「心」爲行止，但是這裡所從的「心」，並不是本章第一節所指「視聽以合於『氣』的『心』」，而是指於外物有所知、有所求的「心」。如徽宗《御注》解「是以聖人爲腹不爲目，故去彼取此」時，所云：

八卦「坤」爲腹，以厚載而容也。「離」爲目，以外視而明也。厚載而容，則無所不受；外視而明，則有所不及。聖人以天下爲度，故取此能容之腹。非事事而治之，物物而察之也，故去彼外視之目。《莊子》曰：「賊莫大於德有心，而心有眼。」故聖人去之。（卷一第二十三，頁 0794 下）

聖人之所以「爲腹不爲目」的原因，在於「腹」與「目」各代表兩種相對的意

〔註 78〕《莊子》作「離道以善，險德以行，將去性而從於心」（引自郭慶藩著：《莊子集釋》，頁 551～頁 552）。

〔註 79〕江澂認爲：「化而欲作，則離道以善，道之全或虧。」（江澂《疏義》，卷七第三十三，頁 0845 下）。

〔註 80〕成玄英疏解「險德以行」時，云：「險，危阻也。不能率性任眞，晦其蹤跡，乃矯情立行以取聲名，實由外行聲名浮僞，故令內德危險，何淸夷之有哉！」（引自郭慶藩著：《莊子集釋》，頁 553）。

〔註 81〕江澂認爲：「險德以行，而德之體或失。」（江澂《疏義》，卷七第三十三，頁 0845 下）。

義：其一，「腹」的對象在「內」，指己身生理需求的滿足；「目」的對象則在「外」，即外在物質享受的追求。其二，「腹」所表現為「能容」，能容則於一切無所不受；「目」所表現為「可察」，可察則未免於外物有所取捨。是以，在這裡「腹」和「目」是兩種不同象徵，行為主體在取捨時，應去「目」而取「腹」。引文內容大抵合於《老子》思想，〔註82〕然而，注文於其末尾加上「《莊子》曰：『賊莫大於德有心，而心有眼。』」這段文字的用心，則頗耐人尋味。

「賊莫大於德有心，而心有眼」出自《莊子・列御寇》，原作：「賊莫大於德有心，而心有睫」。雖然有學者主張「心有睫」不得為「心有眼」，〔註83〕但是不論「心有眼」或是「心有睫」的說法，都無法改變「心」不是「目」的事實，既然「心」不是「目」，則為何徽宗會用以詮解「去彼取此」這句話呢？筆者推測徽宗之意，乃是有意使《老子》思想更往前推進：將「有心於外物」的心理狀態，視同「為目」的狀態，意即「心有眼」即是「心」如「眼」般有所知、有所求，而不斷追逐外在物質。既然「心有眼」，則必淪於「以物役己」，故說「賊莫大於德有心，而心有眼」，聖人必去此於外物有所知、有所求的「心」。

由上是知，「心」一旦對外物有所知、有所求，行為主體不再以「性」為依循標準，使「性」淪失了該有的地位，反以「外物」為追求目標，是以造成「惡」的結果。故其解「何謂貴大患若身」，云：

> 世之人以物易性，故累物而不能忘勢；以形累心，故喪心而不能忘形：其患大矣。（卷一第二十五，頁 0795 下）

又，其解「可以長久」，云：

> 物有聚散，性無古今。世之人以物易性，故好名而徇利，名辱而身危。（卷三第十三，頁 0822 下）

〔註82〕通行本王弼注：「為腹者以物養己，為目者以物役己，故聖人不為目也。」（引自樓宇烈校釋：《王弼集校釋》，頁 28）「以物養己」即是滿足己身生理的需求，「以物役己」則使描述自己不斷向外追逐，而受外物所奴役。然而，在《老子》思想中，「聖人」為人格典型，非指有權位的國君，而徽宗《御注》於此加上「聖人以天下為度」七字，顯以「聖人」為國君，與《老子》思想或有所異。

〔註83〕鍾泰認為「心有睫」與「心有眼」為不同意涵，不可混淆。他指出：「『睫』，目毛也。睫所以護目，故目不可無睫。然目外視而心內視。內視而有睫，則反妨其明矣，故心之有睫，心之害也。呂惠卿《莊子義》以心有眼解之，後之注家沿用呂說，非也。睫非眼，安得謂有睫為有眼乎。」（引自鍾泰著：《莊子發微》，頁 748）然筆者認為，此說若成立，則「心有眼」比「心有睫」，更能強調於外物有所知、有所求的「心」。

又，其解「抱一，能無離乎」，云：

> 世之愚者，役己於物，失性於俗。無一息之頃，內存乎神；馳無窮
> 之欲，外喪其精。魂反從魄，形反累神，而下與萬物俱化，豈不惑
> 焉？（卷一第十八，頁0792上）

「以物易性」、「失性於俗」即是指行爲主體不再以「性」爲依循標準，反以
「外物」爲追求目標，而導致「大患」、「名入而身危」等種種「惡」的結果。
此外，進一步探析，「去性而從心」雖然是造成此負面結果的原因，然而若深
入探究此間關連，便可知「去性而從心」到「惡」的結果產生之間，尚有「欲」
的存在。因此，產生「惡」的原因，雖然在「去性而從心」的結果，但是「去
性而從心」只是間接因素，是行爲主體選擇的結果，之所以有「惡」的直接
原因，是因爲「心」對外物有所知、有所求而產生的「欲」。故徽宗《御注》
解「不尚賢，使民不爭。不貴難得之貨，使民不爲盜」時，云：

> 尚賢則多知，至於天下大駭，儒墨畢起。貴貨則多欲，至於正晝爲
> 盜，日中穴阫。不尚賢，則民各定其性命之分，而無所夸跂，故曰
> 「不爭」。不貴貨，則民各安其性命之情，而無所覬覦，故「不爲盜」。
> （卷一第五，頁0785下）

又其解「不見可欲，使心不亂」，云：

> 人之有欲，決性命之情以爭之，而攘奪誕謾，無所不至。伯夷見名
> 之可欲，餓於首陽之上；盜跖見利之可欲，暴於東陵之下。其熱焦
> 火，其寒凝冰，故其心則憒亂償驕，而不可係道。（卷一第六，頁
> 0786上）

從這兩段引文可知，徽宗認爲人之所以爲「惡」，乃根源於人之「多知」與「多
欲」。世人因爲「多知」故而「尚賢」，「尚賢」便是追求其「名」，伯夷正是
因爲追求「名」，所以「餓於首陽之上」；另一方面，世人因爲「多欲」故而
「貴貨」，「貴貨」便是追求其「利」，盜跖正是因爲追求「利」，所以「暴於
東陵之下」。

　　分析地說，造成「惡」的原因在於「多知」與「多欲」，然而，人之所以
多知而尚賢，所求者不過是「名」，人之所以多欲而貴貨，所求者亦不過是
「利」，「名」與「利」都是繫屬於「物」的價值，此繫屬於「物」的價值尚
不足以成爲「惡」，或使行爲主體因之爲「惡」。眞正爲「惡」者，乃在於「名
之可欲」與「利之可欲」，換句話說，因爲「名」與「利」之「可欲」，故使

行為主體「去性而從心」，乃為「惡」。因此，綜合地說，造成「惡」的直接原因必定歸結於「欲」，因此才說「人之有欲，決性命之情以爭之，而攘奪誕謾，無所不至」。「性命之情」即是指「上善」的「性」，之所以「決性命之情以爭之」是因為「心」已經不再是合於「氣」的「心」，而是去性所從之「心」，即對外物有所知、有所求的「心」，則此「以物易性」的「心」終將「憒亂僨驕，而不可係道」。

綜合上述種種，筆者從「『惡』的起源」的討論裡，歸納出三項重點：其一，此所謂之「惡」係指棄絕絕對的「善」之後所造成的結果，雖然此「惡」不會脫離「善」而獨立存在，但是此所謂之「惡」永為行為主體所欲棄絕之，並不會使行為主體無從「擇」。是故，此所謂之「惡」不是相對於一般觀點的「善」的「惡」。其二，「惡」的產生根源，來自於絕對的「善」的淪失，此絕對的「善」在徽宗《御注》中稱之為「上善」，也就是徽宗《御注》所規定之「性」。其三，所謂的「失性」係指行為主體「從心」的現象，也就是行為主體不以「性」做為行動行止，反從對外物有所知、有所求的「心」為標準，當行為主體「從心」之後，其所「知」將產生「欲」，終而造成「惡」的結果。

（二）「致道盡性」的工夫：去智與故，循天之理 [註84]

既然「惡」有產生的可能，且「惡」是所有行為主體皆不欲得的結果，故而有透過治身工夫以避免或矯正「惡」產生的必要，筆者稱此修養工夫為「致道盡性」的工夫。如前所述，「惡」的產生是因為「去性而從心」所造成的結果，故而欲避免或矯正「惡」的產生，當以「復性」為努力目標。此外，由於「性」與「道」是「一而不雜」，使得「復性」具有普遍意義，不會因人而有所差別，更為重要的是，由於外在於人的「道」與內存於己的「性」是一致的，既然「性」與「道」一致，則「致道盡性」的工夫看似為兩層工夫，實則能「盡性」便是「致道」，僅一道工夫而已，加上此工夫不待向外從事，[註85] 如此一來，亦提高了去「惡」的可能性。

〔註84〕「去智與故，循天之理」之命題共出現兩處。其一係註解「希，言自然」的注文內容，作：「去智與故，循天之理，而不從事於外，故言自然。」另一則為解「然後乃至大順」的注文，作：「順者，天之理。乃至大順者，去智與故，循天之理而已。」（見文中說明）

〔註85〕徽宗《御注》解「五色令人目盲，五音令人耳聾」為「目圉二焉，其見者性也。徹而為明，則作哲，足以斷天下之疑；耳藏一焉，其聞者性也。徹而為聰，則作謀，足以通天下之志。」（卷一第二十二，頁 0794 上）眼睛、耳朵

　　有關「致道盡性」的修養工夫，可藉由〈爲學日益章第四十八〉的相關注文加以掌握：

> 學以致其道，始乎爲士，終乎爲聖，日加益而道積于厥躬。孔子謂顏淵曰：「吾見其進也。（「爲學日益」之注文，卷三第十六，頁 0824 上）

又，

> 致道者，墮肢體，黜聰明，離形去智，而萬事銷忘，故日損。蘧伯玉所以行年六十而六十化。（「爲道日損」之注文，同上）

又，

> 學以窮理而該有，道以盡性而造無。損之又損，則未始有夫未始有無也者。無爲也，寂然不動；無不爲也，感而遂通天下之故。以靜則聖，以動則王。（「損之又損，以至於無爲而無不爲矣」之注文，同上）

就引文所示，可知徽宗《御注》將「爲學日益」與「爲道日損」二者所做的工夫，視爲同一件事，這個詮釋的結果雖然與《老子》思想意涵有所差異，〔註86〕不過卻也使人發現徽宗的新詮解頗有深意。首先，「爲學」是「致道之學」，什麼叫「致道」？徽宗認爲「致道」即是「窮理」，故說「學以窮理而該有」，然而，徽宗《御注》所言之「道」不能是「理」，〔註87〕故所窮之「理」乃是「天

本是向外視聽的感官，達到修養極致，則其所見者、所聞者無非是「性」。但是，「性」是內存於己者，是故此一方面表示理不在外，倘若在外，所見者、所聞者便不必然爲「性」，另一方面「見性」也表示「復性」，即去心、去欲，行爲主體之能「復性」，則所見者、所聞者無非是「性」，故知斷除「物」的牽引，其「性」自現。

〔註86〕《老子》注家於「爲學日益」所指涉者，多爲「求知」之事。如河上公注曰：「學，謂政教禮樂之學也。日益者，情欲文飾，日以益多。」（引自〔魏〕王弼等著，彭曉鈺校對：《老子四種・老子河上公注》，頁59），通行本王弼注則以爲「務欲盡其所能，益其所習。」（引自樓宇烈校釋：《王弼集校釋》，頁127）從上述兩家的注解可知「爲學」是指知識學問的追求，相對於「爲道」而言，徽宗《御注》則是將「爲學」視爲「致道」之學，反倒融合了「爲學」與「爲道」二者，可見徽宗《御注》對此經文的理解異於《老子》思想。

〔註87〕牟宗三先生曾說：「『一陰一陽之謂道』，『道』西方人譯作 way，way 是大路。道，大路也。所謂大路，是車、馬、人統統要經過這裡，好比天地萬物統統要通過道，統統從道而來。……可見道與理不同。道是帶著一個行程，動態的。當說理，是靜態的說法，靜態是 state。動態的一定帶一個行程，形成從經過了解。理不代表行程，沒有一個經過，是靜態的。」（引自牟宗三著：《周

之理」，〔註88〕也就是「道」所投映於天而呈現之「理」。〔註89〕既然是「道」所投映出來的「理」，則此「理」不會是指具體事物的知識。而「日益」者乃是日益於「道」，不同於河上公注所謂「情欲文飾，日以益多」的意思。再者，「為學日益」係「致道」而使「道積于厥躬」，則「為學」的同時，也就是盡了「為道」的工夫：第一，既然「為學」不是指追求外在具體事物的知識，則「為學」亦可以說是「去智」之學。第二，「道」所投映出來的「理」，並非獨立於己身而不可企及的物外之「理」，而是「一而不雜」於己身的「性」。同時，既然「性更萬形而不易」（卷一第三十三，頁0799下），〔註90〕則「道積于厥躬」的同時，也就是「離形」而「萬事銷忘」。〔註91〕

　　因此，分析地說，「為學」與「為道」是兩件工夫，前者目的是「窮理」，故致力於「道」，終而「日加益而道積于厥躬」，使行為常以「道」為依循標準，故可說是「有」；後者表現則為「盡性」，「盡性」同乎「致道」，故「離形去智，而萬事銷忘」，其結果可視為「無」。然而，綜合來看，「窮理」工夫即是「盡性」表現，雖看似兩種工夫而存在「有」、「無」之分別，實則是一體兩面的表述而不相違背，故說「未始有夫未始有無也者」，於「有」、「無」俱泯。〔註92〕筆者認為，上述「為學日益」、「為道日損」的具體表現，可用

易哲學演講錄》，頁 54～頁 55）是以，既然徽宗《御注》多用「一陰一陽之謂道」來詮解「道」，則「道」是所以為陰陽氣化之根據的「道」，而不得為「理」。

〔註88〕「天之理」共出現兩次。第一次出現在解「然後乃至大順」，其作：「順者，天之理。乃至大順者，去智與故，循天之理而已。」（卷四第十，頁 0837 上）又其解「希，言自然」，作：「去智與故，循天之理，而不從事於外，故言自然。」（卷二第四，頁 0805 下）

〔註89〕本論文第三章第二節「『德』與『道』的關係：物得以生謂之德」對「天之理」已有所討論，此不贅述。

〔註90〕徽宗《御注》〈致虛極章第十六〉解「歸根曰靜，靜曰復命」之注文。

〔註91〕既然「性更萬形而不易」，則「盡性」的工夫與「形」無關，即所謂「離形」的表現。此外，既然以「道」為行止的標準，則無涉於「（事）物」，故「致道」便能「萬事銷忘」。

〔註92〕劉韶軍先生標點作：「學以窮理而該有，道以盡性而造無。損之又損，則未始有。夫未始有無也者，無為也。寂然不動，無不為也。感而遂通天下之故，以靜則聖，以動則王。」筆者以為既然《莊子‧齊物論》已有「未始有夫未始有無也者」之語，且「寂然不動，感而遂通天下之故」亦是《易經‧繫辭傳》的句子，今切割二句中相對的句子以解釋不相對的概念，似乎不合徽宗引用典籍的例證，況乎〈道常無為章第三十七〉便用「寂然不動」、「感而遂通天下之故」，分別詮釋「無為」與「無不為」，故此章「夫未始有無也者，

徽宗《御注》中的「去智與故，循天之理」這段文字作爲代表。〔註93〕如解「然後乃至大順」，云：

> 順者，天之理。乃至大順者，去智與故，循天之理而已。《莊子》曰：「與天地爲合，其合緡緡，若愚若昏，是謂玄德，同乎大順。」惟若愚若昏，所以去智。（卷四第十，頁 0837 上）

又，解「希，言自然」，云：

> 希者，獨立于萬物之上，而不與物對，列子所謂疑獨者是也。去智與故，循天之理，而不從事於外，故言自然。（卷二第四，頁 0805 下）

「去智與故，循天之理」出自《莊子・刻意》，原文作：「去知與故，循天之理」。「去智」即是去知，「去故」則是捨棄人爲造作。〔註94〕但是，「去智與故」並不是分開指涉「去智」與「去故」兩件事，而是針對「去智」這件事而言。〔註95〕蓋人之有「智」則必將「有爲造作」，因此，行爲主體之所以

無爲也」、「寂然不動，無不爲也」恐將與之有所抵觸。故此處不援用劉韶軍先生標點方式。

〔註93〕「去智與故，循天之理」於徽宗《御注》中共出現兩次，見於〈希言自然章第二十三〉與〈古之善爲道章第六十五〉。此外，「去智與故」亦出現於〈致虛極章第十六〉「歸根曰靜，靜曰復命」的注文中。

〔註94〕「故」有二種解釋：其一作「詐」解釋。郭慶藩認爲：「慶藩案故，詐也。《晉語》多爲之故以變其志，韋注曰：謂多作計術以變易其志。《呂覽・論人篇》去巧故，高注：巧故，僞詐也。《淮南・主術篇》上多故則下多詐，高注：故，巧也。皆其例。《管子・心術篇》去智與故，尹知章注：故，事也，失之。」（引自〔清〕郭慶藩撰：《莊子集釋》，頁 540）另一作「習」解釋。鍾泰説：「『故』者習也。孟子曰：『天下之言性也，則故而已矣。』以故對性言，本書《達生篇》曰：『始乎故，長乎性，成乎命。』以故對性命言，即《管子・心術篇》『去智與故』上亦云『人者，立於強，務於善，本於能，動於故』者也，以故對能言。合而觀之，可知當時言『故』猶言『習』矣。性本自於天，習起於人。起於人則不能自然，而非故加之意不可，故曰『故』，今世俗猶有故意之言，是即『故』之本義。荀子以『僞』對『性』。僞者人爲，則僞亦故也，習也。注家解故爲巧、爲詐，失之矣。」（引自鍾泰著：《莊子發微》，頁348。）筆者以爲，雖然兩家的解釋有所差異，但鍾泰之説可以包含郭慶藩的解釋，也就是説，「故」字不論作「詐」或「習」，皆是表示有違於「道」，如鍾泰所説「僞者人爲，則僞亦故也，習也」。此與徽宗《御注》的思想爲近，故筆者取鍾泰之説。

〔註95〕徽宗《御注》解「俗人昭昭，我獨若昏；俗人察察。我獨悶悶」爲「同乎流俗，則昭昭以爲明，而其明也小；察察以爲智，而其智也鑿。遺物離人，而傲倪于一世之習，則惛然若亡若存，悶然若鈍而利。世俗豈得而窺之？」（卷一第四十～第四十一，頁 0803）故知徽宗認爲「智」爲有害，一旦有「智」，則「遺物離人」，終將有所「習」。「習」即是「故」，因此「去智」與「去故」

應該「去智」與「去故」的原因，在「故」不在「智」，然而，之所以會「故」
的原因卻是「智」，故所去的對象是「智」。此外，徽宗《御注》所談論的「智」，
可分為兩類，一為「大智」，一為「小智」。「大智」之人，可以掌握「有」、
「無」這兩個境界；「小智」之人，卻只能把握其中一小部分，掌握不了大
道。〔註96〕何以如此？原因在於，「大智」之人所持態度不同於「小智」之
人。「大智」之人所用心在於「大道」，故「默與道契」；〔註97〕「小智」的
人則追求外在事物，〔註98〕所在意者為「竿牘之知」，自然不足以知「道」。
〔註99〕由是可知，徽宗在這裡所說的「去智與故」，並非要行為主體去其「大
智」，而是去其「小智」。倘若是去其「大智」，則行為主體不得「默與道契」，
將如何能「循天之理」？是故，「去智與故」係就去「小智」而言，意即去
除求取「竿牘之知」的心。行為主體若能去除求取「竿牘之知」的心，而「循
天之理」，一方面將使「心」無所知亦無所求，而免除了「去性而從心」所
帶來的「惡」的結果；另一方面則能「致道盡性」，而達到工夫修養的極致。

第三節　徽宗《御注》中的「治國論」

　　注家們進行文本詮釋的同時，往往由於自身身份的不同，或是對原典的

實際上是同一件事。
〔註96〕徽宗《御注》解「常無，欲以觀其妙；常有，欲以觀其徼」為「《莊子》曰：
　　　『建之以常無有。』不立一物，茲謂之常無；不廢一物，茲謂之常有。常無
　　　在理，其上不皦，天下之至精也，故觀其妙。常有在事，其下不昧，天下之
　　　至變也，故觀其徼。有無二境，徼妙寓焉。大智並觀，迺無不可。恍惚之中，
　　　有象與物。小智自私，蔽於一曲，棄有著空，徇末忘本，道術於是乎為天下
　　　裂也。」（卷一第二，頁0784上）。
〔註97〕徽宗《御注》解「我愚人之心也哉。純純兮」為「孔子曰：『吾與回言終日，
　　　不違如愚。』純純兮，天機不張，而默與道契，茲謂大智。」（卷一第四十，
　　　頁0803上）。
〔註98〕徽宗《御注》解「唯之與阿，相去幾何？善之與惡，相去何若」時，云：「唯、
　　　阿同聲，善、惡一性。小智自私，離而為二；達人大觀，本實非異。」（卷一
　　　第三十九，頁0802下）注文中所謂「善之與惡，相去何若」的「善」與「惡」，
　　　當是指外在事物的價值，也就是一般觀念之「善／惡」。前已言及，一般觀念
　　　之「善／惡」是相對的價值，故「善」隨之為「惡」，「惡」亦隨之為善，因
　　　此，「善之與惡，相去何若」。然而，「小智」之人追求於外在事物的價值，不
　　　明白「相去何若」的道理，因而「離而為二」。
〔註99〕徽宗《御注》解「夫惟無知，是以不吾知也」為「小夫之知，不離于竿牘。
　　　雖曰有知，而實無知也。夫豈足以知道？」（卷四第十六，頁0840上）。

關切角度有異，造成各家注本與原典之間（或各家注本彼此間），出現相異或特殊的詮釋觀點。此外，從另一個角度來看，不同的注家們可能因身份的相似，而有類似的關切角度或詮釋觀點，進而被後人歸納爲同一流派。譬如，徽宗《御注》將《老子》中的「聖人形象」轉化爲「國君」的態度，也出現在唐玄宗《御製道德眞經疏》與明太祖《御註道德眞經》的注文內，〔註100〕易言之，統治者身份解《老》的「御注派」注解家們，皆不約而同地用相同的方式理解「聖人形象」，這種現象說明了御注派注解家們在注解《老子》時，確曾特別關心「治國」的問題。因此，我們可推知「治國論」對徽宗《御注》思想架構來說，是不可或缺的一部份，職是之故，本節將探討主題設定於徽宗《御注》如何看待「治國」與如何「治國」等課題的說明。

一、治身重於治國的態度

如前言所示，御注派的注解家們皆將「聖人形象」視同爲「（有道的）國君」，這說明了御注派的注解家們對於「治國」問題的關切之情，然而，這是否足以代表所有御注派注解家，特別是本論文所研究的徽宗《御注》，亦看重「治國」主張呢？筆者以爲非。我們可從徽宗《御注》的相關注文發現，徽宗明顯透露出「治身」重於「治國」的看法，如其解「故取天下者，常以無事，及其有事，不足以取天下」時，云：

> 天下，大物也。有大物者，不可以物，物而不物，故能物物。故取天下者，常以無事。天下神器，不可爲也。爲者敗之，執者失之。故及其有事，不足以取天下。聖人體道，而以其眞治身。帝之所興，王之所起，偶而應之，天下將自賓。太王亶父所以去邠而成國于岐山之下。（卷三第十六～第十七，頁0824）

此引文前半段似是講述「統治之術」，以「物而不物」爲統治原則，統治者若

〔註100〕唐玄宗《御製道德眞經疏》解「是以聖人猶難之，故終無難」時，云：「疏：聖人即有道之君也。猶難之者，難爲輕諾多易之事，況不知聖者乎。聖人猶難爲輕諾多易，故終無難大之事爾。」（唐玄宗《御製道德眞經疏》，卷八第十五，頁0713上）。此外，明太祖《御註道德眞經》解「聖人用之則爲官長」時，云：「聖人用之則爲官長，非官長也，云人主是也。」（明太祖《御註道德眞經》，卷上第三十，頁0561上）從上述文句中，「聖人」被描述爲「有道之君」、「人主」的現象來看，御注派的注解家們皆將《老子》中的「聖人形象」視之爲「國君」。

－168－

能「物而不物」，則能取天下。倘若如此，前半部份已能清楚解釋《老子》經文，爲什麼徽宗又補上「聖人體道，而以其眞治身。帝之所興，王之所起，偶而應之，天下將自賓。太王亶父所以去邠而成國于岐山之下」這句話來解釋經文呢？可見徽宗有意藉此說明，作爲體道的國君，其所當在意的對象應該是「治身」，所謂「帝」、「王」之類的事，不過是「偶而應之」。換句話說，身爲統治者必然存在「治國」之責，而被要求「統治之術」來治理天下國家，但是，徽宗《御注》的目標（筆者按：或說「徽宗《御注》所理解的《老子》」）並不在於「治國」本身。倘若「治國」成爲徽宗《御注》的目標，則「偶而應之」既然保證了天下能治，那麼聖人的「偶而應之」將只是一種統治的手段，且是勢將必行的手段，而與同段注文中的「聖人體道」的觀念產生矛盾。〔註101〕據此，筆者推測徽宗雖身爲統治者，而對「治國」問題有所著墨，但是徽宗《御注》的思想基調卻是以「治身」重於「治國」。這種治身重於治國的態度，亦可從其他注文看出來，例如，其解「故貴以身爲天下，若可寄天下；愛以身爲天下，若可託天下」時，曾云：

> 天下，大器也，非道莫運；天下，神器也，非道莫守。聖人體道，
> 故在宥天下，天下樂推而不猒。其次則知貴其身而不自賤，以役於
> 物者，若可寄而已；知愛其身而不自賤，以困於物者，若可託而已。
> 故曰：道之眞以治身，緖餘以爲國家，土苴以治天下。世俗之君子，
> 迺危身棄生以殉物，豈不悲夫！（卷一第二十六，頁 0796 上）

又，解「修之身，其德乃眞；修之家，其德乃餘；修之鄉，其德乃長；修之國，其德乃豐；修之天下，其德乃普」時，云：

> 修之身，其德乃眞，所謂道之眞，以治身也；修之家，其德乃餘；
> 修之鄉，其德乃長，所謂其緖餘以治人也；修之國，其德乃豐；修
> 之天下，其德乃普，所謂其土苴以治天下國家也。其修彌遠，其德
> 彌廣。在我者皆其眞也，在彼者特其末耳。故餘而後長，豐而後普，
> 於道爲外。（卷三第二十四～第二十五，頁 0828）

此二段注文皆援引《莊子·讓王》的「道之眞以治身，其緖餘以爲國家，其

〔註101〕「體道」的要求其中一項在於「物之不可求，求則失之」。（筆者按：徽宗《御注》解「金玉滿堂，莫之能守；富貴而驕，自遺其咎」時，云：「金玉富貴，非性命之理也，外物之不可恃而有者也。寶金玉者，累於物，累於物者，能勿失乎？故莫之能守。」（卷一第十六～第十七，頁 0791））因此，「天下」既是「大物」，則「體道」者自然不會將「治國」的要求視爲目的。

土苴以治天下」來解說《老子》經文。〔註102〕成玄英將「道之眞以治身，緒餘以爲國家，土苴以治天下」解釋爲「夫用眞道以持身者，必以國家爲剩餘之事。」，〔註103〕「持身」即是「治身」，〔註104〕既然體道者（筆者按：即「用眞道以持身者」）將相對於「治身」的「國家」視爲「剩餘之事」，那麼徽宗《御注》之所以援引《莊子・讓王》的文字來解說《老子》經文，必然同意在「治身」與「治國」二者權衡後，「治身」的要求重於「治國」。

倘若上述所提出的推論無誤，我們將進一步探問，具有統治者身份的徽宗，進行老子思想的研究時，何以不受其特殊身份的影響側重於「治國論」，〔註105〕反而認爲「治身」重於「治國」呢？關於這個問題，首要釐清的是，雖然徽宗《御注》表現出「治身」重於「治國」的態度，但是這不意味徽宗全然放棄「治國」的理想，或忽視了「治國」的的重要，而是將「治國」的工作落實於「治身」的要求。徽宗亦以此觀點解釋老子之所以著書的動機，故於〈道經・小序〉云：

> 老子當周之末，道降而德衰，故著書九九篇，以明道德之常，而謂
> 之經。（卷一第一，頁0783下）

徽宗認爲處在「周之末」的老子，面臨「道降而德衰」的時代課題，故著書以「明道德之常」。然而，「明道德之常」只能視爲解決「道降而德衰」的方法，未必是老子之所以著書的動機。事實上，徽宗認爲老子的著書動機存有

〔註102〕《莊子・讓王》作：「故曰，道之眞以治身，其緒餘以爲國家，其土苴以治天下。由此觀之，帝王之功，聖人之餘事也，非所以完身養生也。今世俗之君子，多危身棄生以殉物，豈不悲哉。」（引自〔清〕郭慶藩撰，王孝魚點校：《莊子集釋》，頁971）。

〔註103〕轉引自〔清〕郭慶藩撰，王孝魚點校：《莊子集釋》，頁972。

〔註104〕王叔岷先生認爲：「治與持通，……，又治之作持，疑唐人避高宗諱所改。」（引自王叔岷著：《莊子校詮》，臺北：中央研究院歷史語言研究所，1999年6月景印三版，頁1131）。

〔註105〕前輩學者多認爲「御注派」注家們注《老》時，常會表現出對於「統治課題」的關注，如熊鐵基等著之《中國老學史》便說：「順治相信老子之道是有助於清王朝進行統治的思想體系。……通觀順治的《老子》注釋，可知作爲封建帝王對老子思想進行研究時，會不自覺地從其特殊的地位出發進行思考。封建帝王最爲關心的問題，莫過於如何使天下長治久安，這是歷代封建帝王的共同心理。」（引自熊鐵基等著：《中國老學史》，福州：福建人民出版社，1997年7月第二次印刷，頁442～頁443）。劉固盛先生更直言：「宋徽宗的老學理論同樣是從屬於他的政治需要的。」（引自劉固盛：《宋元老學研究》，成都：巴蜀書社出版，2001年9月第一版，頁71）。

「政治情壞」，此可見諸〈絕聖棄智章第十九〉「此三者以爲文不足」的注文，
其云：

> 先王以人道治天下，至周而彌文。及其弊也，以文滅質，文有餘而質
> 不足，天下舉失其素樸之眞，而日淪於私欲之習。老氏當周之末世，
> 方將祛其弊而使之反本，故攘棄仁義，絕滅禮學，雖聖智亦在所擯，
> 彼其心豈眞以仁義聖智爲不足以治天下哉？先王之道，若循環捄文
> 者，莫若質。（卷一第三十七～第三十八，頁 0801 下～頁 0802 上）

本引文的「天下舉失其素樸之眞，而日淪於私欲之習」正是前段引文所謂「周
之末，道降而德衰」的具體描述，也就是說，徽宗認爲身處周代末期的老子
所面對的時代問題，在於人心私慾的積習而失去己身之「性」。爲了解決這個
時代問題，老子提示「祛其弊而使之反本」的方向。「反本」即是「返道」，
也就是前段引文所稱「明道德之常」，「祛其弊」便是「攘棄仁義，絕滅禮學，
雖聖智亦在所擯」，能夠「祛其弊」也就能「返道」。在此同時，徽宗也爲老
子反省「彼其心豈眞以仁義聖智爲不足以治天下哉」的問題，這句話除了表
示「仁義聖智」的摒棄（筆者按：即「攘棄仁義，絕滅禮學，雖聖智亦在所
擯」），只是爲了「以質救文」，並非不足以解決「道降而道衰」的時代課題之
外，〔註106〕似乎透露了徽宗認爲老子之所以「明道德之常」的深層動機在於
「治天下」。故而，既然徽宗以「治天下」作爲老子著書的深層動機，則其進
行老子思想的研究時，必將對於《老子》如何提出「治國」主張有所體會，
並且表示徽宗並未忽視「治國」的重要。〔註107〕此外，筆者推測，徽宗之所
以將「治國」的工作與「治身」的要求結合在一起，並認爲「治身」重於「治

〔註106〕江淑君教授指出：「（徽宗）認爲絕棄仁義、聖智並非老子思想的本意，其終
　　　　極目的就是爲了要『以質救文』。……。在他與《老子》的直接對話中，老子
　　　　所要擯除反對的是儒家德化禮治下所產生『以文滅質』的流弊，而非德化禮
　　　　治本身，他曾說『繁文飾貌無益于治』，『繁文飾貌』就是『文有餘而質不足』。
　　　　儒家仁義之教在施行推行的過程當中，若能避免『文有餘而質不足』的負面
　　　　現象，知道『反本』，進而去甚、去奢、去泰，徽宗乃以爲是足以治理天下的。」
　　　　（引自江淑君撰：〈《宋徽宗御解道德眞經》之義理宗趣及其詮註取向析論〉
　　　　（稿本，將發表於《輔仁國文學報》）。
〔註107〕從另一個角度來看，徽宗之所以認爲《老子》的深層動機在於「治天下」，有
　　　　可能是受到徽宗個人統治者身份影響，而做的推測結果，易言之，《老子》或
　　　　許未必有「治天下」的政治關懷，那麼，徽宗對於《老子》如何提出『治國』
　　　　主張」的體會，可能僅是他個人對《老子》「誤讀」。然而即使如此，我們更
　　　　能確定「治國」是徽宗所關心的課題。

國」，乃是受到本身對於「道」之內容的規定而來，換句話說，徽宗《御注》如何規定「道」，決定了「治身」與「治國」孰為輕重的思想基調。〔註108〕

　　如本論文先前所述，徽宗《御注》係以「道」作為行事的標準，故徽宗面對治理天下的問題時，才會說：「天下，大器也，非道莫運；天下，神器也，非道莫守。」（卷一第二十六，頁 0796 上），文中的「非道莫運」、「非道莫守」說明了徽宗以「道」作為「治國」的指導原則。易言之，徽宗《御注》的「治國」關鍵在於「聖人體道」，而聖人所以能體道，係通過「道」所展現出的「玄德」、「上德」。筆者於前章第二節處曾說明徽宗對於「玄德」的理解近似於河上公注，既然近似於河上公注，則河上公注不將「道」當成「經術政教之道」，而是理解為「自然長生之道」的態度，〔註109〕勢必對徽宗造成影響。故徽宗解「化而欲作，吾將鎮以無名之樸」時，云：

> 《孟子》曰：「待文王而後興者，凡民也。」民惟上之從，化而欲作，
> 則離道以善，險德以行，將去性而從心，不足以定天下。惟道無名，
> 樸而未散，故作者鎮焉。救僿者莫若忠，為是故也。（卷二第二十四，
> 頁 0815 下）

此段注文係表示統治者當以「無為」治理人民，一旦統治者不能把握這個原則，而使人民「去性而從心」產生了「欲」之後，則不能使天下安定，一旦天下未能安定，應以樸而未散的「道」為治理原則。如此看來，徽宗所謂的

〔註108〕劉韶軍先生曾說：「研究道的學說，主要的目的在哪裡？這是衡量各家思想的一個基本點。從宋徽宗的這段話看（筆者按：徽宗《御注》解〈天下有始章第五十二〉「天下有始，以為天下母。既得其母，以知其子。既知其子，復守其母。歿身不殆」之注文），他研究道的微妙之理之後，關注的是全生盡年，可知他的主要目的是在個人的養生方面。」（引自劉韶軍點評：《唐玄宗、宋徽宗、明太祖、清世祖《老子》御注點評》，頁 325）。從劉韶軍先生的這段文字，可知徽宗《御注》之所以「治身重於治國」，當是因為其對「道」的認識。不過筆者認為，若因而提出「（徽宗的）主要目的在個人的養生方面」的判斷，似乎又有所不當，畢竟如筆者正文所述，徽宗所認識的《老子》是帶有「政治關懷」，徽宗之所以有如此看法，可見其主要目的仍是「治國」，只是「治國」目標當藉由「治身」的努力而完成。換句話說，徽宗確實關注於「治身」方面的問題，但其並非只停留在個人養生的追求，亦有意於藉此完成「治國」的目標。

〔註109〕河上公注解「道可道，非常道」時，云：「（可道）謂經術政教之道也。非自然長生之道也。常道，當以無為養神，無事安民，含光藏暉，滅跡匿端，不可稱道。」（引自〔魏〕王弼等著，彭曉鈺校對：《老子四種·老子河上公注》，頁 1）。可見，河上公注以「自然長生」的修養意涵來看待「道」。

「道」便不可能是「經術政教之道」，而是河上公注所稱「無爲養神，無事安民」的「自然長生之道」。除此之外，既然河上公注將「道」視爲「自然長生之道」，而不是「經術政教之道」，且「自然長生之道」重於「經術政教之道」，則河上公注的思想基調是以「治身」重於「治國」，〔註110〕也正因爲如此，河上公本解〈守微第六十四〉「學不學」時，才會說：「聖人學人所不能學：人學智詐，聖人學自然。人學治世，聖人學治身。守道眞也。」〔註111〕，此處所謂「人學治世，聖人學治身。守道眞也」，同於徽宗《御注》「聖人體道，而以其眞治身。帝之所興，王之所起，偶而應之，天下將自賓」（卷三第十六～第十七，頁 0824）的意思，故說徽宗《御注》對於「治身」與「治國」孰爲輕重的看法，與河上公注幾乎一致。

　　總上所述，從徽宗《御注》的相關注文中可以發現，徽宗不但轉化了《老子》原有思想中的「聖人形象」，甚至在部分注文中表現出對於「治天下」的期待，這說明了「治國論」在其思想架構中，是重要的一個環節。然而，徽宗的「治國」態度，取決於對「道」的理解，筆者認爲，徽宗《御注》對「道」的理解，近似於河上公注的看法，將「道」理解爲「自然長生之道」而非「經術政教之道」，因此徽宗《御注》常對「治身」問題多所說明，並將「治國」的努力託付於「治身」的實踐當中，易言之，「治身」與「治國」兩相權衡下，「治身論」的要求不但完成了個人修養，也決定了國家興敗，就此意義下，徽宗《御注》明顯表現出「治身重於治國的態度」。

二、治國目標與施政方法

　　雖說徽宗《御注》表現出「治身」重於「治國」的態度，然而徽宗仍期待「聖人」的政治作爲有所成績，故其解「功成事遂。百姓皆曰我自然」時，云：

　　帝王之功，聖人之餘事也。使民甘其食，美其服，安其俗，樂其業，而餘事足以成帝王之功。然謂「我自然」而已。曰「帝力何有於我哉？」此之謂太上之治。（卷二第三十六，頁 0801 上）

〔註110〕王明先生認爲河上公注以「治身」爲先，他說：「《河上公章句》以『治身』爲主誼，此所謂治身，非修善積德之謂，乃養生益壽之謂也。……《章句》中雖有時亦言及治國，然往往以治身爲先。」（引自王明著：〈《老子河上公章句》考〉，收錄於王明編：《道家和道教思想研究》，重慶：中國社會科學出版社，1984 年 6 月，頁 306。）

〔註111〕引自〔魏〕王弼等著，彭曉鈺校對：《老子四種·老子河上公注》，頁 81。

這段文字可視作徽宗對於政治施為的看法。「帝王之功，聖人之餘事也」即是前小節中所指的「帝之所興，王之所起，偶而應之，天下將自賓」，這句話表示徽宗認為，對於達到「聖人」地位的統治者而言，能在施政上有所表現（帝王之功）並不困難，故用「聖人餘事」來指「帝王之功」。然而，何以徽宗會認為統治者有所功業，不是一件困難的事呢？答案在於，徽宗所設定的施政目標並非要求統治者有任何豐偉的功績，而是使人民能夠安居樂業，即引文中所謂「使民甘其食，美其服，安其俗，樂其業」。倘若如此，統治者只要使人民能安居樂業，便達到施政目標，也就成就了「帝王之功」，從這個角度來看，成就「帝王之功」確實不困難。然而，並不是每個統治者都能成就「帝王之功」，因為「太上之治」不是給予人民足夠的糧食、穿戴，就能有所成就，還必須使人民能夠甘之、美之。如何能夠使人民能甘之、美之呢？此有待統治者教化人民安於本分，，故其解〈小國寡民章第八十〉之「甘其食，美其服，安其俗，樂其業」時，云：

> 耕而食，織而衣，含哺而嬉，鼓腹而遊，民能已此矣。止分，故甘；
> 去華，故美；不擾，故安；存生，故樂。（卷四第二十六，頁 0845 上）

從這段注文便可清楚看出，徽宗認為人民之所以能「甘其食」在於可以「止分」、能「美其服」在於可以「去華」、能「安其俗」在於可以「不擾」、能「樂其業」在於可以「存生」，而人民能夠「止分」、「去華」、「不擾」、「存生」，並不是透過統治者的壓抑，倘若是統治者壓抑的結果，則人民不可能說：「帝力何有於我哉？」，也成就不了「太上之治」。

眞正能使人民得以「止分」、「去華」、「不擾」、「存生」的原因，在於去除人民過多的欲望，而使之回到基本「日用飲食」的滿足，故其解「故知足之足，常足矣」時，云：

> 人見可欲，則不知足。不知足，則欲得。欲得，則爭端起，而禍亂
> 作，泰至則戎馬生于郊。然則，知足而各安其性命之分，無所施其
> 智巧也。日用飲食而已，何爭亂之有。（卷三第十五，頁 0823 下）

這段注文有兩項重點：其一，「日月飲食」是人民的基本需求，倘若統治者能使人民得到「日用飲食」的滿足，便不會「爭亂」；其二，之所以會有「爭亂」現象的產生，起因於人民的「不知足」、「欲得」。〔註112〕因此，要避免「爭亂」

〔註112〕徽宗主張只要提供人民日用飲食的滿足，便可使之不起貪欲之心而避免爭亂。筆者認為，這項假定忽略了人民除了日用飲食之外，尚有更高層次的需

的發生，除了滿足人民「日用飲食」之外，更有待統治者使人民去除欲望，故其解「我無欲而民自樸」時，云：

> 不尚賢，則民不爭；不貴難得之貨，則民不爲盜。同乎無欲，而民性得矣。（卷三第三十，頁 0831 上）

又其解「是以聖人欲不欲，不貴難得之貨；學不學，以復眾人之所過」時，云：

> 聖人不以利累形，欲在於不欲。人我之養，畢足而止，故不貴難得之貨。（卷四第八～第九，頁 0836）

上述兩段注文都是從統治者的角度來說明去「欲」的重要。統治者所努力者，不過就是「不欲」，能「不欲」就能滿足於日用飲食，故說「人我之養，畢足而止」。進一步來看，若人民也能如此，則人民透過「去欲」所做的努力，將不再「不知足」、「欲得」，而能安於「日用飲食」的滿足，最終避免了「爭亂」的發生。這一整個過程其實就是本章第二節所提出的「致道盡性」的工夫，統治者於此所做的努力在於「同乎無欲，而民性得矣」，意即讓人民完成工夫修養的極致，而呈現出己身的「性」。倘若人人如此，則「治國」可期。

　　此外，既然徽宗《御注》的治國目標在於使民得其「性」，這也代表徽宗《御注》的「治國」的政績，其實是在「治身」要求中所實現而得。那麼，

求，譬如：個人自由的追求、生命財產的保障等等。當然，以現今社會發展的趨勢，衡量徽宗所處時代的價值觀，並不適切。然而，筆者並非就現今的價值觀評論徽宗的主張是否得當，而是透過此觀察發現，徽宗《御注》雖然表現出還原或貼近老子思想的努力，且柳存仁先生亦稱讚此注「能抉道家之竅」，然而，徽宗畢竟是以統治者身份解《老》，從注文的字裡行間，還是流露出統治者居上的看法。譬如，徽宗解〈聖人無常心章第四十九〉「百姓皆注其耳目。聖人皆孩之」時，便云：「天視自我民視，天聽自我民聽，故聖人以百姓爲心。聖人作而萬物覩，故百姓皆注其耳目。百姓惟聖人之視聽，則聖人者，民之父母也。矜憐撫奄，若保赤子，而仁覆天下。」（卷三第十八，頁 0825 上）徽宗引用《尚書》「天視自我民視，天聽自我民聽」與《老子》「聖人以百姓爲心」作注，頗貼合於河上公注所說的「百姓皆用其耳目，爲聖人視聽也」這句話（引自〔魏〕王弼等著，彭曉鈺校對：《老子四種・老子河上公注》，頁 60），不過，徽宗卻接著說：「百姓惟聖人之視聽，則聖人者，民之父母也。」如此一來，則產生了義理的內在矛盾。也就是說，既然「天視自我民視，天聽自我民聽」，則應如河上公注所謂「百姓爲聖人之視聽」，怎麼會是「百姓惟聖人之視聽」？儘管只有「爲／惟」一字之差，卻造成主從關係的異位。細探其原因，徽宗或許由於政治考量或習於統治者身份，所以認爲統治者是人民行爲的最終決定者，這個看法也造成他在施政目標的設定上，忽略了人民的確實感受。

徽宗的政治思想是否構成余英時先生所說的「反智論」或「權謀化」呢？筆者以爲非。余先生在其所著〈唐、宋、明三帝老子注中之治術發微〉，提出：

> 在〈反智與中國政治傳統〉一文中，我曾指出《老子》書中的政治思想基本上是屬於反智的陣營；而這種反智成分的具體表現便是權謀化。這一點在現存帝王注釋《老子》諸本中可以得到說明。〔註113〕

又，

> 三帝論「愚民」問題，合而觀之，也甚有趣。《老子》「爲道者非以明民也，將以愚之也」一節，……宋徽宗生當儒學復興之世，則引孔子語解之曰：「民可使由之，不可使知之。古之善爲道者，使由之而已。」兩帝在採用愚民政策這一點上主張是一致的。〔註114〕

上述兩段引文是余英時先生對於徽宗《御注》的政治思想帶有「反智成分」與「權謀化」的說明，〔註115〕然而若僅就這兩段文字的敘述，很難看出何謂「反智成分」與「權謀化」，因此，討論徽宗《御注》是否存在「反智成分」或「權謀化」之前，當先了解余先生如何解釋「反智」這個概念。我們從余先生的〈反智與中國政治傳統〉（附於余英時著：《歷史與思想》，臺北：聯經出版事業，1976 年 7 月初版）一文，可知所謂的「反智論」兼指「反智性論

〔註113〕引自余英時著：《歷史與思想》（臺北：聯經出版事業，1976 年 7 月初版），頁 77。

〔註114〕引自余英時著：《歷史與思想》，頁 80。

〔註115〕余英時先生此文對於徽宗御注的討論另有兩處，然筆者認爲這兩處係余先生從史料記載的角度，來詮證徽宗《御注》文字的可能來由，雖涉及余先生所提「反智論」相關討論，但是並未直接對徽宗《御注》思想造成決定性的影響。爲避免本論文多生枝節，筆者暫不於本論文進行討論。僅摘錄文句於後：其一，關於《老子》「不尚賢，使民不爭」一點，宋徽宗的解釋比較值得注意。他說：「……」。宋徽宗引《莊子‧胠篋篇》之語注「不尚賢，使民不爭」，頗顯露時代的背景。（按：「曾、史之行」指「曾參行仁、史鰌行義」而言。）北宋思想比較自由活潑，因此有學派之爭和黨派之爭，徽宗殆深感於此，而興統制思想之念。（引自余英時編：《歷史與思想》，頁 80）其二，《老子》的政治思想，至少在表面上看，是以「清靜無爲」爲其最顯著的特色。三帝註老，在這一類的地方自然不能不加以敷衍，但在政治實踐中，嚴格的「清靜無爲」是不可能的事。……宋徽宗解「民不畏死」章之「若使民常畏死而爲奇者，吾得執而殺之，孰敢？」云：「天下樂其生而重犯法矣，然後奇言者有誅，異行者有禁，荀卿所謂犯治之罪，固重也。」徽宗此處顯然主張對「犯治」者用重刑。他解「爲奇者」作「奇言」、「異行」，疑有時代背景，或即指「吃菜事魔」、「夜聚曉散」之摩尼教徒而言。……則注中「奇言」、「異行」並非泛言，從可知矣。（引自余英時著：《歷史與思想》，頁 82～頁 83）。

者」及「反知識份子」二者而言，前者認爲「智性」及由「智性」而來的知識學問對人生皆有害而無益，後者則是輕鄙、敵視代表「智性」的知識份子。〔註116〕余先生並指出：

> 道家的反智論影響及於政治，必須以《老子》爲始作俑者。老子的反智言論中有很多是直接針對著政治而發的。……老子在此是公開地主張「愚民」，因爲他深切地瞭解，人民一旦有了充分的知識就沒有辦法控制了。〔註117〕

因此，我們可以知道，余先生對於道家學派，特別是《老子》而言，所謂的「反智」是指避免人民因爲獲得知識，而使統治者無法控制。這種思想具體表現在政治作爲上，便是一種「權謀化」的手段。暫且不論余先生的「愚民」說是否如實地理解老子思想，以余先生對於「愚民」說的理解，分析所舉之例證，筆者看不出徽宗《御注》帶有余先生所指的「愚民」思想。我們仔細閱讀余先生所舉例之注文的完整內容，可發現徽宗所謂的「愚」，並不是統治者施行於人民的一種「治國」手段，而是人民對己身「治身」要求，所達到的一種成果，故說「無所施智巧焉，故曰『愚』」（卷四第九，頁 0836 下）。換句話說，徽宗《御注》此段注文的「愚」，是指擯除好施智巧而造成欲望的一種修養表現，屬於「治身」層面，根本不同於余先生所說統治者爲了對人民能加以控制而發的「反智」手段。再者，徽宗所謂的「愚」、「去智」是指去除求取「小智」的心，改能體「道」而行，也不同於余先生所說去除一切知識，順從「聖人」的控制。因此，徽宗《御注》沒有「權謀化」的可能，故說余英時先生所規定的「反智論」、「權謀化」概念，並不能恰當地用以描述徽宗《御注》的思想。

　　總結來說，透過上述推論過程，我們可知徽宗於「治國論」的施政作爲是使人民能安居樂業，然而人民之所以能安居樂業，並非統治者強加任何政治作爲在人民身上，而是透過使人民完成「治身」過程，做到「致道盡性」的工夫。如此一來，治國的成就並不單單歸因於統治者提供日用飲食而已，尚且包括了人民完成「治身」而能得其「性」的努力在內。就此而論，從統治者的角度來看，完成治國理想、成就「帝王之功」，確實不過是「聖人之餘

〔註116〕有關余英時先生對「反智論」的看法，可參見余英時著：《歷史與思想》，頁 1～頁 3。
〔註117〕引自余英時著：《歷史與思想》，頁 11。

事」。從人民的立場來看，之所以能「甘其食，美其服，安其俗，樂其業」，並不是任何外力的強迫，而是完成己身「治身」工夫所達成，當然可說：「帝力何有於我哉？」這就是徽宗所刻畫的「太上之治」。

最後，則是徽宗《御注》施政方法的討論。前已言及，徽宗認為身處「周之末世」的老子，其著書動機來自於他對當代的政治關懷，所採取的方向則為「袪其弊而使之反本」，所謂「反本」就是「返道」的意思，藉由「返道」來解決當代所面臨的政治問題。因此，徽宗《御注》在施政的看法上，主張模仿天對萬物的作用來治理國家，此作用落實為一種因應時代課題，即是「無為」。〔註118〕牟宗三先生也有相似看法，他認為老子處理周文疲弊的因應辦法在於「無為」，而「講無為就函著講自然」，〔註119〕因此，「無為」與「自然」成為老子思想基本概念中的一環，既然此二者同是老子思想基本概念中的一環，討論徽宗《御注》在施政方法，所提出來的「無為」主張之前，有必要先檢視徽宗《御注》對於「自然」概念的認識。首先，徽宗《御注》解「希，言自然」時，云：

> 希者，獨立于萬物之上，而不與物對，列子所謂疑獨者是也。去智與故，循天之理，而不從事於外，故言自然。（卷二第四，頁 0805下）

又，其解「故從事於道者，道者同於道，德者同於德，失者同於失」時，云：

> 希則無所從事，無聲之表，獨以性覺，與道為一，而不與物共，豈德之可名，失之可累哉？惟不知獨化之自然，而以道為難知、為難行，疑若登天然，似不可及也，迺始苦心勞形，而從事於道。或倚于一偏，或蔽于一曲，道術為天下裂。（卷二第五，頁 0806上）

從這兩段引文來看，徽宗《御注》的「自然」是「治身」工夫達到極致的結果，也是排除了「智」與「故」，且順從於「道」，的一種「獨化」狀態，這

〔註118〕劉韶軍先生說：「宋徽宗指明聖人的無為之治，是模仿天對萬物的作用而形成的思想。」（引自劉韶軍點評：《唐玄宗、宋徽宗、明太祖、清世祖《老子》御注點評》，頁 17）。

〔註119〕牟宗三先生說：「他直接提出的原是『無為』。『無為』對著『有為』而發，老子反對有為，為什麼呢？這就由於他的特殊機緣而然，要扣緊『對周文疲弊而發』這句話來了解。……講無為就函著講自然。……自然是從現實上有所依待而然反上來的一個層次的話，道家就在這個意思上講無為」（引自牟宗三：《中國哲學十九講》，臺北：臺灣學生書局，2002 年 8 月第九次印刷，頁89～頁 90。）

時候，人的治身工夫達到極致將成為「獨有之人」，〔註120〕而不受外物所影響。既然能不受影響，則不會有「智」、「欲」的產生，人民便能安於日用飲食，故知這種人一方面表現了世人「治身」的最終目的，另一方面也是統治者「治國」的施政目標的理想，換句話說，徽宗的施政目標最終不過是使人能作為「獨有之人」，也就是達到「自然」。那麼，統治者如何能使人民達到「自然」的狀態呢？必有待於「無為」。故其解「太上，下知有之」時，云：

> 在宥天下，與一世而得淡泊焉。無欣欣之樂，而親譽不及；無悴悴
> 之苦，而畏侮不至。莫之為而常自然，故下知有之而已。（卷一第三
> 十四～第三十五，頁 0800）

又，其解「非其鬼不神，其神不傷民，非其神不傷民。聖人亦不傷民，夫兩不相傷，故德交歸焉」，云：

> 以道莅天下者，莫之為而常自然。（卷四第三，頁 0833 下）

又，其解「鄰國相望，雞犬之聲相聞，使民至老死，不相與往來」時，云：

> 居相比也，聲相聞也，而不相與往來。當是時也，無欲無求，莫之
> 為而常自然。此之謂至德。（卷四第二十六～第二十七，頁 0845）

上述三段引文中的「莫之為」便是「無為」，倘若統治者治理國家的態度能夠無為，便能保住人民的「自然」，故說「莫之為而常自然」。易言之，「無為」的目的是使人民能夠「去智與故，循天之理，不從事於外」，避免落入「惡」的狀態，而產生了「不知足」、「欲得」之心。然而，徽宗的「無為」難道只是單純要模仿天對萬物的作用，而沒有其他考量而採取「無為」的治道嗎？筆者推測，徽宗之所以採取「無為」的態度，除了「體道」以外，另一個原因在於「避禍」。故其解「夫惟不爭，故無尤矣」，云：

> 無為而寡過者易，有為而無患者難。既利物而有為，則其於無尤也
> 難矣

無為則能「寡過」，有為將產生災患，因而徽宗認為統治者的施政方法應該保持「無為」的原則。然而，雖然徽宗對於施政方法的原則是「無為」，但是「無

〔註120〕徽宗解「故物或行或隨，或噓或吹，或強或羸，或載或隳」時，云：「萬物之理，或行或隨，若日月之往來；或噓或吹，若四時之相代；或強或羸，若五行之王廢；或載或隳，若草木之開落；役於時而制于數，固未免乎累。惟聖人為能不累於物，而獨立于萬物之上，獨往獨來，是謂獨有。獨有之人，是謂至貴。故運神器而有餘裕。物態不齊，而吾心常一。」（卷二第十四，頁 0812 下）

爲」並不是什麼事都不做的意思。依照尹志華先生的說解，徽宗《御注》的「無爲」是一種「置之不管」的態度，他說：

> 「因其自然」思想的消極方面也是不容忽視的。因爲自發的行爲並非都是好的。具體到政治上來說，總會有官員要貪污腐敗、爲非作歹。對於這些自發的「惡」，如果在鼓吹「因其自然」的思想時，那就是助紂爲虐了。……宋徽宗深受道家「因其自然」思想的影響，在治國的問題上一再強調「因其固然，付之自爾」。其實質就是對大臣忠奸不辨，對事情往好的方向發展還是往壞的方向發展置之不管。〔註121〕

從這段引文可以發現，尹志華先生反駁徽宗所提出「無爲則能寡過」的意思，誠然，如尹志華先生所述，若是將「無爲」落實到具體的政治現實上頭，統治者「無爲」的態度，可能助長了官員或人民往「自發的『惡』」的現象，故說並非眞能「無爲則能寡過」。然而，尹志華先生也忽略了徽宗《御注》的「無爲」，並非什麼事都不作，而是「不妄爲」的意思。正如同本節前面所述，徽宗的「治國」成就是透過「治身」的努力而達成，易言之，當徽宗提出「無爲」概念的時候，是函著講「自然」，而所謂的「自然」並非尹志華先生所說的「事物的自然發展趨勢」，〔註122〕依照徽宗自己的講法，所謂的「自然」是指「去智與故，循天之理，而不從事於外」。既然如此，「自然」的發展是跟「道」同方向，必定是「往好的方向發展」，統治者的「無爲」不過是表現在順從人民自主地「往好的方向發展」上面。更何況，在徽宗《御注》義理的架構中，並不會出現「自發的『惡』」，所謂「惡」是「失性從心」的後果，「去性從心」即是追逐於外物，不可謂之「自然」，如此一來，勢將不可能有「助紂爲虐」的情事出現。

總結來說，徽宗身爲國家的統治者，不得不治理天下國家，然而，既然「治身」重於「治國」，對於統治者來說，「治理國家」反將不如「自身修養」來得重要，是故對於「帝王」之事，也就抱著「偶而應之」的態度；從人民角度來看，人民只要不受統治者「有爲」的干擾，便可長保「自然」，避免落

〔註121〕引自尹志華著：〈試析北宋《老子》注家對「無爲」的詮釋〉（《首都師範大學學報（社會科學版）》總第156期，2004年1月），頁53。

〔註122〕尹志華先生提出：「所謂『因其自然』，就是順應事物的自然發展趨勢而採取相應的措施。」（引自尹志華著：〈試析北宋《老子》注家對「無爲」的詮釋〉，頁53）。

入「惡」的後果，而能安居樂業。因此，徽宗《御注》的「治身論」與「治國論」二者，雖然看似兩件相異且無關的作為，但由於「治身」是「治國」的根據，那麼對於統治者來說，推動「治國」的原則，不過是使人民「治身」，這又將「治國」與「治身」結合在一起。

第五章 結 論

　　近幾年來，臺灣方面陸續發表以「御注老子」爲研究題材之學位論文，
而大陸方面也相繼出版以「御注老子」爲討論對象的學術論文或專書，姑且
不論「御注老子」對老子思想的理解是否正確，或是「御注老子」對老學研
究是否具有存在價值，從兩岸自六○年代之後，重啓對「御注老子」的研究之
現象來看，「御注老子」的研究確實再度受到學術界的關注。可是，若從前人
們的研究成果的數量來看，即使前輩學者們對徽宗《御注》思想的評價不亞
於開元御注，且認爲徽宗《御注》在宋代老子學中具有重要指標意義，〔註1〕
但是「御注老子」的研究仍以開元御注爲大宗，甚少以徽宗《御注》或其他
御注本做爲獨立的研究對象，〔註2〕因此，雖然前輩學者們已留下不少的學術
線索與材料，卻從中難以概況徽宗《御注》思想架構的全貌。職是之故，筆

〔註 1〕 江淑君教授所撰〈《宋徽宗御解道德眞經》之義理宗趣及其詮註取向析論〉指
　　　　出:「之於徽宗來說，他是具有多重面向的，在他的種種學術性著作中，注《老》
　　　　一書也確實有其可觀之處，若從老學史來加以定位的話，當可在宋代老子學
　　　　的學術舞臺上佔有一席之地的。」此文注釋 9 也說:「以宋代爲數眾多的注《老》
　　　　學者而言，徽宗被提舉出來加以討論，頗能突顯出其在宋代老子學中的重要
　　　　地位。」（俱引自江淑君撰:〈《宋徽宗御解道德眞經》之義理宗趣及其詮註取
　　　　向析論〉（稿本），將發表於《輔仁國文學報》），可見徽宗《御注》在宋代老
　　　　子學之中，確實有其重要指標意義。
〔註 2〕 就筆者所見，直至目前爲止，唯有黃釗先生主編《道家思想史綱·宋明統治
　　　　者對道家思想的利用，宋徽宗《御解道德眞經》》與江淑君教授所撰〈《宋徽
　　　　宗御解道德眞經》之義理宗趣及其詮註取向析論〉，是以專節或專文的方式進
　　　　行義理思想的闡述。其他有關徽宗《御注》義理思想的學術討論，皆未獨立
　　　　抽出爲研究對象，而是散見於與之相關的專題研究中。詳細論述，參見本論
　　　　文第一章第二節所示。

者旨在踵繼前輩學者所奠立之基礎，以徽宗《御注》作爲研究對象，考察其如何接受《老子》文本、如何與《老子》思想互動而提出詮解，進而探析徽宗《御注》思想的重要義蘊及其內涵。

一、論文之展開與回顧

本論文的結構安排共分爲五章，首尾二章分別爲「緒論」與「結論」，「緒論」爲本論文構思源頭，主要陳述本論文之研究動機、前人研究成果與研究方法，「結論」則約略表述各章大要與論文侷限，以作爲本論文總結。主體部分區分爲兩個層次：其一，針對徽宗《御注》注《老》動機及其體例等外緣問題作成檢索資料，寫成第二章〈徽宗《御注》外緣問題之考察〉；其二，爲徽宗《御注》內在義理架構的解析，筆者嘗試從微觀角度探究徽宗《御注》對《老子》「道」、「德」之概念的理解，以及其從《老子》思想所推衍而出的「聖人形象」、「治身論」、「治國論」等議題，分別撰寫爲第三章及第四章。

第二章「徽宗《御注》外緣問題之考察」，主要討論徽宗《御注》的體例與注《老》動機等相關問題。在徽宗《御注》的體例方面，有兩項初步發現；第一點，從既有文獻資料的記載，徽宗《御注》原作二卷本，但是今所流傳的《道藏》本徽宗《御注》則是四卷本，透過比對《道藏》本徽宗《御注》與章安《宋徽宗道德眞經解義》、江澂《道德眞經疏義》間的分卷現象，發現《道藏》本徽宗《御注》與章安本皆以〈道常無爲章第三十七〉之前爲「道經」，〈上德不德章第三十八〉之後爲「德經」，〔註3〕江澂本雖然不沿用「道經」、「德經」的稱呼，但是亦以同樣的分類方式將經文分爲兩大部分。此外，《道藏》本徽宗《御注》「道經」、「德經」各有「小序」簡述其意，故筆者推測徽宗《御注》二卷本之分類方式，當以「道經」、「德經」爲區隔，也就是分爲「道經」、「德經」二卷，現今所傳四卷本的分卷方式，係後人根據原「道經」、「德經」的分卷基礎上，再各自析分爲「道經上」、「道經下」、「德經上」、「德經下」，而成爲四卷本。第二點，比對《道藏》本徽宗《御注》與河上公本及開元御注本三者版本差異之後，亦有兩點發現：其一，從兩兩經文差異數目來看，徽宗《御注》本較接近於開元御注本的經文；其二，就「章名」

〔註3〕徽宗有時亦以「下經」代稱「德經」。如〈信言不美章第八十一〉注文有「故〈德經〉終焉」，而〈德經·小序〉又稱「體道者異乎此，故列於下經」，兩相比照，「德經」即是「下經」，兩者所指爲一。

的安排方式觀之,《道藏》本徽宗《御注》與開元御注本皆以該章開頭文字作
為章名,除了其中五個章目略有不同外,其餘皆相同,而與河上公本的章名
大不相同。就此二點,筆者推測徽宗為《老子》做注時,必然參考了開元御
注本的內容。

在注《老》動機方面,從諸多文獻資料的記載,可發現徽宗之所以注《老》
有兩點理由:其一,基於個人「崇道」的情懷,也就是徽宗對於道教及老子
本人的推崇;其二,有意「調和儒道」。徽宗認為儒道所談論的「道」是一致
的,然而世人以為非,故親注《老子》並頒佈《御注》,以挽世俗之見。但是
就動機而言,筆者認為所謂的「調和儒道」並不是思想義理的調和。誠然,「調
和儒道」是徽宗《御注》的注《老》表面現象,但是此表象的產生並非出於
學術的目的,細究其動機,乃是使儒道兩家的「道」收攝於「治身/治國」
的期待中。也就是說,徽宗《御注》所理解的「道」,不但是世人「治身」的
依循標準,同時也是君王「治國」的仿效對象,既然「道」有如此重要的意
涵,倘若儒道兩家對「道」的理解有所不同,則「(道家的)道」便無法成為
普遍的規範法則。因此,「調和儒道」的現象,乃是徽宗有意透過化解儒、道
兩家對「道」的歧異看法,而能「有效」提出「治身論」、「治國論」,並非真
於儒道二家的義理系統,進行理論的統合。

第三章「徽宗《御注》對《老子》基本概念之理解」,在於探究徽宗《御
注》如何理解《老子》的「道」與「德」這兩項基本概念。徽宗《御注》對
「道」的理解,主要是從《易傳》的「形而上者謂之道,形而下者謂之器」
獲得啟示,而構成「成形」之前的「道」與「成形」之後的「物」二分的理
論世界。既然是以「成形與否」為區分,則「物」有「象(可被經驗的存在
性質)」,且「象」的表現是「相對」的(兩儀既生,物物為對),則此「相對」
的「象」可歸納為三個現象:循環的現象、比較的現象、依存的現象。至於
「道」的存有特性,亦可區分為三種特質:第一,「唯道無體」。「無體」就是
沒有形體,因為沒有形體,則無法為人所「經驗」之,且表現為與「物」不
同的「絕對的」存有特性。第二,「道以物顯」。雖然「道」無法被經驗得之,
但是「道」的存有特性,可以透過「物」的存在特性來掌握,就如同「鏡子」
本身是「無象」,但是透過照射「他物」,則有「象」的產生。第三,「以中為
至」。「中」即是「道」所表現出來的作用,「中」的表現即是「常」,徽宗《御
注》以為「中」是「無過不及」,處於「陰陽之中」。最後,既然「道」係透

過「物」而得以「顯照（爲人所認識）」，則「道」與「物」之間必然構成某種「關係」，筆者將之歸納爲「存在的關係」與「對待的關係」。所謂「存在的關係」係指「道」與「物」透過「生」的作用，將二者聯繫爲「母子關係」，且「道」必爲「物」所應依循的標準；然而，雖說「道」與「物」係透過「生」的作用而加以聯繫，但是「物」之所以「生」，並非等待「道」對「物」直接進行生發作用，而有待於自身「一氣之自運」。不過，這不意謂「道」與「物」是完全割裂的，因爲，既然「道」與「物」可確立爲「母子關係」，則二者間依然存在「道生物」的過程，只是此處的「生」不是「生發」義，而是「根據」義，「道」乃「物」的存有論式之形上根據。

老子思想的目標並不只在於對「道」的解釋，也在解決生命困境問題，徽宗《御注》大抵依循此義理脈絡，將這部分歸納爲對「德」的討論。徽宗《御注》將「德」分爲兩類，一類是本質同於「道」的「玄德」、「上德」，此類的「德」可視作「道」的具體展現，如此一來，不但點出了「德」的本質根源，也使「德」成爲行爲主體之行事所依循的標準；另一類的「德」，稱爲「凶德」、「威德」、「逆德」，這類的「德」雖然亦有「德」的稱呼，卻是「離道」的行爲，而與「玄德」、「上德」大相逕庭，易言之，就是追求「仁」、「義」、「禮」的末事，反而忽略了「自得於道」。以上是徽宗《御注》對於《老子》基本概念的理解。

第四章「徽宗《御注》對老子思想義蘊之推衍」，是徽宗《御注》所關切的核心議題，可分爲「聖人形象」、「治身論」、「治國論」三者。如前段所述，老子義理思想的脈絡，並非停留在形上的「道論」的建立，而是將形上的「道」落實於形下的領域，當落實在人身上，則成爲「治身論」，如果落實在天下國家，則成爲「治國論」，而能作爲「治身論」與「治國論」二者的模範，則是「聖人」。

徽宗《御注》所描述的「聖人」仍然保存原有老子思想中「人格表現的典範」之意涵。老子思想中的「聖人」之所以能作爲天地間最有價值的存在，在於其落實了體現「道」的行動上，故而理解徽宗《御注》如何分析、解釋「聖人體道的表現」，成爲該章節的重要目標，筆者歸納出兩項重點：第一項重點，聖人「體道」的原因。筆者認爲聖人「體道」的原因，可分爲「消極因素」跟「積極因素」，「消極因素」方面，聖人之所以體道在於「物之不可

求，求則失之」，〔註4〕所謂「物之不可求」係指「物」之得與不得，並不是主觀意願所能決定，既然不是主觀意願所能決定，則也不必對於得與不得感到歡樂或悲傷，反過來講，倘若有意於求，則將受物所牽制，而淪失本性，故說「求則失之」；「積極因素」方面，聖人「體道」的原因則是可以達到「遇吉離凶」，也就是避免掉「消極因素」所隨之而有的不好的結果。第二項重點，聖人如何「體道」。既然，「道」是「形而上者」，則行為主體無法用經驗的方式「體道」，為解決此問題，徽宗《御注》援引莊子思想的「心齋」義，主張透過「合於氣」的「心」（筆者按：徽宗《御注》亦將此「心」稱為「神」。）來掌握「道」。〔註5〕若要使「心」「合於氣」，有待於「治身論」所提出的修身工夫。

　　不過，徽宗《御注》雖然保存老子思想中「聖人」作為理想人格表現典範的意涵，卻也異於老子思想地將「聖人形象」結合了「統治者身份」，如此一來，「聖人」雖仍是理想人格表現典範，但是作為一個有「位」的國君的「聖人」，不是一般世人所能達到的目標。既然，徽宗《御注》所塑造的「聖人形象」是理想人格表現典範，而一般世人又無法成就自己成為「聖人」，這意味著一般世人必須順從「聖人」，易言之，聖人形象的轉化，展開了「治國論」的內容。

　　首先，先看徽宗《御注》的「治身論」。徽宗在「治身論」的討論中，設定了「性」的概念。所謂的「性」，乃人所獨有之，（筆者按：或說『人』之所以特殊於『物』，正是因為人獨有『性』）。既然是人所獨有，則「性」不得為「物理性質」或「物理需求」（筆者按：蓋「物」皆有其「物理性質」與「物理需求」），而是人之「保神」、「存神」的「儀則」，此「儀則」不因行為主體的不同而有所增減。這就如同「水」一樣，「川谷之水」與「江海之水」雖然不同，但是由於二者之「水」的質性相同便構成「相通」的條件；因此天下人不論南北之異、古今之殊，其「性」必定相同。這是第一義。順次，因為「水」在宇宙生成的過程中，「離道未遠」，故而「上善若水」，「上善」

〔註4〕徽宗《御注》解「金玉滿堂，莫之能守：富貴而驕，自遺其咎」時，云：「金玉富貴，非怵命之理也，外物之不可恃而有者也。寶金玉者，累於物，累於物者，能勿失乎？故莫之能守。」（卷一第十六～第十七，頁0791）

〔註5〕筆者認為，除了不可以感官經驗「道」的原因外，筆者認為既然「體道」的過程，有賴「合於氣的心」，且「心」是向內知覺的感官，這似乎隱喻「道」並非外在之理，而是內存於行為主體。

即是象徵著絕對之「善」的「道」，因此在「以水喻性」的前提中，亦預設了「性」「離道未遠」。事實上，徽宗《御注》注文已清楚表示「道與之性，一而不雜」的觀念，既然聖人「體道」不是探尋外在之理的「道」，而是透過「神」（合於氣的心）向內知覺，則作為「存神」、「保神」儀則的「性」，當是「體道」所知覺的對象。換句話說，「道」表現在「性」之中、「道」與「性」是「合一」的。所謂「道」與「性」二者「合一」，有兩層意義：第一，肯定「性」的道德價值，既然「道」與「性」合一，則「性」是具體內存於行為主體，同「道」一般具有「絕對的善」，因此淪失了「性」而追逐外物（筆者按：即「去性」），將落入「惡」的後果，一旦如此則有待治身工夫的挽救。第二，既然「惡」是淪失了性而追隨外物的結果，則治身工夫只是使「性」能重新與「道」「合一」，也就是「致道盡性」，能「致道盡性」也就是做到治身工夫。

　　此章最後一節是徽宗《御注》的「治國論」。筆者認為，雖然徽宗是以統治者身份注解《老子》，但是從徽宗《御注》的文字脈絡看來，徽宗於「治國論」關切程度明顯不如「治身論」，原因在於徽宗《御注》對「聖人」形象的設定。如前所述，徽宗《御注》中的「聖人」有「體道」的表現，「體道」就是將精力專注於「道」，而不追逐於「物」，然而，「天下國家」畢竟是「大物」、「大器」、「神器」，而不是「道」，在「聖人體道」的要求下，已決定了「治身」與「治國」這兩者，對於身為統治者的「聖人」，如何取捨二者，故徽宗《注文》明確表示：「聖人體道，而以其真治身。帝之所興，王之所起，偶而應之，天下將自賓」（卷三第十七，頁 0824 下）這說明了「聖人」所應關注者是「以道之真來治身」，「帝」、「王」之事，不過是「偶而應之」。雖然是「偶而應之」，徽宗仍未忘統治者應扮演「民之父母」、「神民萬物之主」的角色，只是「聖人」之「定天下」，仍在於如何「使民得其性」，避免人民「以物易性」而「失性於俗」，而既然要「使民得其性」則要「萬事銷忘」，作為典範標準的「聖人」在「治國」上，也就不須要求自己多所作為。總結來說，徽宗《御注》以「聖人形象」作為「治身論」與「治國論」的理論基礎，並貫串二者之間，「聖人」不但是一般世人仿效以「治身」的對象，同時也是一般國君仿效以「治國」的目標。然而，徽宗《御注》的「聖人形象」是以「體道」治身為目的，由是可見，徽宗《御注》對於「治身論」的看重程度，確實大於「治國論」，換句話說，「治國」主張反而不比「治身」要求來的重要。

　　以上大致是本論文所呈現徽宗《御注》思想架構。總結來看，藉由相關

章節的討論，可知徽宗《御注》的「道」「物」二分的理論世界中，由於「物」的存在特質為「相對性」，無法作為行事所依循的標準，故應以「道」為行事所依循目標。〔註6〕但是，「道」雖然是唯一的依循標準，世人未必能因此依循「道」而行為，故而對於未依循「道」而行為的人，需要設立一個理想典型。這個人格典型的模範便是「聖人」。「聖人」雖然不是「道」，但是聖人能「體道」而行，故成為世人「治身」的模範，而擬構出徽宗《御注》的「治身論」，在此同時，「聖人」也是國君「治國」的標準，而勾勒出「治國論」徽宗《御注》的。

二、反省與展望

本論文的核心議題聚焦於徽宗《御注》的思想義蘊，為有系統且清楚表述徽宗《御注》的思想義蘊的內涵，筆者參考傅偉勳教授所構思的「創造的詮釋學」，作為本論文研究方法的指引。然而，徽宗《御注》本質上並非哲學原典，而是哲學原典的詮釋者，且學術界尚未針對徽宗《御注》思想提出完整的研究論述，因此，筆者並不依循「創造的詮釋學」所揭櫫的「五謂」辯證層次逐一進行考察，而就「實謂」〔註7〕、「意謂」〔註8〕、「蘊謂」、「當謂」

〔註6〕 雖說「物」尚可區分為「天地」、「萬物」等等，然而，由於徽宗《御注》所建構的理論世界為「道」「物」二分，則「天地」、「萬物」皆不得脫離「物」的範圍而獨立，既然仍屬於「物」的範圍，則更確立了這個世界中能夠作為標準的唯有「道」。

〔註7〕 在「實謂」層次方面，主要處理原典校勘與版本考證，近於傳統校讎學。筆者以《道藏》本徽宗《御注》為底本，輔以《正統道藏》所收〔宋〕章安《宋徽宗道德經解義》、〔宋〕江澂《道德真經疏義》、〔宋〕彭耜《道德真經集註》之徽宗《御注》內容，互相參校，找出七百餘條相異處，並將成果附錄於本論文之後。觀察此七百餘條相異處，倘若再行扣除彭耜《道德真經集註》中因「集註」體例而未錄的徽宗《御注》內容之外，多為各版本通同字的差異，如：「于／於」、「猒／厭」、「雕／彫」、「予／與」、「修／脩」、「汎／泛」，或是抄寫時所產生之訛字，如：「遂／逐」、「鏡／撓」、「觸／解」、「辯／辨」，或是增減或改變虛字，如：「也」、「矣」、「也／是也」、「則／而」，。並未影響《道藏》本徽宗《御注》的思想意涵。

〔註8〕 在「意謂」層次，所做的工作即「依文解義」，透過對實謂層次所獲得的結果，盡可能表達詮釋者的「客觀」理解，以掌握典籍內在意義與作者的原本意向，而分析出典籍章句的「客觀意義」。由於徽宗《御注》係針對《老子》原典所做的詮釋，故筆者在「意謂」層次的努力，係重複研讀並歸納分析點校結果，而逐步形成本論文之章節架構。易言之，分析徽宗《御注》如何詮解《老子》思想，並從所得材料，提出徽宗《御注》思想內涵之梗概，而寫就第三章「徽

〔註9〕四個層次，探討徽宗《御注》思想內涵。

但是，本論文的寫作動機與目標設定在探討徽宗《御注》的思想義理意涵，所做的分析工作在於整理、歸納並鋪排徽宗《御注》的理論架構，雖然在研究過程中，盡可能援引或是討論與徽宗《御注》相關的學術文獻，特別是援用〔宋〕章安《宋徽宗道德眞經解義》及〔宋〕江澂《道德眞經疏義》的疏文內容，以理解如何解釋／詮釋徽宗《御注》，但是侷限於論文研究範圍的設計，在筆者的研究過程中，不得不對部分課題有所取捨，因此筆者雖有意以傅偉勳教授所構思的「創造的詮釋學」爲研究方法，卻未以專章方式延伸並深入探討章安、江澂二家對徽宗《御注》所構成的「蘊謂」是否全然合適於徽宗《御注》的思想意涵。故從本論文研究成果上難以看出宋代老子御注的發展特色，特別是徽宗《御注》的詮釋觀點對其他注家的承傳與影響這一部份。然而，既已完成了徽宗《御注》思想義蘊的初步考察工作，如何進一步「再認識」徽宗《御注》的其他課題，如徽宗《御注》詮釋觀點的承繼與影響，或是徽宗《御注》在老學史（或宋代老子學）上所扮演的地位等等，都將成爲本論文往後往前繼續延伸的可能，也是筆者日後研究的目標。

　　宗《御注》對《老子》基本概念之理解」及第四章「徽宗《御注》對老子思想義蘊之推衍」。

〔註9〕從「蘊謂」到「當謂」層次，本是平排出各種思想史上已經存在的有關原典的可能詮釋進路，藉此多面探討原思想家與歷代註解者前後的思維連貫性，並設法找出原典可能的原意。徽宗《御注》雖非思想原典，但是藉由章安與江澂二家對徽宗《御注》的理解，或足以推測徽宗《御注》思想原意，此外，後代對徽宗《御注》的部分思想內容，亦有所討論，故而筆者得藉由各家對徽宗《御注》的「蘊謂」，進一步推測徽宗《御注》之「當謂」爲何。

參考文獻

一、古籍部分

1. 〔漢〕河上公,《老子道德經》(無求備齋老子集成初編,臺北:藝文,1965年據明嘉靖九年顧春世德堂刊六子本景印)

2. 〔魏〕王弼,《老子道德經注》(無求備齋老子集成初編,臺北:藝文,1965年)

3. 〔魏〕王弼、〔晉〕韓康伯著 ,《周易王韓注》(收錄於涂雲清校對:《周易二種》,臺北:大安出版社,1999年7月第一版第一刷)。

4. 〔唐〕唐玄宗,《唐玄宗御註道德真經》(《正統道藏》第19冊,臺北:新文豐出版公司,1977年初版)。

5. 〔唐〕唐玄宗,《唐玄宗御製道德真經疏》(效字號本)(《正統道藏》第19冊,臺北:新文豐出版公司,1977年初版)。

6. 〔唐〕唐玄宗,《唐玄宗御製道德真經疏》(才字號本)(《正統道藏》第19冊,臺北:新文豐出版公司,1977年初版)。

7. 〔宋〕宋綬,宋敏求編纂/司義祖校點,《宋大詔令集》(北京:中華書局,1962年第一版)。

8. 〔宋〕趙汝愚編,《宋名臣奏議》(景印文淵閣四庫全書;431;432,臺北:臺灣商務印書館, 1983年據國立故宮博物院藏本影印)。

9. 〔宋〕宋徽宗,《宋徽宗御解道德真經》(《正統道藏》第19冊,臺北:新文豐出版公司,1977年初版)。

10. 〔宋〕宋徽宗,《沖虛至德真經義解》(《正統道藏》第25冊,臺北:新文豐出版公司,1977年)。

11. 〔宋〕宋徽宗,《老子西昇經》(御注)(《正統道藏》第19冊,臺北:新

文豐出版公司，1977 年）。

12. 〔宋〕章安，《宋徽宗道德眞經解義》（《正統道藏》第 20 冊，臺北：新文豐出版公司，1977 年）。

13. 〔宋〕江澂，《道德眞經疏義》（《正統道藏》第 20、21 冊，臺北：新文豐出版公司，1977 年）。

14. 〔宋〕彭耜，《道德眞經集註》（《正統道藏》第 23 冊，臺北：新文豐出版公司，1977 年）。

15. 〔宋〕吳曾，《能改齋漫錄》（百部叢書集成初編，臺北：藝文，1966 年）。

16. 〔宋〕晁公武，《郡齋讀書志》（《四庫全書》第 674 冊，臺北：臺灣商務印書館，1983 年）

17. 〔宋〕楊仲良編，《續資治通鑑長編紀事本末》（宋史資料萃編，臺北：文海，民 56 台初版影印本）。

18. 〔宋〕朱熹，《四書章句集注》（臺北：鵝湖出版社，2002 年 3 月六刷）。

19. 〔元〕脫脫等，《宋史》（臺北：鼎文書局，1978 年）。

20. 〔明〕憨山大師，《老子道德經憨山註、莊子內篇憨山註（合一冊）》（臺北：新文豐出版公司印行，民國 85 年 4 月出版四刷）。

21. 〔清〕劉寶楠撰，高流水點校，《論語正義》（北京：中華書局，1998 年 12 月北京第 3 次印刷）。

22. 〔清〕王先謙撰，沈嘯寰、王星賢點校，《荀子集解》（北京：中華書局，1997 年 10 月北京第 4 次印刷）。

23. 〔清〕王先謙撰，沈嘯寰點校，《莊子集解》（北京：中華書局，1999 年 12 月北京第 2 次印刷）。

24. 〔清〕郭慶藩撰，王孝魚點校 ，《莊子集釋》（北京：中華書局，1997 年 10 月北京第 8 次印刷）。

25. 〔清〕陳壽昌輯，《南華眞經正義》（臺北：新天地書局，1972 年 11 月初版）。

26. 〔清〕段玉裁 ，《說文解字注》（臺北：黎明文化事業股份有限公司，民國 83 年 7 月十一版）。

二、今人專著：（依作者姓名筆畫排序）

1. 丁原植，《郭店竹簡老子釋析與研究》（臺北：萬卷樓圖書，1998 年 9 月初版）。

2. 方東美，《原始儒家與道家》（臺北：黎明文化事業，1993 年 6 月四版）。

3. 王文亮，《中國聖人論》（北京：中國社會科學出版社，1993 年 4 月第一版）。

4. 王邦雄,《老子的哲學》(臺北:東大圖書,2004 年 9 月修訂二版)。

5. 王明,《道家和道教思想研究》(重慶:中國社會科學出版社,1984 年 6 月)。

6. 王叔岷,《莊子校詮》(臺北:中央研究院歷史語言研究所,1999 年 6 月景印三版)。

7. 王重民,《老子考》(臺北:台灣商務印書館,1998 年 6 月)。

8. 王淮,《老子探義》(臺北:台灣商務印書館,1998 年 6 月)。

9. 尹志華,《北宋《老子》注研究》(成都:巴蜀書社,2004 年 11 月第 1 版)。

10. 牟宗三,《周易哲學演講錄》(上海:華東師範大學出版社,2004 年 5 月)。

11. 牟宗三,《中西哲學之會通十四講》(收錄於《牟宗三先生全集·第 30 冊》,臺北:聯合報系文化基金會出版,2003 年)。

12. 牟宗三,《中國哲學十九講》(臺北:臺灣學生書局,2002 年 8 月)。

13. 牟宗三,《中國哲學的特質》(臺北:臺灣學生書局,1998 年 5 月再版)。

14. 江恆源,《中國先哲人性論》(上海:商務印書館,1927 年 6 月再版)。

15. 朱越利,《道藏分類解題》(北京:華夏出版社,1996 年 1 月第 1 版)。

16. 朱謙之,《老子校釋》(臺北:漢京文化事業,1985 年 10 月初版)。

17. 任繼愈編,《道藏提要》(第 3 次修訂版)(北京:中國社會科學出版社,2005 年 12 月)。

18. 任繼愈編,《中國道教史》,臺北:桂冠圖書,1991 年 10 月初版一刷)。

19. 李仁群等,《道家與中國哲學(宋代卷)》(北京:人民出版社,2004 年 6 月第 1 版)。

20. 李則芬,《宋遼金元歷史論文集》(臺北:黎明文化,1991 年 11 月初版)。

21. 余英時,《歷史與思想》(臺北:聯經出版事業,1976 年 7 月初版)。

22. 呂錫琛,《道家、方士與王朝政治》(長沙:湖南出版社,1991 年 12 月第 1 版第 1 次印刷)

23. 金中樞,《宋代學術思想研究》(臺北:幼獅文化事業,1989 年 3 月初版)。

24. 吳光,《儒道論述》(臺北:三民書局,1994 年 6 月初版)。

25. 吳怡,《中庸誠的哲學》(臺北:東大圖書,1993 年 10 月五版)。

26. 柳存仁,《和風堂文集》(上海:上海古籍出版社,1991 年)。

27. 柳存仁,《道家與道術——和風堂文集續編》(上海:上海古籍出版社,1999 年 12 月)。

28. 胡道靜編,《十家論老》(上海:人民出版社,2006 年 6 月第 1 版)。

29. 姚瀛艇,《宋代文化史》(臺北:昭明出版社,1999 年 9 月第一版第一刷)。

30. 卿希泰,《中國道教史》修訂本(成都:四川人民出版社,1996 年 12 月 2

版）。

31. 唐君毅，《中國哲學原論原性篇》（臺北：臺灣學生書局，1991 年 6 月全集校訂版）。

32. 高柏園，《莊子內七篇思想研究》（臺北：文津出版社，2000 年 5 月初版二刷）。

33. 高柏園，《中庸形上思想》（臺北：東大圖書，1990 年 2 月再版）。

34. 高亨，《老子正詁》（臺北：臺灣開明書局，1996 年 7 月臺六版）。

35. 馬敘倫，《莊子義證》（臺北：弘道文化事業有限公司，1970 年 10 月初版）。

36. 高專誠，《御註老子》（山西：山西古籍出版社，2003 年 1 月第 1 次印刷）。

37. 高齡芬，《王弼老學之研究》（臺北：文津出版社，1992 年 1 月初版）。

38. 袁保新，《老子哲學之詮釋與重建》（臺北：文津出版社，1997 年 12 月初版二刷）。

39. 徐復觀，《中國人性論史先秦篇》（臺北：臺灣商務印書館，1999 年 9 月初版）。

40. 張松如，《老子說解》（高雄：麗文公司，1993 年 10 月初版）。

41. 張富祥，《宋代文獻學研究》（上海：上海古籍出版社，2006 年 3 月第 1 次印刷）。

42. 陳大齊，《荀子學說》（臺北：中國文化大學出版社，1989 年 6 月新一版）。

43. 陳少峰，《宋明理學與道家哲學》（上海：上海文化出版社，2001 年 1 月第 1 版）。

44. 陳國符，《道藏源流考》（臺北：古亭書屋，1975 年 3 月台一版）。

45. 陳鼓應，《老莊新論》修訂版（臺北：五南圖書，2006 年 1 月二版一刷）。

46. 陳鼓應，《道家易學建構》（臺北：臺灣商務印書館，2003 年 7 月初版）。

47. 陳鼓應，《老子評傳》（江蘇：南京大學出版社，2001 年 7 月第 1 版）。

48. 陳鼓應，《易傳與道家思想》（臺北：臺灣商務印書館，1999 年 9 月初版）。

49. 陳錫勇，《老子校正》（臺北：里仁書局，2003 年 9 月第二次增訂）。

50. 黃公偉，《道家哲學系統探微》（臺北：新文豐出版公司，1999 年 12 月初版）。

51. 黃俊傑編，《中國經典詮釋傳統（一）：通論篇》（臺北：財團法人喜馬拉雅研究發展基金會，2002 年 6 月）。

52. 黃釗主編，《道家思想史綱》（湖南：師範大學出版社，1991 年 7 月初版第一次印刷）。

53. 黃啓江，《北宋佛教史論稿》（臺北：臺灣商務印書館，1994 年 4 月初版）。

54. 傅偉勳，《從創造的詮釋學到大乘佛學》（臺北：東大圖書，1999 年 5 月

再版）。

55. 傅偉勳，《學問的生命與生命的學問》（臺北：正中書局，1993 年）。

56. 賀榮一，《老子之道治主義》（臺北：五南圖書，1988 年 5 月初版）。

57. 楊師祖漢，《中庸義理疏解》（臺北：鵝湖出版社，2002 年 8 月修訂四版）。

58. 葉廷幹，《老子道德經串珠》（附於王弼著，葉廷幹撰，《老子道德經·老解老》，臺北：文史哲出版社，1979 年 10 月景印出版）。

59. 董恩林，《唐代老學：重玄思辨中的理身理國之道》（北京：中國社會科學出版社，2002 年 5 月）

60. 熊鐵基等，《中國老學史》（福州：福建人民出版社，1997 年 7 月第二次印刷）。

61. 鄭成海，《老子河上公注斠理》（臺北：臺灣中華書局，1971 年 5 月初版）。

62. 樓宇烈，《王弼集校釋》（臺北：華正書局，1992 年 12 月初版）。

63. 劉固盛，《宋元老學研究》（成都：巴蜀書社出版，2001 年 9 月第一版）。

64. 劉笑敢，《老子古今：五種對勘與析評引論·上卷》（北京：中國社會科學出版社，2006 年 5 月第一版第一次印刷）。

65. 劉笑敢，《老子：年代新考與思想新詮》（臺北：東大圖書，1997 年 4 月初版）。

66. 劉福增，《老子哲學新論》（臺北：東大圖書，1999 年 3 月初版）。

67. 劉韶軍，《唐玄宗、宋徽宗、明太祖、清世祖《老子》御注點評》（長沙：湖南人民出版社，1997 年 9 月第 1 版第 1 次印刷）。

68. 劉潭洲，《韓愈研究》（湖南：湖南教育出版社，1991 年 5 月第 1 版）。

69. 潘德榮，《詮釋學導論》（臺北：五南圖書出版社，2002 年 9 月初版二刷）。

70. 錢穆，《莊子纂箋》（臺北：東大圖書，1993 年 1 月重印四版）。

71. 蕭天石編，《中國子學名著集成——宋元明清善本叢刊》（臺北：中國子學名著集成編印基金會，1978 年 12 月初版）。

72. 魏元珪，《老子思想體系探討（上）、（下）》（臺北：國立編譯館主編，1997 年 8 月初版）。

73. 鍾泰，《莊子發微》（上海：上海古籍出版社，2002 年 4 月第 1 次印刷）。

74. 顏國明，《易傳與儒道關係論衡》（臺北：里仁書局，2006 年 3 月初版）。

75. 嚴靈峰，《無求備齋學術新著》（臺北：臺灣商務印書館，1987 年 2 月初版）。

76. 嚴靈峰，《老子崇寧五注》（臺北：成文出版社，1979 年 10 月初版）。

77. 嚴靈峰，《老子宋注叢殘》（臺北：臺灣學生書局，1979 年 7 月初版）。

78. 嚴靈峰，《老子達解》（臺北：藝文印書館，1971 年 10 月初版）。

79. 嚴靈峰，《中外老子著述目錄》（臺北：中華叢書委員會，1957 年 5 月）。

三、單篇論文：（依發表年次遞減排序）

1. 江淑君，〈《宋徽宗御解道德眞經》之義理宗趣及其詮註取向析論〉（稿本）（將刊登於《輔仁國文學報》）。

2. 江淑君，〈王安石學派「引《莊》解《老》」探析〉（收錄於《政大中文學報》第 7 期，2007 年 3 月）。

3. 牟宗三，盧雪崑整理：〈《原始的型範》第二部分《周易》大義（三）——先秦哲學演講錄〉（收錄於《鵝湖月刊》第三二卷第九期，臺北：鵝湖月刊社，2007 年 3 月）。

4. 王邦雄，〈《莊子》心齋「氣」觀念的詮釋問題〉（收錄於淡江中文系編：《淡江中文學報》，2006 年 6 月）。

5. 陳鼓應，〈論道與物關係問題：中國哲學史上的一條主線〉（收錄於《臺大文史哲學報》第 62 期，2005 年 5 月）。

6. 江淑君，〈宋代老子學的一個詮釋觀點——以《論語》、《孟子》解讀《老子》的面向〉（收錄於《中國學術年刊》第廿七期，2005 年 3 月）。

7. 尹志華，〈試論北宋老學中的「無爲」與「有爲」之辨〉（收錄於《社會科學研究》2005 年 3 月）。

8. 黃慶萱，〈「形而上者謂之道，形而下者謂之器」析議〉，收錄於師大國文系主編：《中國學術年刊》第廿六期，2004 年 9 月）。

9. 劉笑敢，〈《老子》二十三章散論〉（收錄於王博主編：《中國哲學與易學——朱伯崑先生八十壽慶紀念文集》，北京：北京大學出版社，2004 年 4 月）。

10. 董恩林，〈論唐代老學的理論特色〉（收錄於《哲學研究》第一期，2004 年 1 月）。

11. 尹志華，〈試析北宋《老子》注家對「無爲」的詮釋〉（《首都師範大學學報（社會科學版）》總第 156 期，2004 年 1 月）。

12. 牟宗三、盧雪崑記錄：〈老子《道德經》講演錄（八）〉（收錄於《鵝湖月刊》第二九卷第五期，臺北：鵝湖月刊社，2003 年 11 月）。

13. 劉固盛，〈論宋代老學發展的特點〉（收錄於《西南師範大學學報》（人文社會科學版）第 29 卷第 5 期）。

14. 劉笑敢，〈經典詮釋與體系建構：中國哲學詮釋傳統的成熟與特點芻議〉（收錄於李明輝編：《儒家經典詮釋方法》，財團法人喜馬拉雅研究發展基金會，2003 年 7 月初版）。

15. 江淑君，〈宋代老子學的一個側面——以《易傳》詮解《老子》的觀點〉（收錄於《淡江人文社會學刊》第十四期，2003 年 3 月）。

16. 林安梧，〈關於古代經典詮釋的一個問題：對《易經》〈繫辭傳〉「見乃謂之象，形乃謂之器」的一個理解〉（收錄於臺灣師大國文系編：《經學論叢》，臺北：洪業文化事業有限公司，2003 年）。

17. 陳昌明，〈先秦儒道「感官」觀念探析〉（收錄於成大中文編：《成大中文學報》第十期，2002 年 10 月）。

18. 潘德榮，〈詮釋的創造性與「創造的詮釋學」〉（收錄於《中國哲學史》，2002 年第三期）。

19. 江淑君，〈王雱《老子注》「性論」發微──兼論「援儒入《老》」的詮釋向度〉（收錄於《東吳中文學報》第八期，2002 年 5 月）。

20. 林啓屏，〈古代中國「語言觀」的一個側面：以《易‧繫辭》論「象」爲研究基點〉（收錄於李明輝編：《中國經典詮釋傳統 (二)：儒學篇》，臺北：財團法人喜瑪拉雅研究發展基金會，2002 年 2 月初版）。

21. 謝大寧，〈言與意的辯證：先秦、兩漢《易經》詮釋的幾種類型〉（收錄於李明輝編：《中國經典詮釋傳統 (二)：儒學篇》，臺北：財團法人喜瑪拉雅研究發展基金會，2002 年 2 月初版）。

22. 劉固盛，〈北宋儒家學派的《老子》詮釋與儒家精神〉（收錄於《西北大學學報》(哲學社會科學版) 第 31 卷第 3 期，2001 年 8 月）。

23. 杜保瑞，〈儒道互補價值觀念的方法論探究〉（收錄於《哲學與文化》28 卷 11 期，2001 年）。

24. 〔韓〕李宣侚，〈《醇言》與《道德經》的儒家解讀〉（收錄於《中國哲學史》2001 年第 2 期）。

25. 沈清松，〈老子的人性論初探〉（收錄於臺大哲學系編：《中國人性論》，臺北：東大圖書，2000 年 8 月初版二刷）。

26. 劉固盛，〈論宋元老學中的儒道合流思想〉（收錄於《華中師範大學學報》(人文社會科學版)，2000 年第 1 期）。

27. 劉固盛，〈《老子》哲學思想解釋的三次突破〉（收錄於《湖南師範學院學報 (人文社會科學版)》總 47 期，2000 年）。

28. 鄭燦山，〈漢唐《道德經》注疏輯佚〉（收錄於《國家圖書館館刊》第二期，1999 年 12 月）。

29. 陳俊輝，〈老子的「道」與聖人政治〉（收錄於《哲學與文化》，1999 年 1 月）。

30. 蔡忠道，〈先秦儒道的聖人論試析〉（收錄於《宗教哲學》第三卷第四期，臺北：中央研究院歷史語言研究所，1997 年 10 月）。

31. 劉笑敢，〈老子之自然與無爲──古典意含與現代意義〉（收錄於《中國文哲研究集刊》第十期，臺北：中央研究院中國文哲研究所，1997 年 3 月）。

32. 李正治，〈老子「超禮歸道」型的禮樂思索〉（收錄於《鵝湖月刊》第二二

卷第六期,臺北:鵝湖月刊社,1996 年 12 月)

33. 盧國龍,〈北宋儒學三派的《老子》三注〉(收錄於陳鼓應主編:《道家文化研究》第八輯,上海:上海古籍出版社,1995 年 11 月)。

34. 王樹人,〈超越的思想理論之建構——論道家思想對中華民族精神形成的傑出貢獻〉(收錄於《道家文化研究》第二輯,上海:上海古籍出版社,1994 年)。

35. 夏長樸,〈堯舜其猶病諸——論孔孟的聖人論〉(收錄於臺大中文編:《臺大中文學報》第六期,1994 年 6 月)。

36. 蕭璠,〈皇帝的聖人化及其意義試論〉(收錄於《中央研究院歷史語言研究所集刊》第六十二本,第一分,臺北:中央研究院歷史語言研究所,1993 年 3 月)。

37. 王樹人,〈超越的思想理論之建構——論道家思想對中華民族精神形成的傑出貢獻〉(收錄於陳鼓應主編:《道家文化研究》第二輯,上海:上海古籍出版社,1992 年 8 月)。

38. 莊萬壽,〈道家流變史論〉(收錄於《師大學報》第三十六期,1991 年)。

39. 丁原植,〈老子思想中「聖人」觀念的提出〉(收錄於《哲學與文化》十八卷二、三期,1991 年 2 月)。

40. 蕭百芳,〈宋徽宗崇道神話的探討〉(收錄於《道教學探索》第二號,1991 年)。

41. 蕭百芳,〈從道藏資料探索宋徽宗崇道的目的〉(收錄於《道教學探索》第三號,1990 年)。

42. 安樂哲,〈孔子思想中「聖人」概念淺釋〉(收錄於臺大哲學系編《國際中國哲學研討會論文集》,1986 年)。

43. 劉師文起,〈由明道與法道論老子之無爲自然思想〉(收錄於《中國學術年刊》第四期,1982 年)。

44. 蕭天石,〈歷代老子注本簡述〉(收錄於《道教文化》,第二卷,1979 年 5 月)。

45. 陸建華,〈老子仁學略論〉(收錄於《孔孟月刊》第四十三卷第三期)。

46. 吳儀鳳,〈《老子》王弼注、河上公注、嚴遵《道德指歸》三家注本比較〉(收錄於《孔孟月刊》第三十六卷第六期)。

四、學位論文:(依發表年次遞減排序)

1. 張禹鴻,《唐玄宗《道德眞經》注疏研究》(東吳大學中國文學研究所碩士論文,2005 年)。

2. 洪嘉琳,《唐玄宗《道德眞經》注疏研究》(國立政治大學中國文學系碩士

論文，2002 年）。

3. 蔡僑宗，《明太祖《御製道德眞經》之研究》（國立中正大學中國文學研究所碩士論文，2001 年）。

4. 樊鳳玉，《宋儒解老異同研究》（國立暨南國際大學中國語文學系碩士論文，1999 年）。

5. 夏春梅，《道德經舊注初探》（私立輔仁大學中國文學研究所碩士論文，1992 年）。

附錄：點校宋徽宗《御解道德眞經》

凡　例

1、附錄之宋徽宗《御解道德眞經》以《正統道藏》（臺北：新文豐出版公司，1977 年初版）本爲底本，另輔以《正統道藏》本所收〔宋〕章安《宋徽宗道德眞經解義》、〔宋〕江澂《道德眞經疏義》、〔宋〕彭耜《道德眞經集註》之徽宗《御注》內容，互相參校之。

2、雖然《正統道藏》本爲四卷本，然如本論文正文（第二章第一節）所示，宋徽宗《御解道德眞經》分卷原作二卷，是故附錄之點校本僅以「【道經】」、「【德經】」區分爲兩部分，不依《正統道藏》本分卷。

3、爲使經文與注文有所區隔，各章章名以 13 號文鼎中特明打字，章名前另加上「⊙」符號，各段經文爲 12 號文鼎中明，注文則爲 10 號文鼎細楷。

4、爲便利審閱，《宋徽宗道德眞經解義》、《道德眞經疏義》、《道德眞經集註》，分別簡稱爲《解義》、《疏義》、《集註》。各本間的相異處，俱以註腳方式標明於當頁下方，如：「《解義》、《疏義》『之』字皆作『而』。」即表示宋徽宗《御解道德眞經》之注文爲「德者，充一性之常存」，而《宋徽宗道德眞經解義》、《道德眞經疏義》則作「德者，充一性而常存」。

【道經】

道者，人之所共由；德者，心之所自得。道者，亙萬世而無弊；德者，充一性之〔註1〕常存。老子〔註2〕當周之末，道降而德衰，故著書九九篇，以明道德之常，而謂之經。其辭簡，其旨遠，學者當默識而深造之。

⊙道可道章第一

道可道，非常道；名可名，非常名。

無始曰道，不可言，言而非也。又曰：道不當名。可道可名，知事物焉，如四時焉。當可而應，代廢代興，非眞常也。常道常名，自本自根；未有天地，自古以固存。伏羲氏得之，以襲氣母；西王母得之，坐乎少〔註3〕廣。莫知其始，莫知其終。〔註4〕

無名，天地之始；有名，萬物之母。

道常無名，天地亦待是而後生。《莊子》所謂「生天生地」是也。未有天地，孰得而名之〔註5〕？故「無名」爲天地之始。有天地，然後萬物生焉，故「有名」爲萬物之母。

常無，欲以觀其妙；常有，欲以觀其徼。

《莊子》曰：「建之以常無有。」〔註6〕不立一物，茲謂之〔註7〕常無；不廢一物，茲謂之〔註8〕常有。常無在理，其上不皦，天下之至精也，故觀其妙。常有在事，其下不昧，天下之至變也，故觀其徼。有無二境，徼妙寓焉。大智並觀，迺〔註9〕無不可。恍惚之中，有象與物。小智自私，蔽於一〔註10〕

〔註1〕《解義》、《疏義》「之」字皆作「而」。
〔註2〕《解義》「老子」作「老君」。
〔註3〕《解義》少「少」字，疑脫。
〔註4〕《集註》少「伏羲氏得之，以襲氣母；西王母得之，坐乎少廣。莫知其始，莫知其終」句。
〔註5〕《解義》「孰得而名之」作「孰能名之」。
〔註6〕《集註》少「《莊子》曰：『建之以常無有。』」句。
〔註7〕《解義》、《疏義》、《集註》皆少「之」字。
〔註8〕《解義》、《疏義》、《集註》皆少「之」字。
〔註9〕《集註》「迺」字作「乃」。
〔註10〕《解義》「一」字作「上」。

曲，棄有著空，徇末忘本，道術於是乎〔註11〕爲天下裂也〔註12〕。〔註13〕

此兩者，同出而異名。同謂之玄，

道本無相，孰爲徼妙。物我同根，是非一氣，故同謂之玄。世之惑者，捨〔註14〕妄求眞，求〔註15〕眞益遠。殊不知有、無者，特名之異耳。

玄之又玄，眾妙之門。

《素問》曰：「玄生神。」《易》曰：「神也者，妙萬物而爲言者〔註16〕也。」妙而小之謂玄，玄者，天之色，〔註17〕色之所色者彰矣。而色色者未嘗顯，玄之又玄，所謂色色者也。玄妙之理，萬物具有。天之所以運，地之所以處，人之所以靈，百物之所以昌，皆妙也。而皆出於元，〔註18〕故曰「眾妙之門」。〔註19〕孔子之〔註20〕作《易》，至「說卦」然後言妙，而老氏以此首篇。聖人之言，相爲終始。

⊙天下皆知章第二

天下皆知美之爲美，斯惡已；皆知善之爲善，斯不善已。

道無異相，孰爲美惡？性本一致，孰爲善否？有美也，惡爲之對，故曰「天下皆知美之爲美，斯惡已」。有善也，不善爲之對，故曰「皆知善之爲善，斯不善已」。〔註21〕世之所美者爲神奇，所惡者爲臭腐。神奇復化爲臭腐，臭腐復化爲神奇，則美與惡奚辨？昔之所是，今或非之；今之所棄，後或用之，則善與不善奚擇？聖人體眞無而常有，即妙用而常無。美惡善否，蓋將簡之

〔註11〕《解義》、《疏義》皆少「乎」字。
〔註12〕《解義》、《疏義》皆少「也」字。
〔註13〕《集註》少「恍惚之中，有象與物。小智自私，蔽於一曲，棄有著空，徇末忘本，道術於是乎爲天下裂也」句。
〔註14〕《集註》「捨」字作「舍」。
〔註15〕《解義》、《疏義》、《集註》「求」字皆作「去」。
〔註16〕《集註》少「者」字。
〔註17〕《集註》「天之色」作「天之色也」，多「也」字。
〔註18〕《解義》、《疏義》「元」字皆作「玄」。
〔註19〕《集註》少「色之所色者彰矣。而色色者未嘗顯，玄之又玄，所謂色色者也。玄妙之理，萬物具有。天之所以運，地之所以處，人之所以靈，百物之所以昌，皆妙也。而皆出於元，故曰『眾妙之門』」句。
〔註20〕《解義》少「之」字。
〔註21〕《集註》少「有美也，惡爲之對，故曰『天下皆知美之爲美，斯惡已』。有善也，不善爲之對，故曰『皆知善之爲善，斯不善已』」句。

而弗得，尚何惡與不善之能累哉？〔註22〕

> 故有無之相生，難易之相成，長短之相形，高下之相傾，聲音之相和，前後之相隨。

太易未判，萬象同體。兩儀既生，物物爲對。此六對者，群變所交，百慮所生，殊途〔註23〕所起，世之人所以陷溺而不能自出者也。無動而生有，有復歸無，故曰「有無之相生」，有涉險之難，則知行地之易，故曰「難易之相成」。「長短之相形」，若尺寸是也。「高下之相傾」，若山澤是也。聲舉而響應，故曰「聲音之相和」。形動而影從，故曰「前後之相隨」。陰陽之運，四時之行，萬物之理，俄造而有，倏化而無。其難也，若有爲以經世；其易也，若無爲而適己。性長非所斷，性短非所續。天之自高，地之自下。鼓宮而宮動，鼓角而角應。春先而夏從，長先而少從。對待之境，雖皆道之所寓，而去道也〔註24〕遠矣。

> 是以聖人處無為之事，行不言之教。

處無爲之事，《莊子》所謂「無爲而用天下」也；行不言之教，《易》所謂「以神道設教，而天下服」也。爲則有成虧，言則有當愆，曾未免乎累，豈聖人所以獨立于〔註25〕萬物之上，化萬物〔註26〕而物之所不能累歟？

> 萬物作而不辭，生而不有，為而不恃，功成不居。夫惟不居，是以不去。

萬物並作，隨感而應。若鑑對形，妍醜畢現；若谷應聲，美惡皆赴，無所辭也，故曰「作而不辭」。自形自化，自生自色，各極其高大而遂其性，孰有之哉？故曰「生而不有」。本萬物而不爲戾，澤及萬世而不爲仁，覆載天地、刻雕〔註27〕眾形而不爲巧，故曰「爲而不恃」。四時之運，功成者去，天之道也。聖人體之，故功蓋天下而似不自已，認而有之，亦已惑矣，故曰「功成不居」。有居則有去，古今是也。在己無居，物莫能遷。適來，時也，適去，

〔註22〕《集註》少「聖人體真無而常有，即妙用而常無。美惡善否，蓋將簡之而弗得，尚何惡與不善之能累哉？」句。

〔註23〕《解義》、《疏義》「途」字皆作「塗」。

〔註24〕《解義》少「也」字。

〔註25〕《解義》「于」字作「乎」。《集註》「于」字作「於」。

〔註26〕《集註》少「化萬物」三字。

〔註27〕《解義》「刻雕」作「雕刻」。《集註》「刻雕」作「彫刻」。《疏義》「雕」字作「彫」。

順也，何加損焉？故曰「夫惟不居，是以不去。」

⊙ 不尚賢章第三

不尚賢，使民不爭。不貴難得之貨，使民不為盜。

尚賢則多知，至於天下大駭，〔註28〕儒墨畢起。貴貨則多欲，至於正晝為盜，日中穴阫。不尚賢，則民各定其性命之分，而無所夸跂，故曰「不爭」。不貴貨，則民各安其性命之情，而無所覬覦，故「不爲盜」。〔註29〕《莊子》曰：「削曾、史之行，鉗楊、墨之口，而天下之德始玄同矣。」《旅獒》曰：「不貴異物，賤用物，民乃足。」〔註30〕

不見可欲，使心不亂。

人之有欲，決性命之情以爭之，而攘奪誕謾，無所不至。伯夷見名之可欲，餓於首陽之上；〔註31〕盜跖見利之可欲，暴於東陵之下。〔註32〕其熱焦火，其寒凝冰，〔註33〕故其心則憒亂僨驕，而不可係道。至於聖人者，不就利，不違害，不樂壽，不哀〔註34〕夭，不榮通，不醜窮，則孰爲可欲？欲慮不萌，吾心湛然，有感斯應，止而無所礙，動而無所逐〔註35〕也，孰能亂之？孔子「四十而不惑」，《孟子》曰：「我四十不動心。」

是以聖人之治，虛其心，實其腹，弱其志，強其骨。常使民無知無欲。

谷以虛，故應；鑑以虛，故照；管籥以虛，故受；耳以虛，故能聽；目以虛，故能視；鼻以虛，故能齅。有實其中，則有礙於此。聖人不得已而臨莅天下，一視而同仁，篤近而舉遠，因其固然，付之自爾，何容心焉。堯之舉舜而用鯀，幾是矣。〔註36〕心虛則公聽，並觀而無好惡之情；腹實則贍足，

〔註28〕《集註》「駭」字作「(馬求)」。
〔註29〕《解義》、《集註》「故『不爲盜』」作「故曰『不爲盜』」，多「曰」字。
〔註30〕《集註》少「《莊子》曰：『削曾、史之行，鉗楊、墨之口，而天下之德始玄同矣。』《旅獒》曰：『不貴異物，賤用物，民乃足。』」句。
〔註31〕《解義》、《疏義》「上」字皆作「下」。
〔註32〕《疏義》「下」字作「上」。
〔註33〕《集註》「冰」字作「水」。
〔註34〕《解義》、《集註》「哀」字皆作「哀」。
〔註35〕《解義》、《疏義》、《集註》「遂」字皆作「逐」。
〔註36〕《集註》少「不得已而臨莅天下，一視而同仁，篤近而舉遠，因其固然，付之自爾，何容心焉。堯之舉舜而用鯀，幾是矣」句。

平泰而無貪求之念。〔註37〕豈賢之可尙，貨之足貴哉？聖人爲腹不爲目，腹無擇而容故也。〔註38〕志者，心之所知；〔註39〕骨者，體之所立。志強〔註40〕則或殉名而不息，〔註41〕或逐貨而無猒，〔註42〕或伐其功，或矜其能，去道益遠。骨弱則行流散徙，與物相刃相靡，胥淪溺而不返。〔註43〕聖人之志，每自下也，而人高之；每自後也，而人先之。「知其雄，守其雌；知其榮，守其辱」，是之謂「弱其志」。正以止之，萬物莫能遷；固以執之，萬變莫能傾。不壞之相，若廣成子者，千二百歲而形未嘗〔註44〕衰，是之謂「強〔註45〕其骨」。《莊子》曰：「同乎無知，其德不離；同乎無欲，是爲〔註46〕素樸。」素樸而民性得矣。聖人之治，務使民得其性而已。多知以殘性命之分，多欲以汨性命之情。名曰治之，而亂孰甚焉。〔註47〕故「常使民無知無欲」。〔註48〕

使夫知者不敢為也。

辯者不敢騁其詞，勇者不敢奮其伎，能者不敢矜其材，智者不敢施其察。作聰明，務〔註49〕機巧，滋法令，以蓋其眾，聖人皆禁而止之。此所謂「使夫知者不敢爲也」。九官咸事，俊乂在服，豈以知爲鑿也？行君之命，致之民而已。〔註50〕

為無為，則無不治矣。

聖人之治，豈棄人絕物，而恝然自立于〔註51〕無事之地哉？爲出于〔註52〕

〔註37〕　《解義》「念」字作「志」。
〔註38〕　《集註》少「聖人爲腹不爲目，腹無擇而容故也」句。
〔註39〕　《解義》、《疏義》「知」字皆作「之」。
〔註40〕　《解義》「強」字作「彊」。
〔註41〕　《解義》「息」字作「意」。
〔註42〕　《集註》「猒」字作「厭」。
〔註43〕　《解義》「返」字作「反」。
〔註44〕　《解義》「未嘗」作「不嘗」。《疏義》「嘗」字作「常」。
〔註45〕　《解義》「強」字作「彊」。
〔註46〕　《解義》、《疏義》「爲」字皆作「謂」。
〔註47〕　《解義》「焉」字作「矣」。
〔註48〕　《集註》少「《莊子》曰：『同乎無知，其德不離；同乎無欲，是爲素樸。』素樸而民性得矣。聖人之治，務使民得其性而已。多知以殘性命之分，多欲以汨性命之情。名曰治之，而亂孰甚焉。故『常使民無知無欲』」句。
〔註49〕　《解義》「務」字作「矜」。
〔註50〕　《集註》少「九官咸事，俊乂在服，豈以知爲鑿也？行君之命，致之民而已」句。
〔註51〕　《解義》「于」字作「於」。

無爲而已。萬物之變，在形而下。聖人體道，立乎萬物之上，總一〔註53〕其成，理而治之。物有作也，順之以觀其復；物有生也，因之以致其成。豈有不治者哉？故上治則日月星辰得其序，下治則鳥獸草木遂其性。〔註54〕

⊙道冲章第四

道冲而用之，或不盈。

道有情有信，故有用；無爲無形，故不盈。《經》曰：「萬物負陰而抱陽，冲氣以爲和。」萬物之理，偏乎陽則強，〔註55〕或失之過；偏乎〔註56〕陰則弱，或失之不及。無過不及，是謂冲氣。〔註57〕冲者，中也，是謂大〔註58〕和。高者仰〔註59〕之，下者舉之；有餘者取之，不足者予〔註60〕之。道之用，無適而不得其中也。注焉而不滿，酌焉而不竭。既以爲人，己愈有；既以與人，己愈多。道之體，猶如太〔註61〕虛，包裹六極，何盈之有？〔註62〕

淵兮，似萬物之宗。

《莊子》曰：「鯢桓之審爲淵，止水之審爲淵，流水之審爲淵。」淵虛而靜，不與物雜，道之體也。惟虛也，故群實之所歸；惟靜也，故群動之所屬。是萬物之所係，一化之所待也。故曰「似萬物之宗」。然道本無係，物自宗道，故似之而已。

挫其銳，解其紛，和其光，同其塵。

〔註52〕 《解義》「于」字作「於」。
〔註53〕 《解義》「總一」作「總」。
〔註54〕 《集註》少「萬物之變，在形而下。聖人體道，立乎萬物之上，總一其成，理而治之。物有作也，順之以觀其復；物有生也，因之以致其成。豈有不治者哉？故上治則日月星辰得其序，下治則鳥獸草木遂其性」句。
〔註55〕 《解義》「強」字作「彊」。
〔註56〕 《疏義》少「乎」字。
〔註57〕 《集註》少「《經》曰：「萬物負陰而抱陽，冲氣以爲和。」萬物之理，偏乎陽則強，或失之過；偏乎陰則弱，或失之不及。無過不及，是謂冲氣」句。
〔註58〕 《解義》「大」字作「太」。
〔註59〕 《解義》、《疏義》「仰」字皆作「抑」。
〔註60〕 《解義》「予」字作「與」。
〔註61〕 《解義》「太」字作「大」。
〔註62〕 《集註》少「高者仰之，下者舉之；有餘者取之，不足者予之。道之用，無適而不得其中也。注焉而不滿，酌焉而不竭。既以爲人，己愈有；既以與人，己愈多。道之體，猶如太虛，包裹六極，何盈之有」句。

銳則傷，紛則雜。挫其銳則不爭，解其紛則不亂。和其光，《莊子》所謂「光矣而不耀」也；〔註63〕同其塵，《莊子》所謂「與物委蛇而同其波」也。〔註64〕內誠不解，形諜成光，而舍者與之避席，豈「和其光」之謂歟？飾智以驚愚，修〔註65〕身以明汙，昭昭乎若揭日月而行，豈「同其塵」之謂歟？聖人挫其銳，則處物不傷物，物莫之能傷也。解其紛則不謀，烏用智？不斷，烏用膠？萬物無足以鐃〔註66〕其心者，若是則無泰色、無驕氣，和而不流，大同於物，以通天下之志，無入而不自得也。〔註67〕

湛兮，似或存。

心若死灰，〔註68〕而身若槁木之枝。泰定之中，天光自照。惛然若亡而存，油然不形而神。此其道歟？

吾不知誰之子，象帝之先。

象者，物之始見；帝者，神之應物。物生而後有象，帝出而後妙物。「象帝」者，群物之始，而道實先之。《莊子》所謂神鬼、神帝，生天生地是也。視之不見，聽之不聞，搏之不得，有乎出而莫見其門，孰知之者？故曰「吾不知誰之子，象帝之先」。〔註69〕

⊙天地章第五

天地不仁，以萬物為芻狗。聖人不仁，以百姓為芻狗。

恩生於害，害生於恩。以仁為恩，害則隨至。天地之於萬物，聖人之於百姓，輔其自然。無愛利之心焉，仁無得而名之。束芻為狗，祭祀所用。適則用之，過則棄之。彼萬物之自生，百姓之自治，曾何容心為？

〔註63〕《集註》「也」作「是也」，多「是」字。
〔註64〕《集註》「也」作「是也」，多「是」字。
〔註65〕《疏義》「修」字作「脩」。
〔註66〕《解義》「鐃」字作「撓」。
〔註67〕《集註》少「內誠不解，形諜成光，而舍者與之避席，豈『和其光』之謂歟？飾智以驚愚，修身以明汙，昭昭乎若揭日月而行，豈『同其塵』之謂歟？聖人挫其銳，則處物不傷物，物莫之能傷也。解其紛則不謀，烏用智？不斷，烏用膠？萬物無足以鐃其心者，若是則無泰色、無驕氣，和而不流，大同於物，以通天下之志，無入而不自得也。」句。
〔註68〕《集註》於「心若死灰」句前，多「湛兮，似或存」句。
〔註69〕《集註》無此段注文。

天地之間，其猶橐籥乎。

橐籥，虛而能受，受而能應，故應而不窮。有實其中，則觸〔註70〕處皆礙。在道爲一偏，在〔註71〕物爲一曲。〔註72〕

虛而不屈，動而愈出。

虛己以遊世，則汎〔註73〕應而曲當，故曰「虛而不屈」；迫而後動，則運量而不匱，故曰「動而愈出」。聖人出應帝王，而無言爲之累者，此也。〔註74〕

多言數窮，不如守中。

籥虛以待氣，氣至則〔註75〕鳴，不至則止，聖人之言似之。辯者之囿，言多而未免夫累，不如守中之愈也。〔註76〕慎汝內，閉汝外，收視反聽，復以見天地之心焉。此之謂守中。

⊙谷神章第六

谷神不死，

有神則有盛衰，有數則有成壞。形數具而生死分，物之理也。谷應群動而常虛，神妙萬物而常寂。眞常之中，與道爲一。不麗于形，不墮于數，生生而不窮。如日月焉，終古不息；如維斗焉，終古不忒；故云不死。〔註77〕

是謂玄牝。

萬物受命於〔註78〕無，而成形於有。谷之用無相，神之體無方，萬物所受命也。玄者，天之色；牝者，地之類。萬物所成形也。〔註79〕谷神以況至道之常，玄牝以明造物之妙。〔註80〕

〔註70〕《解義》「觸」字作「解」。
〔註71〕《疏義》少「在」字。
〔註72〕《集註》少「在道爲一偏，在物爲一曲。」句。
〔註73〕《解義》「汎」字作「泛」。
〔註74〕《集註》無此段注文。
〔註75〕《解義》「則」字作「而」。
〔註76〕《集註》少「籥虛以待氣，氣至則鳴，不至則止，聖人之言似之。辯者之囿，言多而未免夫累，不如守中之愈也。」句。
〔註77〕《集註》無此段注文。
〔註78〕《疏義》「於」字作「旋」。
〔註79〕《解義》「萬物所成形也」作「萬物所成以形也」，多「以」字。
〔註80〕《集註》無此段注文。

玄牝之門，是謂天地根。

《莊子》曰：「萬物有乎生，而莫見其根；有乎出，而莫見其門。而見之者，必聖人已。」故於此明言「玄牝之門，是謂天地根」。天地者，萬物之上下也。物與天地，本無先後。明大道之序，則有天地，然後有萬物。然天地之所從出者，玄牝是已。彼先天地生者，孰得而見之？〔註81〕

綿綿若存。用之不勤。

自本自根，自古以固存，不知其盡也。〔註82〕夫是之謂「綿綿若存」。茫然天造，任一氣之自運，候爾地化，委眾形之自殖。乾以易知，坤以簡能，非力致也，何勤之有？〔註83〕

⊙天長地久章第七

天長地久，天地所以能長且久者，以其不自生，故能長生。

天穹窿〔註84〕而位乎上，經爲日月，緯爲星辰，而萬物覆焉；地磅礴而位乎下，結爲山嶽，〔註85〕融爲川澤，而萬物載焉。萬物覆載於天地，天地無心於萬物，故天確然而常運，地隤然而常處，所以能長且久也。天地有心於生物，則天俄而可度，其覆物也淺矣；地俄而可測，其載物也薄矣。若是則有待也，而生〔註86〕烏能長生？〔註87〕

是以聖人後其身而身先，外其身而身存。

天運乎上，地處乎下，聖人者位乎天地之中。達而爲三才者，有相通之用；辯〔註88〕而爲三極者，有各立之體；交而爲三靈者，有無不妙之神。然則〔註89〕天地之與聖人，咸得乎道，而聖人之〔註90〕所以治其身，亦天地已。

〔註81〕 《集註》無此段注文。
〔註82〕 《疏義》於「不知其盡也」句前，多「火之傳」三字。
〔註83〕 《集註》無此段注文。
〔註84〕 《解義》「窿」字作「隆」。
〔註85〕 《疏義》「嶽」字作「岳」。
〔註86〕 《集註》少「有待也，而生」五字。
〔註87〕 《解義》「若是則有待也，而生烏能長生」作「若是則有待也而生焉，故能長生」。
〔註88〕 《解義》「辯」字作「辯」。
〔註89〕 《集註》少「天運乎上，地處乎下，聖人者位乎天地之中。達而爲三才者，有相通之用；辯而爲三極者，有各立之體；交而爲三靈者，有無不妙之神。然則」句。

故此章先言天地之不自生，而繼之以聖人不自有其身也。人皆取先，己獨取後，日受天下之垢，是謂「後其身」。後其身，則不與物爭，而天下莫能與之爭，故日「後其身而身先」。在塗不爭險〔註91〕易之利，冬夏不爭〔註92〕陰陽之和。外死生，遺禍福，而神未嘗有所困也，是謂「外其身而身存」。夫聖人之所以治其身者如此，況身外之事物乎？遭之而不違，過之而不守，體性抱神，以遊世俗之間。形將自正，物我爲一，先天地生而不爲久，長於上古而不爲老，〔註93〕此其效歟？〔註94〕

非以其無私耶？故能成其私。

天地之大德曰生，聖人之大寶曰位，道者爲之公。〔註95〕天地體道故無私，無私故長久；聖人體道故無私，無私故常存。自營爲私，未有能成其私者也。〔註96〕

⊙上善若水章第八

上善若水。

《易》曰：「一陰一陽之謂道，繼之者善也。」《莊子》曰：「離道以善。」善名既立，則道之體虧。然天一生水，離道未遠，淵而虛，靜而明，是謂天下之至精，故上善若水。〔註97〕

水善利萬物而不爭，處衆人所惡，故幾於道。

融爲雨露，萬彙以滋；凝爲霜雪，萬寶以成。疏爲江河，聚爲沼沚，泉

〔註90〕《集註》少「之」字。
〔註91〕《疏義》「險」字作「嶮」。
〔註92〕《疏義》「爭」字作「寺」。
〔註93〕《解義》「長於上古而不爲老」作「長於上古而不爲老者」，多「者」字。
〔註94〕《集註》少「人皆取先，己獨取後，日受天下之垢，是謂『後其身』。後其身，則不與物爭，而天下莫能與之爭，故曰『後其身而身先』。在塗不爭險易之利，冬夏不爭陰陽之和。外死生，遺禍福，而神未嘗有所困也，是謂『外其身而身存』。夫聖人之所以治其身者如此，況身外之事物乎？遭之而不違，過之而不守，體性抱神，以遊世俗之間。形將自正，物我爲一，先天地生而不爲久，長於上古而不爲老，此其效歟」句。
〔註95〕《集註》少「道者爲之公」句。
〔註96〕《集註》少「自營爲私，未有能成其私者也」句。
〔註97〕《集註》、《解義》「故上善若水」皆作「故曰上善若水」，多「曰」字。

深海大，以汲以藏以裕，生殖萬物，〔註98〕皆往〔註99〕資焉而不匱，以利萬物，孰善於此？善利萬物，萬物〔註100〕蒙其澤，受其施，而常處於柔弱不爭之地，納汙受垢，不以自好累乎其心，〔註101〕故於道爲近。幾，近也。

居善地。

行於地中，流而不盈。〔註102〕

心善淵。

測之而益深，窮之而益遠。〔註103〕

與善仁。

兼愛無私，施而無擇。〔註104〕

言善信。

避礙而通諸海，行險而不失其信。〔註105〕

政善治。

汙者絜〔註106〕之，險者夷之，順物之理，無容心焉，故無不治。〔註107〕

事善能。

因地而爲曲直，因器而爲方圓，趣〔註108〕變無常，而常可以爲平，無能者若是乎。〔註109〕

動善時。

陽釋之而泮，陰凝之而冰。決諸東方則東流，決諸西方則西流。動而不

〔註98〕 《集註》少「泉深海大，以汲以藏以裕，生殖萬物」句。
〔註99〕 《疏義》、《集註》「往」字皆作「徃」。
〔註100〕 《解義》「萬物」作「物」，少「萬」字。
〔註101〕 《解義》「不以自好累乎其心」作「不以自好累其心」，少「乎」字。《集註》「不以自好累乎其心」作「不以累乎其心」，少「自好」二字。
〔註102〕 《集註》無此段注文。
〔註103〕 《集註》無此段注文。
〔註104〕 《集註》無此段注文。
〔註105〕 《集註》無此段注文。
〔註106〕 《疏義》「絜」字作「潔」。
〔註107〕 《集註》無此段注文。
〔註108〕 《解義》「趣」字作「趨」。
〔註109〕 《集註》無此段注文。

括，宜其〔註110〕隨時而已。〔註111〕

夫惟不爭，故無尤矣。

聖人體道則治身，惟長久之存；兼善則利，處物〔註112〕不爭之地。《莊子》曰：「有而爲，其易耶？易之者，皥〔註113〕天不宜。」夫無爲而寡過者易，有爲而無患者難。既利物而有爲，則其於無尤也難矣。上善利物，若水之性。雖利物而不擇所利，不與物爭，而物莫能與之爭，故無尤矣。故曰「天下莫柔弱於水，而攻堅強者，莫之能先。」〔註114〕

⊙持而盈之章第九

持而盈之，不如其已；揣而銳之，不可長保。

盈則溢矣，銳則挫矣。萬物之理，盈必有虧。不知持後以處先，執虛以馭〔註115〕滿，而〔註116〕湛〔註117〕溺滿盈之欲，是增傾覆之禍，故不如其已。物之變無窮，吾之智有盡。前識者，道之華，愚之始也。揣物之情而銳於進取，則智有時而困，可長保乎？

金玉滿堂，莫之能守；富貴而驕，自遺其咎。

金玉富貴，非性命之理也，外物之不可恃而有者也。寶金玉者，累於物，累於物者，能勿失乎？故莫之能守。富貴而驕，則害於德；害於德者，能免於患乎？故自遺其咎。聖人不拘一世之利以爲己私分，不以王天下以爲己處顯。夫豈金玉以爲寶、富貴之足累乎？故至富國財，並焉；至貴國爵，並焉。其貴無敵，其富無倫，而道不渝。〔註118〕

功成名遂身退，天之道。

〔註110〕《解義》、《疏義》「其」字皆作「在」。
〔註111〕《集註》無此段注文。
〔註112〕《解義》、《疏義》「處物」皆作「物處」。
〔註113〕《解義》、《疏義》「皥」字皆作「皞」。
〔註114〕《集註》無此段注文。
〔註115〕《解義》「馭」字作「御」。
〔註116〕《解義》「而」字作「苟」。
〔註117〕《集註》「湛」字作「沉」。
〔註118〕《集註》少「寶金玉者，累於物，累於物者，能勿失乎？故莫之能守。富貴而驕，則害於德；害於德者，能免於患乎？故自遺其咎。聖人不拘一世之利以爲己私分，不以王天下以爲己處顯。夫豈金玉以爲寶、富貴之足累乎？故至富國財，並焉；至貴國爵，並焉。其貴無敵，其富無倫，而道不渝。」句。

功成者隳，名成者虧。日中則昃，月盈則食，〔註119〕物之理也。聖人睹成壞之相，因識盈虛之有數，超然自得，不累於物，無復〔註120〕驕盈之患。非知天者，孰能與此？故曰「功成名遂身退，天之道」。四時之運，功成者去，是天之道。知進而不知退，知存而不知亡，知得而不知喪，能勿悔乎？伊尹曰：「臣罔以寵利居成功。」

⊙載營魄章第十

載營魄，

魄，陰也，麗於體而有所止，故老氏於魄言營。魂，陽也，託於氣而無不之，故《易》於魂言遊。聖人以神御形，以魂制魄，故神常載魄而不載於魂，〔註121〕如車之運百物，載焉；如時之行寒暑，往〔註122〕焉。心有天遊，六徹相因，外天地，遺萬物，而神未嘗有所困也，豈復滯於魄哉。

抱一，能無離乎。

天一生水，〔註123〕於物爲精；地二生火，於物爲神。精神生於道，形本生於精，守而勿失，與神爲一，則精與神合而不離。以精集神，以神使形，以形存神。精全而不虧，神用而不竭，形生而不敝，如日月之麗乎天，如草木之麗乎土，未嘗離也。竊嘗申之，人之生也，因精集神，體像〔註124〕斯具，四達並流，無所不極。上際於天，下蟠於地，化育萬物，不可爲象，其名爲同帝。而世之愚者，役己於物，失性於俗。無一息之頃，內存乎神；馳無窮之欲，外喪其精。魂反從魄，形反累神，而下與萬物俱化，豈不惑焉？〔註125〕聖人則不然。載魄以通，抱一以守，體神以靜，形將自正。其神經乎太山而不變，處乎淵泉而不濡。孰知其所始，孰知其所終，故曰聖人貴精。〔註126〕

〔註119〕《解義》「食」字作「蝕」。
〔註120〕《疏義》少「復」字。
〔註121〕《集註》「魂」字作「魄」。
〔註122〕《疏義》、《集註》「往」字皆作「徃」。
〔註123〕《集註》於「天一生水」前，多「又」字。
〔註124〕《集註》「像」字作「象」。
〔註125〕《解義》「焉」字作「哉」。
〔註126〕《集註》少「聖人則不然。載魄以通，抱一以守，體神以靜，形將自正。其神經乎太山而不變，處乎淵泉而不濡。孰知其所始，孰知其所終，故曰聖人貴精。」句。

專氣致柔，能如嬰兒乎？

《易》曰：「乾，其靜也專。」揚雄曰：「和柔足以安物。」靜而不雜之謂專，和而不暴之謂柔。嬰兒居不知所為，行不知所之，不藏是非美惡，故氣專而致柔。《孟子》曰：「蹶者趨〔註127〕者，是氣也而反動其心。」心不足以專氣，則氣有蹶趨〔註128〕之不正，而心至於〔註129〕僨驕而不可係。聖人虛己以遊世，心無使氣之強，〔註130〕則其靜而不雜，和而不暴，與嬰兒也奚擇？故曰能如嬰兒乎？《孟子》曰：「其為氣也，至大至剛，以直養而無害，則塞乎天地之間。〔註131〕」老氏之專氣，則曰致柔，何也？至剛以行義，致柔以復性。古之道術，無乎不在。

滌除玄覽，能無疵乎？

聖人以此洗心，則滌除萬行而不有；以此退藏於密，則玄覽妙理而默識。若是者，體純素而不累，過而弗悔，當而不自得也，何疵之有？〔註132〕

愛民治國，能無為乎？

以仁愛民，以智治國，施教化，修法則，以善一世，其於無為也，難矣。聖人利澤施乎〔註133〕萬世，不為愛人；功蓋天下，似不自已。故無為也，用天下而有餘。〔註134〕

天門開闔，能為雌乎？

《經》曰：「知其雄，守其雌，為天下谿。」聖人體天道之變化，卷舒啟閉，不違乎時。柔剛微彰，惟其所用。然未嘗先人而常隨人，未嘗勝物而常〔註135〕下物。故天下樂推而不猒。〔註136〕能為雌，於是乎在。

明白四達，能無知乎？

〔註127〕《解義》「趨」字作「趣」。《集註》「趨」字作「趍」。
〔註128〕《集註》「趨」字作「趍」。
〔註129〕《疏義》、《集註》「於」字皆作「于」。
〔註130〕《解義》「強」字作「彊」。
〔註131〕《解義》「塞乎天地之間」作「充塞乎天地之間」，多「充」字。
〔註132〕《集註》無此段注文。
〔註133〕《解義》「乎」字作「於」。
〔註134〕《集註》無此段注文。
〔註135〕《集註》「常」字作「嘗」。
〔註136〕《解義》、《集註》「猒」字皆作「厭」。

聰明聖智，守之以愚，與此同義。〔註137〕

生之畜之。生而不有，為而不恃，長而不宰，是謂玄德。

聖人存神知化，與道同體，則配神明，育萬物，無不可者。生之以遂其性，畜之以極其養。無愛利之心焉，故「生而不有」；無矜伐之行焉，故「為而不恃」；無刻制之巧焉，故「長而不宰」。若是者，其德深矣遠矣，與物反矣，故曰「是謂玄德」。天道升于〔註138〕北，則與物辯。〔註139〕而玄者，天之色也。聖人之於天道，降而為德，非玄不足以名之。〔註140〕

⊙三十輻章第十一

三十輻共一轂，當其無，有車之用；埏埴以為器，當其無，有器之用；鑿戶牖以為室，當其無，有室之用。

有無一致，利用出入，是謂至神。有無異相，在有為體，在無為用。陰陽之運，萬物之理也。車之用在運，器之用在盛，室之用在虛。妙用出於至無，變化藏於不累。如鑑無象，因物顯照。至人用心，每解乎此。〔註141〕

故有之以為利，無之以為用。

有則實，無則虛。實，故具貌像聲色而有質；虛，故能運量酬酢而不窮。天地之間，道以器顯，故無不廢有；器以道妙，故有必歸無。木撓而水潤，火熯而金堅，土均而布，稼穡出焉。此有也，而人賴以為利。天之所以運，地之所以處，四時之所以行，百物之所以昌，孰尸之者？此無也。而世莫覩其跡，〔註142〕故其用不匱。有無之相生，老氏於此三者，推而明之。〔註143〕

⊙五色章第十二

五色令人目盲，五音令人耳聾，

目圍二焉，其見者性也。徹而為明，則作哲，足以斷天下之疑；耳藏一

〔註137〕《集註》無此段注文。
〔註138〕《解義》「于」字作「於」。
〔註139〕《解義》「辯」字作「辨」。
〔註140〕《集註》少「天道升于北，則與物辯。而玄者，天之色也。聖人之於天道，降而為德，非玄不足以名之」句。
〔註141〕《集註》少「至人用心，每解乎此」句。
〔註142〕《解義》「跡」字作「迹」。
〔註143〕《集註》無此段注文。

焉，其聞者性也。徹而爲聰，則作謀，足以通天下之志。觀道之人，無形之上，獨以神視；無聲之表，獨以氣聽。而視聽有不待耳目之用者，曾何聲色之足蔽哉？世之人役耳目於外物之累，故目淫於五色，耳淫於五音，而聰明爲之衰，其於盲聾也何辯？〔註144〕

五味令人口爽；馳騁田獵，令人心發狂；

道之出口，淡乎其無味。五味，人之所同嗜也，而厚味實臘〔註145〕毒，故令人口爽。人之生也，形不盈〔註146〕仞，而心侔造化。聖人之心，動而緯萬方，靜而鑑天地。世之人從事於田獵，而因以喪其良心，不足以自勝，可不謂大哀也耶？〔註147〕

難得之貨，令人行妨。

利以養人，而貨以化之，故交利而俱贍。聖人不貴難得之貨，不貴異物。賤用物，欲人之安其分而無所奪也；貴難得之貨，則至於決〔註148〕性命之情而饕貴富，何行之能守？故令人行妨。仲虺之稱湯曰：「不殖貨利。」孔子之謂子貢曰：「賜不受命而貨殖焉。」貨之妨行如此。〔註149〕

是以聖人爲腹不爲目，故去彼取此。

八卦「坤」爲腹，以厚載而容也。「離」爲目，以外視而明也。厚載而容，則無所不受；外視而明，則有所不及。聖人以天下爲度，故取此能容之腹。非事事而治之，物物而察之也，故去彼外視之目。《莊子》曰：「賊莫大於〔註150〕德有心，而心有眼。」故聖人去之。

⊙寵辱章第十三

寵辱若驚，貴大患若身。

寵者在下，貴者在上。居寵而以爲榮，則辱矣；處貴而以爲累，〔註151〕則患莫大焉。以富爲是者，不能辭祿；以顯爲是者，不能辭名。親權者，不

〔註144〕《集註》無此段注文。
〔註145〕《解義》、《疏義》「臘」字作「腊」。
〔註146〕《解義》「盈」字作「滿」。
〔註147〕《集註》無此段注文。
〔註148〕《解義》「決」字作「决」。
〔註149〕《集註》無此段注文。
〔註150〕《解義》「於」字作「乎」。
〔註151〕《解義》「累」字作「利」。

能與人柄，操之則慄，捨之則悲。茲寵辱所以若驚歟！慘怛之疾，恬愉之安，時集於體；怵迫之恐，欣歡〔註152〕之喜，交〔註153〕溺於心；茲大患所以若身歟！〔註154〕

何謂寵辱？寵為下。

龍之爲物，變化自如，不可制畜。可以覆焉，〔註155〕則志〔註156〕於豢養，有辱之道。古之善爲士者，三旌之位，不足易其介；萬鍾之祿，不足遷其守。居寵而思危，在福而若沖，則何辱之有？貪夫〔註157〕位也，慕夫〔註158〕祿也，知進而不知退，知得而不知喪，則人賤之矣。故受寵於人，則爲下之道。〔註159〕

得之若驚，失之若驚。是謂寵辱若驚。

軒冕在身，非性命之理也。物之儻來，寄也。寄之來，〔註160〕不可拒，故至人不以得爲悅；其去，不可圉，故至人不以失爲憂。今寄去則不樂，受而〔註161〕喜之，是以〔註162〕得失累乎其心，能勿驚乎？柳下惠爲士師，三黜而不去；正考父三命，循墙而走；則異於此〔註163〕。〔註164〕

何謂貴大患若身。

據利勢，擅賞罰，作福威，天下畏之如神明，尊之如上帝，可謂貴矣。聖人則不以貴自累，故能長守〔註165〕貴而無患。譬如人身，墮肢體，黜聰〔註166〕

〔註152〕《解義》「歡」字作「懽」。
〔註153〕《解義》「交」字作「又」。
〔註154〕《集註》少「以富爲是者，不能辭祿；以顯爲是者，不能辭名。親權者，不能與人柄，操之則慄，捨之則悲。茲寵辱所以若驚歟！慘怛之疾，恬愉之安，時集於體；怵迫之恐，欣歡之喜，交溺於心；茲大患所以若身歟」句。
〔註155〕《解義》「可以覆焉」作「可豢養焉」。
〔註156〕《解義》「志」字作「忘」。
〔註157〕《解義》、《疏義》「夫」字皆作「天」。
〔註158〕《解義》、《疏義》「夫」字皆作「天」。
〔註159〕《集註》無此段注文。
〔註160〕《集註》「寄之來」作「寄之其來」，多「其」字。
〔註161〕《解義》「而」字作「則」。
〔註162〕《解義》少「以」字。
〔註163〕《解義》「此」字作「是」。
〔註164〕《集註》少「柳下惠爲士師，三黜而不去；正考父三命，循墙而走；則異於此」句。
〔註165〕《解義》「守」字作「富」。
〔註166〕《集註》「聰」字作「聰」。

明，離形去智，通於大同，〔註167〕則無入而不自得也。世之人以物易性，故累物而不能忘勢；以形累心，故喪心而不能忘形；其患大矣。

吾所以有大患者，爲吾有身。及吾無身，吾有何患？

人之生也，百骸〔註168〕、九竅、六臟，〔註169〕賅而存焉。吾誰能〔註170〕爲親，認而有之，皆惑也。體道者解乎此，故孔子曰：「朝聞道，夕死可矣。」《孟子》曰：「夭壽不貳。」〔註171〕顏子曰：「回坐忘矣。」夫死生亦大矣，而無〔註172〕變於已，況得喪禍福之所介乎？此古之至人所以不以利累形，不以形累心，視萬物與我將擇焉而不可得，則吾身非吾有也。上與造物者遊，下與外死生、齊〔註173〕終始者爲友。吾有何患？且寵者，世所榮也，而以爲辱；貴者，人所樂也，而以爲患。蓋外物之不可恃也，理固然矣。誠能有之以無有，則雖寵而不辱，雖貴而無患。伊尹之不以寵利居成功，堯之不以位爲樂，幾是已。〔註174〕

故貴以身爲天下，若可寄天下；愛以身爲天下，若可託天下。

天下，大器也，非道莫運；天下，神器也，非道莫守。〔註175〕聖人體道，故在宥天下，〔註176〕天下樂推而不猒。〔註177〕其次則知貴其身而不自賤，以役於物者，若可寄而已；知愛其身而不自賤，〔註178〕以困於物者，若可託而已。故曰「道之眞以治身，緒餘以爲國家，土苴以治天下」。世俗之君子，迺

〔註167〕《解義》「通於大同」作「同於大通」。

〔註168〕《解義》「骸」字作「體」。

〔註169〕《解義》「六臟」作「五藏、六府」。

〔註170〕《解義》「能」字作「與」。

〔註171〕《疏義》「貳」字作「二」。

〔註172〕《疏義》「無」字作「无」。

〔註173〕《疏義》「齊」字作「無」。

〔註174〕《集註》少「故孔子曰：『朝聞道，夕死可矣。』《孟子》曰：『夭壽不貳。』顏子曰：『回坐忘矣。』夫死生亦大矣，而無 變於已，況得喪禍福之所介乎？此古之至人所以不以利累形，不以形累心，視萬物與我將擇焉而不可得，則吾身非吾有也。上與造物者遊，下與外死生、齊終始者爲友。吾有何患？且寵者，世所榮也，而以爲辱；貴者，人所樂也，而以爲患。蓋外物之不可恃也，理固然矣。誠能有之以無有，則雖寵而不辱，雖貴而無患。伊尹之不以寵利居成功，堯之不以位爲樂，幾是已」句。

〔註175〕《集註》少「天下，神器也，非道莫守」句。

〔註176〕《集註》少「故在宥天下」句。

〔註177〕《集註》「猒」字作「厭」。

〔註178〕《疏義》「賤」字作「賊」。

〔註 179〕危身棄生以殉〔註 180〕物，豈不悲夫！〔註 181〕

⊙ 視之不見章第十四

視之不見，名曰夷。

目主視，視以辯〔註 182〕物。夷則平而無辯，〔註 183〕非視所及，故名曰夷。太易未見，氣是已。〔註 184〕

聽之不聞，名曰希。

耳主聽，聽以察物。希則概〔註 185〕而有間，非聽所聞，故名曰希。大音希聲是已。〔註 186〕

搏之不得，名曰微。

微乎微乎，至於無形。孰得而搏之？大象無形是已。〔註 187〕

此三者，不可致詰，故混而為一。

太易未判，孰分高下？大音希聲，孰辯〔註 188〕清濁？大象無形，孰為巨細？目無所用其明，耳無所施其聰，形無所竭其力。道之全體，於是乎在。窮之不可究，探之不可得也。氣形質具而未相離，故混而為一。雖然，既已為一矣，且得無言乎？〔註 189〕

其上不皦，其下不昧。

形而上者，陰陽不測，幽而難知，茲謂至神，故不皦。皦言明也。形而下者，一陰一陽，辯〔註 190〕而有數，茲謂至道，故不昧。昧言幽也。《易》曰：

〔註 179〕《解義》「迺」字作「廼」。
〔註 180〕《解義》「殉」字作「徇」。
〔註 181〕《集註》少「故曰『道之眞以治身，緒餘以爲國家，土苴以治天下』。世俗之君子，迺危身棄生以殉物，豈不悲夫」句。
〔註 182〕《解義》「辯」字作「辨」。
〔註 183〕《解義》「辯」字作「辨」。
〔註 184〕《集註》無此段注文。
〔註 185〕《解義》、《疏義》「概」字皆作「（禾既）」。
〔註 186〕《集註》無此段注文。
〔註 187〕《集註》無此段注文。
〔註 188〕《解義》「辯」字作「辨」。
〔註 189〕《集註》無此段注文。
〔註 190〕《解義》、《集註》「辯」字皆作「辨」。

「神而明之，存乎其人。」〔註191〕

繩繩兮不可名，復歸於無物。

道之體，若晝夜之有經，而莫測其幽明之故。豈貌像〔註192〕聲色可得而形容乎？故復歸於無物。

是謂無狀之狀，無物之象，是謂恍惚。

無狀之狀，無物之象，恍兮惚，其中有物；惚兮恍，其中有象。猶如太虛含蓄萬象，而不覩其端倪；猶如一性靈智自若，而莫究其運用。謂之有而非有，謂之無而非無。若日月之去人遠矣。以鑒〔註193〕燧求焉，而水火自至，水火果何在哉？無狀之狀，無物之象，亦猶是也。

迎之不見其首，隨之不見其後。

其始無首，其卒無尾，故迎之隨之，有不得而見焉。

執古之道，以御今之有。能知古始，是謂道紀。

一陰一陽之謂道。師天而無地者，或蔽于道之動，而憑其強陽。師陰而無陽者，或溺于道之靜，而止於枯槁。爲我者廢仁，爲人者廢義，豈古之道哉？古之道，〔註194〕不可致詰而非有，是謂恍惚而非無。執之以御〔註195〕世，則變通以盡利，鼓舞以盡神。而無不可者，道之大〔註196〕常，無易于此。〔註197〕所謂自古以固存者歟？故曰「能知古始，是謂道紀」。〔註198〕

⊙古之善爲士章第十五

古之善為士者，微妙玄通，深不可識。

古之士，則與今之士異矣。善爲士，則與不善爲士者異矣。故微則與道爲一，妙則與神同體。玄有以配天，通有以兆聖。而藏用之深，至於不可測。〔註

〔註191〕《集註》少「《易》曰：『神而明之，存乎其人。』」句。
〔註192〕《解義》「象」字作「像」。
〔註193〕《集註》「鑒」字作「鑑」。
〔註194〕《集註》少「古之道」三字。
〔註195〕《集註》「御」字作「馭」。
〔註196〕《解義》「大」字作「太」。
〔註197〕《集註》少「道之大常，無易于此」句。
〔註198〕《集註》少「故曰『能知古始，是謂道紀』」句。
〔註199〕《解義》「不可測」作「不可測究」，多「究」字。

199〕《書》曰：「道心惟微。」則微者，道也。《易》曰：「神也者，妙萬物而爲言。」則妙者，神也。《易》曰：「天玄而地黃。」則玄者，天之色。《傳》曰：「事無不通之謂聖。」則通者，聖之事。水之深者可測也，穴之深者可究也。古之善爲士者，微妙玄通，名實不入，而機發於踵，其藏深矣，不可測究。〔註200〕列御寇居鄭圃，四十年人無識者。老子謂孔子曰：「良賈深藏若虛，君子盛德，容貌若愚。」其謂是歟？

夫惟不可識，故強爲之容。

天之高不可俄而度也，〔註201〕地之厚不可俄而測也。〔註202〕曰圓以覆，曰方以載者，擬諸其容而已。強爲之容，豈能眞索其至？

豫兮若冬涉川，猶兮若畏四鄰。

豫者，圖患於未然；猶者，致疑於已事。古之體道者，以內游〔註203〕爲務，不以通物爲樂。恐懼修省，不得已而後應，〔註204〕若冬涉川，守而不失已，若畏四鄰，《易》所謂「以此齋戒者」是也。

儼若容。

《語》曰：「望之儼然。」《記》曰：「儼若思。」《莊子》曰：「物無道，正容以悟之，使人之意也消。」全德之人，遠之則有望，近之則不厭，故其狀，義而不朋。〔註205〕

渙若冰將釋。

水凝而爲冰，冰釋而爲水，其實一體。蔽於執一者，如水之凝；通於大同者，如冰之釋。《易》曰：「渙，離也。」遺物離人而無所繫較，所以爲渙。

〔註200〕《集註》少「古之士，則與今之士異矣。善爲士，則與不善爲士者異矣。故微則與道爲一，妙則與神同體。玄有以配天，通有以兆聖。而藏用之深，至於不可測。《書》曰：『道心惟微。』則微者，道也。《易》曰：『神也者，妙萬物而爲言。』則妙者，神也。《易》曰：『天玄而地黃。』則玄者，天之色。《傳》曰：『事無不通之謂聖。』則通者，聖之事。水之深者可測也，穴之深者可究也。古之善爲士者，微妙玄通，名實不入，而機發於踵，其藏深矣，不可測究」句。

〔註201〕《集註》「天之高不可俄而度也」作「天之高不可俄而度」，少「也」字。

〔註202〕《集註》「地之厚不可俄而測也」作「地之厚不可俄而測」，少「也」字。

〔註203〕《解義》「游」字作「遊」。

〔註204〕《集註》少「古之體道者，以內游爲務，不以通物爲樂。恐懼修省，不得已而後應」句。

〔註205〕《集註》無此段注文。

〔註206〕

敦兮其若樸。

敦者，厚之至。性本至厚，如木之樸，未散爲器。

曠兮其若谷。

曠者，廣之極。心原無際，如谷之虛，受而能應。

渾兮其若濁。

不劖彫〔註207〕以爲兼，〔註208〕不矯激以爲異，渾然而已，故若濁。與修身以明汙者異矣。

孰能濁以靜之徐清？孰能安以動之徐生？

有道之士，即動而靜，時騁而要，其宿定而能應，至無而供其求。故靜之徐清，而物莫能濁；動之徐生，而物莫能安。〔註209〕《易》曰：「來徐徐。」徐者，安行而自適之意。至人之用心，非以靜止爲善，而有意於靜；非以生出爲功，而有爲于生也。因其固然，付出〔註210〕自爾，而無怵迫之情，遑遽之勞焉，〔註211〕故曰徐。〔註212〕靜之徐清，萬物無足以鐃〔註213〕其心，故孰能濁。動之徐生，萬物無足以係其慮，故孰能安。安有止之意。爲物所係，則止矣，豈能應物而不傷？

保此道者，不欲盈。

有積也，故不足；無藏也，故有餘。至人無積，亦虛而已。保此道而以天下之美爲盡在己者，亦已小矣，故不欲盈。《經》曰：「大白若辱，盛〔註214〕德若不足。」

夫唯不盈，故能敝不新成。

〔註206〕《集註》無此段注文。
〔註207〕《集註》「彫」字作「雕」。
〔註208〕《解義》、《疏義》、《集註》「兼」字皆作「廉」。
〔註209〕《集註》少「有道之士，即動而靜，時騁而要，其宿定而能應，至無而供其求。故靜之徐清，而物莫能濁；動之徐生，而物莫能安」句。
〔註210〕《解義》、《疏義》、《集註》「出」字皆作「之」。
〔註211〕《疏義》少「焉」字。
〔註212〕《疏義》「徐」字作「徐清」。
〔註213〕《疏義》、《集註》「鐃」字皆作「撓」。
〔註214〕《疏義》「盛」字作「廣」。

有敝，故有新；有成，故有壞。新故相代如彼。四時成壞，相因如彼。萬物自道而降，麗於〔註215〕形數者，蓋莫不然。惟道無體，虛而不盈，故能敝、能新、能成、能壞，超然出乎形數之外，而未常〔註216〕敝、未常〔註217〕壞也，故曰「夫惟不盈，故能敝不新成」。木始榮而終悴，火初明而末熄，以有新也，故敝隨之。日中則昃，月滿則虧，以有成也，故壞繼之。有道者異乎此。〔註218〕

⊙致虛極章第十六

致虛極，守靜篤。

莫貴乎虛，莫善乎靜。虛靜者，萬物之本也。虛，故足以受群實；靜，故足以應群動。極者，眾會而有所至；篤者，力行而有所至。致虛而要其極，守靜而至於〔註219〕篤，則萬態雖雜，而吾心常徹；萬變雖殊，而吾心常寂。此之謂天樂，非體道者不足以與此。

萬物並作，吾以觀其復。

萬物之變，在道之末。體道者，寓乎萬物之上焉。物之生，有所乎萌也；終，有所乎歸。〔註220〕方其並作，而趨〔註221〕於〔註222〕動出之塗，吾觀其動者之必靜；及出者之，必復。而因以見天地之心，則交物而不與物俱化。此之謂「觀其復」。〔註223〕

夫物芸芸，各歸其根。

芸芸者，動出之象。萬物出乎「震」，相見乎「離」，則芸芸並作，精〔註224〕華發外。說乎「兌」，勞乎「坎」，則去華就實，歸其性宅。命者，性之本，而

〔註215〕《解義》「於」字作「于」。

〔註216〕《解義》「常」字作「嘗」。

〔註217〕《解義》、《疏義》「常」字皆作「嘗」。

〔註218〕《集註》無此段注文。

〔註219〕《集註》「於」字作「于」。

〔註220〕《集註》少「萬物之變，在道之末。體道者，寓乎萬物之上焉。物之生，有所乎萌也；終，有所乎歸」句。

〔註221〕《集註》「趨」字作「趣」。

〔註222〕《解義》「於」字作「乎」。《疏義》、《集註》「於」字皆作「于」。

〔註223〕《集註》少「則交物而不與物俱化。此之謂『觀其復』」句。

〔註224〕《解義》、《集註》「精」字皆作「英」。

性其根也；精者，神之母，而神其子也。精全則神王，盡性則至於命。〔註225〕

歸根曰靜，靜曰復命。

留〔註226〕動而生物，物生成理，謂之形；形體保神，各有儀則，謂之性；未形者有分，且然無間，謂之命。命亙古今而常存，性更萬形而不易。全其形生之人，去智與故，歸於寂定，則知命之在我。如彼春夏，復爲秋冬。體性抱神，中以自考，此之謂復命。〔註227〕

復命曰常，

常者，對變之詞〔註228〕。〔註229〕復命則萬變不能遷，無間無歇，與道爲一，以挈〔註230〕天地，以襲氣母。

知常曰明。

知〔註231〕道之常，不爲物遷，故六徹相因，〔註232〕足以鑑天地，足以〔註233〕照萬物。

不知常，妄作凶。

聖人知道之常，故作則契理，每與吉會。不知常者，〔註234〕隨物轉徙，觸塗自患。故妄見美惡，以與道違；妄生是非，以與道異。且不足以固其命，〔註235〕故凶。《易》曰：「復則不妄，迷而不知復。」茲妄也已。

知常容，

知常則不藏是非美惡，故無所不容。

容乃公，

〔註225〕《集註》少「命者，性之本，而性其根也；精者，神之母，而神其子也。精全則神王，盡性則至於命」句。
〔註226〕《解義》「留」字作「流」。
〔註227〕《集註》無此段注文。
〔註228〕《解義》「詞」字作「辭」。
〔註229〕《集註》少「常者，對變之詞」句。
〔註230〕《解義》「挈」字作「契」。
〔註231〕《集註》「知」字作「明」。
〔註232〕《集註》少「六徹相因」四字。
〔註233〕《集註》少「足以」二字。
〔註234〕《集註》少「聖人知道之常，故作則契理，每與吉會。不知常者」句。
〔註235〕《集註》少「故妄見美惡，以與道違；妄生是非，以與道異。且不足以固其命」句。

無容心焉，則不獨親其親，不獨〔註236〕子其子，何私之有？

公乃王，

大道之行也，天下爲公，故天下樂推而不猒。〔註237〕

王乃天，天乃道，

通天地人而位乎天地之中者，王也。一而大，〔註238〕在上而無不覆者，天也。天地人莫不由之者，道也。盡人則同乎天，體天則同乎道。

道乃久，沒身不殆。

道者，萬世無弊。庶物得之者昌，關百聖而不窮，蔽天地而不息，故沒身而〔註239〕不殆。殆近凶，幾近吉，不殆則無妄作之凶，非知常者無與。〔註240〕

⊙太上章第十七

太上，下知有之。

在宥天下，與一世而得淡泊〔註241〕焉。無欣欣〔註242〕之樂，而親譽不及；無悴悴之苦，而畏侮不至。莫之爲而常自然，故下知有之而已。

其次，親之、譽之。

澤加于民，法傳于世，天下愛之若父母，故親之；貴名起之如日月，故譽之。此帝王之治，親譽之迹彰，而大同之道虧矣。《莊子》曰：「舜有膻行，百姓悅之，詩於靈台。」所以言文王之民始附也。〔註243〕

其次，畏之、侮之。

「道之以政，齊之以刑」，故畏之。舉天下以賞，其善者不勸；舉天下以罰，其惡者不沮。諸侯有問鼎大小輕重，如楚子者；陪臣有竊寶玉大弓，如

〔註236〕《集註》少「不獨」二字。
〔註237〕《集註》無此段注文。
〔註238〕《集註》少「通天地人而位乎天地之中者，王也。一而大」句。
〔註239〕《解義》、《疏義》皆少「而」字。
〔註240〕《集註》少「故沒身而不殆。殆近凶，幾近吉，不殆則無妄作之凶，非知常者無與」句。
〔註241〕《解義》、《疏義》「淡泊」皆作「惔怕」。
〔註242〕《集註》「欣欣」作「忻忻」。
〔註243〕《集註》少《莊子》曰：『舜有膻行，百姓悅之，詩於靈台。』所以言文王之民始附也」句。

陽虎者。此衰世之俗，故侮之。

故信不足焉，有不信。

附離不以膠漆，約束不以纏〔註244〕索，此至信也。商人作誓而民始畔，周人作會而民始疑，信不足故也。太上，下知有之，則當而不知以爲信；其次畏之、侮之，則知詐諼滑機變之巧生，而有不信者矣。〔註245〕

猶兮其貴言。

以道觀言，而天下之君正，則言豈可易哉？戒愼而弗敢輕也，故言而世爲天下道行，言自爲而天下化。〔註246〕

功成事遂。百姓皆曰我自然。

帝王之功，聖人之餘事也。使民甘其食，美其服，安其俗，樂其業，而餘事足以成帝王之功。然謂「我自然」而已。曰「帝力何有於我哉？」此之謂太上之治。〔註247〕

⊙大道廢章第十八

大道廢，有仁義。

失道而後德，失德而後仁，失仁而後義。仁以立人，義以立我，而去道也遠矣。〔註248〕韓愈不原聖人道德之意，迺〔註249〕以謂仁與義爲定名，〔註250〕道與德爲虛位。〔註251〕老子之小仁義，其所見主者小也，〔註252〕《莊子》所謂蔽蒙之民。

智慧出，有大僞。

民知力竭，則以僞繼之。〔註253〕

〔註244〕《疏義》「纏」字作「經」。
〔註245〕《集註》少「太上，下知有之，則當而不知以爲信；其次畏之、侮之，則知詐諼滑機變之巧生，而有不信者矣」句。
〔註246〕《集註》無段注文。
〔註247〕《集註》無段注文。
〔註248〕《集註》「而去道也遠矣」作「而去道遠矣」，少「也」字。
〔註249〕《解義》、《集註》「迺」字皆作「乃」。
〔註250〕《集註》「以謂仁與義爲定名」作「以仁義爲定名」，少「謂」、「與」二字。
〔註251〕《集註》「道與德爲虛位」作「道德爲虛位」，少「與」字。
〔註252〕《集註》「其所見主者小也」作「其所見小也」，少「主者」二字。
〔註253〕《集註》無此段注文。

六親不和，有孝慈。國家昏亂，有忠臣。

名生於〔註254〕不足故也。《莊子》曰：「孝子不諛其親，忠臣不諂其君，臣子之盛也。」〔註255〕

⊙絕聖棄智章第十九

絕聖棄智，民利百倍。

道與之性，〔註256〕一而不雜。離道爲德，是名聖智。聖智立，而天下始有喬詰卓摯〔註257〕之行。驚愚而明汙，譽堯而非桀，則聖智之利天下也少，而害天下也多。〔註258〕絕而棄之，與道同體，則各安其性命之情，其利博〔註259〕矣。

絕仁棄義，民復孝慈。

孝慈，天性也。蹩躠爲仁，踶跂爲義，而以仁義易其性矣。絕仁棄義，則〔註260〕民將反其性而復其初。不獨親其親，不獨〔註261〕子其子，其於孝慈也何有？

絕巧棄利，盜賊無有。

爲機變之巧者，〔註262〕無所用恥；〔註263〕有欲利之心者，〔註264〕不顧其義。〔註265〕是皆穿窬之類也。〔註266〕

此三者以為文不足，故令有所屬。

〔註254〕《解義》「於」字作「于」。
〔註255〕《集註》無此段注文。
〔註256〕《集註》「道與之性」作「道之與性」。
〔註257〕《解義》「摯」字作「鷙」。《疏義》「摯」字作「鷙」。
〔註258〕《集註》少「聖智立，而天下始有喬詰卓摯之行。驚愚而明汙，譽堯而非桀，則聖智之利天下也少，而害天下也多」句。
〔註259〕《解義》、《集註》「博」字皆作「博」。
〔註260〕《集註》少「孝慈，天性也。蹩躠爲仁，踶跂爲義，而以仁義易其性矣。絕仁棄義，則」句。
〔註261〕《集註》少「不獨」二字。
〔註262〕《集註》「爲機變之巧者」作「爲機變之巧」，少「者」字。
〔註263〕《集註》少「無所用恥」四字。
〔註264〕《集註》「有欲利之心者」作「有欲利之心」，少「者」字。
〔註265〕《集註》少「不顧其義」四字。
〔註266〕《解義》少「也」字。

先王以人道治天下，至周而彌文。及其弊也，以文滅質，文有餘而質不足，天下舉失其素樸之眞，而日淪於〔註267〕私欲之習。老氏當周之末世，〔註268〕方將祛其弊而使之反〔註269〕本，故攘〔註270〕棄仁義，絕滅禮學，雖聖智亦在所擯，彼其心豈眞以仁義聖智爲不足以治天下哉？先王之道，若循環捄〔註271〕文者，莫若質。「故令有所屬」謂：見素抱樸，〔註272〕少私寡欲也。

見素

《語》曰：「繪事後素。」素，未受色。見素，則純粹而不雜。〔註273〕

抱樸。

《經》曰：「樸散則爲器。」樸，未嘗斲。抱樸，則靜一而不變。《莊子》曰：「同乎無欲，是謂素樸。」素樸而民性得矣。〔註274〕

少私寡欲。

自營爲私，而養心莫善於寡欲。少私寡欲，則定乎內外之分，辨乎眞僞之歸。德全而性復，聖智之名泯矣。〔註275〕

⊙絕學無憂章第二十

絕學無憂。

學以窮理。方其務學以窮理，思慮善否，參稽治亂，能勿憂乎？學以致道，見道而絕學，損之又損之，以至於無爲而無不爲，則任其性命之情，無適而不樂，故無憂。〔註276〕

唯之與阿，相去幾何？善之與惡，相去何若？

唯、阿同聲，善、惡一性。小智自私，離而爲二；達人大觀，本實非異。

〔註267〕《集註》「於」字作「于」。
〔註268〕《集註》「老氏當周之末世」作「老氏當周之末」，少「世」字。
〔註269〕《集註》「反」字作「返」。
〔註270〕《集註》「攘」字作「穰」。
〔註271〕《集註》「捄」字作「救」。
〔註272〕《集註》「樸」字作「朴」。
〔註273〕《集註》無此段注文。
〔註274〕《集註》無此段注文。
〔註275〕《集註》無此段注文。
〔註276〕《集註》此段注文爲「任其性命之情而樂，故無憂」。

聖人之經世，在宗廟朝廷，與大夫言，不齊如此。過惡揚善，惟恐不至。人之所畏，不可不畏故也。〔註277〕

人之所畏，不可不畏。

鼓萬物〔註278〕而不與聖人同憂者，道也。吉凶與民同患者，事也。體道者無憂，涉事者有畏。人之所畏，而不知爲之戒，能無患者鮮矣。故君子以恐懼脩〔註279〕省。《詩》曰：「畏天之威。」〔註280〕

荒兮，其未央哉。

世故之萬變，紛糾〔註281〕而不可治，難終難窮，未始有極。所謂善惡，特未定也，惟達者知通爲一。〔註282〕

眾人熙熙，如享太牢，如春登臺。

凡物以陽熙，以陰凝。熙熙者，敷榮外見之象。眾人失性之靜，外遊〔註283〕是務，如悅厚味以養口體，如覩高華以娛心志，耽樂之徒，〔註284〕去道彌遠。〔註285〕

我獨怕兮其未兆，若嬰兒之未孩。

《經》曰：「復歸於嬰兒。」《莊子》曰：「不至乎孩而始誰？」嬰兒欲慮未萌，疎戚一視，〔註286〕怕兮靜止，和順積中，而英華不兆于外，故若嬰兒之未孩。〔註287〕

乘乘兮，若無所歸。

《易》曰：「時乘六龍以御天。」乘乘者，因時任理而不倚于一偏，故若

〔註277〕《集註》少「聖人之經世，在宗廟朝廷，與大夫言，不齊如此。過惡揚善，惟恐不至。人之所畏，不可不畏故也」句。

〔註278〕《解義》「鼓萬物」作「鼓舞萬物」，多「舞」字。

〔註279〕《解義》「脩」字作「修」。

〔註280〕《集註》少「體道者無憂，涉事者有畏。人之所畏，而不知爲之戒，能無患者鮮矣。故君子以恐懼脩省。《詩》曰：『畏天之威。』」句。

〔註281〕《解義》「糾」字作「紏」。

〔註282〕《集註》無此段注文。

〔註283〕《解義》、《疏義》「遊」字皆作「游」。

〔註284〕《解義》、《疏義》「徒」字皆作「從」。

〔註285〕《集註》無此段注文。

〔註286〕《解義》「視」字作「覭」。

〔註287〕《集註》無此段注文。

無所歸。〔註288〕

眾人皆有餘。

或問眾人曰，富貴貪生〔註289〕而慕利者，奢泰之心勝，而損約之志微，故皆有餘。其在道，曰「餘食贅行」。〔註290〕

我獨若遺。

功蓋天下，而似不自已。〔註291〕

我愚人之心也哉。純純兮。

孔子曰〔註292〕：「吾與回言終日，不違如愚。」純純兮，天機不張，而默與道契，茲謂大智。

俗人昭昭，我獨若昏；俗人察察。我獨悶悶。

同乎流俗，則昭昭以爲明，而其明也小；察察以爲智，而其智也鑿。遺物離人，而傲倪〔註293〕于〔註294〕一世之習，則惝然若亡若〔註295〕存，悶然若鈍而利。世俗豈得而窺之？

澹兮其若海。

淵靜而性定，道之全體。

飂兮似無所止。

變動而不居，道之利用。

眾人皆有以，我獨頑且鄙。

桂可食，故伐之；漆可用，故割之。人皆知有用之用，而莫知無用之用。「眾人皆有以」，是謂有用之用；「我獨頑且鄙」，是謂無用之用。〔註296〕《傳》曰：「心不則德義之經爲頑。」古者謂都爲美，謂野爲鄙。頑則不飾智，鄙則

〔註288〕《集註》無此段注文。
〔註289〕《解義》「貪生」作「生貪」。
〔註290〕《集註》少「其在道，曰『餘食贅行』」句。
〔註291〕《集註》無此段注文。
〔註292〕《集註》少「孔子曰」三字。
〔註293〕《集註》「倪」字作「睨」。
〔註294〕《集註》「于」字作「於」。
〔註295〕《解義》、《疏義》、《集註》「若」字皆作「而」。
〔註296〕《集註》少「『眾人皆有以』，是謂有用之用；『我獨頑且鄙』，是謂無用之用」句。

不見美。神人以此不材〔註297〕。〔註298〕

我獨異於人，而貴求食於母。

嬰兒慕，駒犢從，惟道之求而已。夫道，生之畜〔註299〕之，長之育之，萬物資焉，有母之意。惟道之求，此所以異於人之失性於俗。

⊙孔德之容章第二十一

孔德之容，惟道是從。

一陰一陽之謂道，物得以生謂之德。道常無名，豈可形容？所以神其德，德有方體，同焉皆得。所以顯道。〔註300〕性脩〔註301〕反德。德至，同於初，故「惟道是從」。〔註302〕

道之為物，惟恍惟惚。

道體至無，而用迺〔註303〕妙有，所以為物，然物無非道。〔註304〕恍者，有象之可況；〔註305〕惚者，有數之可推。而所謂有者，〔註306〕疑於無也，故曰「道之為物」。

惚兮恍兮中有象焉，恍兮惚兮中有物兮，

見乃謂之象，形乃謂之物。惚恍〔註307〕之中，象物斯具。猶如大〔註308〕空，變為雷風；猶如大塊，化為水火。以成變化，以行鬼神，是謂道妙。

窈兮冥兮中有精兮。

窈者，幽之極；冥者，明之藏。窈冥之中，至陰之原，而天一所兆，精實生焉。

〔註297〕《疏義》「材」字作「林」。
〔註298〕《集註》少「頑則不飾智，鄙則不見美。神人以此不材」句。
〔註299〕《疏義》「畜」字作「蓄」。
〔註300〕《集註》「所以顯道」作「所以顯其道」，多「其」字。
〔註301〕《解義》「脩」字作「修」。
〔註302〕《集註》少「性脩反德。德至，同於初，故『惟道是從』」句。
〔註303〕《解義》「迺」字作「迺」。《集註》「迺」字作「乃」。
〔註304〕《集註》「然物無非道」作「然無非道」，少「物」字。
〔註305〕《解義》「況」字作「見」。《疏義》「況」字作「恍」。
〔註306〕《集註》「而所謂有者」作「所謂有者」，少「而」字。
〔註307〕《集註》「惚恍」作「恍惚」。
〔註308〕《集註》「大」字作「太」。

其精甚眞，其中有信。自古及今，其名不去。

精者，天德之至正而不妄，故曰〔註309〕「甚眞」；一而不變，故云「有信」。且然無間，故「其名不去」。〔註310〕

以閱眾甫，吾何以知眾甫之然哉。以此。

眾甫之變，日逝而不停。甚精之眞，〔註311〕常存而不去。聖人貴精，故能閱眾甫之變，○〔註312〕知其所以然。無思也，而寂然；無爲也，而不動。然感而遂通天下之故，則思爲之端起，而功業之迹著。非天下之至精，其孰能與于〔註313〕此？

⊙曲則全章第二十二

曲則全，

與物委蛇而同其波，故全其形，生而不虧。《莊子》曰：「外曲者，與人爲徒。」〔註314〕

枉則直，

遺佚而不怨，阨窮而不憫，故內直而不失其正。《易》曰：「尺蠖之屈，以求信也。」〔註315〕

窪則盈，

無藏也，故有餘。〔註316〕

敝則新，

多閉之不固，則春生〔註317〕之不茂。〔註318〕

少則得，多則惑。

〔註309〕《集註》「曰」字作「云」。
〔註310〕《集註》少「且然無間，故『其名不去』」句。
〔註311〕《集註》「甚精之眞」作「甚眞之精」。
〔註312〕《解義》、《疏義》、《集註》此皆爲「而」字。
〔註313〕《集註》「于」字作「於」。
〔註314〕《集註》無此段注文。
〔註315〕《集註》無此段注文。
〔註316〕《集註》無此段注文。
〔註317〕《解義》少「生」字。
〔註318〕《集註》無此段注文。

道要不煩，聞見之多，不如其約也。以支爲旨，則終身不解，茲謂大惑。〔註 319〕

是以聖人抱一爲天下式。

其爲物不貳，〔註 320〕則其生物不測。惟天下之至精，能爲天下之至神。聖人抱一以守，不搖其精，故言而爲天下道，〔註 321〕動而爲天下則〔註 322〕。〔註 323〕

不自見故明。

不蔽于一己之見，則無所不燭，故明。

不自是故彰。

不私于一己之是，而惟是之從，則功大名顯，而天下服，故彰。

不自伐故有功。

《書》曰：「汝惟不伐，天下莫與汝爭功。」〔註 324〕

不自矜故長。

《書》曰：「汝惟不矜，天下莫與汝爭能。」〔註 325〕

夫唯不爭，故天下莫能與之爭。

人皆取先，己獨處後，曰「受天下之垢」。若是者，常處于不爭之地，孰能與之爭乎？

古之所謂曲則全者，豈虛言哉？誠全而歸之。

聖人其動若水，以交物而不虧其全；其應若繩，以順理而不失其直。知窪之爲盈，無亢滿之累；知弊之爲新，無夸耀之迹。若性之自爲，而不知爲之者，致曲而已。故全而歸之，可以保身，可以盡年，而不知其盡也。是謂全德之人，豈虛言哉？

〔註 319〕《集註》無此段注文。
〔註 320〕《疏義》「貳」字作「二」。
〔註 321〕《解義》「道」字作「則」。
〔註 322〕《解義》「則」字作「法」。
〔註 323〕《集註》無此段注文。
〔註 324〕《集註》無此段注文。
〔註 325〕《集註》無此段注文。

⊙希言自然章第二十三

希言自然。

希者，獨立于萬物之上，而不與物對，列子所謂疑獨者是也。〔註326〕去智與故，循天之理，而不從事於外，〔註327〕故言自然。

故飄風不終朝，驟雨不終日。孰為此者？天地。天地尚不能久。而況於人乎？

天地之造萬物，風以散之，委眾形之自化；而雨以潤之，〔註328〕任萬物〔註329〕以〔註330〕自滋。故不益生，不勸成，而萬物自遂于天地之間，所以長且久也。飄驟則陰陽有繆戾之患，必或使之，而物被其害，故不能久。

故從事於道者，道者同於道，德者同於德，失者同於失。同於道者，道亦得之；同於德者，德亦得之；同於失者。失亦得之。

希則無所從事，無聲之表，獨以性覺，與道爲一，而不與物共，豈德之可名，失之可累哉？惟不知獨化之自然，而以道爲難知，爲難行，疑若登天然，似不可及也，迺始苦心勞形，而從事於道。或倚于一偏，或蔽于一曲，道術爲天下裂。道者同於道，德者同於德，失者同於失。而不自得其得，則其得之也，適所以爲失歟！〔註331〕

信不足，有不信。

信則不妄。妄見眞僞，以道爲眞，以物爲僞，則於信爲不足，故有不信。惠施、韓非之徒，皆原於道而失之也遠，信不足故也。〔註332〕

⊙跂者不立章第二十四

跂者不立，跨者不行。

跂而欲立，跨而欲行〔註333〕，〔註334〕違性之常，而冀形之適，難矣。以

〔註326〕《集註》「列子所謂疑獨者是也」作「列子所謂疑獨是也」，少「者」字。
〔註327〕《集註》「而不從事於外」作「不從事於外」，少「而」字。
〔註328〕《集註》「而雨以潤之」作「雨以潤之」，少「而」字。
〔註329〕《解義》「物」字作「類」。
〔註330〕《集註》「以」字作「之」。
〔註331〕《集註》無此段注文。
〔註332〕《集註》無此段注文。
〔註333〕《解義》「跂而欲立，跨而欲行」作「跂者欲立，跨者欲行」。

德爲循，則有足者皆至。〔註335〕

> 自見者不明，自是者不彰，自伐者無功，自矜者不長。其在道也，
> 曰餘食贅行。

自見則智不足以周物，故不明；自是則仁不足以同眾，故不彰。有其善，喪厥善，故無功；矜其能，喪厥功，故不長。道之所在，以深爲根，以約爲紀。〔註336〕泰色淫志，豈道也哉？故於食爲餘，於行爲贅。

> 物或惡之，故有道者不處也。

侈於性，則盈天之所虧，地之所變，人之所惡也，故有道者不處。〔註337〕

⊙有物混成章第二十五

> 有物混成，先天地生。

氣形質具而未相離曰渾淪，合於渾淪，則其成不虧，《易》所謂「太極」者是也。天地亦待是而後生，故云「先天地生」。然有生也，而非不生之妙，故謂之物。

> 寂兮寥兮，

寂兮寥兮，則不涉於〔註338〕動，不交於〔註339〕物，湛然而已。

> 獨立而不改，

大定持之，不與物化，言道之體。

> 周行而不殆，

利用出入，往來不窮，言道之用。

> 可以爲天下母。

萬物恃之以生。

〔註334〕《集註》少「跂而欲立，跨而欲行」句。
〔註335〕《集註》少「以德爲循，則有足者皆至」句。
〔註336〕《集註》少「自見則智不足以周物，故不明；自是則仁不足以同眾，故不彰。有其善，喪厥善，故無功；矜其能，喪厥功，故不長。道之所在，以深爲根，以約爲紀」句。
〔註337〕《集註》無此段注文。
〔註338〕《解義》、《集註》「於」字皆作「于」。
〔註339〕《集註》「於」字作「于」。

吾不知其名，字之曰道，強為之名曰大。

物生而後有象，象而後有滋，滋而後有數。名生於實，實有數焉。字者，滋而已。道常無名，故字之。大者，對小之稱，故可名焉。道之妙，則小而幽；道之中，則大而顯。〔註 340〕

大曰逝，

運而不留，故曰逝。

逝曰遠，

應而不窮，故曰遠。

遠曰反。

歸根曰靜，靜而復命，故曰反。道之中體，方名其大，則遍〔註 341〕覆包含而無所殊，《易》所謂「以言乎遠則不御」也。動者靜，作者息，則反復其道，不離于〔註 342〕性，《易》所謂「以言乎邇，則靜而正」也。

故道大，天大，地大，王亦大。

道，覆載天地者也。天無不覆，地無不載。王者，位天地之中，而與天地參，故亦大。

域中有四大，而王處一焉。

自道而降，則有方體，故云域中。靜而聖，動而王，能貫三才而通之，人道於是為至。故與道同體，與天地同功，而同謂之大。〔註 343〕

人法地，地法天，天法道，道法自然。

人謂王也。天不產而萬物化，地不長而萬物育，帝王無為而天下功。其所法者，道之自然而已。道法自然，應物故也。自然非道之全，出而應物，故降而下法。〔註 344〕

☉重為輕根章第二十六

重為輕根，靜為躁君。是以君子終日行，不離輜重。

〔註 340〕《集註》無此段注文。
〔註 341〕《解義》、《集註》「遍」字皆作「徧」。
〔註 342〕《集註》「于」字作「乎」。
〔註 343〕《集註》無此段注文。
〔註 344〕《集註》無此段注文。

知其白，守其黑，為天下式。為天下式，常德不忒，復歸於無極。

白以況德之著，黑以況道之復。聖人自昭明德，而默與道會，無有一疵，天下是則是傚，樂推而不猒，〔註357〕故爲天下式。正而不妄，信如四時，無或差忒。若是者，難終難窮，未始有極也，故曰「常德不忒，復歸於無極」。《書》於〈洪範〉言：「王道曰歸，其有極。」老氏言「爲天下式」，曰〔註358〕「復歸於無極」。極，中也。有極者，德之見于事，以中爲至；無極者，德之復于道，不可致也。

知其榮，守其辱，為天下谷。為天下谷，常德乃足，復歸於樸。

性命之外，無非物也。世之人，以得爲榮，以失爲辱；以泰爲榮，以約爲辱。惟聖人爲能榮辱一視，而無取舍之心。然不志於期費，而以約爲紀，亦虛而已，〔註359〕故爲天下谷。〔註360〕谷虛而能受，應而不藏，德至於此，則至矣盡矣，不可以有加矣。故曰「常德乃〔註361〕足」。樸者，道之全〔註362〕體。復歸於樸，酒〔註363〕能備道。夫「孤、寡、不穀」，而王公自以爲稱，故抱樸爲〔註364〕天下賓。

樸散則為器，

形而上者謂之道，形而下者謂之器。有形名焉，有分守焉。道則全，天與人合而爲一；器則散，天與人離而爲二。

聖人用之，則為官長。

道之全，聖人以治身；道之散，聖人以用天下。有形之可名，有分之可守，故分職率屬，而天下理，此之謂官長。《易》曰：「知微知彰，知柔知剛，萬夫之望。」與此同義。

故大制不割。

〔註357〕《解義》、《集註》「猒」字皆作「厭」。
〔註358〕《集註》「曰」字作「者」。
〔註359〕《集註》少「性命之外，無非物也。世之人，以得爲榮，以失爲辱；以泰爲榮，以約爲辱。惟聖人爲能榮辱一視，而無取舍之心。然不志於期費，而以約爲紀，亦虛而已」句。
〔註360〕《解義》、《集註》「故爲天下谷」作「爲天下谷」，少「故」字。
〔註361〕《解義》「乃」字作「廼」。
〔註362〕《集註》「全」字作「常」。
〔註363〕《解義》「酒」字作「廼」。《集註》「乃」字作「廼」。
〔註364〕《解義》、《疏義》、《集註》「爲」字皆作「而」。

化而裁之存乎變，刻彫眾形而不爲巧。〔註365〕

⊙將欲章第二十九

將欲取天下而為之者，吾見其不得已。

天下，大物也。有大物者，不可以物。物而不物，故能物物。明乎物物者之非物，而無以天下爲者，若可以寄託天下。將欲取天下而爲之，則用智而恃力，失之遠矣。是以聖人任道化而不尙智力。秦失之強，殆謂是歟。〔註366〕

天下神器，

制於形數，囿於方體，而域於覆載之兩間，器也。立乎不測，行乎無方，爲之者敗，執之者失，故謂之神器。〔註367〕

不可為也。

宰制萬物，役使群動，必有不器者焉，然後天下治。故曰：「上必無爲而用天下。」〔註368〕

為者敗之，

能爲而不能無爲，則智有所困。《莊子》曰：「多知爲敗。」〔註369〕

執者失之。

道之貴者時，執而不化，則失時之行，是謂違道。〔註370〕

故物或行或隨，或噓或吹，或強或羸，或載或隳。

萬物之理，或行或隨，若日月之往〔註371〕來；或噓或吹，若四時之相代；或強或羸，若五行之王廢；或載或隳，若草木之開落；役于時而制于數，固未免乎累。惟〔註372〕聖人爲能不累於物，而獨立于萬物之上，獨往獨來，是謂獨有。獨有之人，是謂至貴。故運神器而有餘裕。物態不齊，而吾心常一。

〔註365〕《集註》無此段注文。
〔註366〕《集註》無此段注文。
〔註367〕《集註》無此段注文。
〔註368〕《集註》無此段注文。
〔註369〕《集註》無此段注文。
〔註370〕《集註》無此段注文。
〔註371〕《解義》「往」字作「徃」。
〔註372〕《集註》「惟」字作「唯」。

是以聖人去甚，去奢，去泰。

聖人覯萬物之變遷，〔註373〕知滿假之多累，故無益生，無侈性，無泰至，遊〔註374〕乎卷〔註375〕內而已。若是，則豈有爲者之敗、執者之失乎？〔註376〕故曰，繁文飾貌，無益于治。

⊙以道佐人主章第三十

以道佐人主者，不以兵強於天下。

三軍五兵之運，德之末也。末者，古人有之，而非其所先。以道佐人主者，務本而已，故不以兵強天下。〔註377〕

其事好還。

《孟子》所謂「反乎爾者」。

師之所處，荊棘生焉。大軍之後，必有凶年。

下奪民力，故荊棘生焉；上違天時，故有凶年。《詩》曰「綏萬邦，屢豐年；綏萬邦，則人和」矣。人和，則天地之和應。〔註378〕

故善者果而已矣，不敢以取強焉。

事求可，功求成。用力少、見功多者，聖人之道。〔註379〕以強勝人，是謂凶德。故師克在和不在眾。〔註380〕

果而勿矜，果而勿伐，果而勿驕，果而不得已，果而勿強。

緣於不得已之類，聖人之道，故師以中而吉，以正而無咎，不得已而後應。功求成而已，自矜則不長，自伐則無功，自驕則不足觀也已。體此四者，所以成而勿強。〔註381〕

物壯則老，

〔註373〕《集註》於「聖人覯萬物之變遷」前，多「又」字。
〔註374〕《解義》、《疏義》「遊」字皆作「游」。
〔註375〕《解義》、《疏義》、《集註》「卷」字皆作「券」。
〔註376〕《疏義》「爲者之敗、執者之失乎」作「爲者之執、敗者之失乎」。
〔註377〕《集註》無此段注文。
〔註378〕《集註》無此段注文。
〔註379〕《集註》少「事求可，功求成。用力少、見功多者，聖人之道」句。
〔註380〕《集註》少「故師克在和不在眾」句。
〔註381〕《集註》無此段注文。

夏長秋殺之化，可見已。〔註382〕

是謂非道，

道無終始，不與物化。〔註383〕

非道早已。

外乎道，則有壯老之異。〔註384〕

⊙夫佳兵章第三十一

夫佳兵者，不祥之器，物或惡之，故有道者不處。

吉事有祥。兵，凶器也，故曰「不祥」。兵戢而時動，有道者耀德不觀兵，故不處。

是以君子居則貴左，用兵則貴右。兵者。不祥之器，非君子之器。

左爲陽而主生，右爲陰而司殺。陽爲德，陰爲刑。君子貴德而畏刑，故曰「非君子之器」。〔註385〕

不得已而用之。恬淡為上，故不美也，若美必樂之。樂之者，是樂殺人也。

禁暴救亂，逼而後動，故不得已。無心於勝物，〔註386〕故曰「恬淡爲上」。無心於勝物，則兵非所樂也，故不美。

樂殺人者，不可得志於天下矣。

國君好仁，天下無敵，安其危而利其菑。〔註387〕樂其所以亡者，怨之所歸，禍之所集〔註388〕也。

吉事尚左，凶事尚右。是以偏將軍處左，上將軍處右。言居上勢，則以喪禮處之。殺人眾多，以悲哀泣之；戰勝，以喪禮處之。

《易》以師爲毒天下，雖戰而勝，必有被其毒者。故居〔註389〕上勢與戰

〔註382〕《集註》無此段注文。
〔註383〕《集註》無此段注文。
〔註384〕《集註》無此段注文。
〔註385〕《集註》少「故口『非君子之器』」句。
〔註386〕《集註》少「禁暴救亂，逼而後動，故不得已。無心於勝物」句。
〔註387〕《解義》「菑」字作「災」。
〔註388〕《解義》「集」字作「奪」。
〔註389〕《解義》「居」字作「奪」。

勝者，以喪禮處之。

⊙道常無名章第三十二

道常無名。

道者，天地之始，豈得而名？

樸，雖小，天下莫能臣。

樸以喻道之全體。形名而降，大則制小。道之全體，不離于性，小而辨物。莊周所謂「其有眞君存焉」。

侯王若能守，萬物將自賓。

道足以爲物之主，則物將自賓。《莊子》曰：「素樸而民性得矣。」〔註390〕服萬物而不以威刑，幾是已。

天地相合，以降甘露，人莫之令而自均。

純素之道，守而勿失，匪特物將自賓，上際于天，下蟠于地，上下與天地同流，則交通成和，而萬物咸被其澤。甘露者，天地之和氣。《傳》曰：「帝王之德，上及太清，下及大〔註391〕寧，中及萬靈，則甘露降。」

始制有名，名亦既有。夫亦將知止，知止所以不殆。

大道之序，五變而形名可舉，有形之可名，則道降德衰，淳淳散朴〔註392〕而莫之止。世之仁人，蒿目而憂世之患。不仁之人，決〔註393〕性命之情，而饕貴富。聖人不然。始制有名，則不隨物遷；澹然自足，孰能危之？故云「知止不殆」。〔註394〕

譬道之在天下，由川谷之與江海也。

天下，一性也。道之在天下，以性而合，由川谷之與江海。以水之〔註395〕聚，同焉者得，類焉者應。聖人之臨莅，何爲哉？因性而已矣。

〔註390〕《集註》少「《莊子》曰：『素樸而民性得矣。』」句。
〔註391〕《集註》「大」字作「太」。
〔註392〕《解義》、《疏義》「朴」字皆作「樸」。
〔註393〕《解義》「決」字作「决」。
〔註394〕《集註》無此段注文。
〔註395〕《疏義》、《集註》「之」字皆作「而」。

⊙知人者智章第三十三

知人者智，

《傳》曰：「智如目也，能見百步之外，而不能自見。其睼察人之邪正，若辨白黑。」是智之事，知人而已。

自知者明。

《易》曰：「復以自知。」《傳》曰：「內視之謂明。」智以知人，則與接為構，日〔註396〕以心鬥。復以自知者，靜而反本，自見而已。天地之鑑也，萬物之照也。

勝人者有力，自勝者強。

至人尚德而不尚力，務自勝而不務勝人。〔註397〕智者詐愚，勇者若祛，〔註398〕此勝人也；而所恃者力勝己之私，以直養而無害者，〔註399〕自勝也。出則獨立不懼，處則遯世無悶。無往而不勝，所以為強。〔註400〕

知足者富。

有萬不同之謂富。知足者，務內遊〔註401〕而取足於身，萬物皆備，國財并焉。〔註402〕

強行者有志。

自強不息，斯志於道。

不失其所者久。

立不易方，故能久於其道。與時推移，與物轉徙者，可暫而已。

死而不亡者壽。

生有所乎萌，死有所乎歸。原始反終，故知死生之說。聖人通乎晝夜之道，而知死之未始異于生，故其形化，其神不亡，與天地並，而莫知其極，

〔註396〕《解義》「日」字作「目」。
〔註397〕《集註》「務自勝而不務勝人」作「自勝而不勝人」。少二「務」字。
〔註398〕《解義》、《疏義》、《集註》「祛」字皆作「怯」。
〔註399〕《集註》「以直養而無害者」作「以直養而無害」，少「者」字。
〔註400〕《集註》少「自勝也。出則獨立不懼，處則遯世無悶。無往而不勝，所以為強」句。
〔註401〕《解義》、《疏義》「遊」字作「游」。
〔註402〕《集註》無此段注文。

非壽而何？此篇之義，始於知人，所以窮理；中於知足，所以盡性；終於不亡，所以至於命。則造化在我，非夫無古無今，而入于不死不生，孰能與此？〔註403〕

⊙大道汎兮章第三十四

大道汎兮，其可左右。

汎然〔註404〕無所繫較，〔註405〕故動靜不失，往來不窮，左之右之，而無不可。

萬物恃之以生而不辭，功成不居。

往者資之，求者與之。萬物自形自化，自智自力，而不尸〔註406〕其功。譬彼四時，功成者去。〔註407〕

衣被萬物而不為主，故常無欲，可名於小矣；萬物歸焉而不知主，可名於大矣。

道復於至幽，則小而與物辨；〔註408〕顯於至變，則大而與物交。與物辨，故常無欲；與物交，故萬物歸焉。覆露乎萬物，而不示其宰制之功，故不爲主。鼓舞乎群眾，而莫窺其歸往之迹，故不知主。夫道，非小大之可名也。云可名者，道之及乎物爾。〔註409〕

是以聖人終不為大，故能成其大。

功蓋天下而似〔註410〕不自已，故業大而富有。《孟子》曰：「大而化之之謂聖。」夫大而能化，則豈有爲大之累？所以能成其大。〔註411〕

〔註403〕《集註》少「此篇之義，始於知人，所以窮理；中於知足，所以盡性；終於不亡，所以至於命。則造化在我，非夫無古無今，而入于不死不生，孰能與此」句。

〔註404〕《解義》「汎然」作「泛兮」。

〔註405〕《集註》「汎然無所繫較」作「汎然無所繫」，少「較」字。

〔註406〕《解義》「尸」字作「居」。

〔註407〕《集註》無此段注文。

〔註408〕《疏義》「辨」字作「辯」。

〔註409〕《解義》、《集註》「道之及乎物爾」作「道之及乎物者爾」，多「者」字。

〔註410〕《解義》「似」字作「以」。

〔註411〕《集註》無此段注文。

⊙執大象章第三十五

執大象，天下往。

象如天之垂象，無爲也，運之以健；〔註412〕無言也，示之以文。聖人之御世，處無爲之事，行不言之教，而民歸之如父母。故曰「執大象，天下往」。

往而不害，

陰陽和靜，鬼神不擾，群生不傷，萬物不夭，民雖有知，〔註413〕無所用之，何害之有？

安平泰。

安則無危亡之憂，平則無險陂之患。泰者，通而治也。

樂與餌，過客止。

悅聲與味者，世之人累乎物。累乎物而不能自解者，物有結之，故止。〔註414〕

道之出言，淡乎其無味，視之不足見，聽之不足聞。用之不可既。

味之所味者，嘗矣；而味味者，未嘗呈，故「淡乎其無味」。色之所色者，彰矣；而色色者，未嘗顯，故「視之不足見」。聲之所聲者，聞矣；而聲聲者，未嘗發，故「聽之不足聞」。若是者，能苦能甘，能玄能黃，能宮能商，無知也而無不知也，無能也而無不能也，故用之不可既。〔註415〕

⊙將欲歙之章第三十六

將欲歙之，必固張之。將欲弱之，必固強之。將欲廢之，必固興之。將欲奪之，必固與之。

陰陽相照相蓋相治，四時相代相生相殺，萬物之理，人倫之傳，其斂散也，其盛衰也，其償起也，其虧盈也，幾常發於至微，而莫覩其眹。惟研幾之聖人，得先見之吉，賢者殆庶幾而已。陽盛于夏而陰生于午，陰凝於多而陽生于子。句〔註416〕踐欲弊吳而勸之伐齊，智伯欲襲仇由而遺之廣車。〔註

〔註412〕《疏義》「健」字作「律」。
〔註413〕《集註》「知」字作「智」。
〔註414〕《集註》無此段注文。
〔註415〕《集註》無此段注文。
〔註416〕《解義》「句」字作「勾」。

417〕此聖人所以履霜而知堅冰之至，消息滿虛不位乎其形，故勇者不能弱，智者不能奪。〔註418〕

是謂微明。

其未兆爲微，而其理爲甚著。〔註419〕楊雄曰：「水息淵，木消枝，〔註420〕賢人覘而眾莫知。」

柔之勝剛，弱之勝強。

積眾小不勝爲大勝者，惟聖人能之。《經》曰：「天下莫柔弱於水，而攻堅強者莫之能先。」《莊子・外篇》論夔蚿〔註421〕風之相憐曰：「指我則勝我，（足酋）我則勝我。而折大木蜚大屋者，惟我能也。」〔註422〕

魚不可脫於淵，國之利器不可以示人。

淵者，魚之所以藏其身；利器者，國之所以制人。吞舟之魚，碭而失水，則蟻能苦之，故不可脫于淵。君見賞，〔註423〕則人臣用其勢；君見罰，〔註424〕則人臣乘其威。賞罰者，〔註425〕治之具，且不可示，況治之道乎？聖人所以操利器而不示，非用其強也，蓋有妙道焉。能窮海內而無智名，威福萬物而無勇功，不蘄〔註426〕於勝物而得常勝之道。陽開陰閉，變化無窮，馭群臣，運天下，而莫之測。故制人而不制於人，本在於上，要在於主，而天下治。〔註427〕

〔註417〕《集註》少「陰陽相照相蓋相治，四時相代相生相殺，萬物之理，人倫之傳，其斂散也，其盛衰也，其僨起也，其虧盈也，幾常發於至微，而莫覩其眹。惟研幾之聖人，得先見之吉，賢者殆庶幾而已。陽盛于夏而陰生于午，陰凝於冬而陽生于子。句踐欲弊吳而勸之伐齊，智伯欲襲仇由而遺之廣車」句。

〔註418〕《集註》少「消息滿虛不位乎其形，故勇者不能弱，智者不能奪」句。

〔註419〕《集註》「而其理爲甚著」作「而其理甚著」，少「爲」字。

〔註420〕《集註》少「楊雄曰：水息淵，木消枝」句。

〔註421〕《解義》「蚿」字作「虬」。《疏義》「蚿」字作「蛇」。

〔註422〕《集註》無此段注文。

〔註423〕《解義》「君見賞」作「君見賞者」，多「者」字。

〔註424〕《解義》「君見罰」作「君見罰者」，多「者」字。

〔註425〕《解義》「賞罰者」作「賞罰」，少「者」字。

〔註426〕《解義》「蘄」字作「務」。

〔註427〕《集註》此段注文作：聖人能窮海內而無智名，威服萬物而無勇功，而天下治。

⊙道常無爲章第三十七

道常無爲，而無不爲。

寂然不動，感而遂通天下之故。〔註428〕

侯王若能守，萬物將自化。

鑑水之與形接也，不設智故，而物之方圓曲直，不能逃也。侯王守道以御世，出爲無爲之境，而爲出于無爲，化貸萬物，而萬物化之，若性之自爲，而不知爲之者，故曰「自化」。〔註429〕

化而欲作，吾將鎭以無名之樸。

《孟子》曰：「待文王而後興者，凡民也。」民惟上之從，化而欲作，則離道以善；險德以行，將去性而從心，不足以定天下。惟道無名，樸而未散，故作者鎭焉。救僿者莫若忠，爲是故也。〔註430〕

無名之樸，亦將不欲。

季眞之莫爲，在物一曲。古之道術，有在於是者。雖然，寡能備天地之體，故亦將不欲。此老氏所以袪其惑，解其蔽。〔註431〕

不欲以靜，天下將自正。

水靜則平中準，大匠取法焉。不欲以靜，則不失其〔註432〕正，先自正矣，故天下將自正。〔註433〕《易》曰：「乾道變化，各正性命。」乾道變化則無爲也，各正性命則不欲以靜，天下將自正也。以道治天下，至於各正性命，此之謂治之至。

【德經】

道無方體，德有成虧。合于道，則無德之可名；別於德，則有名之可辨。仁義禮智，隨量而受，因時而施，是德而已。體道者異乎此，故列于下經。

〔註428〕《集註》無此段注文。
〔註429〕《集註》無此段注文。
〔註430〕《集註》無此段注文。
〔註431〕《集註》無此段注文。
〔註432〕《疏義》「其」字作「則」。
〔註433〕《集註》少「水靜則平中準，大匠取法焉。不欲以靜，則不失其正，先自正矣，故天下將自正。」句。

⊙上德不德章第三十八

上德不德，是以有德。

物得以生謂之德。同焉皆得，默與道會，過而不悔，當而不自得也，是謂不德。〔註434〕孔子不居其聖，而為聖之時，乃所以有德。

下德不失德，是以無德。

認而有之，自私以失道，何德之有？

上德無為而無以為，

不思而得，不勉而中，不行而至，上德也。

下德為之而有以為，

不思則不得，不勉則不中，不行則不至，下德也。德有上下，此聖賢之所以分歟！離形去智，通於大同，仁義禮智，蓋將簡之而弗得，故無以為。屈折禮樂，呴俞仁義，以慰天下之心，得人之得，而不自得其得，故有以為。

上仁為之而無以為，

堯、舜，性之仁覆天下，而非利之也，故無以為。

上義為之而有以為，

列敵度宜之謂義。以立我，以制事，能無為乎？

上禮為之而莫之應，則攘臂而扔之。

禮以交物，以示人，以節文，仁義其用多矣。莫先施報而已，施之盡而莫或報之，〔註435〕則忿爭之心生，而乖亂之變起。春秋之時，一言之不讐，〔註436〕一拜之不中，兩國為之暴骨；而〔註437〕攘臂而仍之，尚其患之小者。聖人厚於仁而薄於義，禮以履之，非所處也。故上仁則同於德，上義則有以為，上禮則有莫之應者。

故失道而後德，失德而後仁，失仁而後義，失義而後禮。夫禮者，忠信之薄而亂之首也。

〔註434〕《集註》少「物得以生謂之德。同焉皆得，默與道會，過而不悔，當而不自得也，是謂不德」句。
〔註435〕《集註》少「莫先施報而已，施之盡而莫或報之」句。
〔註436〕《解義》、《集註》「讐」字皆作「讎」。《疏義》「讐」字作「酬」。
〔註437〕《疏義》、《集註》「而」字皆作「則」。

道不可致，故「失道而後德」。德不可至，故「失德而後仁」。仁可爲也，爲則近乎義，故「失仁而後義」。義可虧也，虧則飾以禮，故「失義而後禮」。至於禮，則離道滋遠，而所失滋眾矣。凡物不並盛，陰陽是也。理相奪予，威德是也。實厚者貌薄，父子之禮是也。由是觀之，禮繁者實必衰也；實衰則僞繼之，而爭亂作。故曰「夫禮者，忠信之薄而亂之首也」。

前識者，道之華，而愚之始也。

道降而出，出而生智。以智爲鑿，揣而銳之，敝精神而妄意〔註438〕度，茲謂前識。前識則徇末而忘本，故爲道之華。心勞而智益困，故爲愚之始。億則屢中，此孔子所以惡子貢。

是以大丈夫處其厚，不處其薄；居其實，不居其華。故去彼取此。

在彼者，道所去；在此者，道所尚。道所尚，則厚而不薄，實而無華，非夫智足以自知。返〔註439〕其性本，而不流于事物之末習，其孰能之？《易》曰：「敦復無悔，中以自考也。」敦者，厚之至也。人生而厚者，性也；復其性者，處其厚而已。此大丈夫所以備道而全德。

⊙昔之得一章第三十九

昔之得一者：天得一以清，地得一以寧，神得一以靈，谷得一以盈，萬物得一以生，王侯得一以為天下正。其致之一也。

《莊子》曰：「通於一，萬事畢。」致一則不貳，〔註440〕抱一則不離，守一則不遷。能知一，則無一之不知；不能知一，則無一之能知。昔之得一者，體天下之至精，物無得而耦之者。故確然乎上者，純粹而不雜；隤然乎下者，靜止而不變。至幽而無形者，神也；得一則不昧，至虛而善應者，谷也。得一則不窮，萬物以精化形，故得一以生；侯王以獨制眾，故得一以爲天下正。自天地以至于〔註441〕侯王，雖上下異位，幽明散殊，而天之所以清，地之所以寧，侯王之所以爲天下正，〔註442〕非他〔註443〕求而外鑠也，一以致

〔註438〕《疏義》「意」字作「億」。
〔註439〕《集註》「返」字作「反」。
〔註440〕《解義》、《疏義》、《集註》「貳」字皆作「二」。
〔註441〕《解義》「于」字作「於」。
〔註442〕《集註》「正」字作「止」。
〔註443〕《疏義》「他」字作「佗」。

之而已。故曰「其致之一也」。

天無以清，將恐裂；地無以寧，將恐發；神無以靈，將恐歇；谷無
以盈，將恐竭；萬物無以生，將恐滅；侯王無以為正而貴高，將恐
蹶。

天職生覆，地職形載，裂則無以覆，發則無以載。神依人而行者也，歇
則無以〔註444〕示。谷受而不藏者也，竭則莫之應。聚則精氣成〔註445〕物，得
一以生故也，散則遊魂為變，失一以滅故也。惟正也，故能御萬變而獨立于
萬物之上。〔註446〕無以為正，而貴高將不足以自保，能無蹶乎？

故貴以賤為本，高以下為基。

賤者，貴之所恃以為固；下者，高之所自起。世之人覿其末，而聖人探
其本；世之人見其成，而聖人察其微，故常得一也。

是以侯王自稱「孤、寡、不穀」，此非以賤為本邪？非乎？

孤、寡、不穀，名之賤者也，而侯王以為稱，知所本而已。侯王所以貴
高而不蹶，其以此乎？

故致數譽無譽。

自高以勝物，自〔註447〕貴以賤物，強〔註448〕而不知守以柔，白而不知守
以黑，以求譽于世，而致數譽，則過情之譽暴集，無實之毀隨至，〔註449〕所
以無譽。

不欲琭琭如玉，珞珞如石。

玉貴而石賤，一定而不變。聖人乘時任物，無所底滯。萬變無常，而吾
心常一，是真得一者也，故不可得而貴賤。《孟子》曰：「所惡乎執一者。」
謂其執一而廢百也。不欲琭琭如玉、珞珞〔註450〕如石，非知化之聖不能及此，
是謂上德。

〔註444〕《集註》「以」字作「所」。
〔註445〕《解義》、《集註》「成」字皆作「為」。
〔註446〕《集註》「故能御萬變而獨立于萬物之上」作「故能御萬變而獨立萬物之上」，
　　　　少「于」字。
〔註447〕《集註》「自」字作「琭」。
〔註448〕《解義》「強」字作「彊」。
〔註449〕《解義》「無實之毀隨至」作「而無實之毀隨至」，多「而」字。
〔註450〕《解義》、《疏義》、《集註》「珞珞」皆作「落落」。

⊙反者道之動章第四十

反者道之動，弱者道之用。天下之物生於有，有生於無。

天下之理，動靜相因，強弱相濟。夫物芸芸，各歸其根。則已往而返，復乎至靜。然感而遂通天下之故，則動無非我，故曰「反者道之動」。柔之勝剛，弱之勝強，〔註451〕道之妙用，實在於此。《莊子》曰：「積眾小不勝爲大勝者，惟聖人能之。」故云「弱者道之用」。四時之行，〔註452〕斂〔註453〕藏於冬，而蕃鮮於春，水之性至柔也，而攻堅強〔註454〕者莫之能先，其此之謂歟？然則有無之相生，若循環然，故無動而生有，有極而歸無，如東西之相反，而不可以相無也。〔註455〕彼蔽于莫爲，溺于或使，豈道也哉？

⊙上士聞道章第四十一

上士聞道，勤而行之；

士，志於道者也。上士聞道，眞積力久，至誠不息。

中士聞道，若存若亡；

中士則有疑心焉。疑心生則用志分，其於道也，一出焉，一入焉。〔註456〕

下士聞道，大笑之。不笑不足以為道。

下士則信不足以守，智不足與明也，〔註457〕故笑。夫道無形色聲味之可得，則其去耳目鼻口之所嗜也遠矣。《莊子》曰：「大聲不入于俚耳，高言不止於眾人之心。」

故建言有之：明道若昧，

若日月之光，照臨下土者，明也。豐智原〔註458〕而不示，襲其光而不耀，

〔註451〕《解義》「強」字作「彊」。
〔註452〕《集註》少「夫物芸芸，各歸其根。則已往而返，復乎至靜。然感而遂通天下之故，則動無非我，故曰「反者道之動」。柔之勝剛，弱之勝強，道之妙用，實在於此。《莊子》曰：「積眾小不勝爲大勝者，惟聖人能之。」故云「弱者道之用」。四時之行」句。
〔註453〕《疏義》、《集註》「斂」字皆作「歛」。
〔註454〕《解義》「強」字作「彊」。
〔註455〕《集註》少「如東西之相反，而不可以相無也」句。
〔註456〕《集註》「一出焉，一入焉」作「一出一入焉」，少前「焉」字。
〔註457〕《解義》「智不足與明也」作「智不足與明也」，多「以」字。
〔註458〕《疏義》「原」字作「源」。

故若昧。〔註459〕

夷道若纇，

同歸而殊塗，一致而百慮。〔註460〕

進道若退。

顏淵以退而進，莊子以謂坐忘。〔註461〕

上德若谷，

虛而能應，應而不竭；虛而能受，受而不藏。《經》曰：「為天下谷，常德乃足。」〔註462〕

大白若辱，

滌除玄覽，不覩一疵，大白也。處眾人之所惡，故若辱。〔註463〕

廣德若不足，

德無不容，而不自以為有餘，故若不足。秋水時至，河伯自喜，所以見喜〔註464〕於大方之家。〔註465〕

建德若偷，

聖人躊躇以興事，以每成功。〔註466〕

質真若渝。

不曰堅乎？磨而不磷；不曰白乎？涅而不緇。〔註467〕

大方無隅，

大方者，無方之方也。方而不割，故無隅。〔註468〕

大器晚成，

〔註459〕《集註》無此段注文。
〔註460〕《集註》無此段注文。
〔註461〕《集註》無此段注文。
〔註462〕《集註》無此段注文。
〔註463〕《集註》無此段注文。
〔註464〕《解義》、《疏義》「喜」字皆作「笑」。
〔註465〕《集註》無此段注文。
〔註466〕《集註》無此段注文。
〔註467〕《集註》無此段注文。
〔註468〕《集註》無此段注文。

大器者，不器之器也。不益生，不助長，故晚成。〔註469〕

大音希聲，

動于無方，而感之斯應，故希聲。〔註470〕

大象無形。

託於窈冥，而視之不得見，故無形。〔註471〕

道隱無名。夫唯道，善貸且成。

自明道至於大象，皆道也。道之妙，不可以智索，不可以形求，可謂隱矣，欲明之而不可得也。聖人得也〔註472〕道，故予而不費，應而不匱，曲成萬物，未嘗擅而有之，亦且而已。道之體，隱乎無名，而用乃善貸且成。故勤而行之，則造乎不形，而止乎無所化，其餘事猶足爲帝王之功。《傳》曰：「學始乎爲士，終乎爲聖。」〔註473〕

⊙道生一章第四十二

道生一，

泰〔註474〕初有無，無有無名，一之所起。

一生二，

天一而地二，次之水生，而火次之，精具而神從之。

二生三，

一與言爲二，二與一爲三。〔註475〕

三生萬物。

天肇一於北，地耦一〔註476〕於南，人成位爲〔註477〕三，三才具而萬象

〔註469〕《集註》無此段注文。
〔註470〕《集註》無此段注文。
〔註471〕《集註》無此段注文。
〔註472〕《解義》、《疏義》「也」字皆作「乎」。
〔註473〕《集註》無此段注文。
〔註474〕《疏義》「泰」字作「太」。
〔註475〕《集註》無此段注文。
〔註476〕《集註》「一」字作「二」。
〔註477〕《解義》、《集註》「爲」字皆作「於」。

〔註478〕分矣。號物之數謂之萬。自此以往，巧曆不能計。

萬物負陰而抱陽，沖氣以為和。

陰止而靜，萬物負焉，君子所以日入而息。陽融而亨，萬物抱焉，聖人所以嚮明而治。必有陰陽之中，沖氣是已。《莊子》曰：「至陽赫赫，至陰肅肅。」肅肅出乎天，赫赫發乎地。兩者交通成和，而物生焉。〔註479〕

人之所惡，唯孤、寡、不穀。而王公以為稱。

物罔隆而不殺，事靡盛而不衰。陰陽之運，事物之理也。消息盈虛，與之偕行，而不失其和，〔註480〕其惟聖人乎！故孤、寡、不穀，人之所惡，而王公以為稱。已極而返，已滿而損，所以居上而不危。〔註481〕

故物或損之而益，益之而損。

木落則糞本，損之而益故也；月盈則必食，〔註482〕益之而損故也。天地盈虛，與時消息，而況於人乎？然則王公之所稱，乃所以致益，而處貴高之道。〔註483〕

人之所教，亦我義教之。強梁者不得其死，吾將以為教父。

以強〔註484〕制弱，以剛勝柔，人之所教也。我之所教則異乎此。強〔註485〕梁者有我而好爭，有死之道。智者觀之，因以為戒，故將以為教父。

⊙天下之至柔章第四十三

天下之至柔，馳騁天下之至堅。

堅則毀矣，銳則挫矣。積眾小不勝為大勝者，惟〔註486〕聖人能之。

〔註478〕《集註》「象」字作「像」。
〔註479〕《集註》少「《莊子》曰：『至陽赫赫，至陰肅肅。』肅肅出乎天，赫赫發乎地。兩者交通成和，而物生焉」句。
〔註480〕《集註》「而不失其和」作「而不失其和者」，多「者」字。
〔註481〕《集註》少「故孤、寡、不穀，人之所惡，而王公以為稱。已極而返，已滿而損，所以居上而不危」句。
〔註482〕《解義》「食」字作「蝕」。《集註》「食」字作「缺」。
〔註483〕《集註》少「天地盈虛，與時消息，而況於人乎？然則王公之所稱，乃所以致益，而處貴高之道」句。
〔註484〕《解義》「強」字作「彊」。
〔註485〕《解義》「強」字作「彊」。
〔註486〕《解義》「惟」字作「唯」。

無有入於無間，

《莊子‧外篇》論夔蛇風目之相憐，而終之以目憐心。蓋足之行有所不至，目之視有所不及，而惟神爲無方也。〈內篇〉論養生之主，而況以庖丁之解牛。丁者，火之陰而神之相也，故恢恢乎遊〔註487〕刃有餘。然則入於無間，非體盡無窮，而遊〔註488〕無眹者，其孰能之？〔註489〕

是以知無爲之有益也。

柔之勝剛，無之攝有，道之妙用，實寓于此。棄事則形不勞，遺生則精不虧，茲所以爲有益。

不言之教，無爲之益，天下希及之矣。

不言之教，設之以神；無爲之益，不虧其眞。聖人以此，抱樸而天下賓，無爲而萬物化，故及之者希。

⊙名與身章第四十四

名與身孰親？身與貨孰多？

兩臂重於天下，則名與身孰親？生者豈特隋珠之重哉？則身與貨孰多？至願在我，名非所親也；至富在我，貨非所多也。惟不知親疏多寡之辨，而殘生損性，以身爲徇，若伯夷死名于首陽之下，盜跖死利于〔註490〕東陵之上，豈不惑哉？達生之情，而不務生之所。無以爲此，有道者之所以異乎俗也。〔註491〕

得與亡孰病？

列〔註492〕士徇名，貪夫徇利，其所得者，名與貨，而其亡也，乃無名之樸。不貲之軀，病孰甚焉？

是故甚愛必大費，多藏必厚亡。

無慕於外，則嗇而不費；無累於物，則守而不失。取予之相權，積散之

〔註487〕《解義》「遊」字作「游」。
〔註488〕《疏義》「遊」字作「游」。
〔註489〕《集註》無此段注文。
〔註490〕《解義》「于」字作「於」。
〔註491〕《集註》此段注文作：非所親也，非所多也。
〔註492〕《集註》「列」字作「烈」。

相代，其至〔註493〕可必，若循環然，豈可長久。〔註494〕

知足不辱，

處乎不淫之度，何辱之有？〔註495〕

知止不殆，

遊〔註496〕乎萬物之所終始，故無危殆之患。〔註497〕

可以長久。

物有聚散，性無古今。世之人以物易性，故好名而徇利，名辱而身危。聖人盡性而足，天下至大也，而不以害其生，故可以長久，而與天地並。〔註498〕

⊙大成若缺章第四十五

大成若缺，其用不敝。

域中有四大，道居一焉。體道之全，故可名於大。無成與虧，是謂大成。不有其成，故若缺。知化合變，而不以故自持，〔註499〕故其用不敝〔註500〕。〔註501〕此孔子所以集大成而爲聖之時。

大盈若沖，其用不窮。

充塞無外，瞻足萬有，大盈也。虛以應物，沖而用之，故施之不竭，其用不窮。良賈深藏若虛，盛德容貌若愚。〔註502〕

大直若屈，

順物之變，而委蛇曲折，不求其肆，故若屈。〔註503〕

大巧若拙，

〔註493〕《解義》「至」字作「王」。
〔註494〕《集註》無此段注文。
〔註495〕《集註》無此段注文。
〔註496〕《疏義》「遊」字作「游」。
〔註497〕《集註》無此段注文。
〔註498〕《集註》無此段注文。
〔註499〕《集註》少「知化合變，而不以故自持」句。
〔註500〕《疏義》「敝」字作「弊」。
〔註501〕《集註》「故其用不敝」作「其用不敝」，少「故」字。
〔註502〕《集註》無此段注文。
〔註503〕《集註》無此段注文。

賦物之形，而圓方曲直，不覿其妙，故若拙。〔註504〕

大辨若訥。

不言之辨，〔註505〕是謂大辯，〔註506〕惠施多方，其辯〔註507〕小矣。〔註508〕

躁勝寒，靜勝熱。清淨為天下正。

陽動而躁，故勝寒；陰止而靜，故勝熱。二者毗乎陰陽，而不適乎〔註509〕中。方其〔註510〕為物泪，方且與動爭，烏能正天下？惟無勝寒之躁，勝熱之靜，則不雜而清，抱神而〔註511〕靜，天下將自正。

⊙天下有道章第四十六

天下有道，卻走馬以糞；

以道治天下者，民各樂其業，而無所爭，糞其田疇而已。

天下無道，戎馬生於郊。

強陵〔註512〕弱，眾暴寡，雖疆界不能正也。

罪莫大於可欲，

不見可欲，使心不亂。人之有欲，至於決性命之情以爭之，罪之所起也。〔註513〕

禍莫大於不知足，

平為福，有餘為禍。知足不辱，何禍之有？〔註514〕

咎莫大於欲得。

〔註504〕《集註》無此段注文。
〔註505〕《疏義》「辨」字作「辯」。
〔註506〕《解義》「辯」字作「辨」。
〔註507〕《解義》「辯」字作「辨」。
〔註508〕《集註》無此段注文。
〔註509〕《解義》少「乎」字。
〔註510〕《解義》、《疏義》、《集註》「其」字皆作「且」。
〔註511〕《集註》「而」字作「以」。
〔註512〕《疏義》「陵」字作「凌」。
〔註513〕《集註》無此段注文。
〔註514〕《集註》無此段注文。

欲而得則人所咎也。〔註515〕

故知足之足，常足矣。

人見可欲，則不知足。不知足，則欲得。欲得，則爭端起，而禍亂作，泰〔註516〕至則戎馬生于郊。〔註517〕然則知足，而各安其性命之分，無所施其智巧也。日用飲食而已，何爭亂之有。

⊙不出戶章第四十七

不出戶，知天下；不窺牖，見天道。

天下雖大，聖人知之以智；天道雖遠，聖人見之以心。智周乎萬物，無遠之不察，故無待於出戶；心潛〔註518〕於神明，無幽之不燭，故無待於窺牖。《莊子》曰：「其疾俛仰之間，再撫四海之外。」茲聖人所以密運而獨化。〔註519〕

其出彌遠，其知彌少。

復其見天地之心乎？近取諸身，萬理〔註520〕咸備，求之於陰陽，求之於度數，而去道彌遠，所知彌少矣。〔註521〕

是以聖人不行而知，不見而名，不為而成。

以吾之智而知天下，是謂「不行而知」；以吾之心而見天道，是謂「不見而名」。不行而知，不見而名，夫何爲哉？巍巍乎，其有成功，是謂「不爲而成」。〔註522〕

⊙爲學日益章第四十八

為學日益，

學以致其道，始乎爲士，終乎爲聖，日加益而道積于厥躬。孔子謂顏淵曰：「吾見其進也。」

〔註515〕《集註》無此段注文。
〔註516〕《疏義》「泰」字作「甚」。
〔註517〕《集註》「泰至則戎馬生于郊」作「禍亂作則戎馬生于郊」。
〔註518〕《解義》「潛」字作「潛」。
〔註519〕《集註》無此段注文。
〔註520〕《解義》「理」字作「物」。
〔註521〕《集註》此段注文作：去道彌遠。
〔註522〕《集註》無此段注文。

為道日損。

致道者，墮肢〔註523〕體，黜聰明，離形去智，而萬事銷忘，故日損。〔註524〕蘧伯玉所以行年六十而六十化。〔註525〕

損之又損，以至於無為而無不為矣。

學以窮理而該有，道以盡性而造無。損之又損，則未始有。夫未始有無也者，無爲也，寂然不動，無不爲也。感而遂通天下之故。以靜則聖，以動則王。〔註526〕

故取天下者，常以無事，及其有事，不足以取天下。

天下，大物也。有大物者，不可以物，物而不物，故能物物。故取天下者，常以無事。天下神器，不可爲也。爲者敗之，執者失之。故及其有事，不足以取天下。聖人體道，而以其眞治身。帝之所興，王之所起，偶而應之，天下將自賓。太王亶父所以去邠而成國于岐山之下。〔註527〕

⊙聖人無常心章第四十九

聖人無常心，以百姓心為心。

聖人之心，萬物之照也。虛而能受，靜而能應。如鑑對形，以彼妍醜；如谷應聲，以彼巨細；何常之有？〔註528〕疏觀萬物，而知其情，因民而已，此之謂以百姓心爲心。《莊子》曰：「卑而不可不因者，民也。」

善者，吾善之；不善者，吾亦善之。德善矣。信者，吾信之；不信者，吾亦信之。德信矣。

善否相非，誕信相譏。〔註529〕世俗之情，自爲同異，豈德也哉？德善，則見百行無非善者，故不善者亦善之；德信，則見萬情自〔註530〕非信者，故不信者亦信之。眞僞兩忘，是非一致，是謂全德之人，〔註531〕此舜之於象，

〔註523〕《解義》、《疏義》、《集註》「肢」字皆作「支」。
〔註524〕《解義》「故日損」作「故日日損」，多「日」字。
〔註525〕《集註》少「蘧伯玉所以行年六十而六十化」句。
〔註526〕《集註》無此段注文。
〔註527〕《集註》無此段注文。
〔註528〕《集註》少「如鑑對形，以彼妍醜；如谷應聲，以彼巨細；何常之有」句。
〔註529〕《解義》「譏」字作「欺」。
〔註530〕《解義》、《疏義》「自」字皆作「無」。
〔註531〕《集註》「是謂全德之人」作「是全德之人」，少「謂」字。

所以誠信而喜之。

聖人之在天下，惵惵為天下渾心。

方其在天下，則吉凶與民同。患雖無常心，而不可以不戒也。〔註532〕故所以爲己，則惵惵然不自暇逸。所以爲天下，則齊善否、同信誕，兩忘而閉其所譽，渾然而已。

百姓皆注其耳目。聖人皆孩之。

天視自我民視，天聽自我民聽，故聖人以百姓爲心。〔註533〕聖人作而萬物覩，故百姓皆注其耳目。百姓惟聖人之視聽，則聖人者，民之父母也。矜憐撫奄，若保赤子，而仁覆天下。

⊙出生入死章第五十

出生入死。

萬物皆出於機，入於機。大〔註534〕機自張，與出〔註535〕俱生；天機自止，與入〔註536〕俱死。生者，造化之所始；死者，陰陽之所變。

生之徒，十有三；死之徒，十有三；

與死生爲徒者，出入乎死生之機，固未免夫〔註537〕累。〔註538〕

民之生，動之死地，亦十有三。

貪生而背理，忘生而徇利，凡民之生，動之死地，則其生也，與死奚擇？〔註539〕

夫何故？以其生生之厚。

生之徒，悅生而累形；死之徒，趣寂而忘身。動之死地，桁楊者相接也，刑戮〔註540〕者相望也，是皆不知身之爲大患，生之爲有涯，而存生之過厚耳。

〔註532〕《集註》「而不可以不戒也」作「而不可以不戒」，少「也」字。
〔註533〕《集註》少「天視自我民視，天聽自我民聽，故聖人以百姓爲心」句。
〔註534〕《解義》、《疏義》、《集註》「大」字皆作「天」。
〔註535〕《解義》「出」字作「生」。
〔註536〕《解義》「入」字作「死」。
〔註537〕《解義》「夫」字作「乎」。
〔註538〕《集註》無此段注文。
〔註539〕《集註》無此段注文。
〔註540〕《疏義》「戮」字作「獄」。

古之得道者，富貴不以養傷身，貧賤不以利累形。不樂壽，不哀夭，朝徹而見獨，故能無古今，而入於不死不生。〔註 541〕

蓋聞善攝生者，陸行不遇兕虎，入軍不被甲兵。兕無所投其角，虎無所措其爪，兵無所容其刃。夫何故？以其無死地。

善攝生者，形全精復，與天爲一。其天守全，其神無卻。〔註 542〕潛〔註 543〕行不窒，蹈火不熱。行乎萬物之上而不慄，故遻〔註 544〕物而不慴，物莫之能傷也。《易》曰：「通乎晝夜之道，而出入于死生之機者，物莫不然。」知死生之說，而超然通乎物之所造，其惟至人乎？〔註 545〕

⊙道生之章第五十一

道生之，

道常無爲而無不爲，萬物職職，皆從無爲殖。〔註 546〕

德畜之，

物得以生，謂之德。〔註 547〕

物形之，

留動而生物，物生成理謂之形。〔註 548〕

勢成之。

形質既具，體勢斯成。長短之相形，高下之相傾，其勢然也。〔註 549〕

是以萬物莫不尊道而貴德。

萬物莫不首之者，道也；成而上者，德也。尊，故能勝物而小之；貴，〔註 550〕故物莫能賤之。《孟子》曰：「趙孟之所貴，〔註 551〕趙孟能賤之。」非德

〔註 541〕《集註》此段注文作：不知身之爲大患。
〔註 542〕《解義》「卻」字作「邻」。
〔註 543〕《解義》、《疏義》「潛」字皆作「潛」。
〔註 544〕《解義》「遻」字作「迕」。《疏義》「遻」字作「遻」。
〔註 545〕《集註》無此段注文。
〔註 546〕《集註》無此段注文。
〔註 547〕《集註》無此段注文。
〔註 548〕《集註》無此段注文。
〔註 549〕《集註》無此段注文。
〔註 550〕《解義》「貴」作「所貴」，多「所」字。
〔註 551〕《解義》「所貴」作「貴」，少「所」字。

故也。〔註 552〕

道之尊，德之貴，莫之爵而常自然。

物有時而弊，勢有時而傾。真君高世，良貴在我，不假勢物，而常自若也。〔註 553〕

故道生之畜之，長之育之，成之熟之，養之覆之。

別而言，則有道德勢物之異；合而言，則皆出于道。道者，萬物之奧也。萬物化作，而道與之生；萬物歙藏，而道與之成。出乎震，成乎艮，養乎坤，覆乎乾。剛柔相摩，八卦相盪，若有機緘而不能自已，道實冒之。〔註 554〕

生而不有，為而不恃，長而不宰，是謂玄德。

生則兆於動出，為則効於變化，長則見於統壹。道之降而在德者爾，然生而不有其功，為而不恃其能，長而不覬其刻制之巧。非德之妙而小者，孰能與此？故曰「是謂玄德」。〔註 555〕

⊙天下有始章第五十二

天下有始，以為天下母。

無名，天地之始；有名，萬物之母。始與母，皆道也。自其氣之始，則謂之始；自其生生，則謂之母。有始，則能生生矣。

既得其母，以知其子。

道能母萬物而字之，則物者其子也。通於道者兼物物，故得其母，以知其子。

既知其子，復守其母。歿身不殆。

多聞則守之以約，多見則守之以卓。窮物之理而不累於物，達道之徼而不失其妙，則利用出入，往來不窮，可以全生，可以盡年，而無危殆之患。

塞其兌，閉其門，終身不勤。

兌以言悅，門以言出。物誘於外，則心悅於內，耳目鼻口，神明出焉。

〔註 552〕《集註》無此段注文。
〔註 553〕《集註》無此段注文。
〔註 554〕《集註》無此段注文。
〔註 555〕《集註》無此段注文。

慎汝內，閉汝外，不以通物爲樂，物無得而引之，則樂天而自得，孰弊弊然以物爲事？〔註556〕

開其兌，濟其事，終身不救。

妄見可說，與接爲搆，〔註557〕而從事於務，則與物相刃相靡，終身役役，而不見其成功。〔註558〕

見小曰明，

小者，道之妙。見道之妙者，自知而已，故無不明。

守柔曰強。

柔者，道之本。守道之本者，自勝而已，故無不勝。〔註559〕

用其光，復歸其明。

明者，光之體；光者，明之用。聖人之應世，從體起用，則輝散爲光；攝用歸體，則智徹爲明。顯諸仁，〔註560〕藏諸用，如彼日月，萬物皆照，而明未嘗虧。所以神明其德者是也。〔註561〕

無遺身殃，是謂襲常。

物之化，無常也。惟復命者，遺物〔註562〕離人，復歸於明，而不與物俱化。故體常而無患，與形諜成，光者異矣。〔註563〕

⊙使我介然章第五十三

使我介然有知，行於大道，唯施是畏。

道去奢去泰，奢〔註564〕則淫於德，泰則侈於性，施之過也。介者，小而辯於物。介然辯物，而內以自知，則深根固蒂，〔註565〕而取足於身，故「唯

〔註556〕《集註》無此段注文。
〔註557〕《解義》「搆」字作「構」。
〔註558〕《集註》無此段注文。
〔註559〕《集註》「勝」字作「強」。
〔註560〕《疏義》「仁」字作「仍」。
〔註561〕《集註》「所以神明其德者是也」作「所以神明其德是也」，少「者」字。
〔註562〕《解義》「物」字作「牧」。
〔註563〕《集註》少「與形諜成，光者異矣」句。
〔註564〕《解義》「奢」作「奢者」，多「者」字。
〔註565〕《解義》、《疏義》「蒂」字作「柢」。

施是畏」。〔註566〕

大道甚夷，而民好徑。

道夷而徑速。欲速以邀近功，而去道也遠矣。

朝甚除，田甚蕪，倉甚虛。

尚賢使能，以致朝廷之治，而不知力穡積用，以成富庶之俗，則而棄本，非可久之道。〔註567〕

服文采，帶利劍，厭飲食，資財有餘，是謂盜夸。非道也哉。

夸內者行乎無名，夸外者志乎期費。行乎無名，則惟〔註568〕施是畏；志乎朝〔註569〕費，則服文采，帶利劍，厭飲食，而資財有餘以爲榮，不足以爲辱，怙侈滅義，驕淫矜夸，豈道也哉？〔註570〕

⊙善建不拔章第五十四

善建者不拔，

建中以該上下，故不拔。

善抱者不脫，

抱一以應萬變，故不脫。

子孫以祭祀不輟。

建中而不外乎道，抱一而不離於精。若是者，豈行一國與當年，〔註571〕蓋將及天下與來世，其傳也遠矣。

修之身，其德乃眞；修之家，其德乃餘；修之鄉，其德乃長；修之國，其德乃豐；修之天下，其德乃普。

修之身，其德乃眞，所謂道之眞，以治身也；修之家，其德乃餘；〔註572〕修之鄉，其德乃長，所謂其緒餘以治人也；修之國，其德乃豐；修之天下，

〔註566〕《集註》無此段注文。
〔註567〕《集註》無此段注文。
〔註568〕《疏義》「惟」字作「帷」。
〔註569〕《疏義》「朝」字作「期」。
〔註570〕《集註》無此段注文。
〔註571〕《集註》「豈行一國與當年」作「豈特行一國與當年」，多「特」字。
〔註572〕《解義》「餘」字作「爲」。

其德乃普，所謂其土苴〔註573〕以治天下國家也。其修彌遠，其德彌廣。在我者皆其眞也，在彼者特其末耳。〔註574〕故餘而後長，豐而後普，於道爲外。

故以身觀身，以家觀家，以鄉觀鄉，以國觀國，以天下觀天下。

「萬物皆備於我矣，反身而誠，樂莫大焉」，故以身觀身而身治。推此類也，天下有常。然以之觀天下，而天下治矣。〔註575〕

吾何以知天下之然哉？以此。

易簡而天下之理得矣。〔註576〕

⊙含德之厚章第五十五

含德之厚，比於赤子。

惟民生厚，因物有遷。含德之厚，不遷於物，則氣專而志一。〔註577〕《孟子》曰：「大人不失其赤子之心。〔註578〕」

毒蟲不螫，猛獸不據，攫鳥不搏。

含德之厚者，憂患不能入，邪氣不能襲，故物莫能傷焉。《莊子》曰：「人能虛己以遊〔註579〕世，其孰能害之？」

骨弱筋柔而握固。未知牝牡之合而峻作，精之至也。

德全者形全，故骨弱筋柔而握固。形全者神全，故未知牝牡之〔註580〕合而峻作。〔註581〕精之至者，可以入神。《莊子》曰：「聖人貴精。」

終日號而嗌不嗄，和之至也。

致一之謂精，精則德全而神不虧。沖氣以爲和，和〔註582〕則氣全而嗌不嗄。人之生也，精受於天，一而爲智之源；和得於天，五而爲信之本。及其

〔註573〕《解義》「土苴」作「上其」。
〔註574〕《解義》「耳」字作「爾」。
〔註575〕《集註》無此段注文。
〔註576〕《集註》無此段注文。
〔註577〕《集註》少「惟民生厚，因物有遷。含德之厚，不遷於物，則氣專而志一」句。
〔註578〕《集註》「大人不失其赤子之心」作「大人不失赤子之心」，少「其」字。
〔註579〕《集註》「遊」字作「游」。
〔註580〕《解義》「之」字作「作」。
〔註581〕《解義》「峻作」作「峻之」。
〔註582〕《疏義》「和」作「爲和」，多「爲」字。

至也，可以入神，可以復命。而失其赤子之心者，〔註583〕精搖而不守，氣暴而不純。馳其形性，潛〔註584〕之萬物，豈不悲夫？

知和曰常，

純氣之守，制命在內，形化而性不亡。

知常曰明；

明足以見道者，知性之不亡，故也。

益生曰祥，

祥者，物之先見。生物之理，增之則贅，禍福特未定也。

心使氣曰強。

體合於心，心合於氣，則氣和而不暴。蹶者趨者是氣也，而心實使之。〔註585〕茲強也，以與物敵，而非自勝之道。

物壯則老，是謂不道。

道無古今，物有壯老。強，有時而弱；盛，有時而衰。役於時而制於數，豈道也哉？〔註586〕

不道早已。

道未始有窮，民之迷，其日固已久矣。〔註587〕

⊙知者不言章第五十六

知者不言，言者不知。

道無問，問無應。知道者，默而識之，無所事言。齧缺問於王倪，所以四問而四不知。多言數窮，離道遠矣。

塞其兌，閉其門，

塗郤〔註588〕守神，退藏於密。〔註589〕

〔註583〕《解義》「者」字作「有」。
〔註584〕《解義》、《疏義》「潛」字皆作「潛」。
〔註585〕《集註》少「蹶者趨者是氣也，而心實使之」句。
〔註586〕《集註》無此段注文。
〔註587〕《集註》無此段注文。
〔註588〕《疏義》「郤」字作「卻」。
〔註589〕《集註》無此段注文。

挫其銳，解其紛。

以深爲根，以約爲紀。〔註 590〕

和其光，同其塵，

與物委蛇，而同其波。〔註 591〕

是謂玄同。

道復乎至幽，合乎至一。至幽之謂玄，至一之謂同。玄同，則萬物與我將擇焉而不可得，豈竊竊然自投于親疎利害貴賤之間爲哉？〔註 592〕

不可得而親，不可得而疎，不可得而利，不可得而害，不可得而貴，不可得而賤，故為天下貴。

世之人愛惡相攻，而有戚疎之態；情僞相感，而有利害之見；用捨〔註 593〕相權，而有貴賤之分。反復〔註 594〕更代，未始有極，奚足爲天下貴？知道者忘言，忘言者泯好惡、忘情、僞離、用捨，而玄同於一性之內，良貴至足，天下兼忘，故爲天下貴。〔註 595〕

⊙以正治國章第五十七

以正治國，以奇用兵，以無事取天下。

正者，道之常；奇者，道之變；無事者，道之眞。國以〔註 596〕正定，兵以〔註 597〕奇勝，道之眞，無容私焉。順物自然，而天下治矣。

吾何以知其然哉？夫天下多忌諱，而民彌貧。

民不難聚也，愛之則親，利之則至。致其所惡，則散令也。無愛利之心，而多忌諱之禁，民將散而之四方，故民彌貧。〔註 598〕

〔註 590〕《集註》無此段注文。
〔註 591〕《集註》無此段注文。
〔註 592〕《集註》無此段注文。
〔註 593〕《集註》「捨」字作「舍」。
〔註 594〕《集註》「復」字作「覆」。
〔註 595〕《集註》少「知道者忘言，忘言者泯好惡、忘情、僞離、用捨，而玄同於一性之內，良貴至足，天下兼忘，故爲天下貴」句。
〔註 596〕《解義》「以」字作「之」。
〔註 597〕《解義》「以」字作「之」。
〔註 598〕《集註》無此段注文。

人多利器，國家滋昏；

有機械者，必有機事；有機事者，必有機心。機心生則純白不備，而或罔上以非其道。〔註 599〕

人多伎巧，奇物滋起；

伎巧勝則人趨末，而異服奇器，出以亂俗。〔註 600〕

法令滋彰，盜賊多有。

剖核太至者，必有不肖之心應之。〔註 601〕

故聖人云：我無為而民自化，

天無爲以之清，地無爲以之寧，兩無爲相合，萬物皆化。聖人，天地而已，故民日遷善而不知爲之者。〔註 602〕

我好靜而民自正，

鑑水之與形接也，不設智故，而物之方圓曲直，不能逃也。夫豈待鉤繩規矩而後正哉？〔註 603〕

我無事而民自富，

天下本無事，庸人擾之耳。〔註 604〕無以擾之，民將自富。〔註 605〕

我無欲而民自樸。

不尚賢，則民不爭；不貴難得之貨，則民不爲盜。同乎無欲，而民性得矣。〔註 606〕

⊙其政悶悶章第五十八

其政悶悶，

在宥天下，下知有之，而無欣欣之樂。

〔註 599〕《集註》無此段注文。
〔註 600〕《集註》無此段注文。
〔註 601〕《集註》無此段注文。
〔註 602〕《集註》無此段注文。
〔註 603〕《集註》無此段注文。
〔註 604〕《解義》「耳」字作「爾」。
〔註 605〕《集註》無此段注文。
〔註 606〕《集註》無此段注文。

其民淳淳；

見素抱樸，少私寡欲。〔註607〕

其政察察，

簡髮而櫛，數〔註608〕米而炊，竊竊然以苛為明，此察察之政。〔註609〕

其民缺缺。

舉賢則民相軋，任知則民相盜，故無全德。〔註610〕

禍兮，福所倚；福兮，禍所伏。孰知其極？

昭昭生於冥冥，有倫生於無形。德慧術智，存乎疢疾。高明之家，鬼瞰其室。知時無止，知分無常，知終始之不可故。則禍福之倚伏，〔註611〕何常之有？

其無正邪？

使同乎我與若者，正之，既同乎我與若矣，烏能正之？使異乎我與若者，正之；既異乎我與若矣，烏能正之？然則孰為天下之至正哉？〔註612〕

正復為奇，善復為祅。民之迷也，其日固已久矣。

通天下一氣耳，今是而昨非，先迕而後合，神奇臭腐，相為終始，則奇正之相生，祅善之更化，乃一氣之自爾。天下之生久矣，小惑易方，大惑易性，自私之俗勝，而不明乎禍福之倚伏。且復察察以治之，民安得而反其真乎？

是以聖人方而不割，

方者，介於辨物，大方無隅，止而不流，無辨物之迹。〔註613〕

廉而不劌，

廉者，矜於自潔。大廉不嗛，清而容物，無刻制之行。〔註614〕

直而不肆，光而不耀。

直而肆，則陵物之態生；光而耀，則揚行之患至。內直而外曲，用其光

〔註607〕《集註》無此段注文。
〔註608〕《解義》「數」字作「斁」。
〔註609〕《集註》無此段注文。
〔註610〕《集註》無此段注文。
〔註611〕《集註》「則禍福之倚伏」作「則禍福倚伏」，少「之」字。
〔註612〕《集註》無此段注文。
〔註613〕《集註》無此段注文。
〔註614〕《集註》無此段注文。

而復歸其明，其唯聖人乎？民之迷也，以方爲是者，如子莫之執中；以廉爲是者，如仲子之操。知伸而不知屈，知彰而不知微，以夸末世之敝俗，而失聖人之大全。豈足以正天下？〔註615〕聖人所以正天下者何哉？如斯而已。

⊙治人事天章第五十九

治人事天，莫若嗇。

聰明智識，天也；動靜思慮，人也。適動靜之節，省思慮之累，所以治人；不極聰〔註616〕明之力，不盡智識之任，所以事天；此之謂嗇。天一在臟，〔註617〕以腎〔註618〕爲事，立于〔註619〕不貸之圃。豐智原而嗇出，則人事治，而天理得。〔註620〕

夫唯嗇，是以早復。

迷而後復，其復也晚矣。比復好先嗇，則不侈於性，是以早復。〔註621〕

早復，謂之重積德。

復，德之本也。復以自知，則道之在我者，日積而彌新。〔註622〕

重積德則無不克，

能勝之謂克，宰制萬物，役使臺動，而無所不勝者，惟德而已。〔註623〕

無不克則莫知其極。

德至於無所不勝，則汎應而不窮，孰知其極也。〔註624〕

〔註615〕《集註》少「直而肆，則陵物之態生；光而耀，則揚行之患至。內直而外曲，用其光而復歸其明，其唯聖人乎？民之迷也，以方爲是者，如子莫之執中；以廉爲是者，如仲子之操。知伸而不知屈，知彰而不知微，以夸末世之敝俗，而失聖人之大全。豈足以正天下」句。

〔註616〕《集註》「聰」字作「聦」。

〔註617〕《解義》「臟」字作「藏」。

〔註618〕《解義》「腎」字作「取」。

〔註619〕《解義》「于」字作「乎」。

〔註620〕《集註》少「天一在臟，以腎爲事，立于不貸之圃。豐智原而嗇出，則人事治，而天理得」句。

〔註621〕《集註》無此段注文。

〔註622〕《集註》無此段注文。

〔註623〕《集註》無此段注文。

〔註624〕《集註》無此段注文。

莫知其極，可以有國；

體盡無窮，則其於用天下也，有餘裕天，〔註625〕況有國乎？〔註626〕

有國之母，可以長久。

道為萬物母。有道者，萬世無弊。〔註627〕

是謂深根固柢，長生久視之道。

道者，物之母，而物其子也。性者，形之根，而形其柢也。既知其子，復守其母，沒身不殆，故可以長久。〔註628〕根深則柢固，性復則形全。與天地為常，故能長生；與日月參光，故能久視。人與物化，而我獨存，此之謂道。

⊙治大國章第六十

治大國，若烹小鮮。

事大眾而數搖之，則少成功；藏大器而數徙之，則多敗傷。〔註629〕烹小鮮而數撓之，則潰；治大國而數變法，則惑。是以治道貴清靜，而民自定。

以道莅天下者，其鬼不神；

聖人者，神民萬物之主也。不得已而臨莅天下，莫若無為。道常無為，以莅天下，則人無不治。彼依人而行者，亦皆安定休止，莫或出而為祟，故曰「其鬼不神」。〔註630〕

非其鬼不神，其神不傷民，非其神不傷民。聖人亦不傷民，夫兩不相傷，故德交歸焉。

以道莅天下者，莫之為而常自然。無攻戰之禍，無殺戮之刑，〔註631〕是之謂不傷民。當是時也，神與民兩不相傷，而德交歸焉。神無所出其靈響也，詒爾多福而已。故曰「其神不傷民」。民無所施其智巧也，日用飲食而已，夫

〔註625〕《解義》、《疏義》「天」字作「矣」。
〔註626〕《集註》無此段注文。
〔註627〕《集註》無此段注文。
〔註628〕《集註》少「道者，物之母，而物其子也。性者，形之根，而形其柢也。既知其子，復守其母，沒身不殆，故可以長久」句。
〔註629〕《集註》「則多敗傷」作「則多傷敗」。
〔註630〕《集註》無此段注文。
〔註631〕《解義》「刑」字作「形」。

何傷之有？〔註632〕

⊙大國者下流章第六十一

大國者下流。

人莫不有趨高之心，而趨高者常蹶。江海所以能爲百谷王者，以其善下之也。

天下之交，天下之牝。牝常以靜勝牡，以靜爲下。

天下皆以剛強敵物，而我獨寓於柔靜不爭之地，則人孰勝之者？是乃所以交天下之道也。《經》曰：「知其雄，守其雌，爲天下谿。〔註633〕」〔註634〕

故大國以下小國，則取小國；小國以下大國，則取大國。故或下以取，或下而取。

將欲歙之，必固張之。將欲取之，必固予〔註635〕之。〔註636〕

大國不過欲兼畜人，小國不過欲入事人。兩者各得其所欲，故大者宜爲下。

天道下濟而光明，故無不覆。地道卑而上行，故能承天。人法地，地法天，故大者宜爲下。

⊙道者萬物之奧章第六十二

道者，萬物之奧也。

天奧西北，鬱化精也；地奧黃泉，隱魄榮也；人奧思慮，蘊至神也。天地與人，有所謂奧，而皆冒於道。道也者，難終難窮，難測難識，故爲萬物之奧。道爲萬物之奧，則物者道之顯歟！〔註637〕

善人之寶，

利而行之，積善成性，而神明自得，聖心循焉。〔註638〕

〔註632〕《集註》無此段注文。
〔註633〕《疏義》少「下谿」二字。
〔註634〕《集註》少「《經》曰：『知其雄，守其雌，爲天下谿。』」句。
〔註635〕《疏義》「予」字作「與」。
〔註636〕《集註》無此段注文。
〔註637〕《集註》無此段注文。
〔註638〕《集註》無此段注文。

不善人之所保。

反，無非傷也，順其理則全；動，無非邪也，靜其性則正；故可以保身。
〔註639〕

美言可以市，尊行可以加於人。人之不善，何棄之有？

言風波也，行實喪也，皆非道所貴。言美而可悅，行尊而可尚，猶可以市，且加於人，而人服從，況體道之奧，徧覆包含，而無所殊乎？然則人之不善，何棄之有？〔註640〕

故立天子，置三公，雖有拱璧以先駟馬，不如坐進此道。

君子之守，脩〔註641〕身而天下平。天子三公，有璧馬以招賢，而不務進道以脩〔註642〕身，則捨己而徇人，失自治之道矣。不如坐進此道者，求諸己而已。道之所在，聖人尊之，故民從之如歸市。〔註643〕

古之所以貴此道者何也？不曰：求以得，有罪以免耶？故為天下貴。

求則得之，求在我者也。古之人所以求之于陰陽度數而未得者，求在外故也。惡者遷善，愚者為哲，此有罪所以免歟。道之善救者如此，〔註644〕故爲天下貴。《傳》曰：「天下莫不貴者，道也。」〔註645〕

⊙爲無爲章第六十三

為無為，事無事，味無味。

道之體無作，故無爲；無相，故無事；無欲，故無味。〔註646〕聖人應物之有，而體道之無，於斯三者，槩可見矣。

大小多少，

大小言形，多少言數。物量無窮，不可爲倪。大而不多，小而不少，則

〔註639〕《集註》無此段注文。
〔註640〕《集註》無此段注文。
〔註641〕《疏義》「脩」字作「修」。
〔註642〕《疏義》「脩」字作「修」。
〔註643〕《集註》無此段注文。
〔註644〕《集註》「道之善救者如此」作「故道之善救者如此」，多「故」字。
〔註645〕《集註》少「故爲天下貴。《傳》曰：『天下莫不貴者，道也。』」句。
〔註646〕《集註》少「道之體無作，故無爲；無相，故無事；無欲，故無味」句。

怨恩之報，孰睹其辨。聖人所以同萬有於一，無能成其大。〔註647〕

報怨以德。

爵祿不足以為勸，〔註648〕戮恥不足以為辱，則何怨之有？所尚者，德而已。〔註649〕

圖難於其易，為大於其細。天下之難事，必作於易；天下之大事，必作於細。

千〔註650〕丈之堤，以螻蟻之穴潰；百尺之室，以突〔註651〕隙之烟〔註652〕焚。白圭之行堤也，塞其穴，是以無水難；丈人之慎火也，塗其隙，是以無火患。天下之事，常起於甚微，而及其末，則不可勝圖，故聖人蚤〔註653〕從事焉。〔註654〕

是以聖人終不為大，故能成其大。

為之於小，故能成其大。亂已成而後治之，不亦晚乎？〔註655〕

夫輕諾必寡信，多易必多難。是以聖人由難之，故終無難矣。

禍固多藏於微，而發於人之所忽。聖人之應世，常慎微而不忽，故初無輕易之行，而終絕難圖之患。凡以體無故也。〔註656〕

⊙其安易持章第六十四

其安易持，其未兆易謀；其脆易泮，其微易散。為之於未有，治之於未亂。

安者，危之對；未兆者，已形之對；脆者，堅之對；微者，著之對。持之於安則無危，謀之於未兆則不形。聖人之知幾也，脆者泮之則不至於堅冰，

〔註647〕《解義》「無能成其大」作「故無能成其大」，多「故」字
〔註648〕《解義》「勸」字作「歡」。
〔註649〕《集註》無此段注文。
〔註650〕《解義》「千」字作「十」。
〔註651〕《解義》「突」字作「空」。《疏義》「突」字作「」。
〔註652〕《解義》「烟」字作「煙」。
〔註653〕《解義》「蚤」字作「常」。
〔註654〕《集註》無此段注文。
〔註655〕《集註》無此段注文。
〔註656〕《集註》無此段注文。

微者散之則不著。賢人之殆庶幾也。〔註657〕奔壘之車，沈流之航，聖人無所用智焉。用智於未奔沈，所謂爲之於未有，治之於未亂也。〔註658〕

合抱之木，生於毫末；九層之臺，起於累土；千里之行，始於足下。

有形之類，大必滋於小，高必基於下，遠必自於近。其作始也簡，其將畢也必巨。〔註659〕聖人見端而思末，覩指而知歸，故不爲福先，不爲禍始。躊躇以興事，以每成功。〔註660〕

爲者敗之，執者失之。是以聖人無爲，故無敗；無執，故無失。

聖人不從事於務，故無敗；不以故自持，故無失。昧者規度而固守之，去道愈遠矣，能無敗失乎？〔註661〕

故民之從事，常於幾成而敗之。

中道而止，半塗而廢，始勤而終怠者，凡民之情，蓋〔註662〕莫不然，故事常幾成而至於敗。〔註663〕

愼終如始，則無敗事矣。

「靡不有初，鮮克有終」。終始惟一，時乃日新。施之於事，何爲而不成？〔註664〕

是以聖人欲不欲，不貴難得之貨；學不學，以復衆人之所過。

欲利者，以物易已；務學者，以博〔註665〕溺心。夫豈足以造乎無爲？聖人不以利累形，欲在於不欲。人我之養，畢足而止，故不貴難得之貨。不以人滅天，學在於不學，緝熙於光明而已，故以復衆人之所過。道之不明也，賢者過之，況衆人乎？復其過而反之性，此絕學者所以無憂而樂。〔註666〕

以輔萬物之自然，而不敢爲。

〔註657〕《集註》「賢人之殆庶幾也」作「此賢人之殆庶幾也」，多「此」字。
〔註658〕《集註》「治之於未亂也」作「治之於未亂」，少「也」字。
〔註659〕《集註》「巨」字作「臣」。
〔註660〕《集註》少「故不爲福先，不爲禍始。躊躇以興事，以每成功」句。
〔註661〕《集註》無此段注文。
〔註662〕《解義》少「蓋」字。
〔註663〕《集註》無此段注文。
〔註664〕《集註》無此段注文。
〔註665〕《疏義》「博」字作「博」。
〔註666〕《集註》無此段注文。

天高地下，萬物散殊，豈或使之，性之自然而已。輔其自然，故能成其性。爲者敗之，故不敢爲。此聖人所以恃道化而不任智巧。〔註667〕

⊙古之善爲道章第六十五

古之善為道者，非以明民，將以愚之。

「民可使由之，不可使知之」。古之善爲道者，使由之而已。反其常然，道可載而與之俱，無所施智巧焉，故曰「愚」。〔註668〕三代而下，釋夫恬淡無爲，而悅夫哼哼〔註669〕之意。屈折禮樂，以正天下之形；吁俞仁義，以慰天下之心。將以明民，〔註670〕名曰治之，而亂孰甚焉。〔註671〕

民之難治，以其智多。

天下每每大亂，罪在於好知。〔註672〕

故以智治國，國之賊；

法出而姦生，令下而詐起。〔註673〕

不以智治國，國之福。

焚符破璽，而民鄙朴；〔註674〕掊〔註675〕斗折衡，而民不爭。

知此兩者，亦楷式。

知此兩者，則知所以治國；知所以治國，故民則而象之，以爲楷式。

常知楷式，是謂玄德。玄德深矣遠矣，與物反矣。

玄者，天之色。常知楷式，而不用其智，則與天合德，深不可測，遠不可窮。獨立于〔註676〕萬物之上，物無得而耦〔註677〕之者，故曰「與物反矣」。

〔註667〕《集註》無此段注文。
〔註668〕《集註》少「古之善爲道者，使由之而已。反其常然，道可載而與之俱，無所施智巧焉，故曰『愚』」句。
〔註669〕《解義》、《疏義》、《集註》「哼哼」皆作「哼哼」。
〔註670〕《集註》「將以明民」作「將以明民也」，多「也」字。
〔註671〕《集註》「而亂孰甚焉」作「亂孰甚焉」，少「而」字。
〔註672〕《集註》「知」字作「智」。
〔註673〕《集註》少「令下而詐起」五字。
〔註674〕《解義》、《集註》「朴」字皆作「樸」。
〔註675〕《解義》「掊」字作「剖」。
〔註676〕《集註》「于」字作「乎」。
〔註677〕《集註》「耦」字作「偶」。

〔註678〕

然後乃至大順。

順者，天之理。乃至大順者，去智與故，循天之理而已。《莊子》曰：「與天地爲合，其合緡。」緡，若愚若昏，是謂玄德，同乎大順。惟若愚若昏，所以去智。〔註679〕

⊙江海爲百谷王章第六十六

江海所以能爲百谷王者，以其善下之，故能爲百谷王。

興事造業，其一上比者，王也。〔註680〕王有歸往之義。君能下，下則民歸之，如水之就下。

是以聖人欲上人，以其言下之；欲先人，以其身後之。是以聖人處上而人不重，處前而人不害。是以天下樂推而不猒。

《易》於「屯」之初曰：「以貴下賤，大得民也。」得其民者，得其心也。處上而人不重，則從之也輕；處前而人不害，則利之者眾。若是者，無思不服，故不猒。〔註681〕《易》曰：「百姓與能。」

以其不爭，故天下莫能與之爭。

行賢而去自賢之行，安往而不愛哉！〔註682〕

⊙天下皆謂章第六十七

天下皆謂我「道大似不肖」。夫惟大，故似不肖。若肖，久矣其細也夫。

肖物者小，爲物所肖者大。道，覆載萬物者也，洋洋乎大哉，〔註683〕故似不肖。若肖，則道外有物，豈得爲大乎？

我有三寶，寶而持之。

〔註678〕《集註》少「故曰『與物反矣』」七字。
〔註679〕《集註》無此段注文。
〔註680〕《集註》少「興事造業，其一上比者，王也」句。
〔註681〕《解義》、《集註》「猒」字皆作「厭」。
〔註682〕《集註》無此段注文。
〔註683〕《集註》「洋洋乎大哉」作「洋洋乎其大哉」，多「其」字。

異乎世俗〔註684〕之見，而守之不失者，我之所寶也。〔註685〕

一曰慈，

慈以愛物，仁之寶〔註686〕也。〔註687〕

二曰儉，

儉以足用，禮之節〔註688〕也。〔註689〕

三曰不敢為天下先。

先則求勝人，尚力而不貴德。〔註690〕

夫慈故能勇，

文王視民如傷，一怒而安天下之民。〔註691〕

儉故能廣，

閉藏於冬，故蕃鮮於春。天地常〔註692〕儉〔註693〕，能常侈常費，而況於人乎？〔註694〕

不敢為天下先，故能成器長。

不爭而善勝者，天之道，道之尊，故爲器之長。〔註695〕

今捨其慈且勇，捨其儉且廣，捨其後且先，死矣。

世之人，知勇之足以勝人，而不知慈乃能勇；知廣之足以夸眾，而不知儉乃能廣；知器長之足尚，而不知自後之爲要——則剛強之徒而已，有死之道焉。〔註696〕

〔註684〕《疏義》「世俗」作「俗世」。
〔註685〕《集註》無此段注文。
〔註686〕《解義》、《疏義》「寶」字皆作「實」。
〔註687〕《集註》無此段注文。
〔註688〕《解義》、《疏義》「節」字皆作「實」。
〔註689〕《集註》無此段注文。
〔註690〕《集註》無此段注文。
〔註691〕《集註》無此段注文。
〔註692〕《解義》、《疏義》「常」字皆作「尚」。
〔註693〕《解義》「儉」字作「不」。
〔註694〕《集註》無此段注文。
〔註695〕《集註》無此段注文。
〔註696〕《集註》無此段注文。

夫慈，以戰則勝，以守則固。

仁人無敵於天下，故以戰則勝。民愛其上，若手足之捍頭目，子弟之衛父兄，効死而弗去，故以守則固。

天將救之，以慈衛之。

志於仁者，其衷爲天所誘；志於不仁者，其鑒爲天所奪。則天所以救之衛之者，以慈而已。此三寶所以慈爲先。〔註697〕

⊙善爲士章第六十八

善為士者，不武；

武，下道也。士尙志，曰仁義而已。孔子曰：「軍旅之事，未之學也。」〔註698〕

善戰者，不怒；

上兵伐謀，而怒實勝思。〔註699〕

善勝敵者，不爭；

爭，逆德也。爭地以戰，殺人盈野；爭城以戰，殺人盈城；勝敗特未定也。不武，所以成其武；不怒，所以濟其怒；不爭，所以弭其爭。三者皆出于德，故曰「善」。〔註700〕

善用人者，為之下。

智雖落天下，〔註701〕不自慮也，故智者爲之謀；能雖窮海內，不自爲也，故能者爲之役；辨〔註702〕雖彫〔註703〕萬物，不自說也，〔註704〕故辨〔註705〕者爲之使。〔註706〕

〔註697〕《集註》無此段注文。
〔註698〕《集註》無此段注文。
〔註699〕《集註》無此段注文。
〔註700〕《集註》無此段注文。
〔註701〕《疏義》「下」字作「地」。
〔註702〕《解義》、《疏義》「辨」字皆作「辯」。
〔註703〕《解義》「彫」字作「雕」。
〔註704〕《解義》少「也」字。
〔註705〕《解義》、《疏義》「辨」字皆作「辯」。
〔註706〕《集註》無此段注文。

是謂不爭之德，

德蕩乎名，知出乎爭。才全而德不形者，未嘗聞其唱〔註707〕也，常和人而已。〔註708〕

是謂用人之力，

聰明者竭其視聽，智力者盡其謀能，而位之者無知也。〔註709〕

是謂配天，古之極。

無爲爲之之謂天，不爭而用人，故可以配天。可以配天，則至矣，不可以有加矣，故曰「古之極」。極，至也。木之至者，屋極是也。〔註710〕

⊙用兵有言章第六十九〔註711〕

用兵有言：吾不敢爲主而爲客，

感之者爲主，應之者爲客。迫而後動，不得已而後起，謂之應兵。應兵爲客者也。〔註712〕

不敢進寸而退尺。

不嗜殺人，故難進而易退。

是謂行無行，

善爲士者不武，行而無迹。〔註713〕

攘無臂，

善戰者不怒。〔註714〕

仍無敵，

善勝敵者不爭。〔註715〕

〔註707〕《解義》「唱」字作「倡」。
〔註708〕《集註》無此段注文。
〔註709〕《集註》無此段注文。
〔註710〕《集註》無此段注文。
〔註711〕《解義》缺此章。(按：「是謂配天，古之極」經文後，爲「故抗兵相加，則哀者勝矣」經文及其注文。疑脫。)
〔註712〕《集註》少「應兵爲客者也」六字。
〔註713〕《集註》無此段注文。
〔註714〕《集註》無此段注文。
〔註715〕《集註》無此段注文。

執無兵。

用人之力，故無事於執兵。〔註716〕

禍莫大於輕敵，輕敵幾喪吾寶。

輕敵則好戰，好戰是樂殺人也。樂殺人者，喪其慈，而失仁民愛物之心，不可得志於天下矣。

故抗兵相加，則哀者勝矣。

聖人之用兵，〔註717〕救民於水火之中，取其殘而已。神武不殺，而以慈爲寶，〔註718〕故仁眇天下而無不懷，義眇天下而無不畏，是謂常勝。

⊙吾言甚易知章第七十

吾言甚易知，甚易行。天下莫能知，莫能行。

道炳而易見也。故載之言則甚易知；要而易守也，故見之事則甚易行。《孟子》曰：「道若大路然，豈難知哉？」故道無難，而天下無不能。有難、不能者，〔註719〕不知反求諸己耳。

言有宗，事有君。

言不勝窮也，而理爲之本；事不勝應也，而道爲之主。順理而索，循道而行，天下無難矣。

夫惟無知，是以不吾知也。

小夫之知〔註720〕〔註721〕，不離于竿牘。〔註722〕雖曰有知，而實無知也。夫豈足以知道？

知我者稀，則我貴矣。

有高世之行者，見非于眾；有獨智之慮者，見驚〔註723〕于民；故有以少爲貴者。

〔註716〕《集註》無此段注文。
〔註717〕《集註》「聖人之用兵」作「聖人用兵」，少「之」字。
〔註718〕《疏義》「寶」字作「實」。
〔註719〕《疏義》「有難‧不能者」作「有歎不能者」。
〔註720〕《疏義》「之知」作「知之」。
〔註721〕《集註》「知」字作「智」。
〔註722〕《集註》「不離于竿牘」作「不離簡牘」。少「于」字，「竿」字作「簡」。
〔註723〕《集註》「驚」字作「驚」。

是以聖人被褐懷玉。

聖人藏于天，而不自衒鬻。

⊙知不知章第七十一

知不知，尚矣；

至道之精，窈窈冥冥；至道之極，昏昏默默。知之外矣，不知內矣；知之淺矣，不知深矣。知曰不知，是謂眞知，道之至也，故曰「尚矣」。〔註724〕

不知知，病矣。

不知至道之精，而知事物之粗；不知至道之極，而知事物之末。「方且爲緒使，方且爲物絯」，而日趨于憂患之塗，故病。〔註725〕

夫唯病病，是以不病。

知其愚者，非大愚也；知其惑者，非大惑也。大惑者，終身不解；大愚者，終身不靈。

聖人之不病，以其病病，是以不病。

聖人「素逝而恥通於事，立本而知通於神」。有眞知也，而常若不知，是以不病。〔註726〕

⊙民不畏威章第七十二

民不畏威，則大威至矣。

小人以小惡爲無傷，而弗去也，故惡積而不可揜。《易》曰：「荷〔註727〕校，滅耳，凶。」

無狹其所居，

居者，性之宅。人之性至大，不可圍而曲。士不可以語於道者，狹其所居故也。擴而充之，則充滿天地，包裹六極，無自而不可。《孟子》曰：「居天下之廣居。」

無厭其所生。

〔註724〕 《集註》無此段注文。
〔註725〕 《集註》無此段注文。
〔註726〕 《集註》無此段注文。
〔註727〕 《集註》「荷」字作「何」。

生者，氣之聚。人之生，通乎物之所造。而猒〔註728〕其所生者，且晝之所爲，有梏亡之矣。梏之反復，〔註729〕則夜氣不足以存。彼保合太〔註730〕和而無中道夭者，無猒〔註731〕其所〔註732〕生故也。

夫惟不猒，是以不猒。

禍福無不自己求之者。〔註733〕

是以聖人自知不自見，自愛不自貴，故去彼取此。

聖人有自知之明，而不自見以矜其能；有自愛之仁，而不自貴以臨物。若是者，處物不傷物，物莫之能傷也。方且樂天而無憂，何威怒之足畏乎？聖人之所〔註734〕去取，抑可見矣。

⊙勇於敢則殺章第七十三

勇於敢則殺，勇於不敢則活。

剛強者，死之徒；柔弱者，生之徒。勇於敢者，能勇而已。能勇而不能怯，非成材也，適足殺其軀而已。〔註735〕故子路好勇，孔子以謂無所取材。勇於不敢，則知所以持後。持後者，處先之道也。〔註736〕列子曰：「天下有常勝〔註737〕之道，曰柔。」

此兩者，或利或害。

有所正者有所差，有所拂者有所宜。〔註738〕

天之所惡，孰知其故？

畸於人者，侔於天。人之所利，天之所惡。人孰從而知之？〔註739〕

〔註728〕《解義》、《疏義》、《集註》「猒」字皆作「厭」。
〔註729〕《疏義》「復」字作「覆」。
〔註730〕《疏義》「太」字作「大」。
〔註731〕《解義》、《集註》「猒」字皆作「厭」。
〔註732〕《解義》少「所」字。
〔註733〕《集註》無此段注文。
〔註734〕《解義》少「所」字。
〔註735〕《解義》「適足殺其軀而已」作「適足以殺其軀而已」，多「以」字。
〔註736〕《集註》少「勇於敢者，能勇而已。能勇而不能怯，非成材也，適足殺其軀而已。故子路好勇，孔子以謂無所取材。勇於不敢，則知所以持後。持後者，處先之道也」句。
〔註737〕《解義》「勝」字作「然」。
〔註738〕《集註》無此段注文。

是以聖人猶難之。

順天者存，逆天者亡。雖聖人不敢易也。

天之道，不爭而善勝，

萬物之出，與之出而不辭；萬物之歸，與之歸而不迕；是謂不爭。消息滿盈〔註740〕〔註741〕，物之與俱，〔註742〕而萬物之多，皆所受命，是謂不爭而善勝。

不言而善應，

天何言哉？變以雷風，示以福禍。〔註743〕無毫釐之差，有影響之應。

不召而自來，

有所受命，則出命者能召之矣。萬物之紛錯，而天有以制其命，孰得而召之？健行不息，任一氣之自運而已。〔註744〕

坦然而善謀。

然〔註745〕行常〔註746〕易以知險。

天網恢恢，踈而不失。

密而有間，人所爲也，天則雖踈而無間。積善積惡，殃慶各以其類至，所以爲不失。且爭而後勝，言而後應者，人也；天則不爭而善勝，不言而善應，召之則至。難於知天者，人也；天則不召而自來，坦然而善謀。〔註747〕惟聖人爲能體此，〔註748〕故不就利，不違害，常利而無害。所以與天合德，異夫勇於敢者。

〔註739〕《集註》無此段注文。
〔註740〕《解義》、《疏義》「盈」字皆作「虛」。
〔註741〕《集註》「滿盈」作「盈虛」。
〔註742〕《集註》「物之與俱」作「物與之俱」。
〔註743〕《解義》、《疏義》、《集註》「福禍」皆作「禍福」。
〔註744〕《集註》無此段注文。
〔註745〕《解義》、《疏義》、《集註》「然」字皆作「德」。
〔註746〕《解義》「常」字作「恒」。
〔註747〕《集註》少「密而有間，人所爲也，天則雖踈而無間。積善積惡，殃慶各以其類至，所以爲不失。且爭而後勝，言而後應者，人也；天則不爭而善勝，不言而善應，召之則至。難於知天者，人也；天則不召而自來，坦然而善謀」句。
〔註748〕《集註》「惟聖人爲能體此」作「聖人爲能體此」，少「惟」字。

⊙民不畏死章第七十四

民常不畏死，奈何以死懼之。

民有常心，其生可樂。苟無常心，何死之畏？鈇鋸制焉，繩墨殺焉，椎鑿決焉，是謂以死懼之，民將抵冒而終不化。〔註749〕

若使民常畏死，而為奇者，吾豈執而殺之，孰敢？

天下樂其生，而重犯法矣。然後奇言者有誅，異行者有禁，荀卿所謂犯治之罪，固重也。〔註750〕

常有司殺者殺。而代司殺者殺，是代大匠斲。

上必無爲而用天下，下必有爲而爲天下用，不易之道也。代司殺者殺，代大匠斲，是上與下同德，倒道而言，迕道而說。人之所治也，安能治人？文王罔攸，兼於〔註751〕庶言、庶獄、庶愼，惟有司之牧，夫爲是故也。

夫代大匠斲，希有不傷其手矣？

代斲且不免於傷，況代殺乎？此古之人所以貴夫無爲也。無爲也，則任事者責矣。〔註752〕

⊙民之饑章第七十五

民之饑，以其上食稅之多也，是以饑；

賦重則田萊多荒，民不足於食。〔註753〕

民之難治，以其上之有為也，是以難治；

政煩則姦僞滋起，民失其朴。〔註754〕

人之輕死，以其生生之厚也，是以輕死。

矜生大〔註755〕厚，則欲利甚勤。放僻邪侈，無不爲已。

唯無以生為者，是賢於貴生也。

〔註749〕《集註》無此段注文。
〔註750〕《集註》無此段注文。
〔註751〕《集註》「於」字作「于」。
〔註752〕《集註》無此段注文。
〔註753〕《集註》此段注文作：賦重則民不足。
〔註754〕《集註》「朴」字作「樸」。
〔註755〕《疏義》、《集註》「大」字皆作「太」。

《莊子》曰：「達生之情者，不務生之所無以為。」無以生為者，不務生之所無以為，棄事而遺生故也。棄事則形不勞，遺生則精不虧。形全精復，與天為一，所以賢於貴生。貴生則異於輕死，遺生則賢於貴生。推所以善吾生者，而施之於民，則薄稅歛，〔註756〕簡刑罰，家給人足。畫衣冠，異章服，而民不犯，帝王之極功也。〔註757〕

⊙人之生章第七十六

人之生也柔弱，其死也堅強。草木之生也柔脆，其死也枯槁。故堅強者，死之徒也；柔弱者，生之徒也。

萬物負陰而抱陽，沖氣以為和。陽以發生為德，陰以肅殺為事。方其肅殺，則沖和喪矣，故曰「堅強者死之徒，柔弱者生之徒」。

是以兵強則不勝，

抗兵相加，則哀者勝矣。〔註758〕

木強則共。

拱把之桐梓，人皆知養之；強，則伐而共之矣。

故堅強居下，柔弱處上。

柔之勝剛，弱之勝強，老氏之道術，有在於是。《莊子》曰：「以濡〔註759〕弱謙下為表。」

⊙天之道章第七十七

天之道，其猶張弓乎？高者抑之，下者舉之；有餘者損之，不足者補之。

道無益損，物有盈虛。注焉而不滿，酌焉而不竭者，聖人之所保也。降而在物，則天地盈虛，與時消息，而況於人乎？天之道，以中為至，故高者仰〔註760〕之，不至於有餘；〔註761〕下者舉之，不至於〔註762〕不足。將來者

〔註756〕《解義》「歛」字作「斂」。
〔註757〕《集註》無此段注文。
〔註758〕《集註》無此段注文。
〔註759〕《解義》、《疏義》「濡」字皆作「懦」。
〔註760〕《疏義》、《集註》「仰」字皆作「抑」。
〔註761〕《集註》「不至於有餘」作「不至有餘」，少「於」字。

進，成功者退，四時運行，各得其序。

天之道，損有餘補不足。

滿招損，謙得益，時乃天道。

人之道則不然，損不足以奉有餘。

人心排下而進上，虐煢獨而畏高明。

孰能損有餘而奉不足於天下者？其唯道乎？

不虐煢獨，而罄者與之；不畏高明，而饒者損之；非有道者不能。

是以聖人為而不恃，功成不居，其不欲見賢耶。

不恃其為，故無自伐之心；不居其功，故無自滿之志。人皆飾智，己獨若愚；人皆求勝，己獨曲全。惟不欲見賢也，故常無損，得天之道。

⊙天下柔弱章第七十八

天下莫柔弱於水，而攻堅強者莫之能先，以其無以易之也。

《易》以「井」喻性，言其不改。老氏謂水幾於道，以其無以易之也。有以易之，則徇人而失己，烏能勝物？惟無以易之，故萬變而常一，物無得而勝之者。

柔之勝剛，弱之勝強，天下莫不知，而莫之能行。

「知〔註763〕及之，仁不能守之」。

是以聖人言：「受國之垢，是謂社稷主；受國之不祥，是為天下王。」

川澤納污，山藪藏疾。國君含垢，體道之虛，而所受彌廣。則為物之歸，而所制彌遠。《經》曰：「知其榮，守其辱，為天下谷。」〔註764〕

正言若反。

言豈一端而已？反於物而合於道，是謂天下之至正。

⊙和大怨章第七十九

和大怨者，必有餘怨，安可以為善？

〔註762〕《集註》「於」字作「于」。
〔註763〕《集註》「知」字作「智」。
〔註764〕《集註》無此段注文。

「復讎〔註765〕者，不折鎮干；雖有忮心者，〔註766〕不怨飄瓦。」故無餘怨。愛人者，害人之本也；偃兵者，造兵之本也。安可以爲善？

是以聖人執左契，而不責於人。

聖人循大變，而無所湮。受而嘉〔註767〕之，故無責於人，人亦無責焉。契有左右，以別取予。執左契者，予之而已。〔註768〕

有德司契，

以德分人謂之聖。〔註769〕

無德司徹。

樂通物，非聖人也。無德者，不自得其得，而得人之得。方且物物求通，而有和怨之心焉。茲徹也，祇〔註770〕所以爲蔽。《莊子》曰：「喪己於物者，謂之蔽蒙之民。」〔註771〕

天道無親，常與善人。

善則與之，何親之有？

⊙小國寡民章第八十

小國寡民。

廣土眾民，則事不勝應，智不勝察。德自此衰，刑自此起，後世之亂自此始矣。老氏當周之末，猒〔註772〕周之亂。原道之意，寓之於書。方且易文勝之敝〔註773〕俗，而躋之淳厚之域，故以小國寡民爲言。蓋至德之世，自容成氏至于神農，十有二君，號稱至治者，以此而已。

使民有什伯之器而不用也，

〔註765〕《解義》、《疏義》、《集註》「讎」字皆作「讐」。
〔註766〕《集註》「雖有忮心者」作「雖有忮心」，少「者」字。
〔註767〕《解義》、《疏義》「嘉」字皆作「喜」。
〔註768〕《集註》無此段注文。
〔註769〕《集註》無此段注文。
〔註770〕《解義》「祇」字作「祗」。
〔註771〕《集註》少「《莊子》曰：喪己於物者，謂之蔽蒙之民。」句。
〔註772〕《解義》、《集註》「猒」字皆作「厭」。
〔註773〕《疏義》、《集註》「敝」字皆作「弊」。

一而不黨，無眾至之累。〔註774〕

使民重死而不遠徙。

其生可樂，其死可葬，故民不輕死，而之四方。孔子曰：「上失其道，民散久矣。」遠徙之謂歟？

雖有舟輿，無所乘之；雖有甲兵，無所陳之。

山無蹊隧，澤無舟梁。同乎無知，其德不離，無絕險之迹。故雖有舟輿，無所乘之。無攻戰之患，故雖有甲兵，無所陳之。

使民復結繩而用之。

紀要而已，不假書契。〔註775〕

甘其食，美其服，安其俗，樂其業。

耕而食，織而衣，含哺而嬉，鼓腹而遊，民能已此矣。〔註776〕止分，故甘；去華，故美；不擾，故安；存生，故樂。

鄰國相望，雞犬之聲相聞，使民至老死，不相與往來。

居相比也，聲相聞也，而不相與往來。當是時也，無欲無求，莫之爲而常自然。此之謂至德。

⊙信言不美章第八十一

信言不美，

道之出口，淡乎其無味。關百聖而不慚，歷萬世而無弊。〔註777〕

美言不信。

貌言華也，從事華辭，以支爲旨，故不足於信。〔註778〕

善者不辯，

辭尚體要，言而當法。〔註779〕

〔註774〕《集註》無此段注文。
〔註775〕《集註》無此段注文。
〔註776〕《集註》少「耕而食，織而衣，含哺而嬉，鼓腹而遊，民能已此矣」句。
〔註777〕《集註》少「關百聖而不慚，歷萬世而無弊」句。
〔註778〕《集註》此段注文作：貌言華也，故不足信。
〔註779〕《集註》無此段注文。

辯者不善。

多駢旁枝，而失天下之至正。〔註780〕

知者不博，

知道之微者，反要而已。

博者不知。

聞見之多，不如其約也。《莊子》曰：「博〔註781〕之不必知，辯之不必慧。」

聖人無積。

有積也，故不足；無藏也，故有餘。〔註782〕《莊子》曰：「聖道運而無所積。」孔子曰：「丘是以日徂。」〔註783〕

既以為人，己愈有；既以與人，己愈多。

善貸且成，而未嘗費我。萬物皆往資焉，而不匱。

天之道，利而不害；

乾始，能以美利利天下，〔註784〕不言所利，而物實利之，〔註785〕未始有害。〔註786〕

聖人之道，為而不爭。

順而不逆，其動若水；應而不藏，其靜若鑑；和而不唱，其應若響。雖為也，而為出于無為，體天而〔註787〕已，何爭之有？茲德也，而同乎道，故〈德經〉終焉。〔註788〕

〔註780〕《集註》無此段注文。

〔註781〕《疏義》、《集註》「博」字皆作「博」。

〔註782〕《集註》「有積也，故不足；無藏也，故有餘」作「有積故不足，無藏故有餘」，少二「也」字。

〔註783〕《集註》少「孔子曰：丘是以日徂。」句。

〔註784〕《解義》「能以美利利天下」作「能以美利天下」，少「利」字。

〔註785〕《解義》「而物實利之」作「利而物實利之」，多「利」字。

〔註786〕《集註》無此段注文。

〔註787〕《解義》「而」字作「面」。

〔註788〕《集註》此段注文作：體天而已，何爭之有？